网络传播学概论

Wangluo Chuanboxue Gailun

(第四版)

匡文波 著

高等教育出版社·北京

内容提要

本教材是国内最早关于网络传播研究的著作之一,第一版出版后,被国内数十所高校的新闻传播院系及相关专业用作本科生或研究生的教材。2004年荣获北京高等教育精品教材奖。

第四版在前三版基础上做了大幅度修订,充分吸收新一代新媒体发展的最新成果,增加了微博、微信、手机媒体、新媒体舆论、网络谣言、新媒体研究的理论模型等新内容,以保持本教材的新颖性与科学性。

本书可作为高等院校新闻传播类专业本、专科学生及研究生的教材,也可作为新闻媒介从业人员工作或培训用书。

图书在版编目(CIP)数据

网络传播学概论 / 匡文波著. ——4版. ——北京:高等教育出版社,2015.2(2021.5 重印)

ISBN 978-7-04-034079-2

Ⅰ.①网… Ⅱ.①匡… Ⅲ.①计算机网络-传播学-高等学校-教材 Ⅳ.①G206.2②TP393

中国版本图书馆CIP数据核字(2014)第035166号

策划编辑	武 黎		责任编辑	赵愫简		封面设计	王凌波	版式设计 童 丹
责任校对	殷 然		责任印制	耿 轩				

出版发行	高等教育出版社		网 址	http://www.hep.edu.cn
社 址	北京市西城区德外大街4号			http://www.hep.com.cn
邮政编码	100120		网上订购	http://www.landraco.com
印 刷	三河市宏图印务有限公司			http://www.landraco.com.cn
开 本	787mm×960mm 1/16		版 次	2009年8月第1版
印 张	23.75			2015年2月第4版
字 数	430千字		印 次	2021年5月第5次印刷
购书热线	010-58581118		定 价	38.00元
咨询电话	400-810-0598			

本书如有缺页、倒页、脱页等质量问题,请到所购图书销售部门联系调换

版权所有 侵权必究

物 料 号 34079-00

>>> 序　　言

回顾人类传播史，我们不难发现，信息技术的发展起着历史性杠杆作用。信息技术的每次创新，都带来了信息传播的大革命，每一次革命都给人类的政治、经济、文化和社会生活带来不可估量的影响，推动着人类文明不断向更高层次迈进。

随着互联网的普及，网络传播也得到了飞速发展。所谓网络传播是指通过计算机网络传播信息（包括新闻、知识等）的活动。在网络平台上传播的信息，以数字形式存储在光、磁等介质上，通过计算机网络高速传播，并通过计算机或类似设备阅读使用。网络传播以计算机通信网络为基础，以计算机为接收终端，进行信息传递、交流和利用，从而达到社会文化传播的目的。

网络传播作为一种全新的现代化传播方式，有着与传统媒体截然不同的新特征。网络传播给当今时代提供了最快捷、便利的传播方式，它是人类有史以来发展最快的传播手段。网络传播的出现及对文明的意义，不亚于中国人发明纸张的意义。

网络传播对于社会的影响是广泛的，不仅影响着政治和经济，还影响着我们的生活方式和思维方式。网络传播正在以不可抵挡的势头，迅速渗透到世界各国政治、经济、思想、文化等诸多领域，改变着人们的生活，改变着世界的面貌。

然而，网络传播的特性决定了它与传统大众传播方式截然不同，也就不可避免地带来了一系列负面作用，如意识形态和文化渗透、假新闻假信息传播、色情泛滥、个人隐私遭到侵犯、知识产权遭到侵犯等等。

网络传播的出现和发展，拓宽了传播的广度和深度，打破了以往人类多种信息传播形式的界限。这种全新的传播方式使传统的大众传播理论面临挑战。目前的新闻传播理论是基于传统媒体产生的，难以合理解释网络传播现象。网络传播具有信息海量、内容丰富、传播和更新迅速、跨越国界、检索方便、易复制、多媒体、超文本、互动性强等优越性，在总体上形成一种散布型网状传播结构，受众享有极大的选择权和主动权，新闻传播者的地位受到削弱，传播权力在向受众倾斜。传统的传播理论正在面临挑战，社会控制弱化，传播效果与受众研究面临新课题，这一切使得网络传播学的建立成为必要。

互联网与手机媒体是目前新媒体的主要形式。新媒体是借助计算机（或具有计算机本质特征的数字设备)传播信息的载体。与传统媒体相比,新媒体具有即时性、开放性、个性化、分众性、信息的海量性、低成本全球传播、检索便捷、融合性等特点。但是新媒体的本质特征是技术上的数字化、传播上的互动性。

网络传播学作为一门新兴的边缘社会科学,是传播学的一个分支,其相关学科主要有传播学、政治学、社会学、心理学、新闻学、经济学、计算机科学等。随着网络新闻传播与网络媒体的迅猛发展,网络新闻传播的教学在世界各国的新闻传播学高等教育中不仅发展最迅速,而且占有着越来越重要的位置。因此,对网络传播学理论方法进行全面系统的研究,编著与更新网络传播学的教材,加快培养网络传播方面的人才,以推动中国网络传播业的发展,是一件非常有意义、有价值的事情。

本教材是国内最早关于网络传播研究的著作之一。第一版出版后获得了社会各界高度评价,亦被国内数十所高校的新闻传播院系及专业采纳作为本科生或研究生的教材,使得作者深受鼓舞。同时作者有幸获得世界上最大广告公司日本电通株式会社及国家留学基金委员会的资助,先后在日本东京与美国圣何塞州立大学作研究与访问学者,接触到了国外网络新闻传播的最新研究成果。作者结合自己近年来的研究心得,中西贯通,创作了本教材第二版。第二版在保持第一版基本结构的同时,着重补充与更新了网络传播最新发展、网民研究、网站经营管理、网络传播类型等内容;同时与作者新编著的国家"十五"规划重点教材《网络传播技术》作了衔接与分工。第二版荣获2004年北京市高等教育精品教材奖,同时也是作者主持国家社会科学基金项目"传播技术最新发展及其影响研究"的主要研究成果。

2009年出版的第三版,调整了陈旧数据,增加了学科与产业发展新热点等内容。第三版是作者主持国家社会科学基金项目"手机媒体及其管理研究"的主要研究成果之一。

随着新媒体日新月异的发展,为适应学科进步、产业发展、人才培养的需要,作者创作了第四版。第四版增加了微博、微信、手机媒体、新媒体舆论、网络谣言、新媒体研究的理论模型等内容,以保持教材的新颖性与科学性。第四版亦是作者主持国家社会科学基金项目"新媒体在'茉莉花革命'中的作用机理研究"的主要研究成果之一。

匡文波

中国人民大学新闻学院教授、博士生导师

中国人民大学新闻与社会发展研究中心研究员

2013年11月

目 录

第一章 网络传播学的发展 …………………………………………… 1

 第一节 网络传播学的基本问题 …………………………………… 1
  一、信息技术的发展与信息传播 ………………………………… 1
  二、互联网及其发展 ……………………………………………… 4
  三、什么是网络传播 ……………………………………………… 7
  四、新媒体的概念 ………………………………………………… 8
  五、网络传播学的研究对象 ……………………………………… 13
  六、网络传播学的学科属性 ……………………………………… 15
  七、网络传播学的相关学科 ……………………………………… 15
 第二节 网络传播给传播学理论带来的影响 …………………… 15
  一、网络传播的模式 ……………………………………………… 16
  二、传统的传播理论面临挑战 …………………………………… 17
  三、网络传播中的议程设置 ……………………………………… 18
  四、传播效果研究面临新课题 …………………………………… 22
  五、传统的新闻理论与新闻实践中的界限变得模糊 …………… 23
  六、网络传播对新闻价值及其实现所产生的影响 ……………… 24
 第三节 网络传播给传媒业带来的冲击 ………………………… 26
  一、改变现有传播格局 …………………………………………… 26
  二、冲击舆论调控机制 …………………………………………… 28
  三、网络媒体的发展导致社会控制进一步弱化 ………………… 29
 第四节 关于新媒体的实证研究 ………………………………… 31
  一、新媒体在可信度方面丝毫不亚于传统媒体 ………………… 31
  二、手机媒体成为新媒体中的新媒体 …………………………… 33
  三、新媒体已经成为主流媒体 …………………………………… 34

第二章 网络传播的特点 ………………………………………………… 36

 第一节 网络传播的优势 ………………………………………… 36

  一、传播与更新速度快、成本低 ………………………………… 36
  二、信息量大、内容丰富 ………………………………………… 37
  三、零成本全球传播 ……………………………………………… 37
  四、检索便捷 ……………………………………………………… 37
  五、多媒体 ………………………………………………………… 38
  六、超文本 ………………………………………………………… 38
  七、互动性 ………………………………………………………… 39
 第二节 网络传播的不足 ……………………………………………… 39
  一、信息安全形势严峻 …………………………………………… 39
  二、"棱镜门"事件带来的启示 …………………………………… 42
  三、侵犯知识产权 ………………………………………………… 45
  四、信息泛滥 ……………………………………………………… 46
  五、网络犯罪 ……………………………………………………… 48
  六、网瘾症分析 …………………………………………………… 53
  七、数字鸿沟加剧 ………………………………………………… 55
 第三节 正确看待网络传播的双刃性 ……………………………… 56
  一、互联网对社会进步的推动是主流 …………………………… 56
  二、不能简单地把网络问题的出现归咎于互联网络的发展 …… 58

第三章 Web 1.0 时代网络传播的类型 ………………………… 59

 第一节 网络人际传播 ………………………………………………… 59
  一、电子邮件 ……………………………………………………… 59
  二、网上聊天 ……………………………………………………… 62
 第二节 网络群体传播与网络组织传播 …………………………… 66
  一、BBS …………………………………………………………… 67
  二、基于移动即时通信软件的群体传播 ………………………… 70
  三、正式组织中的网络传播 ……………………………………… 71
 第三节 网络中的大众传播 …………………………………………… 72

第四章 Web 2.0 时代的网络传播类型 ………………………… 76

 第一节 Web 2.0 …………………………………………………………… 76
  一、Web 2.0 的兴起 ……………………………………………… 76
  二、Web 2.0 的特征 ……………………………………………… 77
  三、Web 2.0 是革命还是炒作 …………………………………… 78
 第二节 博客 …………………………………………………………… 79

一、博客的概念 …………………………………………………… 79
　　　二、博客的特点 …………………………………………………… 80
　　　三、博客对新闻传播的影响 ……………………………………… 81
　　　四、博客存在的问题 ……………………………………………… 82
　　　五、播客、维客 …………………………………………………… 83
　第三节　微博 …………………………………………………………… 84
　　　一、微博的发展 …………………………………………………… 84
　　　二、微博的优势 …………………………………………………… 85
　　　三、微博对新闻行业的影响 ……………………………………… 85
　　　四、微博存在的问题 ……………………………………………… 89

第五章　微信 ………………………………………………………………… 94
　第一节　微信的发展 …………………………………………………… 94
　　　一、微信概念 ……………………………………………………… 94
　　　二、微信的传播优势 ……………………………………………… 95
　　　三、微信存在的问题 ……………………………………………… 100
　第二节　微信的社会影响 ……………………………………………… 101
　　　一、意见领袖多样化 ……………………………………………… 101
　　　二、构建"熟人—熟人"和"熟人—陌生人"的多维社交网络 …… 101
　　　三、带来企业营销新变革 ………………………………………… 101
　　　四、微信营销的模式 ……………………………………………… 104
　　　五、为传统媒体数字化转型提供平台 …………………………… 105
　　　六、将人际传播、群体传播和大众传播融为一体 ……………… 109
　第三节　微信与微博的比较 …………………………………………… 109
　　　一、传播方式比较：微信侧重人际传播与群体传播，微博侧重
　　　　　大众传播 ……………………………………………………… 110
　　　二、用户网络社交比较 …………………………………………… 110
　　　三、传播效果比较：微信信息可信度高于微博 ………………… 111
　第四节　中国微信发展的量化研究 …………………………………… 113
　　　一、微信用户特征 ………………………………………………… 113
　　　二、微信与微博的信任度比较 …………………………………… 115

第六章　手机媒体 …………………………………………………………… 116
　第一节　手机媒体的诞生与发展 ……………………………………… 116
　　　一、手机的发展 …………………………………………………… 117

二、手机的媒体化 ………………………………………………………… 119
　　三、3G时代手机媒体走向成熟 ………………………………………… 120
　　四、4G时代正在来临 …………………………………………………… 120
　　五、手机不是移动电话，而是具有通信功能的迷你型电脑 …………… 121
第二节　3G时代发达国家手机媒体的发展 …………………………………… 121
　　一、日本：全球手机媒体发展的教科书 ………………………………… 121
　　二、美国：Apple iPhone颠覆了手机的定义 …………………………… 130
　　三、先发后至的欧洲手机媒体 …………………………………………… 134
　　四、颇具特色的韩国手机媒体 …………………………………………… 136
第三节　中国手机媒体的最新发展 …………………………………………… 138
　　一、智能手机已经成为市场主体 ………………………………………… 138
　　二、国产智能手机飞速进步 ……………………………………………… 139
　　三、中国3G用户接近5亿，4G起步 …………………………………… 140
　　四、我国手机上网用户呈几何级增长 …………………………………… 140
第四节　手机媒体的发展趋势 ………………………………………………… 142
　　一、手机硬件技术前瞻 …………………………………………………… 142
　　二、手机软件的发展趋势 ………………………………………………… 143
　　三、手机与互联网融为一体，手机用户都将成为网民 ………………… 145
　　四、手机的功能多样化、应用普及化，将彻底改变人们的生活 ……… 146
第五节　手机媒体与新闻传播 ………………………………………………… 149

第七章　网民研究 …………………………………………………………… 157

第一节　网络时代的受众理论 ………………………………………………… 157
　　一、受众、网络受众和网民 ……………………………………………… 157
　　二、网络传播的互动性 …………………………………………………… 158
　　三、网络传播带给受众信息获取的主动性 ……………………………… 160
　　四、网络传播对受众接近权的突破 ……………………………………… 162
　　五、网络传播挑战"沉默的螺旋"理论 ………………………………… 164
第二节　网民由精英走向大众化 ……………………………………………… 165
　　一、全球网民数量增长趋势 ……………………………………………… 165
　　二、传播学中的"扩散S曲线理论"与中国特有的"2000万现象" … 169
第三节　网民的心理特征分析 ………………………………………………… 169
　　一、网民的类型与心理 …………………………………………………… 169
　　二、受众的普遍心理分析 ………………………………………………… 170
第四节　网民的上网目的和动机 ……………………………………………… 172

  一、网民上网目的分析 …………………………………………… 172
  二、网民上网动机分析 …………………………………………… 173
  三、网络媒体的娱乐化 …………………………………………… 175
 第五节 网民行为特征分析 ………………………………………… 175
  一、网民注意力呈现"马太效应" ……………………………… 175
  二、网民对黄色信息存在猎奇心理 ……………………………… 179

第八章 新媒体舆论 …………………………………………………… 181

 第一节 新媒体舆论概述 …………………………………………… 181
  一、新媒体舆论的概念界定 ……………………………………… 181
  二、新媒体舆论的特性 …………………………………………… 184
  三、新媒体舆论的功能 …………………………………………… 188
  四、新媒体舆论存在的问题 ……………………………………… 189
  五、新媒体舆论的管理 …………………………………………… 191
 第二节 网络舆论研究的蝴蝶效应模型 …………………………… 193
  一、新媒体舆论演化的蝴蝶效应 ………………………………… 193
  二、新媒体舆论演化的模型与变量 ……………………………… 195
  三、传统媒体参与度 ……………………………………………… 204
  四、相关方反馈 …………………………………………………… 208
 第三节 网络舆论蝴蝶效应的生命周期理论模型 ………………… 209
  一、网络舆论蝴蝶效应生命周期的特殊性 ……………………… 210
  二、网络舆论蝴蝶效应的酝酿期——"蝴蝶扇动羽翼" ……… 211
  三、网络舆论蝴蝶效应的爆发期——舆论风暴形成 …………… 212
  四、网络舆论蝴蝶效应消解期 …………………………………… 212
  五、网络议题出现、议题存活、舆论整合与消散模型 ………… 213

第九章 新媒体谣言研究 ……………………………………………… 222

 第一节 谣言的演变 ………………………………………………… 222
  一、谣言的概念研究 ……………………………………………… 222
  二、谣言传播形式流变 …………………………………………… 224
 第二节 新媒体条件下谣言的传播与消解模型 …………………… 225
  一、高尔顿·威拉德·奥尔波特模型 …………………………… 226
  二、网络谣言传播、扩散及消解模型 …………………………… 228
  三、基于"网络谣言传播、扩散及消解模型"的网络谣言消解对策 … 230

第十章　网络传播的宏观管理 … 233

第一节　互联网管理的策略 … 233
一、互联网监管的难点 … 233
二、互联网信息流通中的政府控制 … 235
三、网络传播的法制管理 … 239
四、网络中的道德伦理约束 … 240
五、技术管理 … 242

第二节　发达国家对互联网的管理 … 243
一、立法 … 243
二、技术监控 … 245
三、实行社会监督和举报机制 … 245
四、政府指导 … 246
五、通过税收政策促使网站限制未成年人浏览不良信息 … 247
六、行业自律 … 247

第三节　我国网络媒体管理方式的创新 … 248
一、我国网络媒体管理的现状及问题 … 248
二、网络媒体管理的变革思路 … 250
三、尊重网络媒体发展的特殊规律，创新网络媒体管理的原则 … 251
四、关于实名制的讨论 … 252

第十一章　网络媒体的经营策略 … 255

第一节　网络广告 … 256
一、何谓网络广告 … 256
二、网络广告的特点 … 258
三、网络广告效果评估 … 260
四、网络广告的监管 … 262
五、网络广告的发展之道 … 265

第二节　电子商务基础问题 … 267
一、电子商务的发展 … 268
二、电子商务的特点 … 268
三、电子商务的类型 … 270
四、我国电子商务发展中存在的主要问题 … 271
五、电子商务的安全性 … 272

第三节　网络媒体开展电子商务的模式 … 275

一、网络媒体开展电子商务的代表性模式 …………………………… 275

　　　二、网络商店的开发与经营 …………………………………………… 279

　第四节　新媒体收费服务 …………………………………………………… 285

　　　一、新闻网站很难实现收费服务 ……………………………………… 285

　　　二、苹果模式是目前最成功的收费服务 ……………………………… 287

第十二章　网络传播中的著作权保护 …………………………………… 290

　第一节　网络传播中著作权保护面临的问题 ……………………………… 291

　　　一、互联网的特性造成侵权易、维权难 ……………………………… 291

　　　二、关于网络服务商的法律责任问题 ………………………………… 291

　　　三、多媒体网络传播作品的法律保护 ………………………………… 293

　　　四、与网络传播有关的传播权限制 …………………………………… 294

　第二节　网络传播著作权的法律保护 ……………………………………… 298

　　　一、发达国家对网络传播著作权的保护情况 ………………………… 298

　　　二、《伯尔尼公约》和《互联网条约》关于网络著作权的法律规定 …… 301

　　　三、我国网络传播著作权保护的法规 ………………………………… 302

　　　四、网络传播著作权中人身权的保护 ………………………………… 306

　　　五、网络传播著作财产权的保护 ……………………………………… 307

　　　六、著作权集体管理组织 ……………………………………………… 308

　　　七、网络传播著作权保护的国际化 …………………………………… 309

　第三节　网络传播著作权的技术保护 ……………………………………… 310

　　　一、技术措施的界定 …………………………………………………… 310

　　　二、技术措施的种类 …………………………………………………… 311

　　　三、DRM 技术 ………………………………………………………… 312

　　　四、寻找侵权者的技术技巧 …………………………………………… 313

　第四节　网络传播著作权保护的早期案例 ………………………………… 314

　　　一、国内首例网站与传统媒体的著作权案 …………………………… 314

　　　二、国内第一起网上著作权官司"《电脑商情报》被诉侵权案" …… 314

　　　三、中国网络主页侵权第一案"瑞得诉东方案" …………………… 315

　　　四、王蒙、张抗抗等作家诉网络侵犯传统媒体作品著作权案 ……… 315

　　　五、刘戎诉中国友谊出版公司著作权侵权案 ………………………… 316

　第五节　韩寒与百度之争 …………………………………………………… 317

　　　一、韩寒与百度之争的来龙去脉 ……………………………………… 317

　　　二、"韩寒百度案"的争议焦点 ………………………………………… 318

　　　三、"韩寒百度案"带来的思考 ………………………………………… 321

四、网络版权保护任重道远 …………………………………… 327

第十三章　网络传播学研究 …………………………………… 332

第一节　网络传播学研究的前期准备 …………………………… 332
　　一、选题 …………………………………………………… 332
　　二、研究课题的主要来源 ………………………………… 334
　　三、对选定的课题进行论证 ……………………………… 335

第二节　网络传播学研究的通用方法 …………………………… 335

第三节　网络传播学研究的特殊方法 …………………………… 340
　　一、以互联网为手段进行调查的方法 …………………… 342
　　二、测量互联网使用情况的调查方法 …………………… 347
　　三、中国互联网络信息中心采用的数据调查法 ………… 349

第四节　网络信息检索 …………………………………………… 351
　　一、搜索引擎(searching engine)的概念与原理 ………… 351
　　二、搜索引擎尚待解决的问题 …………………………… 352
　　三、基本检索策略：布尔逻辑检索 ……………………… 353
　　四、因特网信息具体检索方法 …………………………… 353
　　五、检索结果输出 ………………………………………… 354
　　六、Google 的检索 ………………………………………… 354
　　七、数字图书馆的检索 …………………………………… 357

第五节　新媒体研究理论模型 …………………………………… 357
　　一、创新扩散理论 ………………………………………… 358
　　二、技术接纳(TAM)模型 ………………………………… 360
　　三、计划行为理论 ………………………………………… 361

参考文献 …………………………………………………………… 364

第一章
网络传播学的发展

第一节 网络传播学的基本问题

一、信息技术的发展与信息传播

信息技术强有力地改变着人类生产与生活的面貌，这集中反映在信息传播方式的变革上。人类的信息传播迄今可分为三个阶段和五个时期，前一个阶段向后一阶段的跃升无不以信息技术的革命性进步为前提。

1. 口头传播阶段

口头传播亦可称为自然记忆。在这一阶段里，社会信息完全是个人的主观流露和表达，没有业已外化、固化、物化的客观信息。传播信息有第一级载体——语言，第二级载体——传播语言声波的空气（当然也可能有结绳记事的"绳"，壁画的"壁"等）。群体的共同记忆几乎是唯一的、完整的信息存储方式，大脑成了重要的隐含的物质信息媒介。

这时的信息交流能也只能进行面对面的直接交流（非正式交流），社会信息交流的时间与空间，就是声音传播所及的极限。由于信息都是主观信息，所以社会信息量可能会因为某些生命的死亡，使共同记忆所存储的信息减少甚至消失；同时，也会随着时间的推移出现错漏、遗忘。这样的信息媒介水平和由此所带来的信息交流方式和特点，决定着相应的社会传播——口头传播的特点。由于口头形式是信息存储、传播的唯一模式，群体共同的记忆便构成了社会知识的全部。口头传播时期信息资源无法实现社会共享，紧紧地依赖于信息持有者的个体记忆和控制。这一阶段是没有文字的时代，社会成员的思维方式也很单纯，他们不善于利用已知的信息去进一步进行加工，只相信"亲知"（个人的亲身经历或实践）和"闻知"（他人的口头传播）。

2. 文字传播阶段

鉴于共同记忆显而易见的缺憾，出于各种动机，人们渴望把共同记忆的信息存储在社会成员的大脑之外，人类学家将之称为"离体记忆"。早期的外部记忆或者辅助记忆包括木棒上的各种刀痕、岩石上的涂饰或雕刻、山洞里的壁画等，一幅壁画就是某一段直接经历的大体上完整的写照和纪实。文字的起源与记事图画有密切关系，象形文字就是一种图画。较之记事图画，其进步之处在于它不再是整体反映一个复杂的事件，而是单独用以表示一个概念和物体。象形文字又发展成表意文字和表音文字，最后统一为书写符号和声音符号结合起来共同表达概念的音意文字。文字使人类可以在广泛的领域内进行信息传播，带来了与此前不同的社会文化氛围。这一阶段又可以划分成两个时期。

（1）个体书写

亲手书写文字是一种个人的行为，如此书写带来的后果是对共同记忆信息的"分裂"。文字书写取代了对"面对面"式的信息交流的依赖，使被传递的内容更为复杂和精确，并且使之因为有了被广泛认同的符号系统而"记录在案"和"有据可查"。这种信息资源超越时间的持久性是前所未有的，因为书写的文字能够历经几代甚至几千年而保持不变。但是，书写的信息资源牺牲了口头传播时代面对面交流的丰富而又生动的内容。这虽然是一个"损失"，却使信息发出者在没有"直接听众"的压力，在无需立即作出反应的环境中，从容地、细致地表达自己的意见和观点，这就使得书写信息资源更具有深思熟虑的理性。如果说口头传播是整体形象地把握世界的话，那么文字的出现则使抽象信息的运用成为可能，可以利用视觉来局部地认识世界。客观信息也就随之出现了。

文字的出现使人类进入一个新的文明时期。整个社会需要有书写的记录，如法律、税收、文学作品的保存，以维持传统和稳定。宗教与政治领袖莫不以书写记录（各种文件）为凭证，以巩固他们的地位，当然也留下了社会文化遗产。起初，使用文字只是少数人才具有的能力，良好的记忆力仍然很重要，所以押韵的诗文在这一时期仍然很流行。同时，由于书写记录可以保存事实并能隔世承传，历史的时间概念得以确立。那些曾经流行过的口头时期的神话故事被载入了历史典籍的序列。有了历史就可以"以史为镜"地分析过去，从中找出经验教训，"古为今用"地说明、评价、昭示当前和未来，建立与人类活动的事件有关的、可以指导目前行动的知识系统。人类对"推知"也渐渐熟悉起来，思维推理也在生产和生活实践中被逐渐推广并运用自如了。

这一时期，由于书写的运用范围狭窄，参与的人数有限，所产生的信息媒介因为手工抄写而数量不多，所以文字的普及过程缓慢，能够利用文字这一信息传播工具的人自然也是少数。于是，社会上便出现了既掌握文字，又善于推理思维的"圣人""先哲"等权威。

(2) 印刷品生产

我国宋代发明家毕昇虽然发明了"活字印刷"技术，但是在当时并未形成规模生产。1450年前后德国人谷登堡（Gutenberg）发明了可以进行工业化生产的铅活字印刷术。印刷技术拓展了书写信息资源的社会范围，增强了书写文化的社会效果，是对文字工业化的扩展。如果说个体书写是对共同记忆的"分裂"，那么印刷术所提供的大量可供社会共同吸收的信息资源，则是一种重新的"复合"。印刷术增大了信息传播的容量和数量，空前地扩充了信息传播的空间，并且大大降低了信息生产与加工的成本。印刷信息资源更进一步地、公开地受到社会的评价和监督，用不同民族文字撰写的信息资源也因此可以对译并可等效地进行横向交流。

印刷技术改变了往昔手工抄写书籍的单一内容。此前的书籍多为神学著作或编年史，社会思想被禁锢，文化氛围沉闷。印刷术的盛行，印制并传播了伽利略、哥白尼等人的著作和科学思想。在欧洲，欧几里得的《几何原本》就像《圣经》一样，一时成了印刷最多的书籍。同时，印刷术也促进了语言和拼写的标准化，出现在印刷品中的文字力求更加规范和趋同。在书写时代书写的信息资源大都是少数人的专用品，而在印刷文化时代社会文化则有了普及与传播的可能，并且，因为有了记录，人类的各项成就得以传世而不致失散。就这个意义而言，印刷术保障和捍卫了人类的精神文明和物质文明的成果。

3. 电子传播阶段

现代媒介就是电子媒介。其传播速度无与伦比地加快，达到了"即时性"的传递，传播的空间也被无限扩展了。今天，地球上任何一个人，只要他具备接收设备，想要获得某一公开信息是完全可能的。信息的形象化程度也大大加强，传送的信息从听（语音、音乐）到看（静止和连续动态的图形和画面）以及二者有机的结合，应有尽有。视觉和听觉符号共同构成的信息内容变得通俗易懂，接受这些信息也变得轻松而不乏味。

电子传播阶段又可以划分为模拟信号和数字信号两个时期。数字信号时期，网络传播脱颖而出。

模拟信息诸如文字、图像、声音等，需要不同的记录方式、载体和传递手段，如文字需要纸张，图像需要胶片，音乐需要唱盘等。信息固定在不同的介质或载体内，物理上是彼此独立而互相隔离的，这样便严重地限制了信息的相互转换、交流和利用。信息媒介随着技术的发展在不断进步，如信息的录入从纸张到胶片再到磁介质，信息的传输从邮寄到电话再到广播等，但是，这些都还停留在模拟信息阶段。直到电子计算机实现了信息数字化的技术突破，信息的记录和传输才开始有了"质"的飞跃。以 0 和 1 两个简单的数字，便开辟了人类文明发展的新时代，即所谓"数字革命"。新媒体的发展在技术上的实现归根到底在于信息记录的数字化。从电子计算机角度来看，文本、图像、多媒体等只不过是大小不一、结构不同、输入输出条件不等的数字化文件而已。多媒体使各种数据、文本、图像无缝结合为单一的数字化信息。其信息媒介融合到数字化上来，则使人类对一体化信息资源的追求变成现实。数字化信息及其信息媒介成为应用广泛的电子信息资源。多媒体超文本信息系统实现了非线性信息的检索及阅读，人们不再拘泥于规定的程式，而是能够随心所欲地检索、阅读所需要的文献。

二、互联网及其发展

互联网是美苏冷战的产物，它的由来可以追溯到 1962 年。当时，美国国防部为了保证美国本土防卫力量和海外防御武装在受到苏联第一次核打击以后仍然具有一定的生存和反击能力，认为有必要设计出一种分散的指挥系统：它由一个个分散的指挥点组成，当部分指挥点被摧毁后，其他点仍能正常工作。并且，这些点能够绕过那些已被摧毁的指挥点继续保持联系。为了对这一构思进行验证，1969 年，美国国防部国防高级研究计划署资助建立了一个名为 ARPANET（即"阿帕网"）的网络，这个网络把加利福尼亚州立大学洛杉矶分校、斯坦福大学，以及位于盐湖城的犹他州州立大学的计算机主机连接起来。其方法是，位于各个节点的大型计算机采用分组交换技术，通过专门的通信交换机和专门的通信线路使各个节点的大型计算机相互连接。这个阿帕网就是互联网最早的雏形。

简单地说，计算机网络是由"计算机集合"加"通信设施"组成的系统。而准确地说，计算机网络则是把若干台地理位置不同且具有独立功能的计算机，通过通信设备和线路相互连接起来，以实现信息传输和资源共享的一种计算机系统。早期制造的计算机，一台机器由一人使用。这种使用方式效率非常低，很快为"计算中心"的模式所取代。在"计算中心"的模式下，一台计算机同时由许多用户使用。"计算中心"使用户得以共享计算机系统的资源，这是计算机技术的发展和使用方式的飞跃。但是"计算中心"仍然把用户限制在一个地方和一台机器上。计算机网络的出现，则把许多计算机或"计算中心"联结起来，其中每一台计算机都有可能通过网络为任何其他计算机上的用户提供服务。网络使用户脱离地域的分隔和局限，在网络达到的范围内实现资源的共享。不管是什么用户，也不管在什么地方，都可以使用网络上的程序、数据与设备。用户访问千里之外的计算机，就像使用本地计算机一样。

计算机网络按计算机的分布范围通常分为局域网和广域网。局域网指那些联结近距离内计算机的网，包括办公室或实验室的网（十米级网）、建筑物的网

（百米级网）和校园网（千米级网）等。广域网则是指实现计算机远距离联结的网，包括城市网（十千米级网）、地区网或行业网（百千米级网）、国家网（千千米级网）以至洲际网（万千米级网）等。自20世纪70年代以来，世界各国先后建立了几十万个局域网和几万个广域网。在这个过程中，为了在网络之间交换信息，又在不同范围内实现网络的相互联结，形成了若干由网络组成的互联网。互联网是最大的全球网络系统，大量的种类不同的计算机网络正在源源不断地加入互联网中。

计算机网络在结构上包括两个部分。一部分是联结于网络上的供网络用户使用的计算机的集合。这些计算机称为主机（host），用来运行用户的应用程序，为用户提供资源和服务。网络上的主机也称为节点。另一部分是用来把主机联结在一起并在主机之间传送信息的设施，称为通信子网。通信子网由传输线路和转接部件构成。传输线路是实现信息实际传送的通道。转接部件是处理信息如何传送的处理机。这种处理机或者是专门用来选择线路和传送信息的专用计算机，或者就是借用的主机。从逻辑上看，网络是节点之间通过通道相连的连通域。网络的通信方式可以采取点对点信道通信，或者广播信道通信。至于具体的联结，则有各种不同的拓扑结构。例如，在点对点通信方式下，可以采取星型、环型、树型、全联结型或不规则型结构；在广播通信方式下，则可用总线联结、卫星联结、无线电联结以及环形联结。

在计算机网络上的主机之间传送数据和通信是通过一定协议进行的。为了减少设计的复杂性，人们用高度结构化的方法分层制定协议。当两台计算机通信时，直接表现为应用级别上的服务请求和返回服务结果。从一台主机发出用过程语言表达的服务请求，到把请求转变为在物理线路上传送的比特（bit）信息流，中间要经过多个层次的转化。在信息到达另一端的目标计算机后，将按相反的次序逐层复原信息，最后变成提交给目标计算机执行的服务请求的初始形式。从目标机返回结果时，沿反方向经历同一过程。在网络的层次协议中，每一层协议建立在它的下层协议基础之上，下层为上层服务，实现上层的功能，而服务的细节则对上层进行屏蔽。各层协议就是主机之间在各对等层上的对话规则和约定。

网络层次协议的集合组成网络的体系结构。国际标准化组织（ISO）为计算机网络通信制定了一个七层协议的框架，称为"OSI/参考模型（开放系统互联/参考模型）"〔OSI/RM（Open System Interconnection/Reference Model）〕，作为通用的标准。OSI七层协议的网络体系结构包括由上至下的应用层、表示层、会话层、传输层、网络层、数据链路层和物理层。

局域网通常只连接同一种类的计算机，在同种计算机之间的相互通信通常比较容易实现。互联网则不同。由于它太大，其中的计算机可谓五花八门，因此从一开始就必须考虑不同计算机之间如何通信。

互联网采用 TCP/IP 协议作为共同的通信协议，将世界范围内许许多多计算机网络联结在一起，成为当今最大的和最流行的国际性网络，也被人们称为全球信息资源网。从网络通信技术的观点来看，互联网是一个以 TCP/IP 通信协议联结各个国家、各个部门、各个机构计算机网络的数据通信网；从信息资源的观点来看，互联网是一个集各个部门、各个领域的各种资源为一体的供网上用户共享的数据资源网。

在不同类型的计算机之间进行通信，就像讲中文与讲英文的人之间进行对话一样，存在着很大困难。幸好，人们已创造了 TCP/IP 协议，并使该协议成为互联网中的"世界语"，任何遵守 TCP/IP 协议的计算机都能"读懂"另一台遵守同一组协议的计算机发来的信息。

TCP/IP 是用于计算机通信的一组协议，我们通常称它为 TCP/IP 协议族。它是 20 世纪 70 年代中期美国国防部为其 ARPANET 广域网开发的网络体系结构和协议标准，以它为基础组建的互联网是目前国际上规模最大的计算机网络。

正因为互联网的广泛使用，才使得 TCP/IP 成了事实上的标准。

从协议分层模型方面来讲，TCP/IP 由四个层次组成：网络接口层、网间网层、传输层和应用层。它们分别承担不同功能。

网络接口层。这是 TCP/IP 的最低层，负责接收 IP 数据报并通过网络发送之；或者从网络上接收物理帧，抽出 IP 数据报，交给 IP 层（网间网层）。网际协议 IP 是 TCP/IP 的核心，也是网络层中最重要的协议。

网间网层。负责相邻计算机之间的通信，其功能包括三个方面：（1）处理来自传输层的分组发送请求。收到请求后，将分组装入 IP 数据报，填充报头，选择去往信宿机的路径，然后将数据报发往适当的网络接口。（2）处理输入数据报。首先检查其合法性，然后进行寻径，假如该数据报已到达信宿机，则去掉报头，将剩下部分交给适当的传输协议；假如该数据报尚未到达信宿机，则转发该数据报。（3）处理路径、流控、拥塞等问题。

传输层。提供应用程序间的通信，其功能包括两个方面：（1）格式化信息流。（2）提供可靠传输。为实现后者，传输层协议规定接收端必须发回确认，假如分组丢失，接收端必须重新发送。

应用层。向用户提供一组常用的应用程序，比如电子邮件、文件传输访问、远程登录等。远程登录使用协议提供在网络其他主机上注册的接口，TELNET 会话提供了基于字符的虚拟终端。文件传输访问 FTP，使用 FTP 协议来实现网络内机器间的文件拷贝功能。

TCP/IP 的工作原理其实非常简单。TCP/IP 中较底层的是 IP 协议，该协议指定一个信息包结构。它要求计算机把将要发送的信息分解为一个个较短的信息包，每个信息包除含有一定长度的正文外，还含有信息包将被送往的地址（这个地址称为 IP 地址，它实际上是一组 32 位的二进制数字）。信息包经多台计算机的中转最终到达它的目的地。

由于较长的信息内容经 IP 协议被分解为多个信息包，每个信息包到达目的地的中转路径及所需的时间都不尽相同，为防止信息包丢失，有必要在 IP 协议的上层增加一个对 IP 包进行验错的方法，这就是 TCP 协议。TCP 协议检验一条信息的 IP 包是否已经收齐，次序是否正确，若 IP 包没有收齐，则要求重发，若次序出现混乱，则进行重排。

从 20 世纪 90 年代中期开始，个人计算机迅速普及，以互联网为代表的全球网络迅猛发展，卫星和光纤通信技术日臻完善，出现了以互联网为载体的新型媒体——网络媒体。网络技术可以把世界上所有的计算机连在一起，为全球范围内新闻信息资源的共享提供了可能；可以把不同媒体的传播手段融为一体，更加有效地实现新闻信息的传递与沟通。网络传播问世以来，在革新技术、发展用户、扩大受众的速度等方面大大超过了其他传统的信息传播方式，在影响社会的广度和深度方面显示了日益强大的生命力。

从互联网的整体发展情况来看，许多经济发达国家的互联网也是在 1993 年后才迅速发展起来的。由此可见，我国互联网的发展是十分迅速的。由于 PC 机大量进入家庭，计算机的功能发生了革命性的变化，互联网已经成为我们生活中不可缺少的一部分。

三、什么是网络传播

什么是网络传播？这是关系到网络传播学的任务和研究对象的首要问题。

在回答这个问题之前，首先需要研讨什么是传播。许多学者对于传播做过种种描述和解释，有的把它说成是"信息共享"，有的把它说成是"劝服影响"，也有的把它说成是"刺激反应"，还有人认为，传播是人类传递或交流信息的社会性行为，等等。郭庆光在其《传播学教程》中认为："所谓传播，即社会信息的传递或社会信息系统的运行。"[①]

诗兰认为，网络传播有三个基本的特点：全球性、互动性、超文本链接方式。因此，其给网络传播下的定义是：以全球海量信息为背景、以海量参与者为对象，参与者同时又是信息接收与发布者，并随时可以对信息做出反馈，它的文本形成与阅读是在各种文本之间随意链接，并因文化程度不同而形成各种意义的

---

① 郭庆光：《传播学教程》，中国人民大学出版社 1999 年版，第 5 页。

超文本中完成的。①

还有人认为,网络传播是近年来广泛出现于传播学中的一个新名词。它是相对于三大传统传播媒体即报纸、广播、电视而言的。网络传播指以多媒体、网络化、数字化技术为核心的国际互联网络,是现代信息革命的产物。

我们认为,所谓网络传播其实就是指通过计算机网络进行的人类信息(包括新闻、知识等信息)传播活动。在网络传播中的信息,以数字形式存储在光、磁等存储介质上,通过计算机网络高速传播,阅读使用的终端是计算机的各种形态。网络传播以计算机网络为基础,进行信息传递、交流和利用,从而达到其社会文化传播的目的。

在此,我们要特别强调,计算机网络应该是广义的,不仅包括目前流行的互联网,还包括基于计算机网络技术、现代通信技术的移动通信网络和下一代高速互联网等,不应该将网络传播局限于目前的互联网传播。

同理,网络媒体也不仅仅是指互联网,网络媒体包括互联网、手机媒体、网络电视等多种形态。媒体又称媒介、媒质,是承载信息的载体。按照《现代汉语词典》的解释,媒体是"指交流传播信息的工具,如报刊、广播、电视、互联网等"②。因此,我们认为网络媒体是借助计算机网络进行信息传播的工具。

网络媒体曾经被一些人称为"第四媒体"。他们认为,印刷的纸质媒体是第一媒体,广播是第二媒体,电视是第三媒体,互联网是第四媒体。1998年5月,在联合国新闻委员会年会上,网络被正式作为"第四媒体"提出。但是,"第四媒体"的称谓并不严谨,只是一种通俗的说法。在日本,约定俗成的说法是报纸是第一媒体,期刊是第二媒体,广播是第三媒体,电视是第四媒体,互联网是第五媒体。因此,"第四媒体"的说法不仅不够科学,还容易在国际传播中被人误解。

网络传播的出现,极大地改变了信息传播的方式,影响着人类知识的组织、传递和获取,给人类的文化和政府的政策带来深刻的影响。传播作为联系信息生产、积累和获取的中心环节,起着承上启下的作用。网络作为信息交流、传播的一种重要渠道,使信息得以广泛散发、吸收和利用。网络传播在人类的信息流通过程中将占有重要的地位,信息技术与手段的变革将对人类信息流通活动的方式产生深刻的影响。

四、新媒体的概念

网络媒体是新媒体的重要成员。关于"新媒体"(New Media)的确切定义,

---

① 参见田发伟:《崛起中的中国网络媒体——现代传播评论圆桌会发言摘要》,《国际新闻界》2000年第6期,第49页。
② 中国社会科学院语言研究所词典编辑室编:《现代汉语词典》第6版,商务印书馆2012年版,第882页。

业界和学界目前尚未达成共识。

新媒体一词源于美国哥伦比亚广播电视网（CBS）技术研究所所长 P. 戈尔德马克（P. Goldmark）的一份商品开发计划（1967 年）。之后，美国传播政策总统特别委员会主席 E. 罗斯托（E. Rostow）在向尼克松总统提交的报告书中，也多处使用了"New Media"一词（1969 年）。由此，新媒体一词开始在美国流行，不久后扩展至全世界。

关于新媒体的定义，国内外专家各执一词。早期，联合国教科文组织对新媒体下过一个定义：新媒体就是网络媒体。与之类似的是把新媒体定义为"以数字技术为基础，以网络为载体进行信息传播的媒介"①。

清华大学熊澄宇教授提出，所谓新传媒，或称数字媒体、网络媒体，是建立在计算机信息处理技术和互联网基础之上，发挥传播功能的媒介总和。它除具有报纸、电视、电台等传统媒体的功能外，还具有交互、即时、延展和融合的新特征。互联网用户既是信息的接收者，又是信息的提供和发布者。包括数字化、互联网、发布平台、编辑制作系统、信息集成界面、传播通道和接收终端等要素的网络媒体，已经不仅仅属于大众媒体的范畴，而是全方位立体化地融合大众传播、组织传播和人际传播方式，以有别于传统媒体的功能影响我们的社会生活②。

上海交通大学的蒋宏和徐剑从内涵和外延两个方面对新媒体做出了界定。他们认为，就内涵而言，新媒体是指 20 世纪后期在世界科学技术发生巨大进步的背景下，在社会信息传播领域出现的建立在数字技术基础上的能使传播信息大大扩展、传播速度大大加快、传播方式大大丰富的，与传统媒体迥然相异的新型媒体。就外延而言，新媒体包括了光纤电缆通信网、有线电视网、图文电视、电子计算机通信网、大型电脑数据库通信系统、卫星直播电视系统、互联网、手机短信、多媒体信息的互动平台、多媒体技术广播网等。③

中国传媒大学黄升民教授将 IPTV（网络电视）、地面移动电视、手机电视视为新媒体的三大部分。④

中国传媒大学宫承波认为，门户网站、搜索引擎、虚拟社区、电子邮件、网络文学、网络游戏属于新媒体。⑤

综合来看，目前对新媒体界定中存在的最大问题就是界定过宽且逻辑混乱。

---

① 陶丹、张浩达：《新媒体与网络传播》，科学出版社 2001 年版，第 3 页。
② 熊澄宇、廖毅文：《新媒体——伊拉克战争中的达摩克利斯之剑》，http://news.xinhuanet.com/newmedia/2003－06/10/content_910340.htm。
③ 蒋宏、徐剑主编：《新媒体导论》，上海交通大学出版社 2006 年版，第 14 页。
④ 虢亚冰、黄升民、王兰柱：《中国数字新媒体发展报告》，中国传媒大学出版社 2006 年版，第 1 页。
⑤ 宫承波：《新媒体概论》，中国广播电视出版社 2007 年版，第 1 页。

有人把近十年内基于技术变革出现的一些新的传播形态，或一直存在但长期未被社会发现传播价值的渠道、载体都称作新媒体。①

持这种观点的人将手机电视、网络电视、网络广播、博客、播客、楼宇电视、车载移动电视、光纤电缆通信网、都市型双向传播有线电视网、高清晰度电视、互联网、手机短信、数字杂志、数字报纸、数字广播、数字电视、数字电影、触摸媒体等等，均列入新媒体。这种界定不仅过宽，而且将以上媒体并列本身就存在分类混乱的逻辑错误。按照分类的逻辑，子类之和等于母类，子类之间相互排斥。目前很多人对新媒体内涵和外延的界定就存在以上逻辑错误。

1. 互动性是新媒体的本质特征

（1）"新媒体"是一个通俗的说法，严谨的表述是"数字化互动式新媒体"。从技术上看，"新媒体"是数字化的；从传播特征看，"新媒体"具有高度的互动性。"数字化""互动性"是新媒体的根本特征。新媒体的传播过程具有非线性的特点，信息发送和接收可以是同步的，也可以异步进行。诸如楼宇媒体、车载电视，由于缺乏互动性，不属于"新媒体"的范畴。

（2）"新媒体"是一个相对概念，其内涵会随着传播技术的进步而有所发展，但从人类传播史的角度而言应是一个时代范畴，特指"今日之新"而非"昨日之新"或"明日之新"。我们不应当以"昨日之新"作为标准界定新媒体，20世纪初出现的广播、电视，在当时都是新出现的媒体，但是现在属于传统媒体。我们更无法以"明日之新"作为标准界定新媒体，否则目前就没有新媒体了。

（3）"新媒体"的"新"是以国际标准为依据。一些在国人看来是"新"的媒体形式，在发达国家早就有了，不能称为新媒体，例如车载移动电视。

（4）"新媒体"亦是一个宽泛的概念，是利用数字技术，通过计算机网络、无线通信网、卫星等渠道，以及电脑、手机、数字电视机等终端，向用户提供信息和服务的传播形态。目前，新媒体主要包括网络媒体、手机媒体、网络电视等媒体形态。

"新媒体"也不等同于"数字媒体"这一概念，因为此处的"数字"也可以被人理解为制作过程的数字化，这样的话几乎可以将所有的媒体都列入数字媒体的范畴。

与传统媒体相比，新媒体具有即时性、开放性、个性化、分众性、信息的海量性、低成本全球传播、检索便捷、融合性等特征。但是新媒体的本质特征是技术上的数字化、传播上的互动性。互动性，英文是 Interactive，国内也有人称为交互性。

传统媒体的传者和受者定位非常明确，传者是信息的发布者，受者只能被动地接收，不管喜欢或讨厌，无从表达对信息的看法。但是新媒体使传者和受者之

---

① 陈晓宁、主编：《广播电视新媒体政策法规研究》，中国法制出版社2001年版，第16页—第35页。

间的界限变得模糊，受众不再是被动的信息消费者，而具有了与传者交互信息的功能，甚至转变成传者的身份。

Online 杂志给"新媒体"下过一个定义：由所有人面向所有人进行的传播（Communications for all, by all）。传统媒体使用两分法把世界划分为传播者和受众两大阵营，不是作者就是读者，不是广播者就是观看者，不是表演者就是欣赏者。新媒体与此相反，它使每个人不仅有听的机会，而且有说的条件。新媒体实现了前所未有的互动性。因此，在新媒体的研究中已经不存在"受众"的概念，建议用"用户"取代"受众"一词。

2. 哪些媒体不应当属于新媒体

纸质媒体、模拟广播电视显然是传统媒体，对此学术界没有异议。但是，除此之外的媒体形态都能称为新媒体吗？

（1）并非新出现的媒体都可以称为新媒体。

我们用互动性的标准衡量目前所出现的各种新媒体形态，就可以发现，一些所谓的"新媒体"其实只是"新出现的传统媒体"。例如车载移动电视和户外媒体就只是在中国新出现的传统媒体形态，因为它们缺乏新媒体的本质特征——互动性。车载移动电视处于封闭的空间，用户无选择性地被动接受信息，不能调换频道，不能屏蔽广告，强制收视，不以人的意志为转移，随时移动、随时收看。

楼宇电视通过导线传播，具有传统广播电视所具有的特征：对象广泛、时效性强、丰富直观、接收随意、顺序接收、转瞬即逝，因此按照传输方式划分，楼宇电视可以而且应属于有线广播或闭路广播之列。楼宇电视目前传播的内容主要是广告。当一个人处在无聊的时间和空间时（如等待电梯），他宁愿选择看广告。这就是楼宇电视广告的心理强制性。因此，楼宇电视的信息传播具有很强的被动性，而不是用户的主动性与互动性，这与新媒体的本质特征背道而驰。

（2）数字电视是否属于新媒体？

数字电视（Digital TV）又称为数位电视或数码电视，是指从演播室到发射、传输、接收的所有环节都使用数字电视信号或该系统所有的信号都是通过由0、1数字串所构成的二进制数字流来传播的电视类型。与模拟电视相比，其信号损失小，接收效果好。

在数字电视中，双向信息传输技术增加了交互能力，赋予了电视许多全新的功能，使人们可以按照自己的需求获取各种网络服务，包括视频点播、网上购物、远程教学、远程医疗等新业务。数字电视提供的最重要的服务就是视频点播（VOD）。VOD是一种全新的电视收视方式，它不像传统电视那样，用户只能被动地收看电视台播放的节目，它提供了更大的自由度，更多的选择权，有效地提高了节目的参与性、互动性、针对性。数字电视还提供了其他服务，包括数据传送、图文广播、上网服务等。用户能够使用电视实现股票交易、信息查询、网上冲浪等。电视被赋予了新的用途，扩展了自身的功能，由此从封闭的窗户变成了交流的窗口。

但是，在现阶段，国内所推广的数字电视只是增加了电视频道、提高了清晰度，依然缺乏互动性，如视频点播尚不普及。因此，我们认为，目前数字电视依然不属于新媒体。

电视的演化就如同手机一样，迅速兴起的智能电视成为电脑的一种类型，具有互动性的智能电视成为新媒体的成员。智能电视（Smart TV）就是具有独立操作系统的电视，其本质是计算机的一种新形态。智能电视搭载了独立操作系统，具有上网功能，用户可以通过自行安装和卸载软件、游戏等第三方服务商提供的程序，不断对电视功能进行扩展。

智能电视具备以下关键特征：本质上是计算机的一种形态，具有独立操作系统、CPU、内存等计算机要素；具备宽带互联网接入能力；可以接收并回放从互联网获得的视频数据流；可以下载并安装各种专门开发的应用程序和游戏；具有网络通信功能；具备全新的遥控装置，并且可以和各种移动终端连接互动。

图1-1是我们对新媒体外延进行的梳理，新媒体的外延会随着技术的发展而不断扩展。

新媒体是未来媒体发展的重点，是媒体传播市场发展的趋势和必然方向。

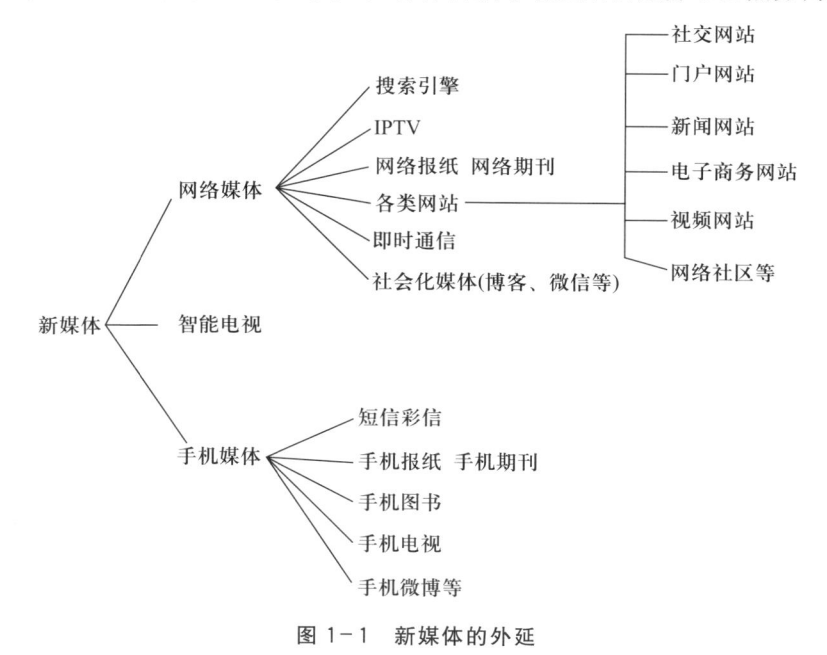

图 1-1 新媒体的外延

3. 新媒体即借助计算机传播信息的载体

目前的新媒体包括互联网和手机媒体，因为只有这两者才具有真正的互动性。互联网本身就是计算机技术发展的产物；而当今的手机已经不再是移动电话，而是具有通信功能的迷你型电脑。

在手机诞生及发展初期，即第一代手机（1G）时代，手机只是能移动的电话，没有新闻内容的传播。

2G的手机除了最基本的通话功能，还可以用来收发邮件和短消息，可以上网、玩游戏、拍照等。2G手机虽然在硬件技术上存在屏幕小、电池持续时间短、网速慢等瓶颈，但是建立在2.5G技术基础上的各种增值业务，尤其是手机新闻业务、手机报、手机电视、手机上网、移动商务、移动搜索、手机广告等被广泛使用。在2G时代，手机媒体基本成型。

回顾手机的发展，我们可以发现，手机技术演进的规律是：外观越来越轻小、功能越来越多、价格越来越便宜。手机CPU已进入"多核"时代。

手机CPU如同电脑CPU一样，它是整台手机的控制中枢。微处理器通过运行存储器内的软件及调用存储器内的数据库，达到对手机整体监控的目的。

目前具有电脑功能的智能手机正在成为移动通信的主流。所谓智能手机就是具有独立操作系统的手机，本质上是一种电脑形态。2013年，全世界手机上网用户数量达到17.8亿，超过使用电脑上网的用户数量，同时智能手机和其他能上网的手机数量达到18.2亿部。

据英国广播公司（BBC）报道，2014年底，全世界移动通信设备用户总数将超过世界总人口数。

与智能手机的发展一样，目前，智能电视的发展十分迅猛。智能电视也是计算机的一种新形态，即具有独立操作系统的电视。

1999年微软公司推出将电视机与互联网连接起来的WebTV战略。但由于当时网络带宽、上网费用和电视机清晰度等因素限制，以失败告终。2006年，美国苹果公司推出了机顶盒模式的智能电视（Apple TV），开启了智能电视时代。2010年5月，全球IT巨头谷歌公司推出了"谷歌电视"（Google TV）。随后，索尼、罗技公司分别发布了采用安卓（Android）智能操作系统运行"谷歌电视"软件的智能电视机，将网络功能融入电视。

综上所述，我们可以将新媒体定义为：借助计算机（或具有计算机本质特征的数字设备）传播信息的载体。

五、网络传播学的研究对象

我们刚才界定了网络传播学中的网络传播定义，它明白无误地确立了网络传播学的研究对象——人类网络传播活动。

网络传播学是传播学的一个分支,是传播学的子学科。传播学亦称"传学",是研究人类一切信息传播行为和传播过程发生、发展规律,及其与人和社会关系的一门新兴学科。传播学研究传播的概念和本质,信息与对象互动作用的规律,信息的产生与获得、加工与传递、效能与反映,各种符号系统的形成及其在传播中的作用,各种传播媒介本身的地位和作用以及传播与社会各领域、各系统的关系等。

传播学将传播分为五个层次:(1)人的内向传播,如自言自语,触景生情,自我进行信息交流等。(2)人际传播,即个人与个人之间符号交流的行为。(3)群体传播。(4)组织传播,即团体成员之间或团体之间的符号交流行为。(5)大众传播,即以印刷或电子为媒介,有目的地面向许多人的符号交流行为。传播学20世纪30年代发轫于美国,第二次世界大战后传到西欧和日本,并逐渐为世界上许多国家所重视。联合国教科文组织专门设立了国际传播问题研究委员会,定期交流各国学者对传播学的研究成果。

网络传播是一种基于网络的信息双向交流。信息能够减少或消除不确定性。几十年来,人们对信息这个概念一直众说纷纭,定义繁多。

有人认为信息是一个哲学的范畴。在他们看来,客观世界的本体是物质,物质都是有能量的,这种能量驱使着物质在不断地运动。各种物质运动的表现形式或表征,便是存在于客观世界的信息。所以,客观世界归根结底由物质、能量和信息三个基本要素构成。这三者紧密联系在一起,有物质和能量就必然产生信息,有信息就必然有其赖以存在的物质和能量。但是这三者又是互相区别的。信息不是物质,只是物质的一种状态、一种表征;任何物质都有自己的质量,而信息却没有任何物理学意义上的质量。信息也不是能量,它凭借能量而发生或传送,但它不遵守能量守恒法则,它会像遗传密码那样复制或增殖,它也会受噪音干扰而减弱或消失。这便是从本体论出发认定的信息,也就是客观世界自在的信息。客观世界的信息是独立于人体之外、不以人的意志为转移的;但是它又是可以被人类感知和认识的。人类在生产实践、社会实践和科学实践中,接触和感知了大量来自客观世界(自然、社会、人类自身)的信息,经过大脑这个信息处理中心的分析、综合、处理,客观世界的信息就转化为被主观世界认识的信息,物质领域的信息就转化为精神领域的信息。这种信息是人类的精神产物,它是人类对物质运动表征的认识或表述。这种信息的本源在于客观世界,但是一旦形成,它便有自己的存在方式以及自己的储存、组合、加工和传播的规律,并且施加影响于客观世界。这便是唯物主义认识论的信息观。总之,既有客观世界的信息,又有主观世界的信息,它们互相联系,互相转化。作为一种哲学范畴,信息既是物质运动的表现形式,同时也是人类对它的认识和表述。

信息其实是一种不确定性的减少或消除。网络传播学是以人类的网络传播活动为研究对象的。作为人类网络传播内容的信息，能够使人类减少或消除不确定性。

六、网络传播学的学科属性

我们认为，网络传播学属于社会科学。理由主要有以下两条：

第一，根据网络传播学的研究对象，我们可以认定网络传播学属于社会科学。因为，网络传播学的研究对象是人类网络传播活动，而人类网络传播活动无疑是一种社会现象。虽然网络传播学的研究要涉及大量的技术问题，但是这改变不了网络传播学的社会科学性质。

第二，网络传播学是传播学的一个分支，是它的子学科，而传播学属于社会科学。我们由此也可以断定网络传播学属于社会科学。

七、网络传播学的相关学科

网络传播学的相关学科主要有：传播学、政治学、社会学、心理学、经济学、计算机科学等。

网络传播学与传播学的关系如前所述；在网络传播活动中涉及大量的政治问题，例如国际政治斗争往往会在网络传播中得以充分体现，一些西方国家利用互联网进行政治颠覆活动等，所以在研究中必然会涉及政治学的相关知识；网络传播学的研究对象是人类网络传播活动，而人类网络传播活动是一种社会现象，在研究中要运用到社会学的原理和方法；网络传播活动是人的活动，研究中要运用心理学的方法与理论研究网络传播者和受众的心理活动；网络传播过程中要涉及经济投入、产出问题，要运用经济学原理研究如何实现低成本高收益；网络传播学是计算机技术高度发展的产物，在研究中必然涉及大量的技术问题。

第二节　网络传播给传播学理论带来的影响

网络传播的出现和发展，拓宽了传播的广度和深度，打破了以往人类多种信息传播形式的界限，它既可以实现面对面传播，又可以实现点对点传播。当信息面对多个上网用户时，网络传播可谓大众传播，而相对独立的上网用户之间的交流则可谓点对点的人际传播。网络传播将人际传播和大众传播融为一体。这种全新的、特殊的传播方式使传统的大众传播理论面临挑战。

一、网络传播的模式

网络传播融合了大众传播（单向）和人际传播（双向）的信息传播特征，形成一种散布型网状传播结构。在这种传播结构中，任何一个网结都能够生产、发布信息，所有网结生产、发布的信息都能够以非线性方式流入网络之中。网络传播兼有人际传播与大众传播的优势，又突破了两者的局限。

所谓人际传播（Personal Communication），是指对象十分明确的人与人之间的信息交流。它可以是一人对一人，也可以是一人对多人（如上课、演讲、会议等），既可以直接、面对面地进行，也可以间接、非面对面地进行（如写信等）。人际传播的最大优势是具有交互性，或者说信息的可反馈性，因而它是双向的或者说是互动式的。而且，在绝大多数情况下，信息反馈都是实时发生的。

由于有这一优势，人际传播能够达到十分深入的程度（如说服、教育等）。在人际传播中，传播者和接受者分别处于传播的两端，他们是互动的关系，彼此之间的反馈具有及时性并直接影响传播的过程和内容，因而其传播过程由传播者和接受者双方来控制，甚至有时在传播过程中，传播者与接受者的界限是模糊的。但是，人际传播的最大局限性是接受者的数量非常小，即便在一对多的情况下，例如会议、演讲、上课等，接受者也是非常有限的。此外，人际传播还有一个局限，就是传播者的信息资源相对匮乏。因为，作为人际传播的传播者，个人的信息量总是非常有限的，即使是所谓百科全书式的博学者，从总体上来说，其知识、信息也是有限的。

相比之下，大众传播（Mass Communication）超越了人际传播的局限，能够通过传播媒体一次性地把众多的信息传播给为数众多、地域分散的广大受众，显示出人际传播所缺乏的巨大优势。但是，反过来看，大众传播却又丧失了人际传播的主要优势：没有明确的传播对象，因而缺乏信息反馈性和交互性。这就使大众传播的深度、质量远远不如人际传播。此外，大众传播的受众在接受信息时处于十分被动的地位，缺乏选择的自由。

在传统的传播环境中，大众传播与人际传播的最大区别就在于大众传播信息是单向流动的，而人际传播则是双向互动。在大众传播过程中，控制权掌握在传播者手中，受众总是处于被动的接受端。面对大众媒介"推送"的内容，受众没有选择的自由，他们的反馈十分有限、严重滞后，而且不被重视。因为在大众传播过程中，传播者的终极目的是通过传播的内容对社会公众施加影响，最终达到某种经济或政治目的。

网络传播具有人际传播的交互性，受众可以直接迅速地反馈信息，发表意见。

同时，网络传播中，受众接受信息时有很大的自由选择度，可以主动选取、点击自己感兴趣的内容。网络传播突破了人际传播一对一或一对多的局限，在总体上是一种多对多的网状传播模式。

二、传统的传播理论面临挑战

在传播理论中，拉斯韦尔（Harold D. Lasswell）的"五W"线性传播模式虽然被后人一再补充、发展，但依然构成传播研究的五个方面，即传播者研究、内容研究、媒介研究、受传者研究和效果研究。这反映出大众传播的特征，即大规模的媒介组织向大范围的受众传递大批量信息的点对面的单向传播。其最大特点是遵循"大数"原则，根据有限的不精确的反馈信息和传播者对公众需要的估测及传播政策的要求，传送出被认为是适合大多数受众需要的信息。而互联网所具有的传播特点和功能则完全打破了这个线性架构，从而衍生出传播理论必须考虑的新的概念和命题，需要新的框架体系来解释网络传播的传播性质。

在传统的传播学理论中，传播者指的是传播行为的发起人，是借助某种手段或工具，通过发出信息主动作用于他人的人。传播者处于传播过程的首端，对信息的内容、流量和流向以及受传者的反应起着重要的控制作用。报社、电台、电视台等媒介机构是从事信息的采集、选择、加工、复制和传播的专业组织，从其生产规模的巨大性和受传者的广泛性而言，我们又把它们称为大众传播者。

网络传播中，传播和接受信息几乎可以同时完成，传播者和受众在瞬间就能进行角色转换。每个人既可以是传播者，又可以是受众。这是由网络的互动性所造成的，它给予人们转换角色的自由，受众可以不再是被动地接受信息，而是可以主动地掌握和控制信息，并参与到信息的提供和传播之中。

由此可见，传统的线性传播模式已经无法合理地解释网络传播，互联网开创了一种全新的、开放式的、非线性的传播模式。如果大众传播研究者仍旧完全不理会互联网的研究，他们的传播理论将会变成过时的东西。传播学需要新的理论模式。网络传播将人际传播和大众传播融为一体，传播者和受众的身份也开始模糊，因为信息可以存在于传播者和接受者两端。

因此，面对这个新的领域，传播理论研究应当划分为四个方面：个人对个人的异步传播，例如电子邮件等；多人对多人的异步传播，例如电子公告牌等；个人对个人，或对不确定的多人的同步传播，例如在线闲谈等；多人（包括团体）对个人、个人对多人的异步传播，例如网民接收信息的活动等。前三种情况属于不同形态的交互传播，只是最后一种情况才与原来的大众传播相似，但是受众（网民）通常会主动找寻信息。

三、网络传播中的议程设置

"议程设置功能"作为一种理论假说,最早见于美国传播学家 M. E. 麦库姆斯和 D. L. 肖于 1972 年发表的论文《大众传播的议程设置功能》。它的中心思想是:大众传播具有一种为公众设置"议事日程"的功能,传媒的新闻报道和信息传达活动以赋予各种"议题"不同程度的显著性的方式,影响着人们对周围世界的"大事"及其重要性的判断。从某种意义上说,"议程设置"是舆论导向的第一个阶段,即传媒通过有选择地报道新闻把社会注意力和社会关心引导到特定的方向。

1950 年,传播学者怀特将这个概念引入新闻研究领域,明确提出新闻筛选过程中的"把关"模式。他指出,社会上存在大量新闻素材,大众传媒的新闻报道不是也不可能是"有闻必录",而是一个取舍选择的过程。在这个过程中,媒介组织形成了一道"关口",通过这个"关口"传达到受众那里的新闻只是众多新闻素材中的少数。

把关特权的来源其实是有深刻的背景的,即传统大众媒介体系的特点:线性、单向的传播方式,以及媒介进入的技术和经济障碍。传统媒介的发展是与政治和经济以及各种利益的角逐联系在一起的。这就导致了传统媒介自身的复杂性。

传媒组织"把关",一方面直接体现为对新闻素材的"新闻价值"的判断。新闻价值的标准,可以表现为业务标准和市场标准两方面。业务标准指事件适合于媒介进行新闻处理的各种条件,而市场标准指的是事件能够满足受众新闻需求的诸条件以及吸引受众兴趣的诸条件。另一方面,把关活动最终还受到传媒的立场、方针和价值标准的影响。"把关人"自身的价值观对信息有生杀予夺的影响,如美联社、路透社等大型传播机构,每天只将它得到的 70% 左右的信息向全球新闻机构提供,而各地的机构只能将其中的 2% 提供给自己的受众。大量的信息由于这些机构和人员的利益、兴趣而夭折、被掩灭。媒介的把关,不是一种简单的业务标准或市场标准所导致的取舍,它的背后有着更深刻的社会背景。

在传统的大众传播过程中,受众总是被动地接受大众传媒传递的信息。他们只能在媒介每天为他们"设置"的有限"议程"或"菜单"中进行有限的挑选,不能同大众传媒进行平等的交流,更不能设想也没有条件主动、方便地发布信息。

但是在网络传播中,受众享有极大的选择权和主动权,用户可以根据自己的兴趣与需求从网中"拉"出信息,原来关于大众媒介对受众产生"议程设置"这一客观效果的理论受到一定的挑战。在网络上,所有用户都可以通过 BBS(电子公告牌)自由地选择其所要接收的信息,也可以表达观点,许多用户既是传播者也是接受者。目前国内外对网络传播中是否依然存在"议程设置"以及如何在网络中进行"议程设置"存在着一定的争论。

我们认为,"议程设置"在网络传播中依然存在。但是,网络传播中的"议程设置"具有一些新特点,"议程设置"的难度在加大,有效性在降低,需要一些新手法。

1. 网民需要"议程设置"

网络提供了传统媒体难以企及的超大量的信息,互联网信息总量的泛滥,导致有效信息含量相对减少,这完全有可能使本来会形成议题的信息湮没在大量的无用信息之中。

从受众角度看,他们其实需要媒体对海量的信息进行"过滤"与"把关"。

这是因为:首先,由于受人类生理条件制约,每个受者能接受的信息数量大体是恒定的。虽然信息科技的发展、网络媒体的普及,给整个人类社会带来了所谓"信息爆炸""信息过剩",然而,这并没有也不可能相应地大幅增加每个个体接受信息的总量。

其次,目前的一些网络新闻还存在着鱼龙混杂、真假不分的问题,需要专业新闻媒体去粗存精、去伪存真。非专业人员参与传播会导致信息的复杂化,信息来源的多样性使信息质量良莠不齐。于是,人们在信息时代,面对过剩的信息,反而会有一种信息匮乏感。他们很难判断什么信息是准确的,或者需要花费更大的精力来证实或证伪信息。因此,网络需要保障受众从无数传播者中选择具有权威性、可靠性的发布者,成为一种必然。而从整体看,专业媒体最具备成为权威信息发布者的可能,因为它们身份公开,便于接受监督;它们更具有专业经验、专业规范,也有长期形成的职业道德的约束。

普通公众可能有机会抓拍、抢拍和目击突发性新闻事件,但是他们一般不可能也没时间、没能力(如缺乏专业能力、资金等)去对事件作跟踪报道、连续报道和深度报道。他们更不可能有职业条件去对非事件性新闻,如预定性新闻(奥运会、总统选举等)和过程性新闻(突发事件的后续发展、重大事件或一般事件的发展过程等)作报道。而这些体现大众传媒和新闻传播者的专业能力和职业水准的报道,显然是一般即使装备了现代传播技术的公众也无法做到的。

网络超大规模的信息流量给受众的选择机制带来了新的困惑。庞大的信息数量和受众相对有限的信息处理能力构成网络传播中的一对突出矛盾,即便有搜索引擎这样的信息分类整理系统,依然很难快速有效地筛选信息,导致选择处理信息所要付出的时间、精力与信息带来的报偿之间不成正比,从而使很多网民宁愿放弃主动选择,把选择权交给新闻网站,依靠"把关人"为其选择过滤信息。

2. 媒体不会放弃"议程设置"

对于专业新闻媒体来说，不实施把关是不可能的。从数量上看，一个专业媒体可以提供比以往多得多的信息，但这并不意味着这些信息是不加选择的，相反，如果专业媒体也把一切可得到的信息捡来就用，那么就会使自己站点提供的内容鱼龙混杂，甚至可能会因虚假信息造成恶劣的社会影响。其结果是它的信用度下降，品牌贬值，最终会导致自己经营上的失败。此外，"议程设置"被许多媒体视为一种不可放弃的权力。所以媒体仍然会采取种种手法来进行"把关"，并会用各种相关的网络技术或编辑手段来体现自己的意图。

在网络传播中，被削弱的主要是政府的"把关"功能。虽然表面上政府的直接控制力相对减弱，但是，为了政治稳定，政府就会采取其他一些策略，例如通过技术手段进行控制或封杀某些网站来实现自己的目的。当然，技术控制往往很容易就被挣脱，人们可以通过代理服务器绕过关卡。政府也可以通过扶持重点网站来贯彻自己的意图。

网络传播对某一新闻事件进行强调、进行"议程设置"的常用手法主要有：

（1）直接手段

第一，详细报道、快速跟踪。由于网络的超大容量，传播者可以将与该事件相关的新闻事实或背景，事无巨细，全部发布出来。由于网络的即时性，传播者可以通过密切的跟踪报道、快速跟进的后续消息，将网民的注意力始终维持在该事件上。而传统媒体囿于出版周期和版面的限制，往往很难变换不同的内容、角度对某一议题进行长期的报道。网络媒体可以在一天的报道中安排大量不同内容、不同角度的消息，还可以做到随时更新，并且能把往日的相关报道以超文本的方式与最新消息连接起来。

第二，新闻排序。网上的新闻排序主要有两种，一种是按时间顺序排列，这主要是针对一些即时更新的信息而言；另一种是按重要程度排序，其中体现网络新闻编辑对于新闻价值的衡量。应该说，网络新闻的排序与传统媒体并无本质差异，归根到底都是媒体对于社会上发生的新闻事件，从新闻价值、受众可能关注的程度、自身立场等因素出发所做出的一种评价。这种评价反过来又会作用于受众，使他们对这些事件的重要程度的排序做出相应的调整。

（2）间接手段

由于网络的互动性，传播者又可以通过电子邮件或 BBS 以及聊天室的方式，在受众内部迅速形成意见的交流，从而通过网上方便的人际传播优势来形成话题，进而引起对某一问题更多的关注。

此外，扶植意见领袖是一种较为隐蔽的手段。网站工作人员可以充当这样的角色，也可以凸显出网民中的某些个人，提升他们的影响力。在网络传播中，许多知名的新闻类网站常常通过各种隐性和间接的手法设置议程。比如1999年北约轰炸中国驻南斯拉夫使馆后，yahoo.com的中文网站在其主页上设计了一个"北约误炸中国使馆"的板块。这个板块标题本身就已经明白无误地显示了这家网站的价值取向和舆论导向。

3. 在网络中进行"议程设置"的特点

（1）在网络中进行"议程设置"具有"非强制性"

在以受众为中心的网络传播中，"议程设置"的难度要大于传统媒体，因为受众的选择余地与主动性大大增加了。网络传播者提供的议题，并不能直接毫不走样地成为网民的议题，虽然这些议题往往会对网民的议题的形成产生很大的影响和诱导。这是一个双向互动的过程。就目前来看，网民所关心和热衷讨论的议题往往是一些要么与自身利益与兴趣密切相关，要么新奇刺激的事件，一些负面新闻往往容易形成议题。从信息传播结构来看，信息发布仅仅是网络信息流的开端，信息的流动才是传播的关键。在信息的流动过程中，网民所扮演的角色极为重要。他们大量复制信息的行为，不仅为信息的流动推波助澜，而且也使新闻或信息不再仅仅停留在新闻网站，而是迅速进入各种类型的论坛、微博、微信，或通过电子邮件广为散布；加上传统的人际传播方式，如口耳相传等，一条新闻就这样被迅速地传播、渗透到各个角落。在一定程度上，与其说网络议程是由网站设置的，还不如说是由网民来设置的，是他们影响了媒体对于事件价值大小的判断，并改变了媒体的报道计划。

（2）网络中传播者的多元化和难以控制，限制了"议程设置"的效果

互联网上有上千万个个人主页，它们大多数都挂靠在提供个人主页空间服务的商业网站上。这其中有不少是根据个人兴趣设立的网站，站主会把自己看到的感兴趣的新闻或别的媒体的新闻在自己网站上发表。有时候，这种传播成为正式媒体新闻传播的一种有益补充。

麦特·德鲁吉公布克林顿性丑闻就是一个个人在网上建立网站发布新闻的例子。麦特·德鲁吉本来是一个文化程度不高又没受过新闻训练的普通人，他热衷于利用业余时间从各种信息源中寻找有价值的资料并送上互联网，从而成为互联网中的明星。

网络中新闻通过个人传播的另一种途径就是BBS。BBS实际上是一个新闻集散地，人们围绕某一主题发帖子，其中很多都是新闻事件。与个人网站相比，这种传播中传播者的范围更广，谁都可以发布消息，同时这种传播也更加随意。

微博和微信等互联网新应用的兴起，加剧了网络中传播的多元化和难控制性。

微博，即微博客（MicroBlog）的简称，是一个基于用户关系信息分享、传播以及获取的平台，用户可以通过Web、WAP等客户端组建个人社区，以140字左右的文字更新信息，并实现即时分享。

微信是腾讯公司推出的一款即时语音通信软件,用户可以通过手机、平板电脑和网络快速发送语音、视频、图片和文字。微信提供公众平台、朋友圈和消息推送等功能,用户可以通过摇一摇、搜索号码、附近的人、扫二维码方式添加好友和关注微信公众平台,并将内容分享到微信朋友圈。

网络中传播者的多元化,使网络信息极大丰富起来,也使得专业新闻网络媒体以及很多传统媒体无法报道和不愿意报道的新闻事实,都可以通过网络得以传播。过去,传播的任务主要由有组织的传播机构来承担,他们传播的目的性是非常明确的。在西方,媒介往往是商业化经营,其目的主要是为了赚取利润,确保投资者的经济利益,同时考虑对社会的影响。在中国,媒体主要充当党、政府和人民的宣传阵地。在网络中,传播主体是多元的,其中既有一些传统媒体继续履行它在现实生活中的责任,也有一些个人和组织为了各种各样的目的进行传播,有的人甚至没有明确目的,仅仅是为了传播而传播。这在一定程度上使网络中的传播显得十分混乱。网络就像一个大市场,谁都可以在里面随意地向别人发表自己的观点和意见。网络中传播者的多元化和难以控制,带来了传播的多目的性,也使得"议程设置"的难度加大,其效果受到限制。

此外,根据传播学者的另外一些研究,传媒的"议程设置"对知识水准高、政治关心程度高以及从事白领职业的人影响较小,而网络受众在目前还是以知识水准高、从事白领职业的人为主体。这也说明网络"议程设置"的效果是有一定限度的。

四、传播效果研究面临新课题

许多分析大众传播媒介影响受众的有限性的理论,在相当程度上也是研究受众的。这为分析现在的互联网用户提供了理论基础,例如个人差异论、社会分化论、社会系统论等。就心理和认知结构而言,每个人的个性都与他人不同,而在选择或接受信息时,其注意程度、理解方式也不完全相同。上述情况又受到选择性四因素即选择性注意、选择性理解、选择性记忆和选择性行为的影响。但是,所有这些理论原来都不是为研究网络传播准备的。所以本书需要对网络的虚拟化、用户的创造性、信息过载对人的思维和心理的影响等新显现出来的属于网络传播所特有的问题进行专门考察。同时,网络用户活动特点对网络本身发展的影响,也将成为本书的重要研究项目。

在网络传播中,受众可以对信息进行自由选择,包括选择信息内容和信息的接收形式以及接收时间和顺序。网络媒体采用多媒体技术在网上发布信息,不仅发布关于该信息的文本,还能显示图像、声音等,供受众自由选用。在信息的编排上,网络媒体除少数重大新闻事件采取同步传播外,对大多数信息采取异步传播,即将各种信息散布在网上并随时更新,让受众去"点播",使受众可以随时在网上按自己喜爱的顺序浏览或下载新闻信息。

在网络传播中,受众与新闻传播者可以在一定程度上进行直接的双向交流。网络的交互性特征为受传双方进行直接交流提供了物质保证,使远隔千里的传播者和受众通过网络(例如电子邮件或电子论坛)可以进行同步或异步交流。这种双向交流,对于传播者而言,能够在第一时间亲身了解受众的反应与想法,掌握信息的传播效果,以便对自己的传播行为作出正确的评价和修正,并能及时解答受众的疑问,加强传播的效果。对于受众而言,除了能在第一时间向传播者表达自己的意见外,还能从传播者那里获得新闻背后的信息。

在传统的大众传播过程中,受众总是被动地接受大众传媒传递的信息。然而,在信息社会里,网络传播可以改变受众的地位和角色。有条件的受众不仅从被动地接受信息变为主动地获取信息,还能进而发展成为主动的信息报道者。

此外,网络传播中的受众有其明显的群体特征,与传统新闻媒体的受众群相比,网络新闻信息的受众群在年龄结构、学历层次等各方面都显示出特殊性(尽管随着网络业的发展与普及,这种特殊性会日益淡化,网民呈现出大众化发展趋势)。这种特殊性决定了这个群体接受新闻信息的一些特殊规律。所有这些都使得网络传播的效果研究面临着新的课题。

五、传统的新闻理论与新闻实践中的界限变得模糊

由于网络新闻传播与传统新闻媒体在传播属性上具有种种差异,因而在互联网的新闻传播领域中,以往一些传统的新闻理论与新闻实践中的界限正在变得模糊乃至消失。

一是新闻传播的区域界限。新闻信息一经上网,在空间上可以立即覆盖全球,成为在全世界范围内传播的信息。这样,任何一家本来有着传播地域界限的报社、电台和电视台,在国际互联网上,理论上都会成为世界性传播媒体。特别是对众多的地方新闻机构来说,一经上网,它们的新闻传播活动立即具有面对全球进行信息传播的性质。这一现实,首先会导致中国原有的对外宣传格局发生改变。在国际互联网上的中国新闻媒体,实际上都已经程度不同地加入了中国的对外宣传的阵列。这一新状况的出现,一方面为建立起与改革开放的今日中国国际地位相称的对外新闻传播构架提供了坚实的媒体总量与区域布局的基础;另一方面,也对中国新闻机构自身的运行方式与中国政府对新闻机构的管理方式提出了一系列新的课题。

二是发布信息的时间界限。一个网络新闻媒体可以按照不同的时间梯度发布信息并且做到即时更新新闻。以往新闻媒体特别是报刊媒体的刊期界限,在网络信息传播中已经开始消失。由于网络信息的制作程序较之其他媒体的信息制作已经极为

简化，信息更新周期可以快至即时，当然也可以延长至传播者所要求的任意时间长度，加之计算机特有的成本极低而容量巨大的信息存储能力，就使得网络信息传播拥有了巨大的时间弹性和内容结构组合上的最大的灵活度。这样一种全新的传播模式，使得信息传播的容量和质量都随之发生着根本性变化。

三是各类媒体信息传播方式的界限。网络新闻传播可以同时调动文字、图片、声音和影像手段，增强传播效应，同时还可以在网上运行各种内容丰富的信息数据库。以往报刊、广播和电视等新闻传播媒体独有的优势，在网际新闻传播中已经融为一体，加之传统媒体未曾拥有过的信息传播优势，网络新闻媒体已经将这一切化合成一种人类历史上全新的信息传播方式。

四是新闻工作技能与计算机网络工作技能的界限。在网络新闻传播领域，新闻信息已经与计算机网络技术高度融合，计算机网络技术不仅参与对新闻信息的外部包装，而且渗透到对新闻信息内容质量的开掘。从事网络新闻传播的新闻传播者已经不可能不应用计算机网络技术，而计算机网络技术人员也不可能不知晓新闻工作的规律。目前中国网络新闻媒体从业人员队伍的建设有两个普遍的特征：一是来自新闻专业的人员向计算机网络技术接近，二是来自计算机网络技术的人员向新闻专业接近。网络新闻媒体从业人员的这样一种新的组合趋势，势必将对新闻队伍的结构、新闻教育的布局、新闻传媒的运行方式等诸多领域产生深刻影响，促使传统的新闻业发生一系列革命性演变。

六、网络传播对新闻价值及其实现所产生的影响

在以往的学术著作中，对新闻价值有这样几种认识：一种观点认为新闻价值是指新闻的事实和材料本身具有的特殊素质与各种素质的总和，这是从新闻事实的角度来理解的。另一种观点认为新闻价值是选择新闻和衡量新闻的标准，这是从新闻传播者的角度来阐述的。第三种观点认为新闻价值是指为受众所喜闻乐见的程度以及它在实践中产生影响的大小，这是从受众的角度来理解新闻价值的。

我们这里指的新闻价值是新闻本身所蕴涵的素质，即事实、新闻材料和新闻所具有的能满足人们的新闻需要的功能。新闻价值的要素包括不变因素（真实性与新鲜性）与可变因素（重要性、显著性、接近性、趣味性）。真实与新鲜是新闻的两块基石，是衡量一个事实有无新闻价值的主要依据，也是新闻价值的源头。当具备了真实和新鲜两个基本要素之后，衡量新闻价值的大小，就可以从重要、显著、接近、趣味等多方面作综合考虑，所含的价值要素越丰富，新闻价值就越高。

新闻价值与新闻价值的实现是两个不同的概念。新闻价值的实现是指将蕴涵新闻价值的事实转变成新闻报道。并非具有新闻价值的事实都能被报道出来，新闻价值的实现要受到诸多因素的制约。一条有新闻价值的事实，需经历采写、编辑、传

播、接收等环节，每一个环节都与新闻价值的实现有密切的联系。同一条新闻，通过网络传播，其新闻价值会有什么样的变化呢？

在真实性方面。有人认为，网络媒体不像传统媒体那样，有自己的新闻采编队伍，所发布的新闻没有经过严格的编辑和真伪鉴别；加上人人均可发表意见与信息的BBS、非专业的博客的存在，网络新闻信息的真实性、可信性不如传统媒体。

我们认为，在网络新闻的真实性上，我们需要具体对象具体分析。发布在BBS、个人博客上的信息，其真实性在整体上不如传统媒体；但是，在知名网站上发布的信息，其真实性还是得到了网民的充分认可的。网络媒体发布信息的迅速性与真实性、深刻性之间并没有必然的矛盾关系。美国一些高校，如加州大学洛杉矶分校传播政策研究中心的调查表明，网络新闻的可信度在逐年提高。

在中国特殊的国情下，新媒体在新闻传播的客观性、真实性方面，往往具有传统媒体所不具备的优势。没有新媒体，孙志刚、"非典"、"三鹿"、周久耕等事件的结局将完全不同。

在新鲜性方面。由于互联网传输速度极快、覆盖面极广，一条新闻在几秒钟内就可以传遍世界。印刷媒体由于受到出版周期等的限制，一些刚刚采写出的新闻必须等到下一期报纸或杂志出版才可以刊登出来；广播新闻必须在固定的时间段播出；电视新闻需要先拍摄再进行后期制作，方能按排列顺序展现在观众面前。而在网络上却可以随着事件发生随时发布最新消息，克林顿绯闻案、印尼排华暴乱事件、我驻南使馆被炸等越来越多的事件都是先经网络大量报道后，才出现在传统媒体上。一条很有价值的新闻，由于受传统媒体"版面"的限制，有可能成为"旧闻"，其价值大大降低，而有了互联网这个渠道，新闻的时效性会大大增强。另外，网络新闻的实时更新，使新闻价值得到了充分体现。一些实力雄厚的网络媒体，其网站上的信息随事件的变化而不断更新，不仅有事实本身的报道，而且有大量即时的新闻分析，帮助人们了解事件的来龙去脉及最新进展，实行全天候跟踪式连续报道。由此我们得出结论：同一条新闻，当它在网络上发表时，其时效性有可能得到更充分的体现，因此，与在传统媒体上发表相比，其新鲜性会有所增强。

在趣味性方面。互联网传播信息采用的是多媒体方式。印刷媒体传达新闻只能通过文字与图片，广播传达信息只能用声音，其传达的信息远不及互联网生动丰富，也不具备检索的方便性。通过网络传播的新闻，可以结合文字、图片、动态影像、声音于一体，其趣味性得到增强。

在接近性、显著性与重要性方面，互联网的影响还不明显，但如何采取相应的措施充分体现新闻的接近性、显著性与重要性却是值得研究的课题。

新闻价值必须通过采写、编辑、传播、接收四个环节，才能最终实现。一条新闻的价值，借助互联网可以更加充分地发挥出来。借助互联网，新闻的采写、编辑、制作过程大大缩短，新闻的时效性能够得到充分的体现，新鲜性大大增强，为新闻价值的实现打下了坚实的基础。借助网络，记者可以查找与事件相关的背景资料，对已经报道过的新闻进行分析，选择新的角度，将收集到的资料和自己构思的文章输入计算机，进行简单的编辑，然后直接传到总编室的版样上进行审稿、修改，再传到美编那里进行设计、修饰；借助电子邮件，记者、编辑不仅可以获取各种消息源提供的新闻线索，减少有可能遗漏的信息，而且能够采访远在千里之外的被采访者；借助数码相机，记者可以大大简化传统的图片处理过程，影像不需要经过感光材料和扫描工序，将数码相机与计算机相连，图片可以即时在计算机上显示，再用图像处理软件进行处理。

由于网络的覆盖面极广，新闻传播的渠道也较为通畅，新闻本身所蕴涵的价值可以被充分挖掘出来，新闻价值的实现程度较传统媒体要高。传统媒体由于受版面、节目播出时间等条件的限制，不仅在报道内容上容易相互雷同，而且也很难在极短时间内形成宏大的规模及引发强烈的效应。另外，由于网络的开放性与自由度的拓展，原先在传统媒体上由于种种原因不能发表的或推后发表的新闻，在网络上可能得到全方位、多角度、及时的公开传播，原本得不到充分体现或根本无法实现的新闻价值得以实现。

新闻价值的实现与新闻传播者、新闻传播过程有着很大关系，与受众也有着直接联系，只有受众接受，新闻价值才能实现。互联网良好的交互性可以使受众充分了解、认识新闻的价值。受众在网络上看到新闻后，可以通过电子邮件或电子公告牌等形式就事件本身发表自己的看法，或从别的角度对新闻进行补充报道，或对新闻的编辑处理提出自己的建议，编辑因此可以及时了解哪些受众对新闻比较感兴趣，还能够及时解答受众的疑问。

第三节 网络传播给传媒业带来的冲击

一、改变现有传播格局

媒体技术发展一般会经历三个阶段。新媒体初入世界时是供人娱乐的玩具，谁也不注意它们的内容；人们习惯新技术之后，技术就退居次要地位而进入了现实的镜像阶段，人们开始对内容做出回应；有的时候媒体进入第三阶段，此时的媒体就不仅反映现实，而且要重新安排、重新构建现实了。网络媒体的发展也正在经历这样一个过程。越来越多的人正在关注通过网络呈现出的丰富内容和不同媒体形态。网络媒体继续发展，必然会进一步改变现有传播方式，并有可能打破传媒业和通信业、信息技术业的界限，打破有线网、无线网、通信网、电视网的分割，兼容整合各种媒体形态，塑造新的传播格局。

1. 形成新的交流环境

网络重要性的上升，网络功能的增强，正在形成一个瞬间完成传播、全方位包围我们头脑的新的交流环境。在新的交流环境里面，信息传播空间发生了变化，传播者和受众的距离消除了，传受双方的界限被打破了。在网络传播时代，从理论上说，每个人几乎都有可能成为传播者，传播机构和个体受众的区别也缩小了。全球化传播渠道更加畅通了，网络即时通信、网络博客、无线互联网等很可能实现全球互联互通，地理上的区隔被进一步打破，"地球村"进一步变成现实。信息传播的时间发生了变化，静态的信息接收方式向动态实时接收信息转变，信息的及时互动或暂时延宕得以自主实现。人际交流的话语空间也通过网络媒体实现了有机整合，点对点的私人空间和连接无线互联网形成的点对面的公共空间既可以相对独立，又能即时贯通。

2. 媒体生态更加复杂

网络成为一种崭新的传播媒体，使媒体生态更加复杂，传播主体更加多元，受众分化更加明显，舆论引导难度明显加大，给既有的信息传播秩序带来了深刻冲击，特别是对传统的媒体格局和当前的新闻宣传工作产生了前所未有的深远影响。

我国正处于传媒事业高速发展、传播技术深刻变革时期，媒体数量十分庞大，新型媒体不断涌现，传播渠道多种多样，不同媒体间的竞争态势也较为明显。网络媒体迅速发展，可能导致部分传统媒体覆盖面有所缩小，甚至出现被互联网边缘化的情况，主流舆论阵地面临新的压力。

3. 传播主体更加多元

网络媒体的发展使介入新闻信息传播的主体进一步趋于多元。网络媒体是以运营商为主导发展起来的，目前网络运营商正在实施战略转型，即通过多网络、多终端、多业务的融合和价值链的延伸，实现由传统基础网络运营商向综合信息服务提供商的转变。网络媒体的个人化趋势十分明显，普通网络用户可以通过网络方便地采集、发布信息，"个人媒体"有可能得到较大发展。可以预计，传播主体更加多元化，特别是个人掌握的传播工具越来越多，在信息传播中的地位空前提升，个人发布信息、形成舆论、"动员社会"、"穿透"管理的能力不断增强，产生不良信息和不可控因素的可能性大大增加，这将不可避免地对主流舆论形成冲击。

4. 受众分化更加明显

人类新闻传播活动经历了从小众传播到大众传播、从大众传播到分众传播的漫长过程，这一过程的产生有复杂的社会历史原因。现在，人们获取信息的途径、接收信息的方式、需求信息的类型、选择媒体的偏好等方面的差异越来越大，媒体的专业化、小众化传播趋势日益明显，受众群体分化趋势逐步加剧。网络媒体更多地体现了以个人为单位的个人兴趣、个人需求，是完全个性化的传播平台；网络信息传播将会最大限度地体现个人的差异和需求，最大限度地实现在信息需求方面的个人价值。网络媒体的应用和普及，必然会进一步改变人们的信息获取途径和接收方式，推动分众传播、小众传播更深入地发展，这也会在一定程度上使得传统的主流媒体传播的信息到达不了某些特定受众群体，影响新闻宣传效果。

二、冲击舆论调控机制

网络传播的舆论化趋势为用户提供了一个自由的言论平台，使人们获得了更大的表达空间。但网络传播的互动性、开放性、匿名性等特性，以及传播内容的不可预知性，群发转发的不可控制性，使得"把关"难度增大，"把关"机制失效或缺失；加之整个行业发展环境和网络媒体环境还不规范，网络传播的舆论化也带来了一系列现实的和潜在的问题。

1. 对传统舆论调控机制的冲击

网络媒体的出现，使得信息传递更加及时，传播范围更加广泛，形成了一个"无所不在"的"5A"网络环境。从理论上讲，通过网络媒体，"任何人（Anyone）"可以在"任何时间（Any time）""任何地点（Any where）"通过文字、声音、图像等"任何媒体（Any media）"传播"任何信息（Any message）"。这给传统的舆论调控机制造成了深刻影响。从对热点引导的影响看，网络媒体可以使个别媒体报道的地方性事件迅速演变成全国媒体关注的对象，由"局部热点"迅速演变成"全局热点"；可以几天甚至几小时就炒作出一个"××事件""××现象"，而且往往事先难以发现征候，事后找不着责任主体，造成较大负面影响。从对正面宣传的影响看，网络媒体传播形式多样、信息内容庞杂，很容易将正面宣传的内容淹没，难以产生预期的社会效果，而错误的观点、非理性的舆论有了传播渠道和生存空间，这对传统的舆论调控机制构成了冲击，对如何确保正确的舆论导向提出了新的挑战。

2. 冲击信息传播秩序

一方面，伴随网络传播舆论化发展，一些捕风捉影的流言谣言迅速扩散，垃圾信息无孔不入，低俗信息大行其道，少数网站提供的黄色小说、图片、视频浏览或下载业务"受到追捧"，扰乱了无线互联网的信息传播秩序。另一方面，网络传播舆论化带来的不是信息的平等，而是在传统媒体、网络媒体已经造成的信息不对称基础上，这一趋势的进一步加剧。早在20世纪70年代，美国传播学者蒂奇诺等人就提出了"知沟"理论假说："由于社会经济地位高者通常能比社会经济地位低者更快地获取信息,因此,大众媒体传送的信息越多,这两者之间的知识鸿沟也就越有扩大的趋势。"① 这一理论随着网络媒体的产生和发展继续得到验证。而作为媒体发展的最新进展,网络信息传播的舆论化趋势更是加强了这种信息不对称的情况。

3. 冲击媒体发展环境

网络信息传播的舆论化趋势,不断冲击网络媒体发展环境,影响网络媒体公信力的建构。进而言之,一方面,网络传播技术带来的"把关人"缺失和"把关机制"失效,加剧了网络媒体的舆论化趋势。网络媒体融合点对点的线性传播、面对面的网状传播等特性,理论上传播路径是无限的,无论是政府在宏观层面建立的"把关"机制,还是运营商、服务商在微观层面建立的"把关"机制,都会存在漏洞和滞后等问题,这就使得"把关"的难度大为增加,甚至变成不可能,也就使得网络媒体舆论的自由空间很大,舆论化趋势不断加剧。另一方面,网络媒体的舆论化趋势,又不断冲击"把关人"和"把关机制"。越来越多的人通过网络媒体提供的平台自由表达意见,或许越来越多的人希望成为"意见领袖",这使得网络媒体上的舆论变得更加多元,传统的"把关机制"受到的冲击增大,网络媒体的发展环境也就更加复杂。

三、网络媒体的发展导致社会控制进一步弱化

对于传统的大众传播媒体来说,社会控制不难实施。国家和政府通过规定大众传播体制,制定有关法律、法规和政策,来保障媒体活动为国家制度、意识形态以及各种国家目标的实现服务。包括对媒体的活动进行法制和行政的管理,对媒体的创办进行审批登记,限制或禁止某些信息内容的传播,分配传播资源等等。

对于网络媒体而言,社会控制存在相当大的难度。网络传播信息容量的无限性、物质载体的无形性、信息受传者数量的海量性,使得全面及时控制网络传播几乎是不可能的。

社会控制,对于网络来说显得苍白无力。诸如广西南丹事件、非典型性肺炎(SARS)等新闻信息冲破传统媒体的限制,在网络上广泛流传,就足以说明要在网络中进行社会控制是何等的困难。网络上,信息传播的自由化达到了前所未有的程度。

为了社会稳定,政府可以采取一些策略,例如通过技术手段进行控制。政府还可以制定一些法规,例如要求电信运营商将BBS保存一段时间以备查。但是,由

---

① Tichenor, P. J., *Mass Communication and differential Growth in Knowledge*, Public Opinion Quartely, Summer, 1970, 158—170

于网络媒体的用户群过于庞大，要全面监控网络信息传播并不容易，或者说要付出极高的社会成本。

在网络传播中，社会舆论将更加分散。

市场经济的冲击及观念的开放，使受众结构已经发生分化，变成了一个个有着不同愿望和需求的"小众"群体。主体意识的增强，使得受众的参与意识较之从前有了很大提高，网络媒体的发展促进了个性化传播趋势。除了传播方式的变革外，我们的政治将更加民主化，我们的经济、文化、社会和个人生活、学习、工作都将更加多样化，这些都加速了个性化传播趋势。网络媒体、手机媒体等数字化新媒体的发展，不仅使人们的信息来源大大增多，选择余地大大扩大，而且促使人们独立思考和判断的能力加强。受众眼界开阔，文化程度高，独立思考、判断的能力和习惯增强，盲从度会大大降低，这与生活的多元化、各种选择机会的丰富多样相结合，受众个人的独立性和自主性便会加强，受众需求的个性化程度就会相应提高。

数字时代被认为是一个尊重个体的时代，它更承认人们个人意见的表达与个性的发展，所以相对来说，传统的从众心理可能会表现得较弱一些。数字社会将是一个舆论更分散的时代。

2007年5月，百万市民转发短信致使厦门缓建高危石油化工厂，就是新媒体拥有巨大社会影响力的一个典型案例。台资翔鹭集团在厦门海沧区投资4亿7500万美元兴建的每年可生产80万吨对二甲苯（paraxylene）的石化工厂，距离总面积1627.55平方公里、总人口约137万人的海滨城市厦门市中心只有7公里，原定2007年动工，2008年年底投入生产。

专家指出，对二甲苯属于危险化学品和高致癌物，对胎儿有极高的致畸率。生产该化学物品的工厂应与大城市相距100公里才能保障安全，韩国、我国台湾等的对二甲苯项目与较大城市的直线距离一般大于70公里。

2007年3月，中国科学院院士赵玉芬等105名全国政协委员，联名向全国政协提交一份头号提案，指出翔鹭集团投资的有关石化项目离居民区仅1.5公里，存在泄漏或爆炸隐患，将使厦门百万人口面临危险，必须紧急叫停项目并迁址，但提案得不到足够的重视。

2007年4—5月，有网民贴出一条题为《反污染！厦门百万市民疯传同一短信》的帖子，声称上百万厦门市民都在转发一条相同的短信，反对厦门兴建对二甲苯的石化项目。短信的内容写道："翔鹭集团合资已在海沧区动工投资（苯）项目，这种剧毒化工品一旦生产，意味着厦门全岛放了一颗原子弹，厦门人民以后的生活将在白血病、畸形儿中度过。"该短信在结尾号召市民参加游行，以向市政府表达反对之意。

2007年6月1日，厦门市政府宣布缓建这项耗资108亿元人民币的海沧PX（对二甲苯）石化项目，建厂工程已暂停。而最初发起这一短信抵抗活动的，竟是厦门市海沧一位多次进京上访投诉无门的普通农民。台湾翔鹭集团要在厦门海沧进行的石油化工项目摧毁了农田，为此，这位农民向上级部门投诉，屡次失败后，他才想出了这样一个办法。

未来的世界将是一个移动互联的世界。网络作为新的信息终端、新的传播载体、新的媒体形态，正在对经济发展、政治文明、社会生活产生着日益广泛而深刻的影响。

第四节 关于新媒体的实证研究

包括互联网和手机在内的新媒体是人类最伟大的发明之一。互联网产业经济规模稳步增长，成为推动我国经济发展的重要推动力；互联网向各个领域渗透，推动经济结构调整升级；互联网提升了政府行政管理与公共服务能力，促进社会事业的发展；互联网和手机媒体成为文化传播的重要渠道；互联网服务大众，成为人民生活中的重要组成部分。

我们采用手机用户随机电话调查的方法，对各类媒体的新闻信任度进行了调查。调查范围为中国大陆地区四个具有代表性的城市：北京、武汉、广州、成都。调查时间是2010年6月1日—7月31日。调查对象为个人手机用户，按性别、年龄、职业进行条件划分。设计样本规模为4000人，在四大城市按调查对象条件各选择1000人，本次调查共访问有效样本3421人。以下是调查的分析结果。

一、新媒体在可信度方面丝毫不亚于传统媒体

1. 新媒体的信任度与报纸相仿，电视的信任度最高

我们的问题1是，请您给手机上传播的新闻信息，互联网上的新闻信息，报纸、广播、电视新闻的信任度打分，其中100分为满分。

有人认为，新媒体的可信度低于严肃的传统媒体，尤其是低于报纸等纸质媒体。但是我们的调查结果表明，手机、网络、报纸、广播、电视新闻的信任度分别为：22.4%、19.6%、20.7%、12.6%、34.2%。

调查显示，手机媒体、互联网与报纸的信任度相似，推翻了所谓的"报纸信任度高"的流行观点；而电视的信任度最高，原因是人们觉得"眼见为实"，认为视频不容易造假。

我们关于新闻信任度的调查，颠覆了不少人认为新媒体新闻可信度低的偏见。其实之所以出现假新闻，与媒体形态没有必然关联，关键在于背后是否具有利

益驱动，即是否通过假新闻来提高发行量、收听率、收视率，从而获得更多的商业利益。

《新闻记者》每年第1期都会评选上一年度的十大假新闻。由于篇幅的原因，本书仅以2010年十大假新闻为例，分别是：①中国作协作家团入住总统套房（《重庆时报》《华西都市报》2010年3月30日），②中国每年有220万青少年死于室内污染（中新社2010年5月16日），③炒蒜高手掷千万买走百斤金条（《北京晚报》2010年6月1日），④70%举报人遭打击报复（《法制日报》2010年6月18日），⑤西安市已被确定为国家第五个直辖市（《甘肃日报》2010年7月7日），⑥喀什房价两个月就翻倍（《新疆日报》7月20日），⑦一女生世博排队被强奸怀孕（四川新闻网、荆楚网等2010年7月22日，传统媒体网站），⑧传我军数百战机青岛上空军演（《环球时报》官网环球网2010年7月27日），⑨"偷菜"游戏或被取消（《西部商报》2010年10月12日），⑩金庸去世（《中国新闻周刊》官方微博2010年12月6日）。

我们发现，除了个别假新闻来源于传统媒体的网站之外，其实没有一条假新闻真正来源于新媒体。

2. 中国网民宁可相信微博

我们的问题2是，当你发现在微博上与传统媒体上，关于同一事件的报道不一致时，你相信：

（1）微博　（2）传统媒体（报纸、广播与电视）

从经典的传播学理论的角度看，微博上的新闻信息，由于是网民自发上传的，没有经过"把关人（记者、编辑）"的信息核实与过滤，其可信度原则上低于传统的报纸、广播与电视。但是我们的调查发现，63.5%的网民宁可相信微博信息。

无独有偶，《小康》杂志于2012年9月4日发布了一项调查统计，其结果与我们的调查结果类似。《小康》杂志显示：网络与微博虽然目前还不具备挑战电视、报纸公信力的实力，但是网络和微博这两大网络媒体（69.7%）的公信力已经远远超越了报纸和杂志这两大纸质媒体（54%）。分析其原因，目前有偿新闻屡禁不止，假新闻泛滥，低俗节目充斥荧屏，甚至新闻真实、职业道德被牺牲，对媒体公信力的流失产生了影响。

《小康》杂志中国全面小康研究中心的调查显示，新华通讯社主办的《参考消息》和中国共产党中央委员会的机关报《人民日报》分别占据了公信力最强的报纸的第一、二位；由南方报业传媒集团主办，以"在这里，读懂中国"为办报宗旨的中国发行量最大的周报《南方周末》位列第三。

虽然公众愿意倾听并信任来自外电的声音，但与发自中国国家通讯社的声音相比，大家还是会选择信任自己国家的通讯社。《小康》对公众心目中全球六大通讯社路透社、美联社、法新社、塔斯社、新华社和合众社的诚信度调查发现，中国新华通讯社和英国路透社获得的信任度远远高于其他四个通讯社。

在对中央电视台收视率较高的新闻节目进行的公信力调查中，超过半数的受访者选择了中央电视台新闻评论部1994年4月1日开办的以深度报道为主的电视新闻评论性栏目《焦点访谈》；排在第二位的是中央电视台的头号王牌栏目《新闻联播》，并且该栏目已跃升为世界上观众最多的新闻节目；排在第三位的是一档兼具新闻时效性、法治思想性和法律服务性的法治新闻节目《法治在线》；改变了中国大陆观众早间不收看电视节目的习惯，被誉为"开创了中国电视改革先河"的《东方时空》列第四位；中央电视台唯一一档深度调查类节目《新闻调查》排在第五位。位居榜单前十位的还有《新闻1+1》《新闻30分》《每周质量报告》《朝闻天下》和《共同关注》。

在"公众心目中公信力最强的主流网络媒体"排行中，新浪网居首，腾讯网紧随其后，凤凰网列第三位，人民网和网易并列第四位，而与新浪、网易、腾讯并称为"中国四大门户"的搜狐被挤在了前五名之外。在这五个公信力最强的网站中，新浪网的实力一直不容小觑，它的品牌价值在很大程度上铸造了较强的公信力。在2012胡润民营品牌榜上，新浪以140亿元的品牌价值排名第九；而腾讯是中国服务用户最多的互联网企业之一，成立以来始终处于稳健、高速发展的状态；凤凰网、网易则分别以"开创新视野，创造新文化"和"有态度"的精神赢得了不少人的喜爱；而人民网则胜在"权威、实力、源自人民"的理念。

相对独立却又依附于网络的微博，紧随网络之后，排在"受访者心目中公信力最强"媒体类型的第四位，27.5%的受访者将选票投给了微博。广播（19.3%）、杂志（9.1%）的公信力都不敌微博，分列第五、六位，手机报（5.8%）和户外广告媒体（2.1%）则垫底。

可见，在目前的中国，网络和微博的公信力已经远远超越了报纸和杂志这两大纸质媒体。

二、手机媒体成为新媒体中的新媒体

单从用户（受众）规模看，手机媒体的影响力就已经远远超过传统的报纸读者、广播听众，直逼甚至超越网络媒体和电视媒体。

衡量一个媒体是否具有竞争力的一个重要指标就是现实和潜在的受众数量，而对手机媒体来说，最不用担心的就是用户资源。与国内发行量最大的报纸、杂志，点击率最高的网站，以及客流量最大的车站、地铁等场所的户外媒体相比，手机媒体拥有数量更庞大、类型更广泛的受众群。

据国际电信联盟的统计，2011年，全球移动用户数达到57.871亿，比2010年增长了 10.13%，占全球人口总数的 87%。2012 年，全球移动用户数已超过 60 亿。

据我国工业和信息化部统计，截至 2012 年 11 月底，中国手机用户规模已达 11.042 15 亿人。在用户数、普及率上远远超过传统报纸读者、广播听众及网民人数；与电视观众人数日益接近。中国互联网络信息中心（CNNIC）2012 年 7 月发表的报告显示，截至 2012 年 6 月，我国手机网民规模达到 3.88 亿，网民中用手机接入互联网的用户占比已达到 72.2%，首次超过台式电脑，成为我国网民的第一大上网终端。

CNNIC 2013 年 7 月发表的报告显示，截至 2013 年 6 月底，我国网民规模达 5.91 亿，较 2012 年底增加 2656 万人；互联网普及率为 44.1%，较 2012 年底提升 2.0 个百分点；我国手机网民规模达 4.64 亿，远超网民整体增幅，其第一大上网终端的地位更加稳固。

我们的问卷调查也证实了以上观点。我们的问题 3 是，如果你出门时忘记了带手机，你会选择：

(1) 立即回家拿。
(2) 如果来得及，就回家拿。
(3) 不用回家拿，不用手机也无妨。

调查结果，90.8% 的受访对象选择了"立即回家拿"，7.7% 的受访对象选择了"如果来得及，就回家拿"，只有 1.5% 的受访对象选择了"不用手机也无妨"。

三、新媒体已经成为主流媒体

2008 年美国总统大选落幕，世界真正感受到贯穿始末的新媒体的影响力。新媒体对于美国总统大选主要有四种传播方式：YouTube 为代表的网络视频，Twitter 为代表的博客网站，Facebook 为代表的社交网站，个人竞选网站。

然而，不少学者、相关管理者却并不认为新媒体是主流媒体。

有关"主流媒体"概念的争论，官方和民间、计划和市场、体制内和体制外存在较大分歧。新华社 2004 年开展了"舆论引导有效性和影响力研究"，该课题认为主流媒体有六条评判标准：(1) 具有党、政府和人民的喉舌功能，具有一般新闻媒体难以相比的权威地位和特殊影响，被国际社会、国内社会各界视为党、政府和广大人民群众意志、声音、主张的权威代表；(2) 体现并传播社会主流意识形态与主流价值观，在我国即是社会主义意识形态和与之相适应的价值观，坚持并引导社会发展主流和前进方向，具有较强影响力；(3) 具有较强公信力，报道和评论被社会大多数人群广泛关注并引以为思想和行动的依据，较多地被国内外媒体转载、引用、分析和评判；(4) 着力于报道国内外政治、经济、社会、文化等领域的重要动向，是历史发展主要脉络的记录者；(5) 基本受众是社会各阶层的代表人群；

（6）具有较大发行量或较高收听、收视率，影响较广泛的受众群。这些标准被不少人认为是对当前我国主流媒体较为权威的界定。[①]

但是，以往对"主流媒体"的界定和争论，都是将"主流媒体"限定在传统媒体之中，并没有将新媒体纳入"主流媒体"的范畴。甚至还有人将"主流媒体"和"新媒体"对立起来。

我们认为，在数字化、网络化的今天，以往对"主流媒体"的界定和争论都是基于传统媒体的，而今，新媒体才是真正的"主流媒体"。

我们的问卷调查也证实了以上观点。我们的问题4是，你获取新闻的主要渠道是（可以多选，最多不超过2个）：

（1）手机（2）互联网（3）报纸（4）广播（5）电视

调查结果，57.8%的受访对象选择了手机，79.7%的受访对象选择了互联网，17.8%的受访对象选择了报纸，8.5%的受访对象选择了广播，36.2%的受访对象选择了电视。

我们的问题5是，你每天阅读的新闻媒体数量是：

（1）1个（2）2个（3）3个以上（包括3个）

结果，47.8%的受访对象选择了2个，44.7%的受访对象选择了1个，7.5%的受访对象选择了3个以上（包括3个）。可见，绝大多数人每天阅读的新闻媒体不会超过2个。

我们的问题6是，请写出你获取新闻的主要媒体（可以多写，最多不超过2个）。

结果，27.8%的受访对象填写了新浪新闻，24.7%的受访对象填写了百度新闻，19.4%的受访对象填写了腾讯新闻，17.4%的受访对象填写了新浪微博，16.3%的受访对象填写了网易，15.7%的受访对象填写了搜狐网，15.5%的受访对象填写了凤凰网，11.8%的受访对象填写了新华网，11.7%的受访对象填写了人民网，10.7%的受访对象填写了《参考消息》，10.4%的受访对象填写了《环球时报》，9.7%的受访对象填写了《南方周末》，2.2%的受访对象填写了中央电视台，6.7%的受访对象填写了其他媒体。

思考题

1. 什么是网络传播？什么是新媒体？
2. 信息技术在传播史上的作用是什么？
3. 你认为新媒体是主流媒体吗？说出你的理由。

---

① 新华社舆论引导有效性和影响力研究课题组：《主流媒体判断标准和评价》，《中国记者》2004年第1期。

第二章

网络传播的特点

从传播学的分类来看，目前较通行的是将传播分为五类：内向传播、人际传播、群体传播、组织传播、大众传播。我们认为，网络传播将人际传播、群体传播和大众传播融为一体，网络传播是一种全新的、特殊的传播类型。

第一节　网络传播的优势

网络传播的基本特征是数字化，信息量大，使用方便，可对信息进行各种处理，检索快速便捷，图文声像并茂，互动性强；信息通过计算机网络高速传播，信息获取快、传播快、更新快；并且其计算机检索功能和超文本功能，使之成为一种具有强大生命力的传播媒体，给人类社会带来了深刻的影响。网络传播允许读者与作者之间进行网上交流，能及时反馈，改变了传统的学术交流方式。具体而言，网络传播有以下特征。

一、传播与更新速度快、成本低

网络传播是一种数字化传播。它将一定的信息转成数字，经过转换，数字在操作平台上还原为一定的信息。由于其传播的介质是比特（bit），而非原子，所以这种传播就具备了迅速、快捷、方便和"高保真"等优点。网络传播可以通过互联网高速传播并实时更新；可以像电台、电视台一样进行实时、实况报道，显然优于传统的传播方式。网络传播速度快，时效性强，它不受印刷、运输、发行等因素的限制，信息上网的瞬间便可同步发送到所有用户手中。

更新速度快，更新成本低。网络传播的更新周期可以分秒计算，而电视、广播的周期以天或小时计算，报纸的出版周期以天甚至以周计算，期刊与图书的更新周期则更长。

网络传播可以做到同步传播与异步传播统一。网络传播的即时刷新特点提高了新闻的时效性，其本身"接收的异步性"又方便受众随时随地地接收。接收的异步性可以使受众不受媒体传播时间的限制，可按自己的需要随时进行信息的接收（包括阅读、收听、收看）。

二、信息量大、内容丰富

互联网能够使用户共享全球信息资源，可以说没有任何一种媒体在信息量上可以与海量信息的网络媒体相提并论。报纸若多印1万字内容，就需增加一个版，给印刷、排版、发行及成本带来很多问题。广播、电视更是这样，内容要准确到几十秒、几秒时间，字有时要算到几十个。网络传播则不同，存储数字信息的是硬盘。容量大的优势还可以体现在网络传播的专题报道和数据库中，网络传播可以不限时不限量地储存和传播信息，运行各种信息数据库，受众可以对历史文件随时进行检索。对新闻传播来说，网络传播的这一重要功能开拓了实施"深度报道"的新的纵深途径，它能够保证受众对新闻发生的广阔背景及其影响进行全程观察，从而更准确地判断生存环境中所发生的真实变化。

三、零成本全球传播

网络传播突破了地域限制，没有疆界，而且跨国传播成本低廉。无论从传播者的角度还是从受众的角度看，信息在网络上跨国传播与本地传播的成本与速度是相同的。这一点与传统媒体截然不同。纸质媒体、广播电视虽然在理论上也能进行全球传播，但是其传播的成本与传播的距离成正比。

网络传播完全打破了传统的或者说物理上的空间概念，网络信息传播实现了无阻碍化。世界变成了地球村，真实的地理距离不存在了，国界等限制也不存在了，网络上的新闻传播不是单一文化而是跨文化的传播。互联网为不同国家之间跨文化传播提供了前所未有的方便和畅通的信息交流渠道。

网络传播的全球性使得网民可以低成本地、便捷地在世界范围内选择所喜爱的新闻网站，主动获取所需信息，还可以加强政治的开放性和透明度。

四、检索便捷

这种特性是传统传播方式所难以具备的。报纸、电视等传统媒体每天发送大量的新闻信息，储存时占用大量的空间和金钱，检索时更是费时费力。目前，传统的报刊、广播、电视检索主要是在资料室、图书馆，人工一页页纸去找，一盘盘磁带去挑。网络传播则完全不同。凡是在互联网中存储的数据，网民只要动动手指，便可以从搜索引擎、各类数据库中迅捷地获取所需的信息。便捷的检索功能极大提高了人们使用信息的效率，也给网络传播增添了特有的魅力。

五、多媒体

所谓多媒体，就是使计算机成为一种可以作用于人的多种感知能力的媒体，它集合了多种媒体表现形式（如文字、声音、图片、动画、视频等）来传送信息。多媒体首先必须是数字媒体。数字媒体就是通过比特传递信息的媒体，如硬盘、光盘（包括 VCD、DVD）、数字电视、计算机网络等都属于数字媒体。

网络传播是一种多媒体的传播。它可借助文字、图片、图像、声音等任何一种或几种的组合来进行传播活动。这种具有立体效应的多媒体传播组合可以更加真实地反映所报道的对象，给受众带来逼真而生动的信息体验。网络传播打破了传统传媒的界限。网络上的新闻也是多媒体的，它融合了文字、声音、图像、动画、视频等多种形式，填平了传统的文字媒介（报刊）、声音媒介（广播）和视觉媒介（电视）之间难以逾越的鸿沟。

网络传播不仅可以表现出电视的功能，还因其容量大、可检索等功能，使其多媒体特性更为实用。它实际上是三种媒体的综合体。网上音频、视频、图片栏目，等于是开办了网上电台、电视台、图片社。现在，在大型网站上，如央视国际网站、凤凰网等，都有专门的视频、音频频道。随着操作平台软件的成熟，人们可以在计算机上开出多个窗口，一边听音乐，一边看视频新闻、文字新闻或进行写作。

目前宽带网已经普及，多媒体的新闻报道越来越多。

六、超文本

所谓超文本，是一种非线性的信息组织方式。超文本设计成模拟人类思维方式的文本，即在数据中又包含与其他数据的链接。用户单击文本中加以标注的一些特殊的关键单词和图像，就能打开另一个文本。超媒体又进一步扩展了超文本所链接的信息类型，用户不仅能从一个文本跳转到另一个文本，而且可以激活一段声音，显示一个图形，或播放一段视频图像。网络以超文本、超媒体方式组织新闻信息，用户接收新闻内容时可方便地联想和跳转，更加符合人们的阅读和思维规律。

人类的思维活动是多维的、发散的，而不是线性的。传统新闻媒体的表达方式是顺序的、线性的，而不是跳跃的、多向的，这样的表达方式不符合人类的思维方式。人们要求新的新闻媒体能够突破线性表达的桎梏，采用多维的表达方式，使其具有联想功能，更接近于人类对知识、概念、思想的表达习惯。

网络传播改变了信息组合方式，它的魅力之一即在于将分布于全世界的图文并茂的多媒体信息以超链接的方式组织到一起，用户只要连接到一个网页，在链接字上用鼠标一点就可以访问相关的其他网页。这种方式适应了人类的思维方式，改变了我们传统的阅读习惯，极大地方便了用户。网络新闻采用互联网的"超链接"概念，以超文本、超媒体方式来组织新闻内容和相关新闻背景，使受众在阅看新闻时，能按照自己的意愿和思路，实现新闻内容的"跳转"及表达方式的转换，从而更好地体现了受众的主体地位及联想的思维规律。超文本结构成为网络上信息的组织方式，大大增强了新闻报道的综合性、可选择性和自主性。

七、互动性

从传播学的角度看，互动性是网络传播的根本特征。网络新闻传播是一种开放的互动式（Interactive，亦翻译为交互性）传播。传统媒体的传播方式通常是单向的，编读双方无法随时随地进行双向沟通。而网络传播既可以是单向传播，也可以双向（编者与读者之间）甚至多向（编者与读者之间、读者与读者之间）传播。信息的传播具有很强的互动性，网民与网站之间、网民与网民之间可以利用 BBS、聊天室、网络电话、电子邮件等工具实时沟通，实现互动，对新闻内容也可以随时展开讨论，还可以举行网络会议。

第二节　网络传播的不足

互联网的开放性和便捷性为大众参与网络传播提供了方便。任何人都可以在网络上发表任何言论，而不像在报刊等传统媒体上发表文章时需要经过编辑的筛选和加工。这种几乎毫无限制的"自由"被一些人滥用，从而导致网上出现不少为法律所禁止或社会道德所不容的行为。

互联网是一个自由且身份隐蔽的地方，网络犯罪的隐秘性非一般犯罪可比。由于因特网的自由性、开放性和隐蔽性，网络中的犯罪行为层出不穷，而且难以被发现并受到应有惩罚，以至于网络成了高智能犯罪的温床。

一、信息安全形势严峻

互联网建立之初，为了防止核打击的破坏，一开始就被设计成不需要控制中心就可以工作的样式。因此，在网上不存在可以对传送的信息进行监控、审查和封锁的中心阻塞点，这一效果被称为"迄今为止最大限度可以让大众参与发表言论的形式"。但与整个网络系统的开放性、兼容性相伴而生的是单个网络点的安全问题。网络安全包括四个层次：

国家安全。即如何保护国家机密不受网络黑客的袭击而泄密，如何保证国家机构不受网络黑客的袭击而正常运作。

商业安全。即如何保护商业机密、企业资料不被窃取。网络的商业安全在于如何保护新闻信息的内容、背景及消息来源不被他人非法利用。

个人安全。即如何保护个人隐私（包括邮箱密码、个人背景资料、信用卡号码、健康状况等）不被非法利用。

自身安全。即如何保证接入互联网的电脑不受网络病毒的侵袭而瘫痪。

目前，国际普遍认同的维护网络安全的途径有两种。其一，技术保护。通过网络主机或在服务器上加装安全软件，对来访信息检查过滤。其二，立法保护。制定和完善法律规范，对网络传播行为进行约束。这两种途径在一定程度上起到了监控的作用，但互联网给人类社会带来的前所未有的开放性、兼容性给网络安全保护带来了极大困难。网络安全意识尚未普及，许多用户，尤其是众多个人用户并未采取任何安全保护措施。

网络是一把双刃剑。它给世界带来了巨大的利益，但同时也会成为黑客和恐怖分子威力巨大的武器。

作为舆论宣传工具的新闻媒体，历来被视为国家和政府的喉舌，其所刊载、播发的内容对一个国家的政治、经济、军事、外交都有着巨大的影响。如果在战争时期或敌对状态下，新闻媒体还是凝聚民众的工具和攻击敌方的武器。比如第二次世界大战中，同盟国和轴心国在战场上拼死厮杀的同时大打广播战，鼓舞己方斗志，瓦解敌方士气，其中以BBC（英国广播公司）的宣传效果最佳，并从此名扬天下。冷战时期，东西方两大阵营又利用无线电广播展开了激烈的宣传战，"美国之音"设在联邦德国慕尼黑的"自由欧洲广播电台"和"自由广播电台"近40年的宣传攻势，对苏联的解体和东欧的演变起到了很大的作用。海湾战争中，各种媒体铺天盖地的宣传，把美英联军的先进武器吹得神乎其神，使伊拉克士兵受到了极大的震慑，恐怖情绪在伊军中迅速蔓延。在科索沃危机中，北约国家开动其强大的宣传机器，为空袭南联盟大造声势，为其野蛮轰炸平民和非军事目标进行狡辩，对事实真相进行歪曲和掩盖。

可见，新闻媒体还有着与常规武器一样的攻击作用，利用假新闻和谣言可以贬低一个国家的国际形象，引发政治经济危机和社会动荡，达到通过军事手段无法达到的目的；而被攻击方的新闻媒体如果不能实行强有力的反击，就会陷入极大的被动。因此，新闻媒体的安全就显得尤为重要。

值得注意的是，报刊、电视无法在被攻击方境内发行、播放，无线电广播会受到强大的干扰。而不受时间、空间限制，传播速度快、范围广、传播形式多样化的网络则使任何人可以在任何时间和地点，随意发布任何消息，是最便捷的宣传工具。网络传播在信息传播上所具有的时效性强、范围广、容量大、多媒体化等优势虽然为广大受众所津津乐道，但如果被发动攻击方利用，则每个优势都将成为其致命的"死穴"。通过网络传播散布的假新闻在几分钟之内就可以传遍全世界；信息的瞬间大容量覆盖，能迅速形成舆论优势；假造的照片、声音、视频图像会使假新闻更加"真实可信"。

网络传播的危险还来自于被称为"沉默杀手"的黑客和被称为"数字恶魔"的计算机病毒。

黑客（Hacker）一词最初是指那些痴迷于计算机的电脑天才，而现在则成了对网络系统非法入侵者的统称。黑客问题已经成为全球关注的世界性问题。以网络安全技术最先进的美国为例，白宫、美国国防部、中央情报局、联邦调查局、重要军事基地、科研部门、美国航空航天局、著名企业网站都有被"黑"的记录。从理论和技术上讲，没有哪个网站敢说自己不会被黑客攻破。黑客，利用某种技术手段，侵入他人网站，堵塞他人网站信息通道，涂改、删除他人网页信息，有如蒙面人穿门入室。据 FBI（美国联邦调查局）的调查，计算机犯罪中，有 80% 的案例为"黑客"通过互联网非法侵入别人的计算机网络系统。每年美国政府的计算机系统遭非法侵入的次数达 30 万次之多，"黑客"犯罪引起的损失估计有 15 亿美元。

现在，一些国家已经组建"黑客部队"，专门用来发动网上攻击。对网络传播危害最大的，正是这种有国家和政府支持的"合法"黑客。

在针对网络传播的袭击中，黑客是攻击的执行者，计算机病毒则是黑客的首选武器。当今，几乎每天都产生新的电脑病毒，而且是"青出于蓝而胜于蓝"。计算机病毒是一种计算机程序，具有寄生性、潜伏性、隐藏性和传染性等特点。一旦发作，会修改系统信息，影响系统运行的稳定性或夺取对系统的控制权。一些恶性病毒会使系统崩溃，甚至毁坏硬件，使整个网站的设备全部报废。在网络传播中，还有运用网络编程、加密、解码技术或工具，利用其互联网服务商（ISP）、互联网信息供应商（ICP）、应用服务供应商（ASP）等特殊地位或其他方法，在互联网上实施严重危害社会和他人的不法行为。其表现形式主要有两种：一种为在计算机网络上袭击网站、在线传播计算机病毒；另一种为利用计算机网络实施金融诈骗、盗窃、贪污、挪用公款、窃取秘密和其他不法行为，如电子讹诈、网上走私、网上非法交易、电子色情服务及虚假广告、网上洗钱、网上诈骗、电子盗窃、网上毁损商誉、在线侮辱及毁谤、网上侵犯商业秘密、网上组织邪教组织、在线间谍、网上刺探等。其特点为行为的跨国性、公然与隐秘的交织性、无现场性、危险及结果的可修改性和成本的低投入性。虽然世界各国对网络安全都有法律法规进行规范，但要将这些东西从互联网上清除，还需要漫长而艰苦的努力。

中国修订后的《刑法》第 285 和 286 条明确规定了计算机网络犯罪量刑标

准，罪犯最多可被判处5年监禁。侵入他人计算机在美国是一项重罪，计算机黑客可能面临无期徒刑等极为严厉的惩罚。

中国的网络安全状况不容乐观。近几年来，中国利用计算机网络进行的各类违法行为正以每年30%的速度递增，此外，国际黑客也频频"光顾"中国网络。更严重的是，许多网民对信息安全缺乏应有的警惕和认识。例如，超过一半的网民对自己的电子邮件账号一直不换，一个月换一次密码的只是少数。目前中国网络系统非常脆弱，提高计算机网络安全意识应该成为互联网用户的当务之急。在美国，网络安全费用占网络工程总费用的20%，而在中国这个数字要小于1%。

二、"棱镜门"事件带来的启示

2013年6月，前中情局（CIA）职员爱德华·斯诺登（Edward Joseph Snowden）将两份绝密资料交给英国《卫报》和美国《华盛顿邮报》，并告之媒体何时发表。按照设定的计划，2013年6月5日，英国《卫报》先扔出了第一颗舆论炸弹：美国国家安全局有一项代号为"棱镜"（PRISM）的秘密项目，要求电信巨头威瑞森公司必须每天上交数百万用户的通话记录。6月6日，美国《华盛顿邮报》披露称，过去6年间，美国国家安全局和联邦调查局通过进入微软、谷歌、苹果、雅虎等九大网络巨头的服务器，监控美国公民的电子邮件、聊天记录、视频及照片等秘密资料。

1. "棱镜门"事件引起全球舆论哗然

"棱镜门"事件一曝光，全球舆论随之哗然。保护公民隐私组织予以强烈谴责，表示不管奥巴马政府如何以反恐之名进行申辩，不管多少国会议员或政府部门支持监视民众，这些项目都侵犯了公民基本权利。这是美国有史以来最大的监控事件，其侵犯的人群之广、程度之深让人咋舌。

《华盛顿邮报》认为，以"反恐"作为"棱镜"的理由，完全是个"红鲱鱼"（red herring，"障眼法"之意）。除了潜在军事对手俄中两国，对美毫无军事威胁的南美洲，甚至"盟邦"欧盟总部，也全都在"棱镜"的法眼之下。回顾2001年7月，欧洲议会完成调查报告，指责美国利用"梯队"情报网进行商业间谍活动，打击欧盟成员的经济利益。此事因"9·11"不了了之，但充分说明窃取商业情报是"棱镜"的重要职责。

美国法学家纷纷指出，用"棱镜"计划尽数截查互联网数据，虽然符合"9·11"之后的《爱国者法案》，却明显违宪（指宪法第四修正案）。由于互联网在个人生活中的作用日益重要，普通人的所有生活隐私都会落在"老大哥"的监控之下。连保守派论客乔治·威尔也指出，凭美国国税局报复茶党组织的做法，无人可以保证这样的监控不被滥用。至于白宫强调监控美国公民与外国公民有别，除了互联网难以分割的跨国性，显然也忘掉了"己所不欲，勿施于人"的道理。

监控通信是对美国所宣扬的价值观的彻底背离。一直以来，美国政府一直有一种道德优越感，认为监控国民是苏联这样的国家才会干的事。"东欧剧变"之后，这类的爆料也很多，比如民主德国国家安全部"斯塔西"监控国民。但此次的监控丑闻让美国在道义上灰头土脸，走下了神坛。很多国家的民众对此反应激烈，认为受到了欺骗和愚弄。

2. "棱镜门"事件敲响网络安全警钟

"棱镜门"事件引发中国舆论和企业对美国大牌互联网企业的警觉和抵制。思科、IBM、谷歌、高通、英特尔、苹果、甲骨文、微软八个美国科技巨头公司占据了中国政府、海关、邮政、金融、铁路、民航、医疗、军警等关键领域，它们与美国政府、军队保持着紧密的联系，美国情报部门通过它们的设备、软件、网络获取信息，几乎零门槛。

与华为和中兴等中国企业被美国拒之门外的情形形成鲜明对比的是，美国的"八大金刚"在中国却能长驱直入，而且这些公司的产品都被用在了中国国家关键信息基础设施的建设上。中国的信息安全在"八大金刚"面前形同虚设，在绝大多数核心领域，这八家美国企业占据了庞大的市场份额。

列为"八大金刚"之首的思科公司被认为对中国互联网安全的威胁"最为可怕"。思科是世界云计算市场上最大的信息技术产品提供商。思科占据了中国电信 163 骨干网络约 73% 的份额，把持了 163 骨干网所有的超级核心节点和绝大部分普通核心节点。中国四大国有银行（中国银行、中国工商银行、中国建设银行、中国农业银行）及各城市商业银行的数据中心全部采用思科设备，思科占有金融行业 70% 以上的份额；在海关、公安、武警、工商、教育等政府机构，思科的份额超过了 50%；在铁路系统，思科的份额约占 60%；在民航，空中管制的骨干网络全部为思科设备；在机场、码头和港口，思科占有超过 60% 以上的份额；在电视台及传媒行业，思科的份额更是达到了 80% 以上。

IBM 是全球最大的信息技术和业务解决方案公司。有关数据显示，IBM 在中国 Unix 服务器市场份额连续 15 年稳居第一，截至 2012 年第四季度，已达到 76%。微软的 Windows 操作系统等软件在中国台式电脑操作系统市场占有 91% 以上的份额，居行业主导地位。

事实上，我国信息化发展一直受到美国的牵制，关键行业如电力、银行等核心信息系统有 90% 以上使用国外产品。以数据库为例，多年来，国内数据库市场超过 90% 的市场份额被甲骨文等国际巨头占领。

"八大金刚"普遍采取了在中国寻找代理人的策略，与其结成"利益共同体"，并利用其巨大影响力，包括各级官员"政绩心态"等各种条件，使中国各级政府形成"不设防"甚至是欢迎的态度，直接造成"八大金刚"侵入事关国计民生的核心枢纽重地。

3. 政府与央企的采购，优先采用国货应该成为法律

我国网络系统大多依托美国公司的技术、装备和服务，它们对于监控者来说几乎是透明的。在这种情况下，外加的安全防护措施无济于事，必须从根本上改变这种局面。

信息安全的自主创新和贯彻国家意志是事关国家安全的重大战略问题，如何保障国家信息安全已成为国家经济发展、科技进步、社会稳定的先决条件。

纵观整个信息化行业，我国在终端、网络、软件、服务器、集成电路芯片等IT基础设施建设上大都采用了国外技术、国外品牌，而自主技术、自主品牌多少遭遇到习惯性"冷遇"。

面对日益增多的安全威胁，我国亟须完善自主可控的国家信息安全体系建设，紧跟国家信息安全等级保护制度，强化基础网络和重要信息系统的等级化保护和监督管理，落实等级保护相关措施。同时，鼓励和扶持民族核心技术及产品创新，运用具有自主知识产权的产品和技术，保障国家基础网络和重要信息系统的安全，实现真正的自主可控，不再受制于人。

华为交换机卖到全球，曙光的超级计算机排在全球前列，目前我国具有自主知识产权的信息技术产品大多已达到实用水平，尽管其中某些指标，特别是在成熟度方面还有一些差距，但其安全性要大大好于进口产品。而且，成熟度只有通过大量应用才能迅速提高，在多数情况下，不愿用国货，不是产品本身的问题，而是崇洋媚外、缺乏创新自信的问题。

从保护国家信息安全的角度出发，信息产品、设备应当尽量采购国产品牌，以达到信息安全自主可控的要求。事实上，这也是国际通行的惯例。由于信息产品的安全性直接涉及国家安全和利益，美国等发达国家很早就制定了完善的信息安全产品策略，比如《保护美国关键基础设施》总统令，欧洲的《确保欧盟高水平的网络与信息安全的相关措施》等。我国的华为、中兴等企业就因为不符合规定被美国拒之门外。

我国也可以通过政府采购的合法途径，加强对优质可靠的国产产品的采购，提高对国家信息安全的保护力度。希望"棱镜门"事件的教训能够促使中国各界大大提高对网络空间安全的认识，并落实到以国产网络信息产品替代进口产品、消除安全隐患的具体措施上。政府应当带头使用国产软硬件，企业和科技界有责任保障我国网络空间的安全，这也是我国在信息领域赶上和超过发达国家的机遇。

三、侵犯知识产权

信息生产、加工和处理的计算机化、网络化大大方便了信息的复制和抄袭，正如有人戏称 ICP（Internet Content Provider，互联网信息供应商）是"Internet Copy & Paste（网络复制和粘贴）"，一针见血地反映出网络上知识产权保护的混乱。侵犯网络知识产权的形式包括抄袭他人的文字作品、网页设计，任意下载、删改、转发和刊登其他网站的信息内容，以至于当前网站告网站、网站告传统媒体、传统媒体告网站、著作权所有人告网站等诉讼案例频频发生。

在网络上，知识产权屡屡被侵犯。一个作者要在互联网上维护自己的合法权益往往要付出很多的时间、很高的经济成本，并且承担着较高的败诉风险，因为在网络上对知识产权的侵犯存在零成本、隐蔽性、迅速性、全球性以及罪证难以收集等特点。简言之，在互联网上侵权非常容易，而维权却十分困难。

发表在报纸上的作品与网上的作品相比，只不过是传播的载体不同而已，前者是以报纸这种传统的纸质媒体传播，而后者是以网络这种新型媒体传播，二者在本质上是一致的。从网上下载网络作品，与摘登其他报纸的作品一样，应视为"转载"，应依照《中华人民共和国著作权法》第三十五条规定，对著作权人的合法权利予以保护。

网上信息资源诸如论文、软件、专利、商标、未经授权的资料乃至商业秘密等十分丰富，都可能被不法之徒所侵犯。撰写论文、开发软件要投入大量的时间、精力、资金，但复制却轻而易举。对于在网络上侵犯知识产权的行为，最有效的措施就是将当事人绳之以法。

美国 1997 年通过了《网络著作权责任限制法案》《世界知识产权组织著作权条约实施法案》《著作权与科技教育法案》，1998 年 10 月又颁布了《数字千年版权法案》。美国对公众传播问题的解决方案基于发行权。

1998 年 10 月，美国联邦议会通过的《数字千年版权法案》（Digital Millennium Copyright Act，DMCA）规定了数字化信息的版权保护和使用的问题，同时赋予信息所有者"数字化作品如果在因特网上使用，就可以对其收取使用费"的权利。《数字千年版权法案》适用对象是所有的数字音乐作品。这一法案同样也适用于在因特网上放映和播放的音乐作品。也就是说，唱片公司和歌星们获得了"可以对在网络上播送的数字内容收取使用费"的前所未有的法律权利。但是在《数字千年版权法案》中却没有具体规定作品使用的费用和费率。

日本国会于 1997 年 6 月 10 日通过《著作权法修正案》，修正的主要内容是扩大了传媒的公开传播权的范围。1997 年 11 月 12 日，欧盟执委会针对信息社会著作权制定了履行世界知识产权《日内瓦条约》的新规则，其中规定了复制权、公开发行权、拷贝权、著作权管理信息等内容。我国司法界目前对于公众传播权既有肯定意见也有否定意见，但从国际趋势和我国司法实践看，二者都趋于对该项权利进行保护。

我国最高人民法院已经出台了《关于审理涉及计算机网络著作权纠纷案件适用法律若干问题的解释》，该司法解释于 2000 年 11 月 22 日最高人民法院审判委员会第 1144 次会议通过，随后于 2003 年和 2006 年进行了两次修正，为网络作品的著作权保护提供了一定的法律保障。

2005 年 4 月 30 日，国家版权局和信息产业部联合颁布了《互联网著作权行政保护办法》，自 2005 年 5 月 30 日起施行。2006 年 5 月 10 日，国务院第 135 次常务会议通过《信息网络传播权保护条例》，自 2006 年 7 月 1 日起施行。这些法规进一步完善了我国的网络版权保护法律体系。

然而网络版权保护之难，往往并不是无法可依，而是维权的经济成本、时间成本过高，即使是赢得了官司也可能导致经济上破产。而网上侵权往往是零成本，加上网络侵犯具有隐蔽性、迅速性、全球性以及罪证难以收集等特点，违法者往往会躲过法律的制裁。因此在我国想要有效地保护网络版权，还有漫长的道路要走。

四、信息泛滥

互联网使得信息的采集、传播的速度和规模达到空前的水平，实现了全球的信息共享与交互，它已经成为信息社会必不可少的基础设施。现代通信和传播技术大大提高了信息传播的速度和广度，网络传播克服了传统的时间和空间障碍，将世界更进一步地联结为一体。但随之而来的问题是：汹涌而来的信息有时使人无所适从，从浩如烟海的信息海洋中迅速而准确地获取自己最需要的信息，变得非常困难。在网络传播活动中，信息的发布、传播失去控制，产生了大量虚假信息、无用信息，造成信息环境的污染和"信息垃圾"的产生。因为在网络上任何人都可以自由发表意见，并且发布的成本几乎可以忽略，在某种意义上，"每个人都可成为全球范围的信息制造者"，从而增加了人们利用信息的困难。这种现象被称为"信息爆炸（Information Explosion）"。

这个问题给人类社会带来了负面效应和潜在危机。信息是潜能巨大的战略资源和取之不尽的财富，如何使信息资源得到有效利用，提高信息的质量，已经成为一个亟待解决的世界性问题。

网络给每个传统受众都提供了成为传播者的可能。这提高了受众的地位，打破了传统媒体传播者的单向性，但也带来了传播权的滥用，任何人都可以以任何目的传播任何消息。这其中，有谣言，有色情淫秽信息，有泄密，也有危害国家安全、侵害社会伦理道德等不法行为。

目前互联网上除了存在丰富的有益信息外，还存在大量色情、暴力、虚假广告等有害信息，这些垃圾信息泛滥已形成网络新公害，阻碍了用户迅速查找有用信息，就像大城市中的工业垃圾和生活垃圾造成环境和生态污染一样，需要及时处理。不良信息的大量出现会使人们的视线受到干扰，如何排除不良信息的干扰，并从网上过滤出真正适合自己需要的信息已成为网络受众面临的重要挑战。在网络信息的海洋中查找所需的信息，绝非一件轻而易举的事。色情信息泛滥是信息泛滥的重要部分。互联网上的色情信息发展速度惊人，从网络大规模商业化到现在不过几年的时间，然而色情信息已渗透到网络空间的每一个角落。

绝对的信息传播自由也造成绝对的信息泛滥。互联网带来传播空前自由的同时，也带来了大量垃圾信息，影响人们有效地寻找、接收和消化有用信息。这也再次印证了约翰·奈斯比特在20世纪80年代就提出的观点："失去控制和无组织的信息在信息社会里并不构成资源，相反，它成为信息工作者的敌人。"[1]

信息传播的空前自由为人类带来太多的信息，反而导致信息选择的缺乏，造成信息选择的不自由，因为过多的信息会使人无所适从。阿尔夫·托夫勒在《未来的震荡》中曾对这种情况做过这样的表述："有时选择不但不能使人摆脱束缚，反而使人感到事情更棘手，更昂贵，以致走向反面，成为无法选择的选择。一句话，有朝一日，选择将是超选择的选择，自由将成为太自由的不自由。"[2]

人们一方面享受着网络上丰富的信息所带来的便利，另一方面也在忍受着"信息爆炸"的困扰。"信息爆炸"已经对社会经济的发展产生了负面影响，有时需要处理的信息超过人们的分析能力，妨碍了人们的决策效率，甚至导致决策失误或是难以做出最佳决策。还有的时候，收集某些信息所花费的成本已超过了信息本身的价值。

个人用于接收、处理信息的时间和能力有限，而大众传媒借助新科技传播信息的时间和能量的无限拓展性，使信息汹涌而来，大大超过人的处理能力和有效应用的需要，所以引发了信息严重超载的情况，带来一系列社会问题：信息太多导致人紧张不安、精神崩溃，滥用信息造成信息犯罪，信息堆积引起信息危机、信息雪崩、信息的错误判断等。

虚假信息是阻止因特网正常发展的一大障碍。互联网从整体上缺乏传统媒体的"把关人"。网民可以随意在网上发布信息，信息在生产、传递过程中没有传统媒体的层层审查程序，没有人对这些信息的严谨性、真实性、权威性进行把

---

[1] ［美］约翰·奈斯比特：《大趋势》，新华出版社1984年版，第56页。
[2] ［美］阿尔夫·托夫勒：《未来的震荡》，四川人民出版社1985年版，第313页。

关，而且多媒体技术的发展，使得制造假新闻、假照片易如反掌。网络的开放性、自由性使得任何人都可以在网上发布信息，造成网上信息真假难辨，更有甚者，有人故意乃至恶意散布虚假信息。

人们试图从技术上寻求办法。从 20 世纪 90 年代中期开始，各国日益将研究重点放在数据库技术、信息挖掘技术、信息标准化技术上，形成了信息获取技术的研究热潮，产生了由许多学科互相交融的新的交叉学科——知识发现。

目前人们获取信息的方法主要有检索（Search，information retrieval）技术，如分类目录型搜索引擎、基于关键词的检索搜索引擎、基于内容的检索等技术。另外，一些 ICP 通过智能化的代理服务器，由用户预订其感兴趣的信息，从网上将有关信息定期发给用户，帮助用户高效率地从网上提取有价值的信息，这就是邮件列表推送（Push）服务。

近两年数据采掘（Data Mining）技术的研究成为新的热点。数据采掘技术是从大量的数据中发现隐含的、前所未知的、对决策者具有潜在价值的知识和规则。这些规则包括通过数据库中某组对象之间的特定关系，揭示出一些有用的信息，以此从数据库的相关集合中抽取出有价值的知识、规则或信息，从而使数据作为丰富可靠的资源为知识归纳服务，为经营决策、市场策划、金融决策等提供依据。数据采掘是一项正在发展中的技术，它的成果必将对信息获取起到积极的作用。

五、网络犯罪

有人说，在互联网上，没有人知道你是一条狗。网络的隐蔽性、开放性、自由性为网络诈骗提供了得天独厚的条件，网络犯罪的例子可以说举不胜举。

1. 网络色情犯罪

许多网民对网络色情存有强烈的猎奇心理，网络中存在不少网络色情犯罪者。

据《检察日报》报道，如今利用互联网进行犯罪活动的人越来越多，特别是一些女子利用男网民希望"艳遇"的心理来盗窃钱财。在武汉，警方连续破获的数起涉毒案件，就是一些女性吸毒人员专在网上"垂钓"使得一些"上钩"男性网民屡屡被麻醉后遭抢劫。另据《大公报》报道，在福州，有不少急于找对象的未婚男子掉进"怀玉"女子在网上设下的色诱陷阱，结果人财两空。

虽然黄毒自古以来就已经存在，但可怕的是电脑网络使色情内容更容易传播。网络传播成本越来越低，传播手法更为隐蔽并且快速，犯罪者也越来越低龄化，一些人出于不良目的将信息垃圾发送到他人的信箱里。据不完全统计，60％的网民是无意中接触到网上黄色信息的。

在国外，网络色情犯罪行为更为普遍。据新华网 2002 年 8 月 14 日电，英国警方为期 5 个月的打击网络儿童色情专项行动有收获。此次行动是针对涉嫌利用互联网传播儿童色情图片的个人，共有 8 个警察局派人员参与了此次代号为"菲尔汉姆"的行动。警方在技术上得到了网络服务供应商的密切协助。此次搜捕行动主要集中在伦敦地区，同时也包括北爱尔兰和苏格兰北部等地。英国警方在 2003 年 5 月进行的另一次搜捕行动中逮捕了 36 人。

传统媒体信息传播方式是单向的，即传播者将信息主动推给（push）受众，受众处于被动的地位，因此政府易于控制受众与色情东西的接触。而网络传播则将这种单向传播方式改变为双向传播，受众的主体地位得到体现，他们可以主动拉取（pull）自己所需要的信息。一些自制力较弱的网民往往会出于好奇或冲动心理刻意地去寻找一些色情、暴力信息。网络上有许多专门提供色情服务的网站，如世界上著名的色情刊物《花花公子》就以合法的形式在美国进入国际互联网。许多网民在日常生活中无法接触到这类色情杂志，因此怀有一种"窥淫"心理，同时网络没有传统媒体的"把关人"，使网民能够在隐蔽的情况下看到低级庸俗的东西。

有研究资料显示，网民对色情信息的查寻频率大于对其他网络信息的搜索。网络色情信息的进一步蔓延，对广大网民的身心健康产生极大影响，他们一旦滑入其中就不能自拔。

许多国家颁布了相关立法，以应对日益猖獗的网络色情犯罪。例如，美国于 2000 年由当时的总统克林顿签署了《儿童网络保护法》，要求公共图书馆和学校在电脑上设定电子过滤设备，也就是过滤网络色情内容的软件，否则将丧失联邦政府对电脑设备和网络拨付的补助。但是，网络犯罪由于具有隐蔽性、跨国性、快速性，至今未得到有效抑制。

此外，世界各国都在制定限制措施和技术法规，以规范网络行为。如英国政府已使用"防火墙"技术，推广色情内容过滤卡，把美国所谓的"文化精髓"拒之门外；加拿大要求家长在多媒体上加挂 V 型色情过滤卡和暴力过滤卡。我们国家也必须加强对信息网络的监控与管理，建立先进的检测机制，"过滤"流入我国的网络信息，以防止信息垃圾和犯罪活动的入侵。同时可建立一个以中央网络为枢纽，各地的局域网、校园网等为支点的网络群，规范网络运作，以防止不良信息污染网民。对那些利用网络传播色情信息和黑色信息或进行网络犯罪的人，必须动用法律武器予以严惩，净化网络空间。

2. 网络诈骗、敲诈与非法贩卖

新浪网报道，根据统计，有 25% 的求职简历在某种程度上存在欺骗性。求职者以专业人士自居，而手里拿的不过是从网上得来的学位而已。有些网上学校根本就是非法的，他们更没有颁发学位的资格。

一些远程教育专家表示，互联网已经沦为虚假办学者的天堂。远程教育专家约翰·拜尔博士说，许多网上院校的站点，在网页背后几乎空空如也，而那个大批炮制这种证书的人，就躲在自己家里。① 他给出了一份远程教育指南，里面列出了 500 多家提供合法网上课程的学校，但是这份指南也专门列出了那些被称为"学历证书作坊"的几百所学校，学生们在这些学校只需完成很少的课程，甚至不用完成任何课程，只要交上一定的钞票，学位证书即可到手。据专家估计，每年在网上买卖假学位的成交额大约为 1 亿美元。

全世界有相当一部分大学生通过网上学校拿到学位。这些在网上办学的学校良莠不齐，只有少数是久负盛名的学术机构，如哈佛大学和麻省理工学院，更多的是非法办学者，甚至是显而易见的骗子。

网络诈骗更多地发生在金融领域。在美国和俄罗斯都发生过计算机人员通过网络盗窃银行资金的案例。

据美联社 2002 年 8 月 7 日报道，美国有关当局说，有多达 4000 人利用"9·11"恐怖袭击事件后发生的电脑线路故障，从纽约市的一家信用机构骗取了大约 1500 万美元。这些人利用市政信用联合会在恐怖袭击后的一段时间中电脑系统的不稳定，不断从自动提款机中提取现金。警方目前已经逮捕了其中的 66 人，并且正在寻找其余构成犯罪行为的 35 人，还有数千人受到调查，这是恐怖袭击后所发生的最大的一起欺骗案。

网络诈骗还包括利用计算机技术编制诈骗程序，发布虚假信息，篡改数据、文件等，其手段主要有：其一，假冒。通过窃取管理人员或合法用户的口令，使用别人的代码进入计算机系统，从而盗用网络资源。其二，伪造。非法建立文件或记录，作为有效的、正式产生的文件或记录。其三，发布虚假信息。这在证券市场中累累出现，有不少是"庄家"利用网络媒体达到目的，使得有的企业和广大散户股民蒙受重大经济损失。从伦理学的角度来说，弄虚作假将导致普遍的信用危机，实际上就是伦理危机和社会危机。

此外，网络也成了高智能盗窃的场所。网络空间不同于现实生活中的物理空间，物理空间是面对面的实体行为，相比之下，网上偷窃操作简便，四通八达，匿名登录，不留痕迹。偷窃内容主要是信息和数据。近几年来，这种犯罪越来越多，情节越来越严重。有不少犯罪分子利用网络隐蔽性、迅捷性、全球性的特点，在网络上非法贩卖武器、毒品等。

据《联合早报》报道，一名被控在曼谷一所大学使用手榴弹展开攻击的泰国

---

① http://www.ccidTV.com.

学生宣称，他的手榴弹是在互联网上买来的。起初，警方怀疑被控的学生把手榴弹来源推给互联网，主要是不想让警方找到真正的帮凶，而最终调查结果显示，手榴弹果然来自互联网。

3. 网络诽谤

我们知道，在现实中如果有人捏造并散布某些事实，损害他人的人格、名誉，就有可能构成诽谤罪。那么在网络中捏造并散布某种事实，损害了他人的人格或名誉是否也有可能构成诽谤罪呢？答案是肯定的。

网络中的物像是虚拟的，人们在网络上探索，就仿佛在无边无际、无穷无尽的时空中遨游。这可能会给人造成一种假象：在网络中发表言论是绝对自由的。事实并非如此。网络空间就好像是现实社会的倒影，现实社会有的，网络空间也有。现实社会有一套对付诽谤的法律，网络空间也有。

在网络的"发祥地"美国，早在20世纪90年代初，法庭就已经审理过网络诽谤的诉讼案件。英国和澳大利亚也审理过网络诽谤诉讼案件。随着网际网络越来越普遍，网络诽谤诉讼会越来越多。对此也有人认为，网上出现的诽谤言论，许多都是可以立即进行驳斥的。如在某公告牌上一出现诽谤言论，被诽谤者立刻可以在公告牌上进行回应。如此一来，一方起诉另一方诽谤实在没有必要。但也可能存在这样的情况：被诽谤的一方不能或不可能立即进行反驳回应，他们也许平时并不经常在网上浏览，他们得到被诽谤的消息是经旁人传达的。

另外，目前网络传播还存在着其他诸多问题，如有些传播内容不真实等。对此人们一般都采取宽容的态度，并没有像对待传统媒体那样去要求较高的真实性；或者是人们虽有相应的要求，但网络传播无法做到，所以也就只好无奈地面对了。

总之，网上刊布的一些不真实的信息并没有引起浏览者强烈的反应。正因为如此，有人认为，一般人不会认真看待网上流传的言语，通常只把它当成玩笑，被诽谤的人无须紧张。情况不能一概而论，人们对玩笑的容忍也是有一定限度的，何况每个人对玩笑的定义并不一样。网络诽谤的问题应该引起大家的重视。

4. 网络恐怖主义

"9·11"事件成为美国人挥之不去的阴影，恐怖分子利用网络进行攻击的预言又成为人们新的梦魇。在网络化的社会，发生"数字珍珠港"事件不是没有可能。数千个生命在2001年9月11日的那场恐怖袭击中消失了。爆炸、劫机和其他大规模破坏活动等恐怖分子常用的手段一度成为人们的话题，也成为一些国家的防范重点。但在当今的网络世界中，计算机也会成为恐怖分子利用的重要武器。

2000年，澳大利亚人维特克·博登（Vitek Boden）利用因特网、无线电台和盗窃的控制软件，将 100 万公升的污水排放到昆士兰州马卢奇郡（Maroochydore）的河流与沿海水域中，以报复当地政府拒绝聘用他。设想一下，如果机场控制系统完全被恐怖分子所控制，如果排放出的是有毒液体并排入城市的供水系统，后果将不堪设想。虚拟的网络攻击同样也会造成血淋淋的教训。

同时，有越来越多的证据表明，恐怖分子可能已经考虑到组织此类网络攻击行动。据美国《华盛顿邮报》报道，美国调查人员已经发现了无数的匿名刺探行为，主要是针对美国的紧急电话系统、供水网络和电网等基础设施的关键部分。

与一般的恐怖主义不同的是，网络恐怖主义以网络为战场，通过网络上的漏洞进行破坏，达到危害人类的目的。现在全球网络恐怖分子已经蠢蠢欲动，他们正在寻找引发全球恐怖的漏洞。制止网络恐怖主义需要各国政府、企业甚至每个人的努力，从预防入手，每个环节都采取防范措施，这样才能保证网络世界的安全。虽然网络恐怖分子已在暗地里磨刀霍霍，但是人们仍旧没有意识到预防和打击网络恐怖主义的紧迫性。有网络的地方，就有可能被网络恐怖分子侵入。因此，首先必须对网络进行检查，发现漏洞并进行补救；其次，必须对网络进行不同层次的安全保护，设立防火墙，安装防毒软件，不给网络恐怖分子以可乘之机。

网络安全应该采取三大步骤：首先是确定责任和范围；其次是选择可行的安全保护措施；最后是找到漏洞，及早预防。对付网络恐怖主义，人们必须拿出更大的耐力和精力，才能战胜对手。

5. 警惕网络暴力

早年间，一个发生在中国多家网站上的"网络追杀"事件引起了国内外舆论的关注。事件的起因是，一个丈夫在网上发帖，谴责妻子与网名叫铜须的大学生有一夜情，并公布了两人的网络聊天记录和铜须的 QQ 号。他的帖子很快激起了热烈反响，攻击偷情主角的"哄客"队伍迅速由数百人发展到数万人，相关网站的点击率飙升。

中央电视台对这一事件作出反应，批评网民的行为是"网络暴力"，但避免就第三者事件本身做出道德评价。而网民则在"天涯论坛"组织了新一轮的反击运动。"铜须事件"也引发海外媒体的密切关注。《纽约时报》《国际先驱论坛报》和《南德意志报》等欧美报纸相继刊发报道，质疑中国网民的做法是对个人权利（隐私权、情感和生活方式选择权等）的严重侵犯。《国际先驱论报》以《以键盘为武器的中国暴民》为题，激烈抨击中国网民的"暴民现象"。在西方人看来，这场虚拟事件正在演变成大规模群体性暴力，并已成为人类文明进程中的不和谐音。

在事件的整个进程中，在各相关网站，网民的反应几乎是一边倒地愤怒声讨偷情主角。相反的声音十分微弱，被淹没在众口一词的声讨之中。一些网民肆无忌惮地侵犯事主的隐私权，通过各种手段搜出铜须的真实姓名、所在学校、手机号、家庭和学校的电话号码、父母的住址、他的求职简历、他在国外的女友的姓名、他的照片、女事主的照片，并把这一切都公布在了网上。凭借这些信息，人们对铜须及其家人进行无休止的骚扰和羞辱，使其身心受到严重伤害。网民的语言充满暴力色彩，有人叫嚷"以键盘为武器砍下奸夫的头，献给受害的丈夫做祭品"，有人诅咒让偷情者"死无葬身之地"，有人发布"江湖追杀令"，呼吁全社会封杀铜须，堵死他大学毕业后的求职路。一些网民组织虚拟审判，在虚拟世界中以静坐、游行、谩骂、自杀等形式集体声讨事主。

互联网是一把双刃剑，具有"善恶双重品格"。在2001年至2004年间，"互联网之善"一度表现出某种令人激动的特性。面对孙志刚案及一系列侵犯百姓权益的案件，正是互联网的民意促成"暂住证"的取消，改善了底层民众的生存状况，显示出互联网的强大能量。但是"陈易卖身救母事件""虐猫女子事件"直至这次"铜须事件"，提示人们有必要建立起合理的网络规则，其核心是划清言论自由与侵权的界限，对侵犯个人权利尤其是隐私权的网上言论，应该有一套有效的机制进行监督，使侵权者不能逃脱应负的法律责任。

六、网瘾症分析

互联网充斥着形形色色、无穷无尽的信息，能满足不同个体对信息占有与索取的需求。另外，互联网是一种开放、平等、相对宽松自由的环境，给人以亲密感、无时空感和无压抑感，因此容易导致使用者上瘾。

网络可以让人们足不出户就能获得自己所要的物品、想要的信息，可以让网民交到一些网友，可以聊天，可以听音乐、看电影。在虚拟的世界中网民的生活似乎比在真实世界更丰富多彩。然而，网络使网民与生活现实的距离进一步拉大。长期沉溺于网络当中的网民容易产生人际交往障碍，其性格变得孤僻，与他人距离疏远，对人冷漠，容易变得孤独、苦闷、焦虑、压抑，甚至情绪低落、消沉、精神不振。长期沉溺于网络中，易产生空虚的感觉，引发心理常见病，如躁狂症、厌食症、强迫症等。痴迷网络者与现实世界接触机会减少，与家庭成员缺乏沟通，造成精神抑郁、情绪低落，生理、心理都受到影响。习惯于网上的指令模式，回到现实世界，有可能造成人与人之间平等交流的不和谐。

美国斯坦福大学所做的一项调查发现，全球约有20万网民患上"强迫性上瘾"病。在德国有2400万上网人口，约占德国总人数的1/3，其中约有600万是网上聊天室的常客。有关"网瘾失调症"这种时髦病，目前德国医学界还来不及确定具体的诊断标准，但网上聊天已经风靡德国，成为一种群众性的信息交流活动。也有专家认为，网上聊天者中有一族可能是内心充满孤独感的心理障碍患者，他们发现互联网是克服胆怯和寻求友情的最佳途径，因为在虚拟空间中与不谋面的对方交谈比在任何一个现实场合都更加简便、快捷、保密、刺激和不受约束。

凤凰网曾经报道，根据一项大型民意调查的结果，美国约6％的互联网用户均有不同程度和类型的"上网瘾"。发起这项调查的治疗兼研究员戴·格林菲尔德和美国广播公司合作进行了这次调查研究，通过美国广播公司的网页发放及回收了17 251份有关使用互联网情况的问卷。问卷的问题多是改用来测试"赌瘾"的问题，包括问受访者曾否通过使用互联网来逃避烦恼，是否无法克制减少使用互联网的失落感，是否觉得自己不是在使用电脑时仍幻想着上网等。如受访者在十个问题中有五题或以上的答案是"是"，他们便算是有了"上网瘾"了。调查的结果发现有990名受访者，即5.7％的人已成了"上网瘾君子"。

目前的研究发现，普通人变成"网虫"大约经过了对网络的好奇、喜爱到着迷三个阶段。但是，着迷于网络是否会导致网络性心理障碍与个性特征有很大的关系。这主要表现在此人的性格、平常的生活习惯以及生活环境等方面。一般认为，性格内向、不太爱与人交往的人以及想从网络中得到某种答案或追求完美的人，往往会在接触了网络后过分沉溺，以至于产生不同程度的网络性心理障碍。值得一提的是，一些女性想通过网络来抒发、宣泄自己的情感，以弥补在现实生活中感情上的空虚。如果在网上有呼应，便会产生共鸣，似乎找到了知已。但一旦发现对方与自己理想的标准有太大距离时，便会情绪失落，产生抑郁甚至厌世的情绪。

上网成瘾不仅危害到网民自身的身心健康，还对家庭、社会造成危害。据《新民晚报》报道，明略市场策划公司的调查发现，近三成夫妻曾因为上网而发生口角，网络引发的家庭问题已不容忽视。经过调查，2216对22至35岁、平均每天上网1小时以上的年轻夫妇中，有56.3％的夫妇经常上网，其中43.86％的网民表示不介意对方上网，持反对意见的占14.09％，还有一部分人不赞成对方的上网时间过长。

至于网络对家庭的影响，虽然33.86％的受访者认为对方上网可以丰富生活，但也有23.26％的人觉得上网会影响夫妻间交流，还有逾两成的人认为上网会影响做家务和教育孩子。由此可以看出，上网就像一把双刃剑，既可以丰富生活、学习充电，也可能造成夫妻关系冷淡并影响孩子的教育。研究还发现，网络对夫妻生活的影响取决于每个家庭的协调和控制能力，以及夫妇间信任和关怀的程度。

为了有效克服网瘾症，专家提出了以下建议：利用业余时间上网，上网时间每天控制在两个小时以内，千万别打破正常的饮食与生活习惯；上网要有明确的目的，有选择地浏览自己所需要的内容，不要漫无目的；上网过程中应保持平稳的心态，消除猎奇心理，不宜过分投入；千万别深更半夜上网，不要为了省几个上网费而搅乱自己的生物钟；别迷信网络爱情，要知道爱情是在现实中的；不要为了打发时间而泡在网上。

七、数字鸿沟加剧

信息技术的发展还造成贫富国家的差距进一步拉大，即所谓强者愈强，弱者愈弱的马太效应。这在网络传播方面表现得更为明显。一方面，在家庭计算机拥有量较高的西方国家，网络传播发展迅速，个人获取网上信息非常便捷；另一方面，许多第三世界国家温饱问题与教育问题尚未解决，更谈不上入网或从网上获取信息。这就造成富国容易获得信息，从而能获取更多财富；而穷国信息闭塞，经济更为落后。

目前，世界各国范围较大的基础网络都是由国家统一规划布局并兴建的基础性信息设施。各国综合国力、技术水平各异，网络的发展水平也存在很大差距。

传播和技术已日益冷酷无情地把世界隔离成两个营垒。一座营垒由那些受到良好教育且极具经济实力的信息贵族把持盘踞，他们是计算机系统的经营者，控制着传播工具。另一座营垒则属于传播圈的"下层阶级"。这里的成员文化水平有限，他们在巨大的传播机器的摆布下过着物质与精神双重贫困的生活。互联网加速了弱者更加弱、强者更加强的进程。

尽管中国互联网在短时间内有着突飞猛进的发展，但如果以网络用户占国民总数的比例与世界发达国家和地区进行横向比较就会发现，我国网络用户占全国总人口比例与发达国家和地区的差距很大。网络的发展和普及取决于综合国力以及国民的科技文化素质。中国作为地域辽阔、人口众多、经济文化发展水平不平衡的世界上最大的发展中国家，正面对信息时代数字鸿沟这一严峻问题。

数字鸿沟首先表现在与发达国家和地区的差距上，中国不仅与北美、欧洲诸国差距巨大，而且与亚洲的日本、韩国、新加坡等国差距也甚大。中国大陆与香港、澳门、台湾等地区也存在很大差距。

数字鸿沟在内地同样表现明显，东部地区和西部地区、中心城市与中小城市、城市与乡村，在网民的性别、年龄、受教育程度、职业等方面以及在网络基础设施、网络知识与技能教育、网络用户数量等方面都存在着较大甚至巨大差距。数字鸿沟造成互联网上各国舆论力量失衡。发达国家尤其是美国的舆论主导网络传播，而发展中国家因技术、资金和人才问题，在网络传播中的地位甚至低于在其他三种媒体中的地位。

由于各国计算机和网络技术水平的差异，形成了发达国家在互联网上的优势地位。相对富足的西方国家拥有较强的网络信息生产能力，网络传播中来自发达国家的声音多，而来自发展中国家的声音少，这就是网络信息传播中语言和文化的不平衡。发达国家利用因特网技术控制发展中国家，并凭借网络传播优势对发展中国家实施信息侵略和文化侵略，宣传和鼓吹本国文化，进行文化渗透。网络信息内容中所携带的西方价值观、意识形态观冲击着其他国家和民族的人们原有的思想观念和文化素养，例如美国在网络传播上的优势地位形成美国文化对小国文化的销蚀和征服，最终形成一种以西方文化为主导的全球网络文化。如何保护和发扬本民族的优秀文化传统，保持全球文化的多样性，已经成为发展中国家亟待解决的紧迫问题。

第三节　正确看待网络传播的双刃性

网络虽然是一把双刃剑，但是其对整个社会的物质文明和精神文明的发展的正面意义远远超过其负面效应；不应该对其有意或无意地妖魔化。而且网络媒体的负面性往往是现实社会的折射，很多问题的产生其根源并不在网络本身，而是现实社会问题的延伸。

一、互联网对社会进步的推动是主流

在人类历史上，科学技术的发展受到干扰和遏制的时候，也经常是人性、人类社会发展很不正常甚至是黑暗的时候，如"文艺复兴"前的欧洲中世纪就是这样。相反，科学技术正常和加速发展的时候，也经常是人性充分实现，人类社会进步斐然的时候。这是因为科学技术的发展不仅追求和体现着"真"（科学真理），而且追求和体现着"善"和"美"（狭义和广义的道德）。人类总是通过科学技术的不断发展，追求和实现着"真""善""美"的统一。蒸汽机、电的发明和应用，无线电、飞机的发明和应用，原子能、航天飞行器的发明和使用等等，分别使人类进入了一个比一个更进步的阶段。虽然这些科技成果的出现都带来了新的问题，甚至提供了使人类自我毁灭的可能性，但从总体上看，它们显然推动着人类文明和社会的进步，现代社会的"成熟度"（如公民理念、法律意识、权益概念等）显然也是不断提高的。今天互联网的发展也势必如此。那种过分渲染互联网发展的副作用，将网络妖魔化是把科技发展与社会进步的正比关系这一大前提抹杀了，是本末倒置了。

作为现代高科技代表之一的互联网，在"科学技术是第一生产力"的今天，

对物质生产活动具有极大的推动作用，对社会精神文明的发展产生着积极影响。在物质生产活动领域，互联网的作用首先表现在它对经济信息传播方式的变革上。电话、广播、电视、函件等传统的信息传播手段尽管也能传播经济信息，但均有明显的不足，有的信息直观性差，有的传播范围有限，有的传播速度不够快，从而影响了信息的交流和传播。互联网克服了上述信息传输手段的不足。作为一个高度开放的系统，它使地理国界等用来定义空间距离的要素越来越失去其意义；它是一种多媒体信息传输工具，可以满足人们对文本、图像（包括动态图像）、声音的不同需要；它传输的速度极快，能将任何信息在很短的时间内传送至目的地。这种高效的信息传播手段的广泛运用，必将强有力地促进经济信息的全球性广泛传播和交流，促进经济信息最大限度地得到收集和利用，造就全球范围的大市场，从而促进生产力要素的优化组合，推动生产力的发展。互联网对生产力的促进作用还表现在，随着它的不断扩展，产生着人类新的需求，有力地促进了人类物质生产领域的扩大和产业结构的调整。近年来崛起的信息产业就与互联网的发展需要密不可分。如今，这一新兴产业正有力地推动世界范围内经济的发展。西方发达国家特别是美国，近几年经济持续增长，其重要原因之一就是信息技术产业得到了飞速发展。

互联网对人类精神文化活动的影响更不能低估。互联网促进了学术思想和科学研究成果的广泛传播。电子版图书和报纸杂志的发行，网上数据库的开通，网上书店的开张，数字图书馆的建立，信息资源的共享，为学术思想、科技信息和文学艺术作品的传播提供了前所未有的便利条件。另外，互联网还使教育模式发生着深刻的改变，也为人们展示艺术创造才能提供了新的场所，为人们充分表达各自的思想和意愿提供了技术基础。这些均有助于个人素质的提高，有利于个人良好品德的形成。

在现代社会，人们面对着越来越多的道德难题和精神危机，如人情冷漠、精神空虚、金钱至上、恐怖主义等。但在互联网中，我们却往往能更多地感受到"真""善""美"。在互联网中，不论谁有疑难，只要在网上发布求救求助信息，网友一般都会热情地给予帮助，而且不期待任何利益回报。网民们的很多行为都是无私的，如 Linux 操作系统的制作者不是为了赚钱，而是怀着交流技术、打破微软垄断的心理投入开发，并将源代码公之于众，使之成为免费资源。另外，在互联网中，空间距离意义弱化，人们交往频率提高，从而有利于人们之间增进了解和信任。同时，由于互联网络中信息传递的可匿名性，活动主体突破身份、角色、地位的现实差别而实现平等交往。这些都有利于在网络中形成一种平等、互爱、和谐的人际关系。有些人甚至认为，在现在这个金钱至上的社会中，也许只有在网络上才能真正品味到人与人之间的那份赤诚和真情。综上所述，互联网技术的发展为人类自下而上的发展创造了新的技术基础和现实手段，它是人类实现自由、实现理想的强有力的武器，它所内含的有利于生存和发展的道德价值是难以估量的。

二、不能简单地把网络问题的出现归咎于互联网络的发展

伴随着互联网络的诞生和广泛使用而出现的问题是多种因素综合作用形成的复杂的社会现象。人们之所以忽略其他因素对网络的影响是基于这样一种认识：人们把自己熟悉并生活在其中的空间称为"物理空间"，而互联网则是所谓的"虚拟空间"（又称为"电子空间""赛博空间"）；传统社会中形成的既有道德在网络社会中并不适用，"虚拟空间"中存在着相对独立于"物理空间"的网络道德。对此，我们可从两个方面加以澄清：首先，把互联网解释为"虚拟空间"，把现实世界解释为"物理空间"，然后把在社会学意义上作为"物理空间"组成部分的"虚拟空间"与"物理空间"割裂开来、对立起来，是完全错误的。其实，网络天地、虚拟空间、信息高速公路等，都是始终附着于现实的"物理空间"的，都是现实生活通过技术载体的某种实现、某种表现形式，否则它们就无以存在，毫无意义。"虚拟空间"自身的运行规律只是一种技术规律，只有和"物理空间"结合起来，也就是和处于现实生活中的人的活动结合起来，才具有社会属性和意义。只有以"物理空间"为基础，以"虚拟空间"为媒介，二者共同作用，作为新的表现形式的网络问题才能成立。脱离"物理空间"谈论网络问题，完全是夸大、曲解了互联网对社会的影响。

其次，互联网中出现的问题深受互联网空间外的其他因素影响。这其中，网络空间中活动主体（一般指互联网技术的研究和开发者、互联网运营商以及互联网的一般用户）素质的影响尤显突出。科学是一种强力的工具，怎样用它，究竟是给人带来幸福还是灾难，全取决于人类自己，而不取决于工具。

最后，网络中出现的许多问题是可以通过网络自身的发展和完善来解决的。

思考题

1. 试比较网络媒体与传统媒体的异同。
2. 试分析网络传播的优势。
3. 试分析网络的负效应及其对策。
4. 试分析中国政府对互联网监管的现状。
5. 你怎样看待网络实名制？

第三章

Web 1.0时代网络传播的类型

网络传播将人际传播、群体传播和大众传播融为一体，是一种全新的传播类型。我们在深入研究网络传播时可以比照传播学流行的分类方法，将网络传播细分为网络人际传播、网络群体传播、网络组织传播、网络大众传播，并对其进行深入研究。

第一节 网络人际传播

人际传播是网络中最常见的传播形态之一。对网上人际传播的需求，促使网络成为人们生活的一部分。人际传播也与网络中的其他传播形态相互交融、相互作用。今天，网络上的人际传播十分频繁，在互联网上，人和人的互动通过电子邮件、网上聊天等形式进行。

一、电子邮件

电子邮件（Electronic Mail，简称 E-mail）是互联网上最早也是最重要的应用方式之一，世界各地的人们通过电子邮件联系在一起，人们通过电子邮件互相传递信息，进行网上交流。电子邮件已经成为现在人们互通往来的一种常用方式。电子邮件通信是一种将电话通信的快速与邮政通信的直观易懂相结合的通信手段，与电话通信和邮政通信相比，电子邮件有它得天独厚的优点。

1. 电子邮件的特点

电子邮件可以说是目前最流行的一种通信手段，它具有速度快、操作方便、成本低廉、信息多样化、一信多发、比较安全等诸多优点。

电子邮件的传输速度快。通常在数秒钟内即可送达至全球任意位置的收件人信箱中，其速度比邮政通信高效快捷得多。例如，发送一封国际电子邮件只需要几秒钟，而邮寄一封信件需要花上一周左右的时间。如果接收者在收到电子邮件后短时间内回复,往往发送者仍在计算机旁工作的时候就可以收到回复的电子邮件,接收双方交换一系列简短的电子邮件就像一次次简短的会话。

电子邮件操作非常便捷。与电话通信或邮政信件发送不同,E-mail 采取的是异步工作方式,它在高速传输的同时允许收信人自由决定在什么时间、什么地点接收和回复,发送电子邮件时不会因"占线"或接收方不在而耽误时间;收件人无需固定守候在线路另一端,可以在用户方便的任意时间、任意地点,甚至是在旅途中收取 E-mail,从而跨越了时间和空间的限制,给人们提供了更大的自由度。

成本低廉。E-mail 最大的优点在于其低廉的通信价格,用户花费极少的上网费用即可将信息发送到远在地球另一端的用户手中。而且,电子邮件可以很容易地进行内容更改。

信息多样化。电子邮件发送的信件内容除普通文字内容外,还可以是软件、数据,甚至是录音、动画、录像等各类多媒体信息。

广泛的交流对象。同一个信件可以通过网络极快地发送给网上指定的一个或多个成员,甚至可以召开网上会议互相讨论,这些成员也许分布在世界各地,但发送速度则与地域无关。与任何一种其他的 Internet 服务相比,使用电子邮件可以与更多的人进行通信。

比较安全。E-mail 软件是高效可靠的,如果目的地的计算机正好关机或暂时从 Internet 断开,E-mail 软件会每隔一段时间自动重发;如果信件在一段时间内无法递交,电子邮件会自动通知发信人。作为一种高质量的服务,电子邮件具有安全可靠的高速信件递送机制,Internet 用户一般只通过 E-mail 方式发送信件。

2. 电子邮件原理

电子邮件的传输是通过电子邮件简单传输协议(Simple Mail Transfer Protocol,简称 SMTP)这一系统软件来完成的,它是 Internet 下的一种电子邮件通信协议。

电子邮件的收发过程类似于普通邮局收发信件,只不过邮件并不是从发送者的计算机直接发送到收信者的计算机,而是通过收信者的邮件服务器(mail server)收到该邮件,将其存放在收件人的电子信箱内。通常邮件服务器是执行多任务操作系统的计算机,它提供 24 小时的电子邮件服务,用户只要向邮件服务器管理人员申请一个信箱账号,就可使用这项快速的邮件服务。邮件服务器在硬盘上为用户分出一定的存储空间作为用户的"信箱",每位用户都有属于自己的一个电子信箱,并确定一个用户名和用户可以自己随意修改的口令。存储空间包括存放所收信件、编辑信件以及信件存档三部分,用户使用口令开启自己的信箱，进行发信、读信、编辑、转发、存档等各种操作。系统功能主要由软件实现，当有新邮件到来时，就将其暂存在电子信箱中供用户查收、阅读。电子信箱容量有限，所以用户应注意定期对电子信箱中的信件进行处理，以腾出空间来接收新的电子邮件。

电子邮件不是一种"终端到终端"的服务，而被称为"存储转发式"服务。这正是电子信箱系统的核心，利用存储转发可进行非实时通信，属异步通信方式。即信件发送者可随时随地发送邮件，不要求接收者同时在场，即使对方现在不在，仍可将邮件立刻送到对方的信箱内且存储在对方的电子邮箱中。接收者可在他认为方便的时候读取信件，不受时空限制。在这里，"发送"邮件意味着将邮件放到收件人的信箱中，而"接收"邮件则意味着从自己的信箱中读取信件，信箱实际上是由文件管理系统支持的一个实体。

3. 保证电子邮件的安全

考虑到电子邮件所传送信息的敏感性，保证通信的安全自然成为人们高度关心的问题。未加密的信息可能会在传输过程中被人截获、阅读并加以篡改；如果邮件没有采用数字签名的话，就不能保证它来自何方。其实有许多办法可以保证电子邮件的安全，这些办法有很多优点，但也有不少弱点。

安全/多目标 Internet 邮件扩展（Secure/Multipurpose Internet Mail Extensions，S/MIME）。这是一种消息加密与数字签名格式，它是一种已被接受的标准，并被集成到主要电子邮件软件中。但是，各个厂商都在部署自己的 S/MIME 版本，由此造成了互操作性问题。

电子邮件安全网关，也就是用于电子邮件的防火墙。进入或输出的每一条消息都经过网关，从而使安全政策可以执行（在何时、向何地发送消息），病毒检查可以实施，消息可以被签名和加密。使用网关的一个不足是它不提供基于用户的安全性。例如，网关对输出消息进行加密，使接收者可以确认这些消息来自你的公司，但接收者不能证实消息是谁发出的。

基于客户机的方式利用私有密钥签署消息（证明它是你发出的）。这种做法有更高的安全性，但它也有弱点。首先它需要在每个桌面系统上进行配置，这包括向每个用户发放数字证书（用于加密和数据签名），并保证在电子邮件软件中设置了正确的安全配置文件，这又需要大量的用户培训和帮助台的帮助。当然，如果配置文件有错的话——例如，规定了错误的证书或关闭了加密功能——消息将是不安全的，并且管理人员无法集中控制配置文件。

基于 Web 的安全邮件服务。这种服务将所有消息一直保存在服务所在的环境中以保证安全性。用户可以使用 Internet 上的安全站点来编辑一条消息，一旦点击了"发送"，站点会对信息进行加密并将其保存在站点上，然后再向接收者发送通知，告之加密的消息正在等他接收，接收者即可链接到这个站点并提供一个共享秘密信息进行认证，然后再安全访问这条消息。

建立数字证书目录。这种目录保存着发往接收者的加密消息所需的证书。在机构内部建立这种目录不会有什么大问题，因为一家公司的所有证书都可以在一个中央目录访问协议服务器上发布，可是在机构外部就会造成很多问题。用户需要与接收者所在机构达成协议以保证访问正确的数字证书。但这一过程会产生更多的用户培训问题，并增加了电子邮件通信的复杂性。

二、网上聊天

网上聊天室是互联网上最为普遍的一种人际传播手段或交流场所。网络聊天行为符合人际传播的基本原理与机制，是一种典型的网上人际交往。这种网上人际交往具有平等性、虚拟性、仿真性、匿名性、情感寄托性的特点，因而能够吸引人们参与其中，成为网民网上行为的一个重要部分。

1. 网上聊天的特点

（1）网上聊天的网民以青少年为主

随着上网人数的增加，越来越多的人加入网上聊天的行列。网民以极大的热情体验着网上聊天这种天南地北、海阔天空的交流方式。事实上，网上聊天是借助网络这一特殊媒介进行的人际传播。

在互联网上游离着大量色情、暴力、赌博、迷信和反动的信息，而越来越多的青少年沉溺其中，并逐渐遭受毒害。青少年在网上交流所使用的污言秽语就更为多见，特别是在一些聊天室和论坛中，经常可以看见互相谩骂和人身攻击的字眼。

目前的学校德育教育仍是传统教育模式，要求学生接受传统道德的行为准则，而社会已发生了巨大变化，青少年在发展中遇到了前所未有的冲突。现实生活和虚拟社会是两种不同的文化形态，容易导致人格的分裂状态，即虚拟和现实的二元人格分裂，这种状态对于当代青少年的健康成长是不利的。

青少年的自制力、理性发展都还未达到成人水平，他们很难控制自己，所以容易导致网瘾问题出现。这就需要借助学校、家庭、社会的帮助，使他们健康成长。学校对学生上网有各种限制，家庭对学生的帮助取决于家长的素质，如果家长懂得上网，就比较容易帮助学生健康上网。而学生在网吧上网则是最不容易控制的。

交往是青少年发展的需要，但现实生活中的交往可能会给他们带来压力，而网络中的虚拟空间则会给他们以相对宽松的环境。青少年过去的交往主要发生在学校，是一个严格的、可控的过程，可以给学生以积极的影响。除此之外，学生还可以有限度地参加社会交往，如家庭、社区、校外机构等，这样的交往有积极的、也有消极的影响，最重要的问题在于难以控制。网上交友是一种新兴的交往方式，是青少年种种交往方式中最难控制的一种，也是最容易接受的一种。因为它隐瞒了真实身份，所以会造成很多负面影响，如上当受骗、受色情毒害、网络犯罪等。因此，学校、家庭和社会应该高度重视网上交友的问题。

有调查发现，相当多的中学生认同网上欺骗行为。网络聊天是中学生接触最多、使用最频繁的一项网络内容。对于"在网上聊天时可不可以欺骗对方"这一问题，有13.2%的中学生认为网上聊天谁也看不见，相互欺骗是很正常的；55.1%的学生认为在网上可以欺骗对方，但只能以保护自己的隐私为限，而不能伤害别人；只有28.1%的学生认为即使彼此看不见，也应该以诚待人，不该互相欺骗。这一结果说明，有比较多的学生对网上的欺骗行为并不反感，这反映出传统道德规范中诚实守信的道德品质在网络世界中受到严峻挑战。

方兴未艾的网络不仅连接了世界，而且形成了一种全新的人类社会生活方式，它越来越深刻地进入当代社会各个领域，对社会的发展进程构成了一种不得不面对的新的环境变量。而这种新的环境变量对于青少年道德发展以及学校德育的影响是不容忽视的。

（2）匿名性

网上聊天室的基本特质之一就是匿名。网络的匿名不是没有名字，而是使用昵称。每个人都可以拥有很多昵称，而这些昵称大多都是自己选择的。昵称的多样化在某种意义上体现了人的身份的多样化。

匿名是一种特殊的"面具"，匿名的目的很明显，就是刻意隐藏自己的真实身份。匿名是网上聊天室的第一特质，这个特质不仅仅是某人的面具，而且成为聊天室人际传播的特殊情境。在虚拟的环境中进行交流，就如同参加一个蒙面舞会，在那里，每个人都戴着一副假面具，每个人的真实情况都是隐藏着的。

匿名使得昵称不再指向人的社会身份，他人也无法从昵称开始追查昵称使用者的社会身份。昵称隐藏的是我们在现实社会中的身份，比如说性别、年龄、职业等。昵称不指向社会身份，却依然指向网络身份，真正的匿名性不再是使用昵称本身，而是每个使用者可以随时更改昵称。

随时更改昵称已经成为一种身份游戏。在不同的昵称下，同一个人会有完全不同的表现。我们也许会爱护某个常用的、网上朋友们都认识的昵称，但是在另一个随便取的昵称下可以胡作非为，尝试一下做坏人的滋味，却不用负担任何毁坏自己网上声誉的危险。人人都拥有改变昵称的特权，从而改变自己的身份甚至个性。在网络人际传播中，人们不再受到地位、金钱、种族、性别的约束。

网上聊天中，人们不需要透露自己的身份，无需对自己所说的话负责任，人们的交流也往往带有偶然性。在一个多人参加的聊天室中，加入聊天的人数是可以动态变化的，人们之间的相互关系也可能随时发生变化。在网上聊天室，每个人都可以与参加聊天的其他人进行对话，这种结构是一种平等的交流结构。聊天时，人们谈话的主题时常发生变化，人们的喜好时常发生变化，人们之间的结盟关系也往往摇摆不定，所以常常是几个小时过去，也没有达成什么共识。此外，由于人们一般对交流对象缺乏必要的了解，传播的目的也就不是十分明确，通常也无法选择合适的交流内容以及说服对方的手段。

2. 网民上网聊天的类型

网民上网聊天的类型大概可以分成如下几类：

（1）求知型。这类网民上网的目的是为了学习新的知识、探究新的问题。例如，有的学生在聊天室公布自己作业中的难题，请大家为他指点迷津。

（2）情感型。这类网民在网上发出求爱信息，或与自己的恋人交流，或在网上结交异性朋友。

（3）交往型。这类网民上网的目的是为了结交知心朋友。在现实生活中，他们由于种种原因，朋友不多，与人相处寡言少语，而当面对电脑屏幕时却显得十分活跃，在一个虚拟世界里尽情地表现自己，以此排除内心的孤独和苦闷，寻求他人的理解、同情、安慰、鼓励。

（4）发泄型。这类网民上网的目的就是发泄情感。他们可以借机不负责任地挥洒各种言辞，宣泄被压抑的各种欲望。

3. 脆弱而危险的网恋

网恋是随着网上聊天而发展起来的人际传播方式。网恋（Net-Love）是以计算机网络为媒介，在计算机网络上进行的男女恋爱与情感交往行为。

据 21CN 网站的网上调查显示，近 40% 的网民坦言有过网恋的经历。广州视窗也作过一项网上调查，参加调查的 33152 名网民中，有一半相信网络爱情，其中两成有过"网恋"经历。

网恋行为具有不同于一般恋爱行为的特点：一是以网络为中介，男女交往行为具有直接、随意性特点。二是以文字为载体，交往缺乏感性，但可以形成较大的想象空间。三是虚拟性与真实性并存。四是网恋属于精神式恋爱，对现实考虑较少。在网上谈情说爱的人大致有这么几种心态：

（1）超越型。现实生活中的爱情往往带有功利色彩，或者受传统观念的约束，许多理想主义者幻想在网络上能够有超越一切的纯爱情。现实生活中的异性常常是不完美的，而且是难以接近和直抒胸臆的，而在网络中双方处于"双盲"状态，时空的距离使彼此增加许多想象的成分，增添了美感，同时又可以放心地交流感情。带有此类心态的人很容易在网络上坠入爱河，不能自拔。

（2）实用型。由于网络具有影响广、时效快、手续简便等特点，很多有意于寻找终身伴侣的人把网络作为一种手段，或者说作为一种实用工具。带有此类心态的人往往会主动挑明自己的条件和要求，因为他们不想浪费时间。

（3）游戏与欺骗型。有些人只是想在网络上体验一下交友的感觉，他（她）们既无意于真诚地爱一个人也无意于对自己的言行负责。带有此类心态的人往往比较"潇洒"，不必担心被爱情这把双刃剑刺伤。此外还有恶作剧型，甚至还有人有犯罪动机。据一份调查材料显示，有41.3%的男性网民承认自己曾在网上冒充过女孩。还有人借网恋之名玩弄女性，这类事例很多，表现方式有情感欺骗、情外情、多角恋等。虽然不乏网恋成功的例子，但总的说来，网恋是危险而脆弱的。

网恋的脆弱在于双方认识的浅薄。正常的异性交往要有一个特定的背景环境，如同事、同学、他人介绍或至少是某种连带关系。即便是陌生男女的一见钟情，也是要两人"见"面才行。这个"见"，就是最基础的现实接触，人相信自己的判断力，眼见为实，可是网恋连见都见不到。佳话的产生还有一个基础，那就是诚实。可现在在网络这个虚拟世界中，虚伪和谎言早已司空见惯。有相当一部分人坦言，每天在网上都会说几句假话，而且不觉得可耻，也不觉得不正常，反正所有的人都在说假话，反正谁也不认识谁，反正谁相信谁倒霉。网络的逻辑就这么简单，很少有道德意识可言，也很少有人会把道德约束在自己身上，这就容易导致个人恶性意识的膨胀。在这样的畸形环境中，网恋又怎能不脆弱。

天津市"粹介"网络公司作的一项网恋情况调查显示，网上恋爱成功率仅为1%。按照Yahoo公司在欧洲作的调查，网友的单独会面有80%以上可能会使双方失望，另有70%以上可能会停止或逐渐停止交往。

网恋同时又是危险的，因网恋而引起的刑事犯罪并不鲜见。国内外相关案例层出不穷。

据《北京晚报》报道，德国比克堡地方法院开庭审理男青年安德烈亚斯涉嫌奸杀女友一案。这是德国首例因网上交友而引发的"网恋杀人案"。德国人在深感震惊的同时突然发现，互联网上的"聊天室"已成为世界上最大的调情工具，今后将会有越来越多的网民成为此类网上交友方式的牺牲品。

2008年11月，在黑龙江鸡东县古山子村防洪闸门河道内，村民发现一具女尸。接到报案，鸡东县公安局立即出警。经现场勘查，死者年龄在17岁至27岁之间，头部和脚部分别用麻袋捆住，系头部被钝器击打致死。死者无任何身份证明，尸体高度腐烂，无法辨认。警方迅速对案件展开分析和研究，将古山子村村民肖春阳列为犯罪嫌疑人，并将其迅速抓获。经审讯，肖春阳对杀死网友慧慧（化名）并抛尸一事供认不讳。原来，通过网络聊天，17岁的少女慧慧（化名）

与 21 岁的肖春阳相识、"相恋"。两人发生性关系后，慧慧提出自己正在上学，家里很穷，肖春阳作为男朋友，平时应多给她一些零花钱。肖春阳正待业，靠父母打工赚钱养活，没有什么收入。愤怒的慧慧扬言："你若不对我负责，我就告你强奸。"肖春阳怕被赖上，用锤子将慧慧砸死，后又把尸体扔进河道。

4. 即时通信

网上聊天通常借助于即时通信软件。

即时通信（Instant Messaging，简称 IM），是一种基于互联网的即时交流消息的业务，它允许两人或多人使用网路即时地传递文字信息、大容量文件以及进行语音与视频交流。即时通信按使用用途分为企业即时通信和网站即时通信，根据装载的对象又可分为手机即时通信和 PC 即时通信。

即时通信最早是由三个以色列青年于 1996 年开发出来的，取名叫 ICQ。ICQ 是英文中 I seek you 的谐音，意思是我找你。1998 年，当 ICQ 注册用户数达到 1200 万时，被美国网络服务商 AOL 看中，以 2.87 亿美元的天价买走。相对于电话、E-mail 等通信方式来说，即时通信不仅节省费用，而且效率更高。例如企业的即时通信系统可以随时查看各部门在线人员、沟通各分支机构、即时传输文件、进行远程视频会议等。

目前，全球用户最多的即时通信软件时是腾讯 QQ（简称"QQ"）。QQ 支持在线聊天、视频电话、点对点断点续传文件、共享文件、网络硬盘、自定义面板、QQ 邮箱等多种功能，并可与手机等多种通信终端相连。

截至 2014 年 4 月 11 日，腾讯 QQ 同时在线用户数突破 2 亿，其中腾讯 QQ 手机用户群贡献良多。截至 2014 年 3 月 31 日，微信月活跃用户海内外总数已经达到 3.96 亿。

第二节　网络群体传播与网络组织传播

网络群体传播是临时松散的非正式群体在互联网上的传播活动，如 BBS、同学录、微信等。网络组织传播是指正式组织内基于计算机网络的传播活动，如企业单位内部局域网。

组织是指人们为了达到某种共同目标，将其行为彼此协调与联合起来所形成的社会团体。组织是为了实现一定的组织目标而设置的。它具有专业化的部门分工、职务分工和岗位责任制、组织系统的阶层制或等级制等特点。一般来说组织传播不像人际传播和群体传播那样随便，它往往采用更加正规的方式。

其实群体也是一个组织，只不过它结构比较松散，一般没有严密的结构与明确的目标，具有临时性、松散性与非正式性的特点。

一、BBS

1. BBS 的特征

作为网络媒介特有的产物，BBS（电子公告牌）是一种互动传播媒介。在 BBS 中，每一个网民都可以看做一个传播装置，这个装置使网民既可做"信源"又可做"信宿"。信源与信宿的身份自由转换，真正实现了信息的互动。

运用传播学的理论进行研究不难发现，网民在 BBS 中进行对话的交往行为，在传播类型中属于人际传播的范畴。但是，BBS 中的人际传播与传统面对面或者通信及电话交谈式的人际传播又存在着很大的区别，主要表现在：

（1）BBS 中的人际传播缺乏语境支持。由于缺乏对对方性别、年龄、身份以及表情、声音等辅助语言的支持，讨论者必须时刻做到尽量明白无误地用文字表达其所说的内容，讨论者需要用大量文字来补充语境，而且要尽量减少积极修辞以防对方误解。

（2）BBS 中的人际传播具有公开性，接受公开监督。在公共空间进行活动的讨论者，除对话的双方外，尚有无数的"潜伏者"（lurker）在"监视"对话。因此，讨论者的话语不仅仅针对确定的对话人，还针对大量匿名的听众。

（3）BBS 中的人际传播是 ID 与 ID 的传播。ID 意为"网络身份"，对应的英文是 Internet Identification。ID 不仅仅掩盖了使用者的性别、年龄、籍贯，更隔离了人与人之间的感知。在 BBS 中，讨论者依赖电脑与对方交流，而无法通过触觉、视觉、嗅觉等来感知对方的存在。当讨论者通过电子媒介交换符号信息时，他（她）也被简化为一个 ID。ID 的所指是昵称、发文数、话语符号等数据库，而其作为人的复杂且瞬息万变的信息则被忽略不计。

BBS 之所以能够包容多个层面的传播类型，在于其超强的互动性。BBS 就像一张动态的网，网中的信源和信宿并不固定，只是网中节点的两个状态。假设某个节点处于信源态，当无数节点处于信宿态时，则构成大众传播；当一定数量具有特定身份的节点处于信宿态时，则构成公众传播；当数量很少身份固定的节点处于信宿态时，则构成人际传播。因此，与其说 BBS 提供了新的传播方式，不如说其提供了新的传播结构，为其他的传播类型提供了新的传播空间，这种复合型的传播方式为 BBS 创造出多元化的舆论空间奠定了基础。

2. BBS 塑造舆论的多元空间

BBS 为人们带来了无限广泛的舆论空间。在这个空间里，人们以匿名的身份交流信息。作为网络媒体的一部分，BBS 网络媒体必然对传统的大众媒体构成影响。表现在议程设置方面，BBS 的影响主要有以下几种方式：

第一，在 BBS 中不同媒体的议程设置彼此冲突。互联网技术的发展，为媒体和受众提供了信息全球化的新语境。在互联网中，国家、经济以及意识形态等因素已不再能控制信息的传播范围。这意味着，网民不再满足于只依赖本国媒体构建的形象，而是依赖于全球的媒体建构成的形象。因此，与传统大众媒体不同，在网络中，媒体的议程设置可能会受到其他媒体议程设置的干扰。尤其对于两国关系等问题，在本国受众不信任本国媒体或者不满足于本国媒体报道时，他们更希望获得其他国家媒体的声音。譬如在 2001 年 4 月中美撞机事件爆发后，不断有人在 BBS 中转载美国媒体 CNN、美联社的消息供其他讨论者参考。这一方面满足了信息透明的需求，另一方面也使得两国媒体的议程设置相互影响。两国媒体共同的议程可以得到受众的信任，而不同的议程则必然会相互干扰，降低议程设置的效果。对两国媒体而言，谁更能获得受众的信任，谁的议程设置才会更有效。

第二，媒体议程设置受到二级传播的重构。在 BBS 中，受众依据自己的文化意识形态将媒体议题过滤，以构成 BBS 中的效果议题。以传播的角度看，BBS 上消息的流通过程可以归纳为：

媒体→受众 1→BBS→受众 2

来自媒体的消息首先抵达受众 1，然后受众 1 再把它发布在 BBS 中，从而使更多的受众——受众 2 获得这一消息。在这个过程中，"受众 1"的作用是通过一切合适的媒介将 BBS 中的受众与社会环境的相关部分连接起来，因此，BBS 应当属于二级流动传播（two-step flow of communication）。这个过程体现了受众与媒体的互动活动。

第三，媒体议程设置还受到其他公众议题的影响，网民可以自己制造议题。在 BBS 中，并不是媒体提供什么议题公众便议论什么议题。出于舆论的需求，讨论者可能会自己制造议题。譬如在 2002 年 1 月出现的"天津艾滋病扎针"的消息，在国内各大 BBS 广为流传，这些公众议题填补了媒体议题的"缺陷"。

由于网民可以自己制造议题，它解构了官方媒体的"舆论一律"，受众可以在 BBS 上拥有更多的知晓权、传播权、对媒介的接近和使用权以及接受媒介服务的权利。

在 SARS 流行初期，主流媒体基本上没有相关消息，但是在 BBS 上，在 2002 年 12 月底就有相关的报道。只是从整体上看，当时的 BBS 可信度低，没有引起人们的普遍关注。

面对传统主流媒体的沉默，网上有人大声呼吁，当一种危害公共安全的事件发生时，有知情权与剥夺知情权是两个概念。当然，有知情权并不意味着民众能对事情做出正确判断，但起码是对民众生存状态的一种关怀，是对民众在社会环境中地位的一种尊重。真正透明的媒体在面对一些如灾难或公共安全的传言时，应该把来龙去脉告诉公众，这是透明的媒体从保护每一个民众的角度应该做的，也是有效消除传言的最好方式。

所以，当主流媒体由于这样那样的原因做了"沉默的大多数"时，主流媒体之外的BBS为受众提供了更为民主的舆论空间。

BBS空间信息传播的快捷性，以及特有的议程设置功能使得民众拥有相对更多的知情权、质疑权，拥有对信息更多的占有和传播的权力和自由。

事实上，当人们通过主流媒体了解到的"民意"与BBS中的"民意"不符时，必然会降低民众对主流媒体的信任。所以，媒体在反映民意时，不得不以BBS为参照物，从而促进媒体报道与公众的互动，增强公众的话语权力。

现如今一些国家的媒体，尤其是传统主流媒体，正处在政治权力控制与资本拉拢的时代。一方面，国家政治权力控制着媒体的运作，界定了新闻报道原则：什么不能报，什么怎么报，什么只能报一点；另一方面，媒体要步入市场经济，要在市场竞争中生存下来，于是眼睛盯住社会资本的控制者——广告商，尽量报道能引起颇具消费能力的群体注意的新闻，以吸引广告商的资本投入。政治权力与社会资本的结盟，决定了媒体信息传播的方向、领域和性质，致使很大一部分消费不起，或者说消费能力严重不足的弱势群体被遗忘了。

BBS在一定程度上为弱势群体提供了表达意见的空间，在一定程度上实现了为受众而存在，而不是主要为某个媒介组织、某种集团利益的需要而生存。传统媒体在很大程度上受制于广告商及政治经济因素；而BBS比较自由独立，对政治或者经济实体的依赖较少，这就使得BBS在舆论引导上很少有"舆论一律"的僵化的束缚。

BBS建设与维护的低廉成本使得社会各个团体及个人都可以拥有自己的传播媒介，使得他们拥有了对信息发送和接收的支配权，从而促进了小众传播的发展。

理想的媒体应当为公众提供意见市场，但是由于受到政治、经济、技术等多方面的限制，传统的大众媒体并没有真正为公众开辟出意见批评与辩论的场所。大众媒体缺乏有效、高效的互动机制，无法提供完善的互动讨论。借助大众传媒，一般公众很难获得面对面直接交流的机会，意见市场很长一段时间主要由各利益集团的代言人如政党领袖、学者、商业巨头等发表意见及参与讨论，普通人很难直接参与。

与大规模的、单向的、垄断性的官方媒介相比，小规模的、双向的、参与性的媒介更合乎社会理想。多元化的价值体系、小规模的双向互动性、传播关系的横向性及平等性都是BBS突出的特点和优势。

第四，传统的大众传媒均是单向传播信息，信息被"把关人"（Gatekeeper）过滤，很可能出现意识形态上的偏差，又加上纸介质传媒的篇幅限制，很难使信息的报道及相关讨论极大丰富化、彻底深度化。

依赖互联网的互动技术，BBS 为公众提供了一个超越时空的舆论多元空间。从传播学的角度来看，这也是基于网络媒体 BBS 的三个主要特点而决定的。首先，BBS 是一个自由的平台，它为网友提供了平等的畅所欲言的机会；其次，BBS 议题的丰富性，谈论话题的广泛性，可以说是包罗万象，甚至无法预先设定；最后，BBS 高度的互动性，将新闻信息传播和发表多元意见的形式有机结合在一起。BBS 最大的特点是每一个用户既是信息的获取者，也是信息的提供者，而且用户可以匿名提供信息。BBS 的这一特性和功能，使个人的表达自由和言论自由在很大程度上实现了。

尽管 BBS 在一定程度上接近于理想的公共空间，但它并不能完全摆脱政治、经济、语言文化及意识形态因素的影响。所谓物以类聚，人以群分，研究发现，当某个 ID 的话题在某 BBS 中得不到响应，该 ID 就会脱离该 BBS 而转到其他 BBS 中去。因此，BBS 在开辟公共空间的同时，也在切割公共空间。

二、基于移动即时通信软件的群体传播

1. 微信

微信是腾讯公司于 2011 年 1 月 21 日推出的一款为智能手机提供即时通信服务的免费应用程序。微信用户可以通过手机、平板电脑等智能移动终端发送语音、视频、图片和文字。微信提供公众平台、朋友圈、消息推送等功能，用户可以通过摇一摇、搜索号码、附近的人来添加好友。2013 年 11 月，微信注册用户量突破 6 亿，成为亚洲地区用户群体最大的移动即时通信软件。

微信的主要功能有：（1）聊天。支持发送文字、语音短信、视频、图片（含表情），支持多人群聊。在微信群聊中，用户既可以使用文字，也可以发送语音和图片。微信群聊中的用户通常是相互熟知的。（2）添加好友。（3）实时对讲机功能。用户可以通过语音聊天室和一群人展开语音实时对讲。（4）朋友圈。用户可以通过朋友圈发表文字和图片，也可以对好友所发的文字或图片进行评论和"点赞"。（5）QQ 邮箱提醒。开启该功能后可接收来自 QQ 邮箱的邮件，收到邮件后可直接回复或转发。

2. 易信

中国电信与网易于 2013 年 8 月 19 日宣布合资成立浙江翼信科技有限公司，并发布新一代移动即时通信社交产品"易信"。

与微信类似，易信提供多种聊天方式，人性化设计，可以跟手机中的联

系人进行实时沟通。易信的主要功能有：(1)可以发送语音短信、视频、图片、表情和文字，语音短信采用独家降噪技术，声音更接近真声；(2)添加好友；(3)实时对讲机功能；(4)朋友圈；(5)易信可以给电信、移动、联通用户发送免费短信，即使对方没有使用易信或对方没有手机数据网络，消息也能马上送达；(6)2013年9月30日，易信发布其AndroidV1.2版本，新版本最大的变化在于提供了免费国际漫游电话功能；通过该功能，用户可用易信直接拨打国际漫游电话；(7)电信用户可获赠额外流量补贴，流量可以用于各种手机应用。

三、正式组织中的网络传播

1. 组织内的网络传播

目前正式组织内的网络传播主要指基于一个企业（或单位）Intranet（内网）平台的传播。

现代企业呈现出集团化、多元化的发展趋势，同一企业往往跨越不同的地区、国家，所生产、经营的产品也往往涉及多个领域。这些企业需要及时了解分散在各地的分公司的经营状况，同一企业内不同部门、不同地区的员工之间也需要及时共享、交流大量的企业内部信息。另外，企业与客户之间以及企业与其合作伙伴之间也存在着大量的信息交流。

Intranet指运用Internet技术于企业内部的网络。Intranet以企业内部网络为基础，以国际统一标准的WWW为界面，提供了良好的用户接口，用户可使用任何一种Web浏览器在网络的任意节点方便地得到所需的信息。Intranet通过适当的安全措施可直接接入Internet。利用E-mail，企业员工和合作伙伴可以方便地传递信息，并可进行远程信息传送，将企业总部的信息传送到用户的工作站上进行处理。可以说，E-mail已成为中型以上企业员工传递信息的最重要的手段。它促进了企业管理信息系统（MIS）的应用，如一般的人事、财务管理系统等，并使企业逐步迈入无纸化办公阶段。它也促进了新闻组讨论的应用。企业员工可就某一事件通过网络进行深入讨论且讨论结果会自动记录在服务器中。在Web上开展商贸活动，可以扩大企业的影响，并可提供接受订单、产品展览、销售等信息服务。

Web的发布技术以及电子邮件和新闻组等技术的运用使得企业信息的分散与收集更加方便，易于管理。信息流通刺激创意的产生，也使得跨功能与跨企业的沟通协调更容易进行，尤其是对于高度要求信息整合与程序配合的流程及供应链管理，方便的沟通工具可以发挥很大的促成作用。Intranet可以实时连通企业各组织、各成员之间的联系，提高管理工作的效率和信息反馈的速率。建立涉及企业内部产、供、销以及生产、经营、管理等主要环节的网络信息系统（NIS），有利于全面提高企业管理工作的质量和效率。

Intranet 的最大优势是实现了信息的共享，这使过去许多组织中下行传播占主导地位的格局被改变，上行传播更容易实现。在传统组织内部，特别是企业中，信息的掌握程度是与权力相对应的。例如，中层管理者可以通过限制上、下级的信息沟通来保持自己的权力。而在 Intranet 中，信息可以得到最大限度的共享，并且可以自由移动，不会停滞在管理层中的任何一级。Intranet 的使用，使组织的结构从金字塔式演变成网络式。

约翰·奈斯比特在《大趋势——改变我们生活的十个新方向》一书中，把金字塔式的等级制度向网络式结构的转变，作为社会发展的十大趋势之一。约翰·奈斯比特认为，"网络组织"的主要目标是共享信息。因此，它可以提供一种官僚制度永远无法提供的东西——横向联系："网络的存在可以促成自助，交换信息，改变社会，提高生产力和工作环境的质量，并且分享资源。网络的结构可比任何其他现有的组织以速度更快、更富有情感、更节省能源的方式传递信息。"[1] 约翰·奈斯比特所指的"网络组织"泛指各种组织，但组织结构的变革更多的是从企业这样的组织开始的。Intranet 的应用，正给这样的变革提供了契机。Intranet 有可能对传统的传播手段产生冲击，例如，组织成员可能更喜欢用电子邮件而不是面对面的交流方式。而使用 Intranet 作为传播渠道，既可能增强成员间交流的热情，拓宽交流范围，也可能削弱传播中的非语言辅助信息，从而影响传播效果。

2. 组织外的网络传播

互联网是实现组织外传播的一种重要方式。组织外传播根据信息流动的方向主要分为两类：一种是组织的信息输入活动，即组织为进行目标管理和制定环境应变决策，从外部广泛收集和处理信息的活动。一种是信息输出活动。比较常见的是通过互联网来宣传本组织，包括公关宣传、广告宣传和企业标识系统（CIS）宣传等。在互联网上，宣传活动主要是建立网站和发布网络广告。

第三节　网络中的大众传播

大众传播，是专业化的媒介组织运用先进的传播技术和产业化手段，以社会大众为对象进行的大规模的信息生产和传播活动。互联网亦是一种大众传播媒介。1998 年 5 月，在联合国新闻委员会年会上，网络被正式作为"第四媒体"

---

[1]　约翰·奈斯比特：《大趋势——改变我们生活的十个新方向》，中国社会科学出版社 1984 年版，第 107 页。

提出。联合国秘书长安南指出，在加强传统的文字、声像手段的同时，应利用最先进的第四媒体，加强新闻传播工作。

其实，计算机网络作为一种媒体，其发展可以追溯到 20 世纪 60 年代的联机情报检索服务系统。著名的联机检索服务系统有始建于 1966 年、1972 年投入商业性运营的 Dialog 系统，1965 年建立、1973 年投入商业性运营的 ORBIT 系统，成立于 1976 年的 BRS 系统以及成立于 1975 年的 ESA 系统等。这些联机情报检索服务系统亦属于网络媒体。本书谈及的网络媒体，主要是指基于因特网的文化传播载体。

互联网是在美国率先发展的。有人认为世界上第一家网络报纸是得克萨斯州的《沃斯堡明星电讯报》（1982 年），更多的人认为世界上第一家网络报纸是 1987 年创办于美国的《圣何塞信使报》。当时，位于硅谷腹地的这家报纸捷足先登，把报纸的内容悉数搬上了互联网，开创了网上报纸的新纪元。此后陆续有报纸驶上因特网，但都没有形成热点。截至 1994 年年底，美国上网的报纸不过几十家，全世界也不超过 100 家。其主要原因是当时网上信息的发送和接收在技术上还不那么便利。1994 年 11 月，美国网景公司推出了其划时代的软件产品——因特网浏览器 Netscape Navigator 1.0，极大地方便了人们在网上的搜索与浏览，从而激起了第一次用户上网的高潮。

美国目前著名的网络媒体有：www.google.com，www.yahoo.com，www.facebook.com，www.twitter.com，www.nytimes.com，www.washingtonpost.com，www.usatoday.com，wsj.com 等。

世界上第一份中文网络报刊——《华夏文摘》于 1991 年 4 月在美国创刊。在中国内地出现的第一份网络报刊——《神州学人》创刊于 1995 年 1 月，由原中国国家教育委员会主办，通过中国教育与研究网（Cernet）向全球发行，主要是为出国留学人员服务。1995 年 10 月 20 日，《中国贸易报》也在网上开办了电子网络版。

根据中国网络传播 1995 年以来发展历程中所呈现出的一系列本质特征，我们将其分为以下几个阶段：

1. 酝酿发展阶段（1995 年 10 月—1997 年 5 月）

这是中国网络新闻传播发展的初始阶段。其特征表现为：（1）上网媒体数量少。据国务院新闻办公室 1997 年 10 月统计，截至 1997 年 5 月，以各种形式上网的新闻传播媒体约为 36 家。（2）上网媒体一般是无独立域名建设的网站，多为借助网络公司和科研机构的技术力量，委托网络服务商进行制作。（3）上网信息一般为单一的文字信息，无多媒体信息。（4）不能定时更新信息。（5）缺少即时交互功能。（6）除人民网等极个别的网站外，基本上无数据查询功能。（7）中国新闻最高管理机构还没有对新闻媒体在互联网上的运作进行直接管理。

2. 加速发展阶段（1997年5月—2000年）

加速发展时期的主要特征是：(1) 上网媒体的数量迅速增加。(2) 广泛采用独立域名，建设并运行独立网站。(3) 尝试使用多媒体信息。(4) 定时更新频率加快。(5) 开发使用网络互动功能，加强与读者的联系。(6) 开发网络动态数据查询功能。(7) 建立多版本、多语种、多站点。

此阶段突出的成果表现在：(1) 品牌化。不少网站树立了自己的声望和品牌效应，在网民心目中建立了较为权威、科学、规范和先进的传媒形象，这种品牌资源也将成为网络媒体更好地进行新闻服务和其他综合类服务的优势资本。(2) 独立化。在酝酿发展阶段，网络新闻媒体中很多是属于"翻牌网站"，如报纸、广播、电视、杂志的电子版或网络版。在加速发展阶段，很多这样的电子版或网络版对自己提出了更新、更高和更远大的要求，把网络版和电子版改进为独立的和更加具有网络业运作特征的网站。其具体表现是建立独立域名，或以"某某网""某某在线"来命名。

3. 大浪淘沙阶段（2001年—2004年）

但是加速发展阶段也暴露出网站盲目发展、普遍亏损的问题，大浪淘沙阶段的最大特征就是网络泡沫的破灭。由于网络广告等收入十分有限，经营成本高昂，许多网站面临生存危机，赢利成为商业网站的第一追求。收费服务、短信收入、网络游戏、电子商务成为网络媒体的主旋律。大浪淘沙后的幸存者成为网络媒体的主力军。

4. 用户创造内容阶段（2005年—2012年6月）

从2005年起，网络媒体进入用户创造内容的阶段。这个阶段，用户上网目的倾向娱乐化。

CNNIC2005年7月发布的调查报告是一个分水岭。其数据表明，就网民上网目的来看，获取信息第一次由第一位降低为第二位（37.8%），为休闲娱乐（包括网络游戏、在线点播等）而上网的人首次上升为第一位（37.9%），印证了网络媒体的娱乐化趋势。

分析网络媒体娱乐化的原因，主要在于网民结构的大众化。网络正在由"精英"（年轻富有的高学历男性群体）的"专利"转化为大众化媒体，网民结构呈现出大众化趋势。从社会心理学的角度分析，"大众"与"精英"相比，更喜爱娱乐信息。

娱乐化阶段的标志之一是以娱乐为导向的腾讯网（www.qq.com）超越以严肃新闻集成为特征的新浪网，成为中国访问量最高的门户网站。发达国家的网民行为也出现了娱乐化趋势。以日本为例，互联网流量跟踪分析公司comScore

2009年2月发布了一份关于日本娱乐网站的研究报告，日本有近74%的网民曾经访问娱乐类型的网站，他们在这些网站中花费的时间占日本网民总上网时间的15%，娱乐网站成为日本最受欢迎的网站之一。

此外，Web 2.0的兴起也是用户创造内容阶段的重要特点。

5. 手机媒体成为上网主流（2012年6月至今）

根据市场调研机构IDC发布的报告显示，2010年第四季度，全球智能手机销量首次超过PC，为1.009亿部，同比增长87%；同期全球PC出货量为9210万部，同比增长仅3%。

2012年7月19日，中国互联网络信息中心发布《第30次中国互联网络发展状况统计报告》。报告数据显示，截至2012年6月底，中国网民数量达到5.38亿，互联网普及率为39.9%，我国手机网民规模达到3.88亿，网民中用手机接入互联网的用户占比已达到72.2%，首次超过台式电脑。

智能手机销量及手机网民数量倍增，是移动互联网成为互联网主流的标志。

思考题

1. 请分析微信的传播特征。
2. 请分析腾讯在中国成功的原因。

>>> 第四章

Web 2.0时代的网络传播类型

第一节 Web 2.0

一、Web 2.0 的兴起

Web 2.0 源自于 2004 年 3 月美国奥莱理（O'Reilly）公司与 MediaLive 公司的一次头脑风暴会议。O'Reilly 公司副总裁戴尔·多尔蒂（Dale Dougherty）在会议上指出，同互联网"崩溃"的说法迥然不同，互联网比其他任何时候都更重要，令人激动的新应用程序和网站正在以令人惊讶的规律性涌现出来。他认为，那些幸免于当初网络泡沫的公司，其模式都具有相似性，互联网正在经历一种新的变革。在分析了这种新技术与新型网站的模式后，戴尔·多尔蒂与公司总裁提姆·奥莱理（Tim O'Reilly）创造性地提出了 Web 2.0 的概念。

提姆·奥莱理在其发表的文章中对 Web 2.0 给出了语义模糊的定义：Web 2.0 是互联网作为跨设备的平台，其应用程序充分发挥平台的内在优势，软件以不断更新的服务方式进行传递，个人用户通过组成群体贡献自己的数据和服务，同时允许他人聚合，以达到用户越多服务越好的目的。通过这种"参与架构"创造出超越传统网络页面技术内涵，引发丰富的用户体验的网络效应。[1]

Web 2.0 是一套可执行的理念体系，实践着网络社会化和个性化的理想，使个人成为真正意义的主体，实现了互联网生产方式的变革，解放了生产力。实践 Web 2.0 成型的应用元素包括：博客（Blog）、RSS（简易聚合）、Webservice（Web 服务）、开放式 API's（开放式应用程序接口）、Wiki（维客）、tags（分类分众标签）、bookmark（社会性书签）、SN（社会网络）、Ajax（异步传输）等，

---

[1] Tim O. Web 2.0：Compact Definition. http：//radar.oreilly.com/archives/2005/10/web_20_com2pact_definitionl.html。

底层是 XML 和接口协议，而这些应用元素都是在 Web 2.0 体系的理论和思想指导下形成的。

Web 2.0 时代，UGC 日益流行。UGC 是"User Generated Content"的缩写，中文可译作用户创造内容。UGC 的概念最早起源于互联网领域，即用户将自己原创的内容通过互联网平台进行展示或者提供给其他用户。UGC 模式指用户生产内容，它是伴随着以个性化为主要特点的 Web 2.0 的发展兴起的。在 UGC 模式下，网民不再只是受众，而是成为互联网内容的生产者和供应者，体验式互联网服务得以更深入的实现。

用户生产内容（UGC）与依靠编辑的传统新闻网站有着本质的区别。UGC 模式下，网民通过个人电脑、手机等智能终端，上传文字信息、视频、音频等，更好地发挥了新媒体的优势。UGC 模式下，网民不仅可以切实体验网络生活，而且成为网络内容的生产者，并在网上实现内容的增值。这种模式完全不同于以新浪为代表的 Web 1.0 网络内容操作模式。

但是，强调用户创造内容的 Web 2.0，并非 Web 1.0 的终结者。

二、Web 2.0 的特征

第一，微内容。微内容（Microcontent）是指在网络上至少拥有一个唯一编号或地址的元数据（Metadata）和数据的有限汇集。Web 2.0 的信息传播以微内容为基础。如 Blog 的应用中，一条评论、一张图片、书签、超链接等，都是微内容。通过聚合、管理、分享、迁移这些微内容，进一步组合成各种个性化的丰富应用。

第二，开放性。Web 2.0 的开放性体现在两个方面。一是架构开放、API（应用程序接口）开放。采用开放架构，鼓励用户参与和贡献；通过开放 API，使网站功能得到最大限度的拓展和传播。如谷歌地图，在开放了自己的 API 后，使网站的服务更具吸引力，同时增强了服务的功能与竞争力。二是版权开放，软件代码免费提供，更多用户可以参与软件产品的合作开发。

第三，社会性。社会性特征表现为网络用户参与的社会性和交往的社会性。Web 2.0 强调个人并非是孤立的，而是彼此相连，以自组织的方式让个人、群体、内容和应用等充分"动"起来，带来更多的用户互动并产生丰富内容，使网站服务的使用价值与吸引力都大为增加。SNS（Social Network Service，社会性网络服务）以认识朋友的朋友为基础，无限扩张自己人脉的交友方式，就是这种社会性的集中体现。

Web 2.0 特别强调用户创造内容。网民不仅成为信息的制造者、发布者，同时也成为舆论形成不可分割的一部分。正因为如此，美国《时代》周刊评选出的

2006年的年度人物是互联网内容的所有使用者和创造者。《时代》周刊对此解释说，从机构向个人过渡，个人正在成为"新数字时代民主社会"的公民。

三、Web 2.0 是革命还是炒作

Web 2.0 也存在不少问题。Web 2.0 概念的提出具有为了获得风险投资而进行炒作的成分。

第一，Web 2.0 鼓励用户创造内容，给网络舆论管理带来更大的挑战。

第二，Web 2.0 无法实现赢利。Web 2.0 给人们带来了方便，使广大网民们能够轻松交流彼此的文章、图片、视频等，甚至可以相互买卖各自的商品，但是 Web 2.0 却始终找不到适合自己的赢利模式。Web 2.0 最流行的应用是博客与视频分享网站，但是根据调查，目前全世界的博客与视频分享网站没有一个真正实现赢利的，成功的赢利模式至今没有出现。与 Web 1.0 相比，大量 Web 2.0 网站的增加并没有找到真正支撑网站生存下去的关键点，Web 2.0 在赢利模式上并未取得革命性突破。

第三，信息质量问题。Web 2.0 时代，产生了大量重复且良莠不齐的分散信息。因为在网络上任何人都可以自由发表意见，并且发布的成本几乎可以忽略，在某种意义上，"每个人都可成为全球范围的信息制造者"，从而增加了人们利用信息的困难。在网络传播活动中，信息的发布、传播失去控制，产生了大量虚假信息、无用信息，造成信息环境的污染和"信息垃圾"的产生。

第四，安全问题。Web 2.0 网站正在不断增长，世界前 20 家访问流量最高的网站 80% 都是这样的站点，比如 MySpace 和 Wikipedia。内容不断变化是这类站点的特色，这种特色决定了不仅监控非常困难，而且很难确保相应的安全，Web 2.0 站点在黑客攻击面前显得特别脆弱。Web 2.0 网站授权最终用户自行添加内容，也导致了安全问题不断出现。

第五，版权问题更为严重。Web 2.0 的最显著特征就是强调用户贡献内容，但是，随之而来的版权问题将成为众多网站的"心病"。最典型的案例当属被 Google 花 16.5 亿美元收购的视频分享网站 YouTube，在被收购后不久，就惹上侵犯版权的官司。

第六，用户参与度到底有多高？有调查显示，Web 2.0 网站的网民参与程度并不高。以 YouTube 为例，用户中只有 0.16% 的人真正上传过视频，大部分用户都是默默的观看者，从不贡献内容。

显然，Web 2.0 无法取代 Web 1.0，两者是互为补充的关系。

有人认为，互联网正在向 Web 3.0 时代迈进。Web 3.0 的特征主要有：(1) 继承 Web 2.0 的所有特性，尤其是以用户为中心，用户创造内容；(2) 帮助用户

实现他们的劳动价值，Web 3.0 将具备更清晰可行的赢利模式；(3) 网站内的信息可以直接和其他网站相关信息进行互通互动，能通过第三方信息平台同时对多家网站的信息进行整合使用；(4) 用户在互联网上拥有自己的数据，并能在不同网站上使用。Web 3.0 使所有网民不再受到现有资源积累的限制。

此外，互联网的发展还出现了视频化发展趋势。搜索引擎、门户网站、新闻网站、社交网站与视频网站正在构成网络媒体的主流。

第二节 博 客

博客具有网络群体传播和网络大众传播的双重特点。

作为一种新的网络交流、沟通形式，博客大受网友的青睐。

博客最早兴起于 IT 业、互联网和传媒界，现在一方面向着大众化的方向飞速发展，另一方面向着专业领域不断渗透。当个体成为博客，也就拥有了信息发布和知识生产的自主权利，自主地进入公共领域，让个人的信息和知识与他人共享。博客是个人自主注册的空间，与传统媒体相比，博客有自由性、自主性、即时性的特征。

一、博客的概念

博客是英文单词 Blogger 的音译。Blog 是 Weblog 的简称，即 Web 和 Log 的组合词，Weblog 是在网络上的一种流水记录形式，简称"网络日志"。Blogger 或 Weblogger，是指习惯于日常记录并使用 Weblog 工具的人，国内普遍翻译成"博客"（也有译作"博主"的）。事实上，博客不仅指使用 Weblog 的人，也可以指提供 Weblog 的服务或工具。一般将人们在网络上利用博客工具，创建博客网站，写网络日志的现象称为博客现象。

博客概念主要体现在三个方面：频繁更新（frequency）、简短明了（brevity）以及个性化（personality）。更规范更明晰的形式界定为：(1) 网页主体内容由不断更新的、个性化的众多"帖子"组成；(2) 内容按时间顺序排列，而且一般是倒序方式，也就是最新的放在最上面，最旧的在最下面；(3) 内容可以是各种主题、各种外观布局和各种写作风格，但是文章内容必须以"超链接"作为重要的表达方式。

从技术层面上讲，博客就是个人主页或个人网站。一般而言，创建个人主页或个人网站，首先需要注册一个独立的个人域名，然后需要一个 IP 地址和一个空间，这个空间可以由独立的服务器提供，也可以许多个人主页共享一个服务器的空间，服务器还要有操作系统、底层数据库等。创建一个博客，从技术层面上讲，与创建一个个人主页是一样的，但是博客不需要单独注册域名。

利用泛域名解析技术和数据库技术，系统可以自动生成与服务商域名同根的二级域名。博客主页和其他主要页面都可以利用服务商提供的现成模板，不需要博客创建者自己设计，也不用考虑操作系统、底层数据库设置等技术问题。因此，创建博客更简单。博客不需要注册域名，不需要自己设计制作页面，甚至不需要花钱租赁空间，因此它的花费更少，理论上可以做到零成本。正因为如此，博客才在最近几年获得了很大的发展。

二、博客的特点

博客从形式到内容都是自由和开放的，个人的思想与言论在这里可以得到原初的呈现。在现实生活中，人们往往因为社会环境、社会角色、社会地位与社会关系的制约，在具体的场域、不同的情境说各种不同的话。人们习惯了带着各种面具说话和办事，更多地将自己内心真实的思想隐藏或只在自己的私人领域表达与交流。博客则不同，它提供了一个没有束缚的空间，也提供了主体言说现实性超越的可能：网络的虚拟性使主体可以隐匿自我的真实身份，无障碍地表达真实思想与感受；网络的开放性使主体可以随时传播自己的作品与观点，并且瞬间传遍全球；网络的互动性使主体可以方便地与人交流、沟通。

博客是个人化的、自由的、开放的、互动的。博客实现了真正意义上的个人化：个人拥有、个人写作、个人发表、个人管理。个人可以在博客上自由地言说与评论。博客同时也是开放的和社会化的，它作为一种传媒工具，意味着个人空间直接变成了公共领域，个人进入公共领域的门槛和机制完全消散。开放的博客群体应该是多元的、宽容的，能够容纳异质性。

博客在一定程度上左右着媒体的舆论，"孙志刚案"就是一个典型的个案。博客在国外出现之初，表现出与众不同的社会价值。麦特·德拉吉在博客中披露克林顿的"拉链门事件"时就被传统新闻界认为"不准确、不道德"。

但博客最终以其对事实的追求与对真相的披露，赢得了不同寻常的公信力。博客行为独立自主，在揭露事实真相方面具有独特的优势。

博客具有共享性，用博客方式产生的知识以共享方式扩散。每个博客有固定的网址，所有网民都可以通过这个网址阅读文章，它类似公开的记事本，使个人资源共享得以最大程度的实现。

博客具有互动性。博客以留言的方式进行交流，传者和受者可以实时互动，成为真正意义上的对话者。打破了传统媒体中单向的传播方式，信息的发出者也可以是接收者，具有双重性。这种互动性可以引发人们积极参与的愿望，使他们参与一些在现实中受限制而不能参与的交流。

博客具有大众化特征。在技术层面,博客满足了"四零"(零技术、零成本、零编辑、零形式)条件,将最简单实用的形式免费提供给使用者,人们只需选择简单的模板,就可以创建属于自己的博客,不需要注册域名和支付租用服务器空间的费用。正因为博客的"零进入门槛",使其具有一定的草根性;相比之下,传统媒体中只有社会精英才有话语权。

博客具有娱乐性。许多博客们出于自娱自乐而创作,并非完全为了获得经济报酬。博客写作源于内心冲动,强调感性的社会特质,是一种自由性体验式写作。文章没有文体限制,没有字数、质量要求。博客同时具备记者、编辑和出版者三种身份,实时写作、自我校验。

三、博客对新闻传播的影响

国外出现了大批作为业余新闻工作者的"新闻博客"。在博客发展过程中,"克林顿绯闻""9·11"事件和"伊拉克战争"等报道是几件具有标志性意义的事件。1998年1月17日,德拉吉的博客网站成为世界上第一个报道"克林顿绯闻"的地方;2001年"9·11"事件爆发后,以戴富·温纳斯的 Scripting News 为代表的个人博客网站成为人们获取信息的重要来源。国内的博客发展具有两种特征:一是以博客中国为代表的专业化、专栏化特征,二是以中国博客网和 Blogbus 为代表的"私人日志"式特征。前者专业板块多、专家和专栏作者多,涵盖了社会、网络产业、经济、文化等多层面,以权威性和深度见长;后者大多是以个人主页形式呈现的、连续更新的、较为完整地记录个人生活的网络日志,它基本以个体生命的感悟、个体经验的传达为主,呈现出鲜明的私人性和个性化特征。

博客作为新媒介的出现不仅影响了传统的传播方式,也对既有的传播学理论产生影响,而由库尔特·卢因提出的"把关人"理论就是其中之一。由于网络传播的匿名性,人们可以自由地在网上发布自己认为有用的信息,这些信息可以是传统媒体未予披露的新闻内幕,也可以是传统媒体众多信息的集纳甚至个人生活的所见所闻等,这使得过去大众传媒组织所特有的把关"特权"开始为广大的公众享有。因此在网络时代,"把关人"机制出现了缺失,尤其是近些年来博客的大量涌现更是如此。

传统的大众传播媒介的传播者,无论是特定的社会集团还是媒介组织或媒体工作者,都是传播的主体,是传播行为的发起者,是通过发出的信息主动作用于他人的人。他们始终处于传播过程的首端,对信息的内容、流向、流量以及受传者的反应起着重要的控制作用,是传播特权的拥有者,也就是所谓的"精英"阶层。对于"精英"们传达的信息,广大的公众只能被动地接受。

博客的零技术门槛，使得每一个人都可以自由、随意地参与新闻生产。虽然博客无法和大众传媒的力量相比，但是，它作为新闻信息的补充来源，作为新闻信息的再加工者、整合者以及解读者，已经越来越显现出在新闻生产环节中的独特价值。这就使草根博客们可以不受"把关人"的限制而大规模迅速普及。因此，有人提出了"市民新闻学"的概念。

四、博客存在的问题

博客给传统道德带来了一系列的冲击：虚拟性弱化了道德规范，信息多元化导致道德信念的迷失，匿名性导致道德人格的异化等等。博客作为一种弘扬个性的网络传播方式，其主要目的应该是发掘个人的社会价值，拓展个人的知识视野，充分发挥网络的知识价值，追求一种健康、个性、平民的精神。而"木子美""竹影青瞳"的博客，仅仅是为了赶时髦、哗众取宠，严重违背了博客基本道德精神。博客对传统道德的弱化、迷失、异化，已成为不容忽视的社会问题。

从新闻传播的角度看，博客存在很大局限性，无法替代传统主流媒体。这主要体现在以下几点：

1. 博客仍然需要传统主流媒体

目前博客在信息源上有很大程度还要依赖传统媒体，因为许多博客内容并不是原创，而是把传统媒体的消息转发或链接在博客空间里。传统媒体还为博客提供了批判的靶子，离开了报刊和广播电视，便失去了批判对象，很多以挑战传统媒体为己任的博客将不复存在。

2. 博客不具备新闻专业性，不是真正的新闻媒体和记者

尽管博客在及时性、目击性、多元化，甚至在某些领域的专业性上具有优势，但是在新闻专业素养方面，博客仍远远不及传统媒体，还不是真正的新闻媒体。真正的新闻记者需要有较强的洞察能力，需要有对现场的处理经验和把握能力以及审慎的态度。博主们不可能都成为新闻记者，他们只是碰巧报道了发生在自己身边的事件，并不是真正意义上的自觉的新闻记者。博客文章往往从发布新闻直接跳向发表评论，缺乏平衡性的分析，很容易被不同利益集团操纵。非专业性也使得虚假新闻、误导性内容和错误失实的报道屡屡发生，影响博客的可信度。

3. 受众面仍有局限

尽管博客增长迅速，但其受众面与已经发展数十年的传统媒体相比仍然较小。即使是最有影响的博客日志，阅读的人数仍然相对很少。美国有调查显示，排名最靠前的博客也只占网络浏览量的 0.0051%。博客只适合较小的群体进行互动，数量在几百人最适宜。博客的点击浏览量一旦很大（如著名博客安德鲁·

苏利文日志的访问量达到 62693 人次/日，格伦·雷诺兹的日志达到 80623 人次/日），就几乎不可能与上万人甚至数十万人同时对话互动了，那么博客就与广播电视无异，从而丧失了它的优势。

博客目前主要还是为发达国家所主宰，并且以白人男性为主，因此，在数字鸿沟面前，博客对于世界很大一部分受众其实是有所忽略的。

总之，博客与专业媒体是互补关系。

五、播客、维客

除了博客之外，近年来还兴起了播客、维客等新兴传播形式。

从广义上来讲，凡是把非商业性制作的声音文件发送到网上，可以自由下载的传播行为都可以看做播客。播客又叫 podcasting (Personal Optional Digital Casting)，是自助广播这样一种全新的数字广播形式。

播客的出现是数字技术不断进步的结果，同时它也是广播与蓬勃发展的互联网产业的一个结合体。播客打破了旧有的广播体制的垄断，把制作的权力下放到个体。从理论上讲，只要拥有一台上网电脑和一个麦克风，就可以掌握话语权，并以自己特有的风格向全世界播音。而在不远的将来，只要有足够的带宽和一个不需要太多投资的个人演播室，视客即可在网络中传播扩展。

维客，是与博客、播客、视客不同的另一体系。博客、播客和视客改变了信息传播的方式，而维客改变了知识建构的方式。维客（Wiki）是沃德·坎宁安于 1995 年利用其开发的一套名为波特兰模式知识库（Portland Pattern Repository）的工具来编写的一个系统。我们可以在 Web 的基础上对 Wiki 文本进行浏览、创建、更改。由于 Wiki 系统主要还是支持面向社群的协作式写作，于是 Wiki 的作者自然构成了一个社群（有时也称社群的组成人员为"维客"，意为运用维客技术的人），Wiki 系统为该社群提供简单的交流工具。目前，维基百科（Wikipedia）是世界上最大的 Wiki 系统。我国国内目前最大的维客网站是"网络天书"，此外还有"中文维基百科""维库"和"搜派百科"等。

作为一种多人协作的书写工具，维客具有前所未有的包容性和开放性。它允许每个成员自由表达自己的见解，或者对共同的主题进行深入的探讨。在维客这套可以随意涂改的"网络白纸"上，任何人都可以在一段别人写过的内容文本上编辑加工，所有的知识在一定的技术规则和文化脉络下被不断组合和拓展。

播客、维客等新现象的出现，使得传媒不得不面对一个个性化的乃至分裂的受众市场。对于大多数受众来讲，千篇一律的、被动接受的传播模式已经是被厌弃的过去，他们需要更为互动、更有个性的节目，甚至是自己给自己制作的节目。

第三节 微　　博

微博，即微博客（MicroBlog）的简称，是一个基于用户关系的信息分享、传播及获取平台，用户可以通过 Web、WAP 以及各种客户端组建个人社区，以 140 字的文字更新信息，并实现即时分享。国际上最早出现、影响力最大的微博是美国的推特（Twitter），国内微博市场份额最大的是新浪微博和腾讯微博。

一、微博的发展

第一家提供移动社交网站和微博服务的公司是创建于 2006 年的美国公司 Twitter。

Twitter 的创建理念源于 podcasting 公司 Odeo 的一次头脑风暴会议。会上，杰克·多尔西（Jacke Dorsey，首任 Twitter 董事长）受到短信群发服务 TXTMob 的启发，提出将短信群发服务引入到网络中的构想，增加传统博客的移动性，让人们可以在任何地点更新博客。

给网站起名的时候，最初想到的名字叫 twitch（意为"抽搐、震动"），这是形容手机振动状态的一个词，Twitter 的创建者们试图引发用户对无处不在的手机振动声的联想。考虑到 twitch 用作产品名称，引发的视觉想象不是特别友好，因而他们查看字典寻找发音和 twitch 相近的字，最终找到了"Twitter"。在英文字典中，Twitter 的释义有二：一为"简短、细琐、突然迸发的信息"，二为"小鸟的啁啾"，从而形象地展现了 Twitter 的特性并能赋予产品美好的视觉想象。

Twitter 的成功与其巧妙的营销手段分不开。2007 年的"西南偏南音乐节"（South by Southwest Festival，简称 SXSW）是 Twitter 成功的触点。SXSW 是在美国乡村音乐的中心——得克萨斯州州府奥斯汀每年春天举办的音乐节，这是美国最大的音乐节之一。Twitter 将两块 60 英寸的等离子显示屏放置在音乐大厅的走廊，上面展示的是 Twitter 的短信息。来参加音乐节的人们用 Twitter 记录彼此的联系方式，有些人还在博客上对其进行介绍和赞赏。主题小组讨论会上，发言者们也提到这项新服务，认为这项服务"既像即时通信，又像博客，甚至还有点发送一连串电报的感觉"。

微博从诞生之初起，就秉持跨平台数据互动交流的理念。

以 Twitter 为例，它支持的输入界面有：Twitter API（Application Programming Interface，应用编程接口）①、Facebook 等社交网、即时通信、短信、Twitter 自

---

① API 是应用程序编程接口的意思，开放 API 就是开放应用程序编程接口。

身网站。而它支持的输出界面有：Twitter API、Facebook、即时通信、短信、RSS、Twitter 自身网页界面等。

值得一提的是，Twitter 的成功较大部分有赖于其开放 API。网站提供开放平台的 API 后，可以吸引一些第三方的开发人员在该平台上开发商业应用，平台提供商可以获得更多的流量与市场份额，第三方开发者不需要庞大的硬件与技术投资就可以轻松快捷地创业，从而达到双赢的目的。第三方应用扩大了 Twitter 原有的功能，让 Twitter 更好用，并极大丰富了 Twitter 平台自身的功用和娱乐性。现在，Twitter 超过一半的流量都来自第三方 API。

二、微博的优势

微博有不少优点，主要是：（1）简单易用。微博的内容由简单的只言片语组成，对用户的技术要求很低。用户可以通过手机、PC 等方式即时更新自己的个人信息。（2）微博主动性强，只要轻点"follow"，即表示用户愿意接受某位用户的即时更新信息；对于商业推广、明星效应的传播更有价值；可以较好地维护人际关系。（3）及时性强。微博网站即时通信功能强大，可以通过 QQ 和 MSN 直接书写，在没有网络的地方，只要有手机也可即时更新自己的内容。一些重大突发事件或引起全球关注的大事，如果有微博客在场，就会利用各种手段在微博上发表出来，其实时性、现场感及快捷性高。（4）发布平台的开放性与多样性。可以通过手机、IM 软件（Gtalk、MSN、QQ、Skype）和外部 API 接口等途径向微博发布消息。移动终端的便利性和多媒体化，使得微博用户体验的黏性越来越强。

作为博客之后的一种新型媒介形态，微博的诞生引发了学界、业界的广泛关注。针对目前的"微博热"现象，学界都是持正面态度，甚至大唱赞歌。有人认为其带来了 Web 3.0 时代的春天，有人认为微博的出现对于新媒体的发展是一次巨大的跃迁，在微博上真正实现了 Web 2.0 时代都不曾有过的及时互动。

我们认为，微博的社会意义在于推动社会的民主化，促进企业营销，有助于公民社会的形成。但是，微博亦是一把双刃剑，它已经度过了发展高峰，一些不足正制约其进一步的发展。

三、微博对新闻行业的影响

1. 微博成为重要的消息来源

因为微博支持多界面的信息输入和输出，尤其是它与手机的结合，使得微博成为一种重要的消息来源。一个突出的例子是 2009 年伊朗的"绿色革命"，微博在信息传播中扮演了重要的角色，以至于人们把这次运动称为"Twitter 革命"。

伊朗"绿色革命"是 2009 年伊朗的一次大型反政府群众运动。在 2009 年伊朗总统选举中,官方宣布马哈茂德·艾哈迈迪内贾德以绝对优势成功连任,但是反对派总统候选人、前总理米尔·侯赛因·穆萨维,认为选举存在严重舞弊,要求重新选举。从 6 月 13 日凌晨开始,大批民众走上街头抗议选举不公,反对艾哈迈迪内贾德政府。由于穆萨维用绿色作为竞选颜色,示威群众大多身穿绿衣或者佩戴绿色丝带、头巾等,挥舞绿旗,因而被称为"绿色革命"。

"绿色革命"是伊朗革命以来最严重的骚乱,这次运动的一个很大特点就是微博技术的广泛应用。由于伊朗政府进行信息管制,封锁和驱逐媒体,导致伊朗国内局势不能及时传递出去,但是伊朗民众顶风利用新兴的网络工具,如 Twitter、Facebook、YouTube 和代理服务器,将示威游行和政府镇压的实况及时进行了报道,所以很多人也称这次运动为"Twitter 革命"。

伊朗"绿色革命"是在重大政治事件中,正常采访途径受到阻碍的情况下,利用微博发布和获取新闻信息的典型实例。

在一些特殊的环境中,由于客观技术条件等限制,新闻记者有时候不能及时获得消息,比如在太空探索时,记者对宇航员进行采访要克服较多的条件制约,要履行的程序也很多。利用微博来和宇航员进行沟通,既方便快捷,又能获得更多的一手信息。2009 年 5 月,宇航员迈克马斯米诺利用 Twitter 发送哈勃太空望远镜修护的过程,这是 Twitter 首次在太空中应用。

此外,越来越多的用户在 Twitter 上发布所亲历的突发事件。

2009 年 1 月,美国航空公司的飞机与飞鸟相撞,被迫降在哈德逊河上。在媒体到达现场前,前往营救的船只中,一位乘客詹尼斯·克伦穆斯用手机拍下了乘客疏散撤离的情景并发送到 Twitter 上。

2008 年,《新科学》(*New Scientist*)曾经指出,在紧急情况下,Twitter 在获取信息方面的优势要大于传统媒体和政府提供的紧急服务。比如在 2007 年 10 月美国加利福尼亚大火中,一些 Twitter 的用户每隔数分钟就发布即时信息,让亲朋好友得知自己的状况以及现场大火情况;美国红十字机构也使用 Twitter 来发布当地险情、相关数据和方位。2009 年 4 月,美国政府机构用 Twitter 发布 H1N1 流感病例数据。

2008 年 4 月,美国加州大学伯克利分校的新闻系研究生詹姆斯·巴克和他的翻译因为拍摄了埃及当地的反政府示威活动而被捕。在前往警察局的路上,巴克用他的手机发送了"Arrested"(被捕)短短一字到 Twitter 上。他在 Twitter 上的 48 位追随者立即得知情况,之后联系加州大学伯克利分校、美国驻开罗大使馆及多家媒体机构。加州大学伯克利分校为巴克聘请了律师,第二天巴克获释。

以上的案例都说明，新媒体时代的记者如果忽视微博，就等于丧失了一个重要的信息渠道，进而在媒体融合时代的新闻行业中失去竞争力。

2. 微博在一定程度上影响重大新闻事件发展

在重大新闻事件中，微博也扮演了越来越重要的角色，新闻工作者对这股力量不应忽视。

在 2008 年的美国总统选举中诞生了历史上首位黑人总统——奥巴马，他也被称为首位"互联网总统"。在竞选中，奥巴马非常重视微博的沟通交流功能。其实，奥巴马的民主党竞争对手希拉里也在 Twitter 上建立了个人主页，但是希拉里仅仅把 Twitter 当做单向信息发布平台，而不是交流工具。

奥巴马的 Twitter 有专人维护，并不会主动追随任何人，而一旦有人加为奥巴马的追随者，他就会把那位追随者加为好友。当这些好友发表一些关于奥巴马的言论时，奥巴马的 Twitter 会主动回复，拉近了与普通选民的距离。而希拉里却很少主动追踪回复她的追随者。到竞选后期，奥巴马获得了 15 万追随者，而希拉里仅有 6000。

由此可见，微博使得名人与普通人的零距离、感性接触成为现实。传统的网络传播方式，比如电邮、博客等，虽然也提供了便捷的沟通方式，但是电邮私人性较强，而且这种信息反馈方式显得有点"冷冰冰"。在博客里，受众的反馈意见只能跟在博客写作者更新的内容之后，而且博客主人在自己的博客里享有控制权，比如，他可以决定保留或删除哪些回复、回答哪些回复，这种控制权导致博客主人与其回复者之间存在着较大的地位落差。

作为一种社交网络，微博围绕着追随者进化发展，某一用户选择了他所追随的微博作者，该作者的更新就会以逆时序出现在该用户的主页上。追随者追随一个人并不需要双方的相互确认，而且追随者可以通过各种方式，如手机等，即时获知被追随者的更新。从系统论的观点来看，一个追随者和被追随者之间可以看做一个系统，在这个系统里，信息通过微博支持的各种沟通渠道得以传递。从信息数量上看，微博使得从被追随者流向追随者的信息量增加；从信息内容上看，微博上名人的信息更加日常化，更能满足追随者对名人全方位了解的欲望，甚至满足他们一定程度的"偷窥欲"；从信息流向上看，微博里，信息的传递方式是互动的、双向性的。一个系统里，"熵"的存在使得系统趋于无序、混乱状态，而信息——"负熵"能通过减少或消除不确定性来使系统内部达到有序、平衡。微博信息的数量、内容、双向流动等都比传统网络传播模式更加有利于消除熵，使得追随者和被追随者构成的系统趋于良性发展。

了解这一点，能使我们对微博在重大公共事件中发挥的作用及影响力的来源有更深刻的认识，从而在新闻采写中善于利用微博，甚至通过微博的互动方式对事件的发展作出一定程度的预测。

3. 微博是媒介组织传播产品的新方式

短小精悍的特点使得微博成为实时新闻更新的重要来源。新闻机构使用微博发送重大新闻的链接，发布头条和简短网址（URL）。在这方面，Twitter可以成为传统RSS的替代品。

此外，新闻媒介组织还可以利用微博发现潜在受众。在微博里，如果一组节点相互间的联系要比与节点外的联系密切得多，那么我们可以笼统地把它称做一个"群落"，这些群落常常是因共同的兴趣而组成，用户在某一群落的行为可能与其进入另一群落的行为大有不同。比如，在某一群落里，他可能是活跃的信息源，而在另一个群落里，他扮演的却是信息搜寻者的角色。

利用一定的技术手段，我们可以通过确定一些社群来实现新闻产品的定点传播。比如，通过电脑数据分析，我们发现某群人之间的交流频率非常高，他们交谈的关键词可能包括Xbox、电子游戏、打机等。他们探讨着共同的兴趣——电玩，同时也会在微博上分享个人关于电玩的感受和经历。那么新闻机构就可以将收集到的关于电玩的最新信息发送给他们。

2009年4月30日，Twitter对其界面进行改版，增加了搜索栏和热门话题。热门话题是人们在帖子里讨论最多的短语，短语会进行实时更新。由此，微博将具备另外一个重要功能：除了让人们得到关于自己社交圈或者所关注的圈子的消息，还可以向人们展示整个网络中最受人关注的焦点，并通过网络和手机的无缝链接使人们及时感知外部世界的状况。

这项功能的开发，对于克服社会学家们提到的媒体细分化所导致的"茧效应"有积极作用。所谓的"茧效应"是指20世纪90年代以来越来越明显的一种社会现象：人们通常选择接受那些符合自己既有判断标准、自己易于接受的信息，这就像他们自己编织的"信息茧"，他们企图借助这层茧来逃避现代生活的某种不确定性，减少不得不做出的众多选择。微博过滤掉自己不感兴趣的信息和人，有可能会导致其使用者被分化为越来越小的，与社会其他部分没有什么共同点的兴趣群体，而通过人们话题的实时更新，为使用微博的人打开了一扇关注外部社会的便捷窗口。这无疑是信息传播扩散方式的一大进步。

4. 微博与媒介组织的网络口碑营销

口碑是人们口口相传的对某一事物的评价。在市场营销中，口碑是一个顾客与他人分享关于某一公司、产品、服务的细节，并对其进行评价的互动过程。口碑的形成有赖于人们的社交网络，人们往往更相信自己社交圈子，如家庭成员、朋友、同事等传递的信息。同时口碑也是市场营销中最难控制和影响的方面。随着互联网的发展，微博对企业形象、产品形象的口碑发挥着越来越大的作用。

微博被用来提供产品信息，或者把潜在顾客吸引到公司网站或者博客上。一些企业雇佣商业情报机构监控微博上关于自己产品和竞争对手产品的信息，对自己企业或者产品的追随者实行精确营销。

利用微博监控工具，企业还可以跟踪对自己的产品或服务作出不良评价的用户，及时介入解决问题，化解尚处于酝酿期的市场危机。

此外，还可以通过微博的投票、调查工具等获得实时反馈。

新闻媒介是整个社会系统的一部分，而且有明确的企业目标：出卖新闻产品赢取利润。在激烈的同行竞争中，无论是要保持优势地位抑或维持生存，都必须依靠有利的企业形象。微博作为网络口碑的重要传播方式，对于企业形象的树立和维护，都起着不容忽视的作用。

5. 微博在媒介组织机构内的应用

微博有望成为一种新的组织内沟通媒介。在过去几年里，随着远程办公的发展，组织内传播由传统的面对面传播，转向越来越依赖于电子邮件、即时通信等的在线网络传播。但是，随着企业扁平化管理、精简裁员等带来的工作压力的增大，电子邮件、即时通信等虽然便利，却可能会对工作造成干扰，如用来闲聊交友、游戏娱乐等，因此一些公司明令禁止在办公时间使用即时通信工具。

随着越来越多的用户在微博上发布消息，微博可能成为媒介组织内员工的非正式沟通渠道，满足组织成员的信息需求以及社交、情感需求。在信息需求方面，媒介组织成员间可以分享有用的机会信息，交流职业心得，共建及维护共同的利益基础等；在情感需求方面，微博可以通过展示工作以外的多彩生活，共享生活体验，成为媒介组织内部公众的情感纽带。

四、微博存在的问题

1. 发布信息随意性强，真实性没有保障

微博上发布的信息，没有传播学中所说的"把关人"，微博信息均未经核实；网民发布信息随意性强，真实性没有保障。网络上发生的一系列"微博事件"，如"郭美美事件"就凸显了微博信息可信度低的问题。

虽然微博以140字的"微内容"带来了"微革命"，但是微博上个人发表的声音与意见，其真实性难以得到确认，在自我表达的同时，每一个言论仍然面临着失范的危险。微博进一步催生了大众的书写与表达的欲望，但是这种书写是零碎的、片段式的，内容呈现出多元化、琐碎化，没有标题，短短几十字一览无余。微博客上的信息是博主自己发布的，兼具私密性与公开性，这些没有经过认真筛选的信息甚至有可能引发社会恐慌，扰乱社会秩序。

微博用户发布信息时所处的环境往往充满着不确定性与随意性，这直接导致了微博用户在发布信息时如蜻蜓点水般一带而过，很少去深思熟虑。加上微博网站对用户的发布状态没有过多的限制与要求，因此用户表达会更加随意，缺乏节制。

微博流言的盛行及广泛传播深深阻碍了它作为时代记录者的公正角色。这意味着在微博客中找寻有价值的新闻点不仅如同大海捞针，而且即使在杂乱无章的信息中找到了有价值的新闻，也未必就能确定它的真实性。这就进一步导致了原本内容碎片化的微博信息在形式上更加碎片化。

"僵尸粉"的大量存在，使得网民对微博网站或频道、知名微博主产生了信任危机。据《北京日报》2011年5月27日报道，有网民选取了新浪10位名人微博作为统计对象，发现他们的粉丝中僵尸粉约占17%，其中直指李开复的粉丝中有近百万为僵尸粉。僵尸粉指极度不活跃的用户，多是被人注册来增加粉丝数或制造垃圾微博的账户。界定标准有三条：已注销的用户、粉丝数低于5个、微博数低于5条。只要满足其中任何一条，就可认定为僵尸粉。

2011年4月，新浪微博、腾讯微博先后宣称其用户数量为1.4亿、1.6亿，然而，貌似巨大的用户数有多少是僵尸粉？不少微博网站、微博频道还自动生成僵尸粉，目的在于增加自己的用户总量，获得更漂亮的数据。

2. 微博具有草根性，实质是娱乐化平台

由于每条微博限定在140个字以内，必然导致信息传播的碎片化。一方面，单条微博的信息十分有限，但是微博信息总体上又具有海量性，两者之间存在尖锐的矛盾。这一矛盾造就了微博的草根性和娱乐性。在微博客上，140字的限制将平民和莎士比亚拉到了同一水平线上。

目前，访问量最高的微博都是娱乐明星，微博实质是娱乐化平台。如姚晨的微博排名全球第三、中文排名第一。如果一些未经核实的事件被网民盲目转发，极容易误导社会，造成微博用户对公共事件的集体娱乐。

不少微博过于关注、甚至有意暴露个人隐私，尤其是艺人的隐私。微博甚至已经成为娱乐圈的"微观江湖"。作为一种公共传播的私人媒介，微小的个人事件特别是名人的个人生活、情感事件等都可能会被微博用户加以曝光。

3. 微博已经成为商业炒作的工具

通过炒作提升人气，制造虚假商业新闻，已经在微博中屡见不鲜。通过微博进行商业炒作提升人气是微博的一项重要功能。作为一种网络沟通方式，微博有别于传统的网络销售，它反映了公司与客户之间沟通方式的多元化，增强了公司与客户群体之间相互了解的可能性。由于微博用户登录采取匿名制，微博信息又处在实时更新状态，再加上其真实性难以考证，微博网站也就最终成为虚假信息的制造工厂和传播源。而网络平台上以秒为单位不断刷新的海量信息中，难免存在一些别有动机的人故意歪曲事实。

微博营销存在着很多缺陷。首先，需要有足够的粉丝量才能保证传播效果的达成，因为人气是微博营销的基石。其次，由于微博内容的更新几乎是无时无刻，如果发布的信息没有及时被粉丝关注，就很有可能被湮没在浩瀚的海量信息中。再次，一条微博信息往往只有几十个字，传播力非常有限，其信息仅限于在微博平台传播，很难像博客文章那样被大量转载。由此，微博营销走向了另外一条道路——炒作，只有通过商业化炒作，微博才能达到预期的营销目的。

4. 容易影响社会稳定

微博用户能够在第一时间获得信息并且更新博文，但是由于发布者的思想倾向和在获取信息时可能出现误差，微博这个舆论先锋极有可能在发布正确信息的同时，传播许多不精准的消息，甚至是虚假的信息。一些微博客为了赚取更大的利润还会借网民之名，打着正义的旗号，造谣生事，煽动网民，甚至不惜采用散布黄赌毒信息、制造虚假新闻、披露隐私、发布不良智力游戏等方式吸引网民参与，诱惑和拉拢未成年人，以提升微博本身的传播力。与此同时，微博谣言传播行为无法得到及时有效的法律监管和社会监督，微博的匿名性和开放性使其信息不对称现象比传统媒体更加严重，从而隐蔽了微博的责任缺失。

基于微博自身的快捷分享的传播功能更是为信息的病毒式传播提供了便利条件，也正是这些特征使得微博成为假信息的发源地与集散地。微博传播是一个交谈双方不断建构话语文本与解构话语文本的过程。传播过程中信源模糊，遇到敏感事件时网民往往没有足够的批判力，很可能导致谣言的传播。谣言传播一旦失控，其引发的后果将难以预料。

在2011年的"茉莉花革命"中，微博网站Twitter扮演了十分重要的角色。本文所指的"茉莉花革命"，是指从2010年12月至2011年初，在突尼斯、埃及等北非和中东的阿拉伯国家发生的政治剧变。

发生"茉莉花革命"的原因固然很多，政府腐化和经济危机是主因，但是，以互联网为代表的新媒体在其中发挥了举足轻重的作用。技术的进步往往在政治事件中扮演催化剂，当网络成为这场革命的主角，人们很容易想起早期伊斯兰革命中的录音磁带，以及伊朗大选骚乱中的Twitter和手机媒体。

许多人将"茉莉花革命"归功于互联网，尤其是Facebook和Twitter等新媒体及公民媒体。新媒体在埃及革命中成为汇聚抗议力量的重要工具，它有效地放大了反对派的力量与声音，促使骚乱横扫全国。尽管穆巴拉克随后采取了极端手段，立即屏蔽了Facebook和Twitter，切断全国的互联网及移动通信，但是，与突尼斯的情况一样，一切都已经太晚。

5. 缺乏有效的赢利模式

目前全世界所有微博网站的独立核算都是亏损的。Twitter 用户的增长速度虽然令人吃惊，但是其在 2010 年实际收入只有 4500 万美元，仍然处于亏损状态。其主要收入来源是即时信息开放，供谷歌、微软必应等搜索引擎进行即时消息搜索。

国内微博目前的赢利方式主要是"免费＋广告营销"，即免费供网民使用，向企业收营销费用。此外，一些微博网站通过加粉丝、转发博文、评论和炒作话题等方式获取一定的收益。认证是提升微博关注度的方法，不少微博网站的认证渠道都不够透明，这时候就有很多人提供付费认证服务，他们通常是通过"内部"关系来完成认证，价格从几十元到几百元不等。

没有明确的赢利模式是当下我国微博发展的一个瓶颈，微博缺乏一个作为营销平台的入口。虽然关于草根微博赚钱的金点子层出不穷，但是在当下的所有微博网站中，还没有一个是赢利的，大多数微博网站仍然停留在跑马圈地的时代。如果想通过微博客提供增值业务的话，一方面微博比较零散，界面较混乱，其信息的碎片化程度较高，对于营销传播的技巧要求也相对较高；另一方面，其信息可信性较弱。这些决定了在微博上投放广告可能会难以获得持久性的关注，依靠提供信息获得资费非常困难，因为客户群体从微博上难以获得具有较大吸引力的服务体验。

6. 管理的困境

由于微博用户和信息的海量性、无国界性，要对微博进行有效管理十分困难。面对微博带来的风险，我国可以把疏导重点放在加快塑造微博用户道德上，以便有效地应对全球性风险和制度转轨风险。具体来说，首先要增强微博用户的媒介素养教育。在转轨过程中，如果微博用户的甄别能力过弱，必然会造成信息传播的失实、夸大甚至整个社会运行的失序，成为社会风险爆发的导火索。增强对微博用户的治理能力不仅要改革对网络微博的治理结构，提升国家、公民社会对微博的监管水平，更要调整国家与网络微博、公民社会的关系，使它们之间合作互补、良性互动。

在"微博打拐事件"中，面对网民通过细微之力集成的浩荡声势对拐卖儿童现象进行声讨，有人开始质疑是否侵犯未成年人的隐私权和肖像权，有人则担心伤害乞讨者的尊严，也有人担心此举恐将迫使不法分子对乞讨儿童实施二次伤害以避人耳目。在一个成熟的法治社会，网民应该是理智清醒的监督者，他们不该也无法成为冲锋在前的破案警察。微博的最大作用应该是发出预警，除了寄希望于引起职能部门的足够重视外，更希望引起人们对渐趋沉沦的社会道德伦理的反思。

技术上的监管也是遏制微博色情、诈骗信息的重要手段。不过，目前我国关于微博的法律法规尚未出台，这致使政府或相关执法部门在面对具体的微博问题时往往无法可循。然而，是否需要单独的微博立法，立法监管微博是否有效，这在理论和实践层面都存在巨大的争议。

中国"微博实名制"新规于2011年12月16日在北京市率先推行。

微博实名制的优点在于提供了更好的说话环境，让网民发言更负责任；能够限制网站或商业公司设立虚假微博户头，企图通过制造"僵尸粉丝"来冲人气，骗取广告转发费。

但是，有人认为"实名制"将打击微博的舆论监督功能，甚至仅仅将其作为"出气口""解压阀"的意义都将打折扣。此外，"微博实名制"是否具有可操作性也是个问题：现有的微博用户是否需要全部关掉再重开？中国境外用户又怎么注册呢？

毕竟，微博的用户、粉丝数、微博信息量都可谓是海量，实名制在微博管理中难以推行，加上互联网没有国界，对微博的监管仍然是各国政府面临的棘手问题。

如今，微博已经度过了其发展高峰期。美国新墨西哥大学埃弗雷特·罗杰斯（Everett M. Rogers）教授曾提出创新扩散S曲线理论，将创新扩散这一过程分为知晓、劝服、决定、确定四个阶段，并提出了"创新扩散"的基本假设。根据该理论，微博已经走过了知晓、劝服、决定、确定四个阶段，正步入下降阶段。

思考题

1. 试分析微博的社会价值。
2. 试分析网络论坛在中国政治生活中的角色。
3. 试分析网络人际传播的特点与方式。
4. 试比较作为大众传播媒介的网络媒体与广播电视媒体的异同。
5. 你认为博客和微博会取代专业媒体吗？谈谈你的看法。

第五章 微信

第一节 微信的发展

一、微信概念

微信是腾讯公司于 2011 年 1 月 21 日推出的一个为智能手机提供即时通信服务的免费应用程序，用户可以通过智能手机、平板电脑等智能移动终端发送文字、图片、音频、视频等信息。微信亦提供公众平台、朋友圈、消息推送等功能，用户可以通过摇一摇、搜索号码、附近的人、扫二维码方式添加好友和关注公众平台，还可以将内容分享到微信朋友圈。

根据微信官网发布（http://weixin.qq.com/），截至 2013 年 3 月 15 日，微信的注册用户已达 4 亿；2013 年 11 月，微信注册用户量突破 6 亿。用户可以通过微信与好友进行形式上更加丰富的类似短信、彩信等方式联系。微信软件本身完全免费，使用任何功能都不会收取费用，发微信时产生的上网流量费由网络运营商收取。

微信不是国内第一款移动互联网即时聊天工具，其设计理念也非原创。它参考了加拿大 Kik Interactive 公司推出的即时通信软件 Kik。Kik 是通过手机用户本地通讯录与联系人直接建立连接，同时实现免费通信聊天、状态同步等多种功能为一体的社交软件，其设计理念越过移动通信自身的硬件壁垒、通信公司运营壁垒以及社交网络障碍，使得个人手机、平板电脑等移动终端成为社交平台。Kik 应用方式简单，实现了高效、自然的在线沟通，产品即时性强、推广迅速、资费低廉，通过使用 Kik，用户无需面对面就可以充分了解信息是否真正到达沟通的另一方和是否有反馈。虽然这一款软件在当时还不能发照片、不能实时对讲和发附件，但它使移动终端成为新的社交节点。随后，全球类 Kik 产品不断问世，基于手机通讯录的即时通信工具初具规模。

国内第一款类 Kik 产品是小米科技推出的米聊。该产品主张"熟人关系",在米聊联系人中,100%是互联网圈内好友。米聊最初的主要用户是 IT 界人士,在普通用户中接受程度并不高,虽然它在业界口口相传,但欠缺更广泛的推广。

微信在 2011 年 1 月正式推出后,其发展速度远超微信团队自身的预期,也超出外人的想象。2011 年 11 月初,微信用户数超过 3000 万;一个月后,这个数字已达 5000 万,数倍于其先行者、竞争对手。面对诸多类似的通信、社交类产品的激烈竞争,微信的快速发展源于其强大的优势:一是与手机短信相比,它除具有短信实时推送的功能外,推送内容的类型呈现多媒体特征,且在费用上较手机短信有优势;二是其背后拥有腾讯公司强大的技术和资金支持;三是庞大的 QQ 用户群和已开发的手机号码注册交友,明确了微信的强关系属性;四是微信适用于多种手机机型,且自身还在不断完善。

微信的市场对手不仅有国内的易信,海外的同类产品也不少。2011 年 6 月 23 日,NHN 日本公司(NHN 是一家韩国互联网公司,拥有韩国排名第一的搜索网站 Naver 和最大网络游戏门户网站 Hangame)发布的手机聊天软件 LINE,3 个月下载量超过 100 万次,6 个月下载量超过 1000 万次,7 个月下载量超过 1500 万次。LINE 的用户已经在日本、新加坡、中国香港、澳门、台湾、中东之外,延伸到了欧洲,并在瑞士、澳大利亚、德国、新西兰等国家手机应用下载中名列前茅,目前支持日、韩、英、中、土耳其五种语言。它在日本还开启了天气预报、餐厅查找等生活服务功能。

微信也在积极抢占海外市场,目前该程序有俄语、印尼语、葡萄牙语、泰语等多个不同语言的版本,海外市场稳步扩大,其中在东南亚的增长最快。

二、微信的传播优势

微信是移动互联网代表性产品。移动互联网(Mobile Internet,简称 MI)是一种通过智能移动终端,采用移动无线通信方式获取业务和服务的新兴业态,它将移动通信和互联网络结合为一体。

微信极大地促进了网络人际传播与人际沟通。人际沟通指的是两个或两个以上的人之间面对面或凭借书信、电话等非大众传播媒介的信息交流活动。马歇尔·麦克卢汉认为,媒介塑造和控制着人类的连接方式、行动的规模与形态。媒介起到一种中介作用,而中介正是媒介最基础的本质,这种中介处于人与人之间、人与现实之间,使媒介和人体的器官、中枢连接起来,并向外扩展,形成对"人的延伸"。媒介的每一次变革,都会改变人们对外界感知和理解的方式,从而彻底改变社会。微信的广泛应用,冲击了之前所有的人际沟通方式,为现代人带来了前所未有的交流体验,引发了人际沟通领域的革命。

美国媒介理论家保罗·莱文森认为，说话与走路是人类两种基本的交流方式，唯有手机的出现，才实现两者的真正结合。数字化、互动性是手机的基本特征，其最大的优势是便携性和私密性，作为网络媒体的延伸，手机兼具互动性强、信息获取即时等特质。作为手机媒体的原始功能，短信具备传播成本低廉、传播及时且能保存编辑，既能同步交互也能异步交互等优势。

但是微信正在悄然改变着人际沟通方式，其优势是其他媒体无法比拟的。微信本身是免费的；相较短信，微信的语音和视频传播功能使信息传播者与接收者之间的交流更直接、更真实；相较QQ与电子邮件，又具有更高的到达性；相较微博平台，沟通更为私密。具体地说，微信的传播优势如下：

1. 人性化设计，操作便捷

腾讯微信官网上的广告语为"极速、新奇、方便，带给你拇指沟通新体验"。这条广告语点出了微信第一个便捷之处："会说话的短信"。而"说"的操作并不复杂，只需用户在语言对讲时按住手机屏幕相关键，将自己想说的话说出去即可，简单的操作深得用户心意，扩大了微信用户基础。

微信打破了传统网络交流的固定范围。通过微信，用户可以与QQ好友、手机通讯录联系人甚至微博的用户进行交流。这样跨平台的交流更加便捷，用户使用一种工具就可以与存在于不同平台和圈子的用户进行沟通，节省了用户熟悉不同产品的时间，提高了沟通效率，也拉近了用户之间的距离，将用户的网络世界与现实生活衔接起来。

微信推出 Web 版本后，用户可以不再使用传统的用户名、密码登录方式，而可以使用手机扫描二维码登录，开创了国内 Web 端扫描登录的先河。

微信可以实现让用户永远在线。微信不占内存，资源消耗很少。从理论上讲，QQ、飞信也可以永远在线，但用户的手机不可能永远不充电、不换电池。另外，如果手机用户在室内 WiFi 环境与室外 GPRS、3G 环境间活动，网络的变换会造成信号不稳定，变换一次QQ掉线一次，假如信号不好则更加影响使用体验。而这些问题微信都避开了，它可以真正躲在手机后台长久地运行。

2. 多媒体传播

微信可以实时传播文字、图片、音频、视频，全方位、立体地展示传播内容，使信息形式和结构发生本质变化，使不同阅读或收视习惯的受众都得以满足。

3G 时代智能手机迅速普及，以智能手机终端为主要载体的手机媒体具有巨大的发展空间。微信具有语音、文字、图片、视频等多样的传播方式，为媒体传播提供了技术支持和传播平台。

微信的语音和视频传播方式，使得人际传播的双方能够充分表达自己的情感，即自我表达。自我表达是传播者把自己的情绪、心思、感情、态度及地位、身份与对方进行交流的过程，自我认识、与他人相互认识是人际传播中的两个内容。人际传播活动的顺利进行在于传播双方能否充分地相互认识、相互理解，这取决于双方的自我表达是否充分。传统即时通信工具基本都使用文字符号进行信息传播，无法运用其他辅助的表达手段，同时，交流的背景信息被消减，只使用文字表达，看不到表情和肢体语言；没有声音，感受不到语气、语调。这样的交流缺少对信息的直观感受，传播的质量受到影响。而微信正好弥补了这个缺陷，其视频和语音聊天功能提供了人际传播所必要的背景信息，能带给双方更多情感情绪上的体验，在传达信息的同时，传播内容更加生动。此外，"说"短信不仅给用户带来了独特的交流感受，而且更方便省时，增强了用户发布信息的效率，加大了微信的信息量。

微信综合运用语音、文字、图片、视频等多种传播方式，使得传受双方可以进行充分有效的自我表达。而"摇一摇""漂流瓶"及实时对讲机功能更是对社交平台的创新，丰富了用户的社交体验，使传播效果更准确、生动。

3. 系统开放，免费使用

微信支持腾讯微博、QQ 邮箱、QQ 同步助手等插件功能，支持 Android、iPhone、Windows Phone、塞班（Symbian）、黑莓（Blackberry）平台的手机之间相互收发消息，几乎所有即时通信用户都能使用。

微信使用费用约等于零资费，性价比非常高。微信可以跨运营商和手机操作平台互发"免费"短信，短信通过 GPRS 流量发出。30M 流量可以发送上千条语音信息，而目前通信运营商的短信收费标准为 0.1 元/条，相较之下，微信的资费可以忽略不计了。因此微信对传统短信和飞信产生了巨大的冲击。

4. 用户黏度高

为了推广微信，腾讯旗下产品全线联合，从 QQ 聊天面板到 QQ 邮箱，不遗余力。从传播模式看，微信传播主体非常明确，即手机 QQ 用户。在不同的即时通信工具中，手机 QQ 占据着几乎 99% 的份额。与米聊等需要注册信息的即时通信相比，微信与 QQ、QQ 邮箱、QQ 音乐等相关联，可以直接登录并且在 QQ 好友里添加好友，可以接收离线信息。这些优势增加了用户黏度，使微信得到了更大范围的普及。

5. 传播主体——双向性、互动性

从传播学角度来看，微信传播是以点对点的人际传播为主，具有双向性和互动性。

微信的传播主体即用户群体非常精确。微信主要依托智能手机移动平台，基于腾讯网，手机 QQ 用户是其主力军。除通过从 QQ 好友中选取传播对象外，用

户还可从手机联系人中选取传播对象，传受双方容易产生双向关注。

由于微信传受双方是选取自QQ好友和通讯录，传受双方关系亲密。微信的主要功能类似于电话的语音对话，从用户的心理习惯来说，使用语音进行聊天会使双方关系更为密切，在精确化的交际圈里，微信的传受双方以亲人、朋友、同事为主，这也就决定了信息在传递与反馈的过程中，双方的互动性更强。

6. 传播内容——私密性、即时性

由于传受双方的强人际关系，微信交流内容也更为私密。在微博上，粉丝可以看到所关注用户发布的相关信息，传播者传播的内容是给所有认识或者不认识的人看的，内容是公开的。而微信在添加好友、建立朋友圈时，只有选择通过加入手机和用户关系的验证，才能与对方互动聊天或者在朋友圈中留言。尤其在朋友圈中，用户的好友可以看到其发布的状态信息，且信息互动只停留在传受双方的移动终端上，只有传受双方能够听到看到，其他用户无法在自己的界面获知，因此用户的隐私得到了保护，有利于私密内容的交流，恶意骚扰和垃圾广告无法介入。

另外，微信整合了QQ和微博的功能，其内容发布具有即时性。只要用户在线，就能够快速接收和反馈信息，且微信还支持QQ离线消息的接收，在信息传达上比较迅速。

7. 传播渠道——多媒体平台集成共享

未来的信息传播媒介将会是多媒体平台的优化集成。

3G时代，智能手机得到广泛普及，微信使智能手机的功能得到最大化使用。微信的语音对讲对应的是麦克风和扬声器，二维码和图片分享对应的是手机高清摄像头，手写输入对应的是多点触屏，"摇一摇"对应的是重力感应器，"附近的人"对应的是GPS定位。微信现在拥有多个版本的客户端，已经基本实现了多种手机系统的全覆盖。

除了对手机基本功能的最大化利用外，微信同时实现了传播渠道的拓展和优势平台的集中。微信相继推出了二维码、LBS定位等功能。其中二维码是身份认同，在摄像头前扫描二维码即可辨认用户的身份信息，而LBS定位功能则可以用来找朋友。另外，微信已经打通了手机通讯录、QQ通讯录、QQ邮箱、QQ微博等产品，实现了平台的跨越，很有可能在移动互联网时代成为平台型产品，基本上将人们日常使用的所有通信工具都囊括在内。总之，微信已经成为全媒体时代的新生力量。

8. 用户分析——全方位、立体化的社交网络

作为一款基于手机端的通信软件，微信以个人人际关系为核心，通过强关系和弱关系两种方式进行信息的生产和传递。从微信强关系来看，微信最基本的关系网络都是基于现实生活关系的,这种关系带有相互关注的特性,双方主要以点对点方式沟通信息。从微信弱关系来看,微信提供了许多功能扩大社交范围。弱关系所传递的信息有两种,一种是用户信息,可以通过"附近的人""摇一摇"等功能接触陌生用户;另一种是通过 APP 和公众平台等方式接收来自陌生用户发布的信息。

微信用户社交范围可以分成熟人交际圈、千米交际圈和陌生人交际圈三类。熟人交际圈代表的是近距离交际圈、强人际关系圈,千米交际圈和陌生人交际圈代表的是中距离和远距离交际圈、弱人际关系圈。这三类社交圈表示微信的社交范围从熟人推向陌生人。微信通过实现三个层面的全面覆盖,形成了全方位、立体化的社交网络,人们可以根据需要更加精确化地分配社交精力。

微信以强人际关系为主要社交关系,但同时,微信用户范围较窄。由于微信最基本的关系网络是基于现实生活关系的"朋友""亲戚""同事",因此线上的交往频度与线下真实社会的交往频度会趋同,整体来看,熟人之间的交往频度会高于陌生人之间的交往频度。但是双向关注的人际关联模式,必然导致作为网络舆论的用户方范围狭窄,普通大众的交往范围基本维持在几百人的规模。并且微信还限制了公众平台的功能,无法产生大规模传播,使得用户范围更加受到限制。

9. 传播效果——扩散性、准确性

(1) 一对多传播的简单扩散能力。首先,微信提供了公众账号的关注功能,有些"大号"的粉丝可达千万级,可以实现简单的广播功能。其次微信朋友圈也渐渐成为新的分享平台。与微博的公开信息分享不同,微信的朋友圈是一个熟人圈的信息分享,是一个稳固的关系链,用户发送至朋友圈的信息可以被圈内所有朋友共享,实现了一对多的信息扩散。

(2) 点对点的准确传播能力。微信以点对点的人际传播为主,点对点传播可以使信息到达率几乎为 100%。而微信主打的语音聊天类似于现场直播,通过声音来传达情感,能够更好地把握传受双方的心理变化,传受双方的关系会更加亲密。在精准的微信交际圈内,传受双方以强人际关系为主,传递与反馈的信息内容真实而准确。

以微信为代表的新的信息传播媒介的产生改变了人类的生活方式和生存方式,它为用户建立了熟人—陌生人的全方位、立体化的社交网络,同时满足了人们的情感需求。

媒介的使用与需求理论认为:受众能够主动选择信息源,而不是简单、被动地接收媒体所传送的信息;是人在利用媒体,而非媒体在利用人,即便媒体对人产生影响,也是人主观选择接受媒体的影响;人可以通过多种选择来满足自己的需求，这些选择受控于人际关系和心理活动。"微信控"现象的产生，其根源是个体的需求得到满足。

马斯洛需求层次理论认为：人有生理需求、安全需求、归属与爱的需求、尊重需求、自我实现需求，后来又在后两者间增加了认知需求和审美需求。想要获得或维系爱情、友情、亲情，或者是通过证明自己的优势，展示个人的特长而获得他人尊重，或者是得到理解、支持与认可，以实现自身价值并获得自我满足，都离不开建立在沟通基础上的人际交往。

现实社会的众多复杂因素左右着人际沟通，会使部分人产生交往障碍，自我价值需求无法满足。基于微信的人际沟通，部分是建立在陌生人关系圈基础上的，弱化了身份、地位等因素对交流的限制，平等的话语地位最大程度地保证了表达的真实性；间接性的人际沟通，过滤掉了肢体、表情等语言，保全了对方面子，弱化了尴尬感，消除了顾忌，因而更能吐露真实想法。以微信为媒介的人际交往，可以提高自我认可程度，形成自尊、自信和自我肯定的主观感受。

现代人生活节奏快、生存压力大，渴望人际交流以实现相互关心、相互理解、相互尊重，但现实生活中，多数是"沉默孤独的一代"。而微信为陌生人的交往提供了情感表达得以满足的平台。交流与交往时身体的缺位，使具有不同性格、不同性别、不同文化程度的人结识并进行充分的自我表达，使现实中孤寂的心灵得到安慰，把人们从紧张的心理状态中解放出来。微信的另一部分交流是建立在熟人关系圈中的，既巩固了熟人关系，也迎合了中国人含蓄委婉的交往特质。

三、微信存在的问题

1. 信息过载

微信信息过载主要是指微信推送可能会造成垃圾信息的问题。微信的信息传达方式是通过实时推送来完成的，推送不会让用户遗漏任何信息。然而，正如垃圾邮件一样，如果微信信息推送被滥用，就会降低用户体验，不可避免地给用户带来困扰。同时，许多传统媒体希望通过微信扩大自己的影响力而纷纷试水公众平台，但如果用户关注的公众平台较多，而媒体每天推送的内容高度相似，容易使用户产生不耐烦甚至厌恶的情绪，对用户来说，过载之后的信息就变成了垃圾。

2. 隐私保护

虽然微信在添加好友需认证、朋友圈设置可视范围等功能上对用户隐私起到一定保护作用，但社会上利用微信进行不法活动的案例也屡见不鲜。微信涉及用户个人数据、隐私信息，如果保存和管理不当，则存在泄露的可能。另外，用户利用LBS功能拓展人际关系的同时，也存在个人信息泄露的问题。

第二节 微信的社会影响

一、意见领袖多样化

在我们的日常生活中，存在着可以通过传播信息对别人的行为产生一定影响的人物，即意见领袖。研究发现，无论是报纸、杂志还是电视、广播，意见领袖的接触频度和接触量都远远高于一般人。因此，大众传播中信息并不是直接"流"向一般受众，而是要经过意见领袖这个中间环节，即"大众传播→意见领袖→一般受众"。这就是两级传播。

新媒体的出现，使得"意见领袖"们可以不再借助大众传播这个环节，可以说新媒体催生了自媒体。只要你拥有话语权、拥有信息，你自己就是一个媒体，能吸引关注你信息的人来关注你，使你随之产生影响力。微信作为很好的自媒体平台，吸引了众多的自媒体人入驻。平等的话语权和操作简单、开放的公共平台使得越来越多的"意见领袖"涌现出来，他们属于不同职业、不同阶层，结构更加多样化。

二、构建"熟人—熟人"和"熟人—陌生人"的多维社交网络

微信对于构建多维度的社交网络具有重要价值。如前所述，人们在现实生活中的社交圈可以通过实距分为熟人社交圈、千米社交圈和陌生人社交圈。微信是从相对稳定的熟人群体出发，基本是"朋友""同事""亲戚"，然后再逐渐扩展到陌生人层面。首先，微信可以与QQ、手机通讯录等无缝对接，只要好友有微信账号，就可以通过通讯录直接添加好友或者邀请好友开通微信。这为微信打开了以手机通讯录为代表的熟人强关系社交圈。而且由于微信全媒体的传播方式，使得熟人社交圈关系得到维护，朋友圈变得更加亲密和私密，由此显示出微信在熟人人际传播方面无可比拟的优越性，这也是其刚一推出就迅速发展的重要原因。其次，微信又逐渐把社交圈扩展到陌生人层面，相继推出了基于LBS的查看"附近的人"功能。该功能能够查找用户1000米范围内的其他用户，这个范围属于一个可视范围，用户可以查看附近用户的头像、昵称、签名及距离，进而与他们产生联系。而"摇一摇"等功能，可以拓展弱关系链（即陌生人），最终构建一个"熟人—陌生人"的多维度社交网络。

三、带来企业营销新变革

微信具备强大的LBS定位和二维码扫描等功能，这些功能和社交关系链衍

生出巨大的商机。随着精准营销概念的引入，微信的点对点精准营销优势更加明显，为移动互联网的发展带来了一场营销变革。

第一，基于LBS技术和"附近的人"功能，挖掘潜在客户，实行精准营销。

微信"附近的人"功能，原本是微信2.5推出的陌生人交友功能，却被一些商家用于对商业活动进行宣传，这对于一些小商家的促销活动有较好的效果。商家点击"附近的人"后，可以根据所处的地理位置查找周围的信息用户。在这些附近的微信用户中，除了显示用户姓名等基本信息外，还会显示用户签名档的内容，商家可以利用这个免费的广告位为自己的产品做宣传，对附近的用户进行信息展示，甚至主动向用户打招呼，如果产品符合用户的需求则能够产生较高的销售转化率。

例如，海口K5连锁便利店就充分利用了此功能进行新店开业的促销。K5海甸分店位于海南大学附近，促销针对大学生群体展开。活动期间，K5便利店将个性签名设置为"K5便利店海甸分店今日开业酬宾，回复微信立即免费赠送礼品"。用户只要搜索到K5便利店回复微信之后即可到店领取奖品。还有一家叫"饿的神"的快餐店在午间向附近的人打招呼，宣传自己的快餐生意，需要订餐的用户点击"附近的人"后，可以马上回复微信完成午餐订购，生成一份超越空间的电子传单。企业依托腾讯QQ和手机通讯录同步的优势，通过点对点的关注和推送，可以更精准地发布与目标用户群相关的企业文化信息、新产品功能、节假日优惠活动、售后服务信息提示等多项服务信息。

第二，基于O2O（Online To Offline）模式和"二维码扫描"功能，开展品牌病毒式传播，发展电商业务。

移动互联网时代，二维码的商业用途越来越多，微信也顺应潮流结合O2O展开商业活动。用户可以通过扫描识别二维码身份来添加朋友、关注企业账号；而企业可以设定自己品牌的二维码，用折扣和优惠来吸引用户关注，开拓O2O营销模式。二维码抽象的图案连接了线上和线下，通过摄像头扫描就能够轻松获得相应的信息。它在线上可与商家产生联系，在线下能进行消费，充分体现了移动终端在O2O发展上的优势。

目前微信主推业务之一的微生活会员卡也是基于"二维码扫描"功能。所谓"微生活"就是将微信融入到具体的日常生活中，提供本地化服务。用户只需用手机扫描商家独有的二维码，就能获得一张存储于微信中的电子会员卡，可享受商家提供的会员折扣服务。北京朝阳大悦城就利用二维码展开了微信会员卡大型活动，用户只需用微信扫描朝阳大悦城专属二维码就可以免费获得朝阳大悦城的微生活会员卡，凭借此卡可以享受到众多优惠特权。商场内许多商户都是大悦城微信生活会员卡支持商家。

再如，用户先在大众点评网上寻找附近美食，之后再在微信上寻找该商家的公众号并添加，商家便能够提供订餐和导航服务。消费者在结账时可以扫描店内的打折二维码，把优惠信息分享到微信朋友圈等社交平台，或者能成为该店的微信会员，获得微信优惠券。这样企业借助微信个人关注页和朋友圈，实现了品牌的病毒式传播。

第三，基于公众平台和"朋友圈"功能，打造全新社交关系网，开创企业口碑宣传新方式。

微信公众平台在精准性和专业性方面更上一层楼。微信公众平台可以发送文字、图片、音频、视频等各种信息。对于企业来说，所有信息可直接到达用户，实现企业对用户的点对点精准营销。企业完全可以将微信制作成会员刊物，面对主动选择关注的微信粉丝，企业可以通过充满文化气息的互动和特色内容，将品牌文化传达给这些现有或潜在客户。在微信公众平台后台可以看到用户的系统、性别和地域等信息，未来还可能提供更加丰富的信息。作为一款移动社交应用，微信公众平台为企业和用户之间建立了全新的社交关系网。目前许多企业和商家都已经开通了公众平台与用户进行联系和互动。如星巴克，用户发送一个微信表情，星巴克账号就会选择一首代表不同心情的音乐，加上一段视频通过微信发送给用户，同时还会给用户发送咖啡知识的介绍，充分展示了其品牌的人文关怀，进一步构建了品牌文化。

而"朋友圈"功能让微信的私密社交能力被激活，成为分享式口碑营销的最好渠道。移动社交分享在移动商务中一直是热门手段。以首批与微信合作的美丽说网站APP应用为例，在移动互联网上，通过开放平台的"对接"，用户无需离开聊天窗口，就能看到图片、价格、购买链接等美丽说社区的热度信息，既得到了朋友分享的信息，又可以继续轻松聊天。用户通过微信把美丽说上面的商品一个接一个传播出去，由此获得社会化媒体最直接的口碑营销效果，其灵活性受到用户、企业与商家的喜爱。微信4.0版本中开放了"朋友圈"分享功能，用户可以将手机应用、PC客户端、网站中的精彩内容快速分享到朋友圈，并支持以网页链接方式打开，这为企业的口碑宣传提供了一种全新手段。

第四，基于数据统计功能，开启大数据时代定制服务营销新模式。

2013年8月29日，微信宣布微信公众平台增加数据统计功能。登录微信公众平台，后台界面上增加了"数据统计"的新菜单，菜单分为用户分析、图文分析、消息分析三大项。用户可以查看从2013年7月1日起的数据情况。"用户分析"功能分为用户增长和用户属性两部分，其中用户增长包含新增人数、取消关注人数、净增长人数和累积人数四个方面，而用户属性部分包括性别、语言、省份、城市四个方面。图文分析包括送达人数、阅读人数和转发人数等分析。消息分析包括消息发送人数、次数等分析。随着数据统计功能的推出，可以查看的数据更全面细致，微信公众平台的服务水准也就更高，数据的公开可使商业价值量化，商家可以根据数据细分市场，展开定制服务营销。

四、微信营销的模式

微信营销有四种模式。

模式一：漂流瓶——品牌活动式，提高品牌知名度。漂流瓶是一种和陌生人简单的互动方式。通过"扔一个"，用户可以发布语音或者文字投入大海中供其他用户捞取；通过"捡一个"，用户则可以获取其他用户发出的信息并与之展开对话。

例如招商银行"爱心漂流瓶"活动。微信用户只需通过"漂流瓶"功能捡到招商银行漂流瓶并进行简单互动，招商银行就会通过"小积分，微慈善"平台为自闭症儿童捐赠积分。这项慈善活动在吸引大量参与者的同时，也提升了招商银行的企业形象。

模式二：位置签名——草根广告式，吸引周边用户。微信用户可以随时改变自己的签名档，而这对企业来说无疑是一个免费且方便快捷的移动广告位。企业附近的微信用户可以通过"附近的人"这一基于LBS的功能插件发现企业的位置、用户名和签名档等内容。

模式三：二维码——O2O折扣式，打造忠实客户群体。2011年底，微信3.5版本加入了二维码的新功能，用户通过扫描或在其他平台上发布二维码即可拓展微信好友，这对企业来说无疑是宣传营销的有力载体。企业设定自己品牌的二维码并公开发布，而微信用户则可以通过扫描二维码关注企业信息，获得相应的折扣和优惠。

模式四：开放平台、朋友圈、微信公众平台——社交分享式，实现口碑营销。开放平台和朋友圈是有效的社交平台，通过开放平台和朋友圈，微信用户可以在会话中调用第三方应用进行内容选择和分享，实现信息的广泛传播。而微信公众平台是在微信的基础上新增的功能模块，是对开放平台和朋友圈的细分和延伸。它有利于企业精准地将信息推送给目标人群，借助用户的开放平台和朋友圈，实现企业信息的病毒式传播。

微信营销的特点主要有以下几方面：

（1）低廉的营销成本。传统的营销方式如电视广告、报纸、宣传海报等通常要耗费大量的人力、物力和财力，而微信营销基于微信这一平台，微信的各项功能都可供用户免费使用，使用过程仅仅产生少量的流量费。相较于传统营销方式，微信营销的成本极为低廉，几乎接近免费。

（2）大量的潜在客户。2013年1月15日，微信用户的数量已经突破3亿，随着微时代的到来，微信用户的数量还将不断增加，这意味着巨大的营销市场。愈发壮大的微信用户群体将成为企业微信营销的潜在客户，从而吸引了越来越多的企业加入微信营销的行列。

（3）精准的营销定位。在微信公众平台中，通过一对一的关注和推送，企业不仅可以向其粉丝推送相关产品及活动信息，还可以建立自己的客户数据库，使微信成为有效的客户关系管理系统（CRM）。企业可以通过用户分组和地域控制，针对用户特点，将信息精准推送至目标用户。

（4）信息交流的互动性。微信的载体是智能手机，这意味着只要手边有智能手机，无论何时何地，企业都可以与客户进行互动，进一步了解客户的需求，进而满足客户的需求。微博营销虽然也可以与粉丝进行互动，但及时性远远比不上微信营销。

（5）信息传播的有效性。企业利用微信公众平台向客户推送信息，能保证100%的到达率。另外，客户是因为对产品或企业感兴趣而自愿扫描企业二维码或输入账号添加官方微信的，因此，当接收到来自企业官方的微信信息时，他们能有效地关注所接收的信息。

（6）多元化的营销模式。微信营销拥有漂流瓶、位置签名、二维码、朋友圈、微信公众平台等营销模式，这些营销模式各有其特点，企业可以针对不同的营销目的选择不同的模式组合。另外，微信还支持多种类型的信息，不仅可以支持文字、图片的传送，更可以发送语音信息，这使得企业可以利用微信完成和客户的全方位交流互动。

五、为传统媒体数字化转型提供平台

基于微信的传播特征，微信公众平台很适合被传统媒体借用进行更为有效的大众传播。微信给用户提供服务时，是把所有用户看作一个人，这个人没有性别、年龄、区域、教育程度的属性，他就是一个对象，他是所有用户共同需求的交集。

1. 纸质媒体使用微信情况

《钱江晚报》最早尝试报纸微信互动，其微信账号在众多纸媒中最早突破万人大关，粉丝数量目前超过3万人。而尝试微信时间不长的《青岛晚报》公众账号"掌上青岛"，凭借多元化的新媒体团队，粉丝已突破7万人。

纸媒"发声"。在微信上，纸媒通过音频、视频等工具传递新闻资讯、观点评述。在"掌上青岛"和钱江晚报的运营中，都特别注重语音播报这一沟通手段。声音比纯文字更有感染力，而且解放了用户紧盯手机的双眼，接受度高。

"掌上青岛"用语音播新闻、播笑话，并招募发掘了多位美女，兼职播天气、讲笑话、学英语等。钱江晚报则找到了一批"萌妹子"，用杭州话播"西湖新闻"，吴侬软语让人倍感悦耳；普通话播即时新闻，也形成了小清新的特色。此外，钱江晚报还尝试了明星语音打招呼、喊你起床、给你拜年等创意活动。

互动服务。纸媒与读者的互动，以前大部分只依靠热线电话，互动效果一般，而利用微信的即时互动性来维护粉丝群体，提供互动服务，能提高粉丝活跃度，效果出人意料。如"掌上青岛"的"缘来有你"交友活动，就吸引了大量网友参与。

深度报道。纸媒推崇"内容为王"，依靠专业的采编团队，使深度报道成为其优势。而在微信推送上，粉丝对深度报道的需求同样存在。"掌上青岛"不仅对新闻内容的制作有很高的要求，在新闻延伸方面也花了大量的精力，力求让用户不仅要看新闻，更要收听新闻和参与新闻。雅安地震发生后，"掌上青岛"发挥了巨大的即时信息播报能力及互动优势，拓展了报道深度。比如，青岛晚报一线记者进入雅安现场报道，在微信上只要输入"地震"两字，就能看到、听到第一时间由前方记者发回的全部文字、音频及视频。而钱江晚报则发挥报纸特长，追踪社会热点。比如"雷政富案"，钱江晚报特派记者到雷政富家乡，回溯他当官前的日子。微信平台将报纸信息整合并配发相关视频，组成了一组"立体"报道。

2. 微信在广播上的应用

微信应用于广播，使人们与广播节目的互动更加方便，趣味性更高，提高了大家收听广播节目的兴趣。目前，微信以其便携性、速度快、容易操作等特点吸引了众多听众，迅速成为电台与听众交流的重要平台。

2012年，南阳人民广播电台交通音乐频率开始在节目中使用微信播报路况，主持人在节目中发动听众用微信发布即时路况信息，利用微信和听众进行节目互动。仅仅两个月，电台的微信粉丝已经达4429人。平均每天的微信量达到近千条。2月1日，该电台又开创了一档以微博、微信互动为主的新节目《微微道来》。节目以微博、微信上的各类资讯和信息为主，由主持人抛出话题，并对部分内容进行简单点评和陈述。一个小时的节目，微信参与量达到150条以上。

微信火爆现象也得益于广播的先天特性。广播"伴随性"收听的特性，使得汽车特别是私家车成为收听的主要载体，而私家车主拥有智能手机的比例较大，这为微信的广泛传播奠定了基础。同时微信使用简单，听众参与容易，信息发布即时，互动性强，这些都使微信和广播在短时间内融合，促进了电台与听众的沟通，扩大了电台的影响力。

3. 微信在电视媒体的应用

电视媒体，大都有着高黏度的群众基础，在制作节目方面有深厚的经验和人才储备，也有积淀已久的内容量可以重组输出，推送的主题新闻可以提供更深入的资讯、更深度的报道、更独到的视角、更多元的观点。电视媒体利用微信的优势，可为用户提供有价值的内容。目前，很多电视媒体都纷纷开通微信推广电视节目，及时准确地送达节目预告，为收视预热。同时电视媒体通过微信与粉丝互动，可以培养年轻观众的黏性。

"央视新闻"作为电视媒体应用微信的代表账号，于2013年4月1日当天上线后立即引发近10万用户参与互动。"央视新闻"由中央电视台新闻中心运营，每天推送图文消息两到三条，内容以当天的热点新闻为主。当重大事件发生时，"央视新闻"的消息推送频率会显著提高。如"4·20雅安地震"发生当天即推送了7条消息，在晚间的消息推送中加入了雅安地震专题的直播链接，以"微信直播"的方式展现重大新闻事件。"央视新闻"积极探索微信功能，推出了"语音互动"及"视频新闻"，前者由央视新闻主持人播送语音消息，通过热点话题的讨论来调动用户参与；后者在图文信息里插入视频，将电视新闻画面"搬入"微信中，提升了新闻表现力。

4. 媒体类公众平台的发展

当前，微信公众平台有3万认证账号，其中超过七成的账号为企业账号。从平台功能来看，目前公众平台的主要功能包括多媒体信息大规模推送、定向推送、一对一互动、多样化开发和智能回复等。这些功能为公众平台的实际运营提供了媒体、营销、客服、公共服务等应用方向。当前的微信公众平台可细分为新闻阅读类、综艺明星类、科技数码类、生活购物类、影音娱乐类、社区交友类、文化教育类、地方政务类、公关名人类等。

媒体类公众平台运营主体主要包括四种：第一，门户网站频道，如腾讯科技、新浪科技等；第二，传统广电及平面媒体，如央视、南方周末等；第三，独立科技媒体，如虎嗅网等；第四，自媒体，如知名媒体人。整体来看，门户网站及独立科技媒体等互联网属性较强的运营主体，已经探索出一套较为成熟的运营套路。这些运营主体依托门户网站已有的内容资源，对现有内容进行多渠道分发及创新，对新应用、新平台的适应性较强，不论是在运营理念、功能探索上，还是在与用户的互动和对需求的把握上，都表现出较高水平。传统媒体对新媒体应用的敏锐度已经大大提高，在创新性、功能利用上还有很大发展空间。

但媒体公众平台的运营也存在一定问题。微信以平等、私密的互动关系见长，用户对公众平台定向推送过来的资讯接受起来比较困难，如果内容不符合兴趣，很容易就取消关注。如果用户关注的公共平台过多，也会造成信息过载的现象。信息过载意味着用户会有意识地过滤和筛选公众平台推送的消息。虽然微信的推送是定向的，到达率几乎是百分之百，但是垃圾信息过多，各个公众平台定时发来各种"通知"，只会带给用户不良体验，促使用户取消原本加以关注的账号，而取消的方法又非常简单，直接点击相关按钮即可。因此，传统媒体应当把更多精力投入到用户研究、数据分析、用户需求把握中去，评估现有用户对不同内容的喜好度，同时要重视推送形式，保持多变、发挥创新意识才能保留用户的关注。

5. 传统媒体与微信的融合发展

由于互联网技术的不断进步，以微信为代表的新媒体的出现和发展给传统媒体带来了巨大的冲击，打破了处于相对稳定状态的传媒格局，新兴媒体与传统媒体之间的竞争将日趋激烈。目前传统媒体和门户网站、论坛等都在发挥着传递公共信息的职能，但是，传统媒体具有数字移动媒体所不具备的品牌优势和信息加工能力，因此二者相互之间取长补短、融合发展是一个必然的趋势。

首先，传统媒体可以借助微信平台实现其固有品牌的病毒式传播。传统媒体可以设立公共平台，借助个人关注页和朋友圈发布最新信息，进行自我宣传，把受众引导到自己网站上。只要用户在线，就能够对信息进行快速接收和反馈。2011年12月微信添加了二维码功能，用户可以通过扫描传统媒体上的二维码名片加为好友。这样不仅可以提高媒体自身的知名度，还能以"零"成本与受众保持互动。

其次，传统媒体可以利用"朋友圈"功能作为"原料加工厂"的平台。用户可以通过手机通讯录、QQ和直接查找传统媒体微信号来添加好友。微信上的真实声音，可以帮助传统媒体迅速了解受众需求，获取最新动态，在此基础上与微信、微博共同构建了一个话语的公共领域。如2013年元月开始的雾霾天气持续发生后，腾讯网开通专门频道，将报纸、电视、广播信息汇聚在一起，从雾霾的发生时间、范围、程度、原因以及对人类社会的破坏性、预防措施等几个方面进行深入而细致的报道，广大微友可以用手机将页面右下方的二维码扫一下，即可了解全面信息，并可以参加"今日话题"中"雾霾天气的发生，谁之过"的讨论。

再次，传统媒体可以用微信的"用户筛选推送功能"提高信息传播的准确度。今后的市场是细分的市场，传统媒体可以借助微信打造手机上的地方资讯门户或细分行业门户，拓展传统媒体的信息传播方式，加强媒体与受众之间的联络，建立社区情感式的深厚关系。

传统媒体还可以借助微信的实时接收特性加强重大事件的报道和突发新闻的影响力，即时发出权威解读。但是，作为以内容见长的传统媒体，不能原原本本把报纸版面做成电子版,如电视媒体,还要考虑到用户流量问题,不能依赖微信做大时段的视频推送。如果真要借力微信,则必须精选内容,注重推送时段、频率和推送形式,做出自己的特色才能留住用户。

六、将人际传播、群体传播和大众传播融为一体

原始的信息传播方式应该是一对一的,是一种典型的人际传播。人际传播作为人类传播活动的初始形态和典型形式,其突出特点是:传播过程中的传者和受者均是个体,没有面向大众,也不涉及任何组织和团体。人际传播在本质上来说是个人之间相互交换精神内容的活动。精神内容交换的质量如何,在很大程度上取决于它的媒体。书籍传播时代,出现了一对多的传播,这是大众传播的端倪。大众传播是专业化的媒介组织运用先进的传播技术和产业化手段,以社会上一般大众为对象而进行的大规模的信息生产和传播活动。

微信传播将即时的大众传播、群体传播和人际传播相融合。微信的传播范围多为手机通讯录中的好友,属于群体传播。个性化的传播操作功能使得微信既具备了大众传播与人际传播各自的优势,又突破了两者的局限。移动终端上的微信不但可以令交流更加即时,其丰富多样的沟通方式也使得信息传播具有精度、深度和广度。联系人之间的信息发布和接收由静态向动态转变,具有一级扩散能力,而且传播形式更加个性自主。微信越来越像一个移动的平台,通过"二维码+账号体系+LBS+支付+强关系链"的O2O方式融合了线上线下,既可以与熟人进行多种方式聊天,又可以和陌生人交友,开启了人际传播、群体传播和大众传播相融合的新时代。

第三节　微信与微博的比较

随着信息技术的不断革新与发展,传播时代的主角已不再专属于传统的大众媒体了。移动互联网技术的发展催生了自媒体,微博、微信、默默、米聊等这些伴随着网络时代到来的新鲜"微"事物在大众生活中普及开来。我们似乎来到了一个处处是"微"的传播年代。"微"的能力不容小觑,这些以"微"为特色的媒体或媒介的影响力和渗透力已经追赶上甚至超越了许多传统媒体,成为个人获悉信息、对外交流的新通道。

2010年微博诞生以来,其热度和影响力有增无减。随着越来越多的人加入到"织围脖"的大军,微博引领大家获得了更新颖的交流方式,乃至改变了网络社交的思维和使用习惯。

2012年,微信闯入平常百姓的生活,成为深受大众,尤其是青年群体追捧的新鲜事物。它的出现除了带给用户新鲜的体验外,更悄悄地改变着沟通方式。

在这个人人自媒体的年代，以微信为代表的即时通信产品格外引人关注。

虽然微博和微信都是自媒体的代表，但是它们之间存在一定区别。

一、传播方式比较：微信侧重人际传播与群体传播，微博侧重大众传播

微信侧重人际传播与群体传播，即微信是"一对一"、点对点的传播，目标群体更具有针对性。微信涉及的传播方式大致可以分为三种：好友之间传播、朋友圈传播以及信息接收。"好友之间传播"是指通过微信从通讯录和 QQ 好友中互相添加为好友的用户之间的点对点双向传播。该类传播传受双方的关系比较稳定，传播方式与手机短信类似。"朋友圈传播"，是指微信用户可通过手机接收到自己朋友圈的好友动态，也可通过手机拍照或编辑内容发送到朋友圈，并在朋友圈里进行简单讨论，传播范围跟自己的好友数量相关。微信"朋友圈"被定义为一种私密性的内容分享，限定在相互关注的"朋友"范围内。基于私密性，个人账号接收到信息后，分享给好友是一种点对点的传播模式，但是由于没有转发功能，微信传播无法形成微博那样的多级链条传播。"信息接收"是指微信用户接收来自腾讯网站推送的新闻广播和来自公众账号推送的信息等，并可以向自己好友转发或分享到朋友圈。但是系统每天只发送两篇新闻，大大限制了传播能力。

微博侧重大众传播，传播对象通常是不确定的陌生的多数人。微博是一个完全开放的信息平台，其传播可以实现一对一、一对多、多对一、多对多的交互传播，信息的发布者无法预知信息的发送和接收。微博既不同于传统的线性传播，又不同于即时通信和手机的点对点传播，也不同于 BBS 等网络媒体的网状传播，它是一种裂变式传播，微博可以将信息转发给更多的用户，也增强了互动性。同时微博发送信息的频率不受限制，支持二次转发，可以大规模传播，传播范围广泛，具有大众媒体的特性。

应该说，微博是通知系统，而微信是通信系统，前者无须双方实线连接或者互为好友，比如，如果被关注者设置了更为开放的私信权限，那么其粉丝无须与之互粉即可发送私信，系统即可通知对方。而在微信中，双方彼此添加才可以实现交流，同一订阅号的不同读者也没有频繁互动，不同订阅号之间的交流也不是主流。这意味着微博承载的依然是传统的广播中心功能，微信更是一个 I/O 系统，承载输入与输出的功能。

二、用户网络社交比较

如前所述，从用户的网络社交方面来看，微信是以强人际关系为主要社交关系，主要以点对点方式沟通信息。

相对于微信，微博以单向关注的弱关系人际关系为主，易于人群集结。在微博上实现社交的过程极其简单：通过添加"关注"即可成为对方的粉丝，"转发""私信"等功能也促进了彼此之间的交流。由这个添加"关注"行为所形成的是一种不对称人际关系。微博以单向的跟随关系简化了社交关系，用户可以随意关注他人并接收信息，而不需要形成双向的好友确认关系，这个过程易于人群集结。

三、传播效果比较：微信信息可信度高于微博

由于微信的传播对象多为手机通讯录中的熟人、朋友、亲属；微博侧重大众传播，传播对象通常是不确定的陌生的多数人，所以微信信息可信度高于微博。

微信与微博是两种具有不同基因属性的产品。微博有更强的传播和媒体属性，而微信有更强的黏性和更好的交流体验，是一条私密性的沟通纽带。

微信传播以点对点的人际传播为主，传播基于个人社交关系，好友基本来源于现实生活实际交往的人群，微信账号绑定QQ号码和手机号码，用户以实名交友为主，使其传播内容具有个人私密性和准实名制的特征。从产品基础功能来看，作为一款应用于个人社交通信场所的产品，微信天然属于强关系产品，主要是熟人间聊天交流的工具，因此用户隐私得到严密的保护。微信着眼于点对点的精准定位，这决定了微信具有限制信息分享的功能，从而导致微信的大众传播能力较弱。

微信可以接收腾讯新闻、公众账号信息广播、腾讯微博和朋友圈推送的信息，但是这些传播方式在传播频率、传播渠道、传播范围上存在一定限制，导致微信对大规模群体交互有先天局限性。微信提供了公共账号的关注功能，有些"大号"的粉丝较多，可以实现简单的广播功能。但是，这些"大号"的传播量同样受到限制，因此，微信公众账号难以实现像微博一样高度互动的大众传播。

微博较之微信，即时化的个人媒体与大众传播机制的特点更为明显。在微博上添加"关注"的行为很容易将人际关系从熟人的圈子扩展到陌生人，因而使得个人社交范围大大拓宽，"粉丝"可高达数十万乃至上千万人。松散的社交关系使微博具备了一对多的大规模群体交流的能力，从而使微博大众化传播成为现实。微博一对多的发布模式，借助转发使影响力呈几何级增长，赢得规模性话语权，并进一步反作用于传统媒体。

微博与微信的具体比较见表5-1。

表 5-1　微博与微信的比较

	微　博	微　信
传播类型	**大众传播** 微博更像个人门户网站，具有大众传播特征。	**以人际传播、群体传播为主** 微信更多是朋友、熟人间的点对点的沟通与信息传播，微信群的信息传播属于群体传播。
传播对象	以不确定的"陌生受众"为主。	传播对象为"熟人圈子"，即熟知的少数受众。具有个人通信、人际传播、群体传播的特征。
传播速度	**即时性与延时性并存** 博主发布消息后，其粉丝可以实时"刷"微博查看消息，也可以延迟阅读信息。 接收者通过主动"刷"微博接收信息，接收信息的时效性更多由接收者掌握。	**即时性更高** 微信是一种即时传播，两人或群体之间发布消息后，对方可以即时收到信息。 接收者通过被推送接收信息，在线传播者的信息同步到达在线接收端。
传播内容	**公共性** 微博上的传播内容多以公共性的话题为主，多涉及政治、经济、国计民生。微博是开放的扩散传播，传播信息有公开性的特点。	**私密性** 微信上的传播内容多以私密性的个人生活为主。微信是私密空间内的闭环交流，传播信息有私密性的特点。 微信近似于一个私人网络，人们是在亲朋好友及认识的人之间分享信息内容。 对于有价值的信息，微信传播者会从强关系到弱关系的顺序传播，越有价值的信息被传播者传播的范围越小。
信息类型	140 个字以内，图片、文字、链接。	不限字数，可以是多媒体传播，图片、文字、链接、语音、视频。
传播效果	**社会效果强，个人效果弱** 微博具有大众媒体的性质，其传播内容经过大范围转发易在社会上形成舆论压力，具有强效果；但微博内容对个人用户的传播效果相对较弱。 由于有转发评论等功能设置，能看到信息的大量回复，其中不乏谣言传播和灌水现象，容易稀释或混淆真正的信息内容。 ID 有买卖价值，存在大量的僵尸粉。 "意见领袖"营销影响力较弱。	**社会效果相对弱，个人效果强** 微信具有私密空间性质，且传播对象都是"认识的人"，增加了参与度和互动性。 微信属于熟人群体间的信息分享，信息传播信度高，个人传播效果强。信息的传播及评论过程中，由于发布信息者是朋友、熟人，参与人数相对较少，大大增强了信息对于用户的可信度。灌水率低，不良信息传播量大幅减少。 ID 不可以买卖。 "意见领袖"营销影响力更强。好友间的"强关系"，使得微信上的"意见领袖"可能就是现实中的"意见领袖"。其观点更有可能影响群体成员，被接受程度更高。

续表

	微博	微信
传播结构	**放射状** 微博的传播结构图是以用户为原点的放射状图。	**圆圈加点线状** 微信的传播结构图是一个一个的圆圈加上点线的综合图，呈现出不规则性。
用户关系	微博用户的粉丝之间多为从未谋面的陌生人，工作生活无交集。	微信用户的好友之间多为亲戚、同学、同事等小群体。
开放度	**高** 能通过转发让很多人看到。微博用户的关系网是公开的，用户的粉丝有多少，用户关注了哪些人都是公开的。	**低** 微信用户的社交关系网是秘密的，好友之间不可查看对方的好友圈。
定位功能（LBS）	不支持查看所在位置。	支持查看所在位置。
产品载体	电脑、智能手机等所有智能终端都能使用。	手机是微信的主要平台。

第四节　中国微信发展的量化研究

我们采用随机抽样的方法对微信 2013 年的发展进行了量化研究。调查范围为中国大陆地区三个具有代表性的城市：北京、武汉、广州。调查时间是 2013 年 12 月 1 日—12 月 31 日。调查对象按性别、年龄、职业进行条件划分。设计样本规模为 1200 人，在北京、武汉、广州三大城市，按调查对象条件各选择 400 人。本次调查共访问有效样本 921 人。

一、微信用户特征

1. 微信用户行为特征

通过微信的用户调查，我们了解到有 90.6% 的用户使用过微信。微信的普及率已经非常高。

74.6% 的用户选择"因为朋友、同学等周围的人都在使用"。微信是一个社交软件，更多的来自圈子推广和口碑宣传。有 25.1% 的用户出于好奇而尝试使用微信，这些创新采用者也是微信的第一批用户。有 76.7% 的用户出于"免费传输语音、文字信息等"，微信免费的功能吸引着用户使用，并通过社交圈子来传播。

微信的使用频率比较高，57.6%的用户每天使用一次，42.3%的用户每天使用多次。对很多用户来说使用微信的频次超过了手机QQ。

从用户每次使用微信的时长看，小于15分钟的占大多数，其中27%的用户使用微信时长小于5分钟，39%的用户使用时长在6~15分钟，只有34%的用户使用时长在15分钟以上。

语音聊天是用户首选的微信功能，96.1%的用户使用微信这一功能；其次是发送图片功能，70.8%的用户使用这一功能。

查看"朋友圈"的照片（41.3%），在朋友圈分享照片（33.7%），接受QQ离线消息（49.2%），查看附件的人（31.2%），摇一摇找朋友（29.9%），这几个功能主要集中点都是社交。此外，查看腾讯新闻占20.5%，订阅公众账号占12.4%。

2. 用户结构

微信的用户结构性别差异并不明显，在年龄上呈现明显的年轻化趋势。根据调查显示，2013年12月，微信用户月度覆盖人数中男性占比50.5%，女性49.5%；而月度总有效使用时间占比男性47.6%，女性为52.4%。年龄结构中使用率最高的为24岁以下，占比33.7%；收入结构中占比最高的是月收入3000~5000元的中产阶层，占比32.0%。从微信的用户结构分布来看，其用户结构的主体属于社会大众消费群体，消费潜力较大，适宜开展普适性的大众营销活动。

用户群体低龄化趋势是微信培养忠诚用户的基础，正如QQ的核心用户群体，都是从触网开始就使用QQ，并逐渐成为其忠实用户。这种基于低龄优势形成的培养型用户群体，不仅仅具有较强的用户忠诚度，而且经年使用积累下来的用户关系使得用户转移成本高昂，在某种程度上成为维系用户群的重要因素。微信用户结构的优势，为微信进军电子商务和微信营销奠定了基础。

3. 用户关系特征：强社交关系

从微信用户关系来看，微信用户是基于手机通讯录或QQ通讯录建立起来的强社会关系，上述的量化研究表明，微信用户添加好友的方式有81.6%来自于QQ好友，62.4%来自手机通讯录。QQ经过多年沉淀，其用户关系也基本上以熟人为主。手机通讯录更是用户的现实核心社交关系的反映。实名制一直是社交网站可望而不可即的，微信却轻而易举地实现了。

用户之间的强社会关系和基于实名制基础的熟人圈子成为用户转移的牵制因素，并且对微信使用的后知后觉者产生一种潜在的强制作用。尤其是当微信普及之后，周围人群的社交都建立在微信平台之上，未使用者就会产生一种技术孤立情绪。同时，当周围的人都使用微信，手机短信渐渐退出历史舞台，未使用者的社交便利性就会受到限制。因此，微信用户发展至6个亿的时候，其用户规模本身就是一种锁住用户的优势资本。这种规模资本和用户的关系特征都非常有利于微信开展口碑营销和电子商务。

二、微信与微博的信任度比较

相较于微博的"广播"式大众传播模式,微信的传播属于群体传播,其传播范围通常限于亲朋好友。由于微信的传播对象多为手机通讯录中的熟人、朋友、亲属,微博侧重大众传播,传播对象通常是不确定的陌生的多数人,所以微信信息可信度高于微博。

通过2013年12月我们对北京、武汉、广州三地的微信量化研究,得到以下结果:微信的可信度最高,其次为微博。微信、微博、网络新闻信息、报纸、广播、电视新闻的信任度分别为:63.4%、38.6%、21.7%、19.6%、14.6%、33.9%。

思考题

1. 试析微信的传播优势。
2. 请比较微信与微博的异同。
3. 请比较微信与QQ的异同。
4. 请比较微信与易信的异同。

第六章

手机媒体

第一节　手机媒体的诞生与发展

2013年7月17日，中国互联网络信息中心在京发布的第32次《中国互联网络发展状况统计报告》显示，截至2013年6月底，我国网民规模达到5.91亿，互联网普及率为44.1%。在近年的互联网发展中，手机作为上网终端的表现抢眼，不仅成为新增网民的第一来源，在即时通信、电子商务等网络应用中均有良好表现。

在新增加的网民中，使用手机上网的比例高达70.0%，高于使用其他设备上网的网民比例。我国手机网民规模达4.64亿，较2012年底增加4379万人，网民中使用手机上网的人群占比提升至78.5%。3G的普及、无线网络的发展和手机应用的创新促成了我国手机网民数量的快速提升。

我国即时通信网民规模达4.97亿，是各应用中增长规模最大的应用，使用率为84.2%；手机即时通信网民规模为3.97亿，使用率为85.7%，增长率和使用率均超过即时通信整体水平。

手机成为各类应用规模增长的重要突破点，其中手机在线支付网民规模增幅较大。我国使用网上支付的网民规模达到2.44亿。

我国手机已经超过台式电脑成为第一大上网终端。我国手机应用商店超过100家，手机应用开发者超过100万人。我国有手机报3 000多种，新闻客户端安装量超过3亿。

2014年7月，中国互联网络信息中心在京发布的第34次《中国互联网络发展状况统计报告显示》，截至2014年6月，中国网民规模达6.32亿。其中手机网民规模5.27亿，互联网普及率达到46.9%。网民上网设备中，手机使用率达83.4%，首次超越传统的PC整体80.9%的使用率，手机作为第一大上网终端的地位更加巩固。

根据我国工信部网站公布的统计数据，截至 2014 年 6 月，中国大陆手机用户达到了 12.6 亿。

根据英国广播公司（BBC）的报道，目前全球 71 亿人口中有 68 亿手机用户，而到了 2014 年底，世界上移动通信设备用户总数将超过世界总人口数。

一、手机的发展

手机，原本只是一种人们在移动中进行人际传播的通信工具，又称为行动电话、移动电话。在美国英语中，拼写为 Cell Phone，在英国英语中则表述为 Mobile Phone，在新加坡等国英语中被称为 Hand Phone。目前手机已经经历了三代的发展，进入了 3G 时代。

在手机诞生及发展初期，即第一代手机（1G）时代，手机只是能移动的电话，没有新闻内容的传播。

1973 年 4 月的一天，一名男子站在纽约街头，用一个约有两块砖头大的无线电话打了一通电话，引得过路人纷纷驻足侧目。这个人就是手机的发明者马丁·库帕（Martin Cooper）。从 1973 年手机注册专利，一直到 1985 年，才诞生第一台现代意义上的、真正可以移动的电话，但是其重达 3 公斤，使用很不方便，使用者要像背书包那样背着它行走（见图 6-1）。不过从那以后，手机的发展越来越迅速。到了 1999 年，手机的质量降低为 60 克，与一个鸡蛋相差无几。

图 6-1　最早的手机及其发明人马丁·库帕

除了质量和体积越来越小外，手机功能越来越多。1995 年问世的第一代模拟制式手机（1G）只能进行语音通话。而 2G 的手机除了最基本的通话功能，还可以用来收发邮件和短消息，可以上网、玩游戏、拍照等。2G 手机虽然在硬件技术上存在屏幕小、电池持续时间短、低速上网等瓶颈，但是建立在 2.5G 技术基础上的各种增值业务，尤其是手机新闻业务、手机报、手机电视、移动商务、移动搜索、手机广告等被广泛使用。在 2G 时代，手机媒体基本成型。

3G 即第三代移动通信系统（Third Generation）。国际电信联盟规定：第三代移动通信系统要能兼容第二代移动通信系统，同时要提高系统容量，提供对多媒体服务的支持以及高速数据传输服务。其数据传输速率在高速移动环境中支持 144 kbps，在步行慢速移动环境中支持 384 kbps，静止状态下支持 2 Mbps。与前两代系统相比，第三代移动通信系统的主要特征是可提供丰富多彩的移动多媒体业务。

目前国际电信联盟接受的 3G 标准主要有三种：WCDMA、CDMA2000 与 TD-SCDMA。WCDMA 全称为 Wideband CDMA（宽带分码多工存取），它是基于 GSM 网发展出来的 3G 技术规范，是欧洲提出的宽带 CDMA 技术。CDMA2000 是由 IS-95 技术发展而来的宽带 CDMA 技术，由美国主推。TD-SCDMA 全称为 Time Division-Synchronous CDMA（时分同步码分多址接入），是由中国提出的 3G 标准。

2009 年 1 月 7 日，我国工业和信息化部为中国移动、中国电信和中国联通发放三张第三代移动通信（3G）牌照。中国正式步入 3G 时代，给新闻媒体行业的发展带来革命性的影响。

2013 年 12 月 4 日，工业和信息化部向中国移动、中国电信、中国联通三大运营商正式发放了第四代移动通信业务牌照（即 4G 牌照），均获得 TD-LTE 牌照，此举标志着中国电信产业正式进入了 4G 时代。

第四代移动电话行动通信标准（4G）包括 TD-LTE 和 FDD-LTE 两种制式。4G 集 3G 与 WLAN 于一体，能够快速传输数据、音频、视频和图像等。4G 能够以 100 Mbps 以上的速度下载，比目前的家用宽带 ADSL（4 兆）快 20 倍，能够满足几乎所有用户对于无线服务的要求。4G 可以在 DSL 和有线电视调制解调器没有覆盖的地方部署，然后再扩展到整个地区。

4G 技术支持 100 Mbps～150 Mbps 的下行网络带宽，意味着用户可以体验到最大 12.5 MB/s～18.75 MB/s 的下行速度。这是当前中国移动 3G（TD-SCDMA）2.8Mbps 的 35 倍，中国联通 3G（WCDMA）7.2 Mbps 的 14 倍。

回顾手机的发展，我们可以发现，手机技术演进的规律是：外观越来越轻小、功能越来越多、价格越来越便宜。目前，手机已经不是"移动电话"，而是具有通信功能的迷你型电脑，而且手机 CPU 正进入"多核"时代。

智能手机是当今手机发展的主流。智能手机的本质特征是，在硬件上具有 CPU，在软件上具有操作系统。

手机 CPU，如同电脑 CPU 一样，它是整台手机的控制中枢系统，也是逻辑部分的控制中心。微处理器通过运行存储器内的软件及调用存储器内的数据库，达到对手机整体监控的目的。

手机处理器的发展与个人电脑（PC）行业的进步非常相似，都是从单核心向多核心发展。但是，双核智能手机时代的到来比人们预期的更快。

应用在智能手机上的操作系统主要有安卓（Android）、苹果 iOS、Windows Phone、塞班（Symbian）和黑莓（BlackBerry）。目前，苹果 iOS 系统在技术上可谓独占鳌头；安卓后来居上，发展最快，市场占有率最高。相比之下，黑莓在走下坡路，而塞班则已退出历史舞台。

目前具有电脑功能的智能手机正在成为移动通信的主流。2013 年，全世界手机上网用户数量达 20 亿，超过使用电脑上网的用户数量，智能手机和其他能上网的手机数量达到 18.2 亿部。

根据 eMarketer 发布的全球智能手机用户研究数据显示，到 2014 年底，世界上 17.6 亿用户拥有或使用智能手机，即世界总人口的四分之一会使用智能手机；到 2017 年，超过世界总人口的三分之一会成为智能手机用户。2013 年全球智能手机用户数量最多的前 10 个国家依次为中国、美国、日本、巴西、印度、英国、韩国、印度尼西亚、法国、德国。

二、手机的媒体化

1981 年，全球首个移动通信网络 Nordic Mobile Telephony（北欧移动通信，以下简称"NMT"）相继在沙特阿拉伯、瑞典和挪威开通。1987 年，广州出现中国首位手机用户——现任广东中海集团董事长徐峰。

从发明电话至 2001 年，固定电话花了 125 年的时间用户才突破 10 亿人，而移动电话只花了 21 年就在 2002 年底达到了同一水平。全球移动用户从 10 亿人到 20 亿人只用了 3 年时间。互联网和移动网络通信已经成为 55 岁以下人群娱乐休闲的首选媒体，超越了电视、广播、报纸、杂志和电影院。

目前，手机正在实现由人际沟通工具向大众媒体的跨越。跨越的标志之一是日本 I-MODE 手机及其相关信息服务的发展，另一个标志是中国等国家正在尝试通过手机短信进行新闻传播与出版活动。但是手机要真正完成由人际沟通工具向大众传播媒体的跨越，还依赖于 3G 技术的普及，以及建立在 3G 技术基础上的手机报纸、手机电视、手机广告的发展。

手机正在从人际传播向大众传播发展。手机媒体作为新媒体的延伸，不仅具有新媒体的各种优势，而且携带方便，能随时随地使用。手机作为媒体打破了地域、时间和电脑终端设备的限制，可以随时随地传送文字、图片、声音等各类信息，实现了用户接收与信息传播的同步。在中国，许多人误以为手机短信

(SMS)就是手机媒体,并称手机短信为"第五媒体"。其实,手机短信只是手机媒体在现阶段的一种重要存在形式,但不是手机媒体的主流。

手机媒体的魅力在于它高度的便携性、互动性,以及带来的增值服务。一方面,手机媒体能够给受众提供新闻信息,用户可以按需获取信息;另一方面,手机媒体具有较强的互动性。从未来发展看,手机媒体的发展趋势一是大众化,即由少数社会精英的"专利"发展为大众化的媒体;二是手机媒体3G化、多媒体化、娱乐化。

三、3G时代手机媒体走向成熟

3G手机的特点是高速度、多媒体、个性化。它的传输速度很快,不仅能通话,还可以高速浏览网页、参加电视会议、观赏图片和电影以及即时炒股等等。3G手机具有新媒体的许多特征,已成为人们随身携带的互动式大众媒体,成为网络的延伸。

低端智能机也将成为国内3G渗透率加速上升的重要推手。随着3G技术普及进程的加快,3G手机终端产品日益丰富而价格不断走低,推动2G用户向3G阵营迁移,对3G用户的爆发式增长起到了决定性作用。而且售价千元左右的智能终端短期内可以帮助运营商占领市场,增加用户黏度,因此,发展千元3G智能手机将是中国移动、中国联通、中国电信三大运营商在未来一段时间内最主要也是最迫切的任务,这是完成3G扩大用户的必经之路,也将是开启3G时代最好的催化剂。

四、4G时代正在来临

所谓4G是第四代移动通信及其技术的简称,它集3G与WLAN(无线局域网)于一体并能够传输高质量视频图像,图像传输质量与高清晰度电视不相上下。4G系统能够以100 Mbps的速度下载,比拨号上网快2000倍,上传的速度也能达到20 Mbps,能够满足几乎所有用户对于无线服务的要求。

TD-LTE是我国自主创新的第三代移动通信标准(TD-SCDMA)的升级技术,2012年初被国际电信联盟确定为第四代移动通信(4G)的国际标准。TD-LTE即Time Division Long Term Evolution(分时长期演进),是由阿尔卡特-朗讯、诺基亚西门子通信、大唐电信、华为技术、中兴通讯、中国移动等企业共同开发的第四代(4G)移动通信技术与标准。

一些发达国家已经在为4G发展布局。如:2012年6月,跨国性的移动电话营办商沃达丰和西班牙电信整合网络基础设施,为今后在英国推广4G服务做准备。两家公司虽然共同运营网络,但仍会独立运营频谱及基础设施以外的服务。

2009年,全球首个4G商用网络在瑞典启动。根据全球移动通信系统协会

(GSMA)在2014年8月末发布的全球4G LTE网络发展现状来看,截至2013年底,全球已经有79个国家部署了206张商用LTE网络,另有10个国家/地区的运营商宣布建设52张LTE试验网,全球4G用户已经超过了1亿。

五、手机不是移动电话,而是具有通信功能的迷你型电脑

媒体又称媒介、媒质,是承载信息的载体。按照《现代汉语词典》的解释,媒体是"指交流传播信息的工具,如报刊、广播、电视、互联网等"。[①]

如前所述,手机媒体的社会影响日益深远。我们认为,所谓手机媒体是指借助手机进行信息传播的工具。随着通信技术(例如3G)、计算机技术的发展与普及,手机就是具有通信功能的迷你型电脑,手机媒体是网络媒体的延伸。手机媒体必将成为信息海量的网络媒体新的组成部分,否则它将面临信息贫乏的难题。

目前的新媒体只包括互联网和手机媒体,因为只有这两者才具有真正的互动性。互联网是计算机技术发展的产物,互联网信息传播的基础是计算机;而当今的手机已经不仅仅是移动电话,智能手机具有CPU、存储卡、操作系统等计算机本质组件。

我们认为,新媒体是借助计算机传播信息的载体。手机是具有通信功能的迷你型电脑,手机媒体是借助手机进行信息传播的工具。手机媒体并非独立的媒体形态,即并非第五媒体,而是网络媒体的延伸。

手机传播将人际传播、群体传播和大众传播融为一体,它是一种全新的传播类型。从传播的角度看,作为新媒体的手机媒体拥有其独特的优势:高度的便携性,跨越地域和电脑终端的限制,拥有声音和振动的提示,几乎做到了与新闻事件同步;接受方式由静态向动态演变,受众的自主地位得到提高,可以自主选择和发布信息,信息的及时互动或暂时延宕得以自主实现,使得人际传播与大众传播完满结合。

第二节 3G时代发达国家手机媒体的发展

一、日本:全球手机媒体发展的教科书

1. I-MODE为日本手机媒体发展奠定基础

(1) I-MODE曾使日本手机媒体在21世纪初领先全球

日本I-MODE诞生于1999年2月22日,是世界最成功的无线互联网服务之

[①] 《现代汉语词典》(第6版),商务印书馆2012年版,第882页。

一,其发展令世人瞩目。I-MODE 中 "I" 的含义是 Interactive（互动的）、Internet（互联网）和 I（我,代表个性）。

　　日本移动通信运营公司 NTT DoCoMo 的这套 I-MODE 体系在今天看来和苹果的 iOS＋iPhone＋App Store 模式高度一致,即由产业链的主导者——运营商负责运营网络,销售其定制的手机终端,内容平台分发、收费。2000 年左右,这套体系在世界上显得极为超前。

　　在 21 世纪初的很长一段时间里,日本的移动互联网产业遥遥领先于其他国家。I-MODE 用户可以随时连接互联网进行浏览,与一般 PC 机拨号上网不同,I-MODE 更像专线上网,只要开机就一直保持在线上,这种随时随地传送信息的方式深受用户喜爱。一般的 I-MODE 手机售价在 3 万日元左右（约 2100 元人民币）,在线浏览是以数据流量收费,每 128 字节 0.3 日元。I-MODE 手机一经推出,迅速风靡日本,从 1999 年 2 月推出到目前为止,I-MODE 的用户已经迅速增加到 2300 多万。I-MODE 改变了日本互联网发展的历史,甚至改变了美国创造的 PC 称霸互联网的经典模式。使用 I-MODE 的用户半数以上是为了阅读新闻和娱乐类信息。

　　I-MODE 的成功首先是技术选择的成功。由于日本的 NTT DoCoMo 公司在 1999 年才开始提供 I-MODE 移动互联网服务,因此在技术上放弃了 GSM（全球移动通信系统）和 PHS（Personal Handyphone System,低功率移动电话）中使用的 CSD（Circuit Switched Data,电路交换数据）技术,选择了包交换技术。这一举措使 I-MODE 拥有了当时国际上最先进的互联网接入技术,使得 I-MODE 的传输速率可以比 WAP 更高,并且网络使用费非常低廉。

　　NTT DoCoMo 公司创造的良性循环的经营模式则是这一技术获得市场认同的一大关键。在技术与市场的共同推动下,日本的信息内容网站已经从最初的 67 家发展到约 1000 个官方站点和 1.87 万个非官方站点。显然,丰富的网上内容极大地促进了无线互联在日本开花结果。

　　NTT DoCoMo 公司的 I-MODE 内容收费服务模式使用户和 ICP（网络内容服务商）进入网络的门槛都很低,促使整个生态链步入良性循环。首先,I-MODE 提供的互联网服务是收费的,但用户完全可以承受;其次,I-MODE 将收取的服务费与提供内容服务的 ICP 进行利润分成,促进了信息源的发展。

　　得益于 I-MODE 良好的利润分成模式,信息内容网站迅速增加。这些站点有些是免费的,有些每月要收取 100 日元～300 日元的费用。官方的 I-MODE 站点一般分为 9 类：新闻信息类、移动银行类、金融股票保险类、旅行类、生活类、美食类、娱乐类、城镇信息类和词典工具类。

　　NTT DoCoMo 公司的收入主要来自电话服务费、数据包传关费和电子商务支付佣金。该公司已与百余家银行合作，用户可以利用移动电话转账和买卖股票。I-MODE 已经成为一个重要的移动商务中心。

同时，I-MODE 的成功来源于其品牌与服务，它能提供最好的通信、娱乐、广告等服务。然而，I-MODE 的致命弱点是，它基于日本的移动通信系统而不是建立在开放性的标准上，这是属于日本地区性的无线系统，与 GSM 等不相融合。因此，I-MODE 不能运用在欧洲、亚洲等世界上绝大多数用户使用的 GSM 网络上，这就限制了 I-MODE 在全球的推广。

日本国民生产总值很高，人们的消费水平也相当高。同时人口密度高、地铁系统高度发达，大部分上班族基本上是在移动中生活，因此移动互联消费有着广泛的群众基础。此外，日本文字输入困难，因为不习惯用键盘，日本在个人电脑和互联网普及上不敌美国，但在个人电子设备方面则恰恰相反。I-MODE 手机简单的使用方式，无须拨号、永远在线的特性，使消费者越来越习惯用手机随时随地浏览 Web 页面、收发电子邮件、查看股市行情、收看电视节目预告等。

I-MODE 的手机非常轻巧方便，显示屏比一般的移动电话要大，有些能显示 256 色。绝大多数的 I-MODE 手机能够显示活动画面，还可以播放音乐。I-MODE 操作简便，基本操作可以通过 4 个键来完成：游标前移、游标后移、选择和退回。只须按一下手机上的"i"键，10 秒钟内就可以连上一个互联网主页。用户还可以通过 I-MODE 定制个性化主页，打开手机就可以进入自己定制的服务内容中。

（2）I-MODE 催生了日本的手机媒体

I-MODE 激发了日本手机媒体的崛起，不仅各种网站与之联盟，还促使传统媒体与之结合。在日本报纸发行量饱和并走下坡路之时，《朝日新闻》《日本经济新闻》等报社纷纷通过手机媒体传送新闻。日本手机用户可以菜单式地选择网络信息服务。例如，有的用户每天通过手机阅读《日本经济新闻》《朝日新闻》等报纸的网络版全文，每月增交数百日元的手机费，这些费用由 NTT DoCoMo 公司与各报社按 9%：91% 比例分成。

日本是世界上报纸消费量最大的国家之一，几乎每人每天都要看一份报纸，同时日本又是世界上手机拥有率和使用率最高的国家之一，手机是许多日本人生活中必不可少的工具。日本发行量最大、也是世界发行量最大的报纸《读卖新闻》（*YomiuriShimbun*）正是看中了这一点，开展了广泛的移动发行业务。

在 I-MODE 刚推出时，《读卖新闻》就与 NTT 展开了合作。《读卖新闻》为 I-MODE 的订户提供新闻简讯、体育头条、职业棒球大联盟和 J 联赛的战况及娱乐明星的最新动向等内容服务。

在日本职业棒球大联盟的赛季当中,《读卖新闻》与其合作者在三个移动通信商(NTT、J-phone、AU)的服务网络订户最多的时候曾经达到28万个,这些订户每月要向《读卖新闻》缴纳200日元(约人民币14元)的接入费,其中9%是给移动通信商的分账。许多订户订阅不只一种服务,加上基本的通信与通话费用,每个手机用户每月平均花费为10000日元(约人民币700元)。

2002年开始,《读卖新闻》还和出版印刷株式会社合作推出了"读卖PDA"业务,向无线局域网的PDA用户提供24小时的新闻服务,这项业务的收费为每月600日元。另外《读卖新闻》还和《朝日新闻》《每日新闻》一起与奥林巴斯公司合作推出"M-Studio",向手机用户传送各大报纸新闻的语音版。

《读卖新闻》在对新闻二次利用,开发移动发行业务方面取得了巨大成功,公司负责移动业务方面的人员只有5~6名,但每年所创造的利润达1亿日元(约人民币7百万元)。

I-MODE的优势在于用户无论何时何地都可以随身携带、使用频率高,是高便利性的媒体;当场可以上网确认与收发E-mail;手机广告回应率高,是高效的媒体。手机的高度普及使其成为互动型的大众媒体,也是实时的个人信息交流媒体;可以吸引非PC用户的网民;对于出门在外的用户,还可将他们吸引至各商家,起到沟通与促销的作用。

I-MODE不仅可以用于信息内容服务(如提供新闻、音乐、游戏),使用户获得最新、最有价值的信息;还可以用于市场调查与顾客管理,商品促销、广告宣传,并且具有与其他媒体联动的优势。

日本手机是单向收费的,用户无须为手机广告增加经济负担。手机广告形式多样,如通过手机送虚拟优惠券、有奖应征等。手机广告可以分为旗帜型(图片型)广告、邮件型广告、网站型广告等。I-MODE广告的具体做法是:在适当的时机发送手机电子邮件,吸引顾客;通过网络游戏吸引用户;在网络游戏中打出企业Logo,等等。

中国的移动广告刚刚起步,日本的移动广告已经高度发达了。在2012年之前,日本一直是全世界第一大移动广告市场。

在功能手机时代,日本的移动广告曾经创下各种天价,一度蓬勃发展,目前,日本的移动广告正在向智能手机转型。

(3) I-MODE的局限性

I-MODE还有不少值得改进之处,例如,文本信息过于乏味,需要增强内容的趣味性;I-MODE手机需要改进性能,电池支持的时间要更长,以适应人们长时间的上网与游戏;I-MODE还需要提高速度并扩大使用范围。

日本的I-MODE只能算是2.5G手机。NTT DoCoMo、KDDI这两大运营商由于在功能手机时代过于成功，导致在转向智能手机时步伐缓慢。KDDI 甚至到了 2011 年才开始大规模推广智能手机，致使日本智能手机的普及速度远远落后于欧美和韩国等国。

2. 3G 时代日本的手机媒体

（1）全球最早的 3G 市场

2001 年，日本最大的电信运营商 NTT DoCoMo 开始正式运营全球第一个 3G 网络。当时，苹果还在生产 iPod 音乐播放器，谷歌刚刚拿到融资，中国大部分地区连手机都还没有普及。

如今日本的 3G 服务已经完全融入到日常生活当中，普通用户衣食住行全部跟 3G 发生关联。日本已经成为全球最成熟的 3G 市场，用户使用手机就能完成信用卡、银行卡、钥匙、门卡、电视、GPS 等物件的全部功能。而且日本 3G 服务不仅仅是技术的简单堆砌，经过多年的优化已经高度本土化，非常适合终端用户使用，手机已经成为日本最全能、最方便的生活用品。

日本 3G 基站网速可达 14.4 Mbps 或 20 Mbps。谷歌的 Android 目前是日本最大的智能手机平台，但苹果的 iPhone 仍然稳居日本最流行智能手机排行榜首位。

日本手机导航最大的特点就是功能多，包括 5 天以内的天气预报、实时交通信息等，还能根据用户反馈对购物地点、饭店进行评级，方便用户选择消费地点。

日本是手机电视的发明国。手机电视服务最吸引人的地方就是全免费，用户通过手机接收到的电视节目都是不收取任何费用的。用户一般可以欣赏 11~15 个电视节目，电视信号覆盖和手机信号一样好。虽然是免费的服务，不过因为用户庞大，90% 以上的手机支持手机电视功能，因此，日本的手机厂商很愿意提供更强大的电视功能。

在日常生活中，手机电视用户如果没时间观看电视节目，可以设定时间、频道进行节目录制，还可以从同品牌电视上录制节目拷贝到手机上观看，非常方便。

日本的手机电视完全是依靠广告生存的，除了在电视节目中插播广告之外，在非全屏状态下，还可以插播文字广告。

日本手机电视制式同样是全封闭的，不同于欧美、韩国采用的 DVB 和 DHB，也完全不同于中国的 CMMB，日本的手机电视依靠 1-seg 标准，它是独立于 3G 网络之外的，因此不会产生任何流量费用

1-seg，即为 One Segment，全称为"面向移动电话和移动终端的单频段部分收信服务"。1-seg 是基于 ISDB-T（Integrated Services Digital Broadcasting-Terrestrial）

业务的信息服务，2006 年 4 月 1 日 11 时（日本时间）开始于东京都、名古屋市、大阪市等 29 个都府县放送。1-seg 服务推出之后，日本三大运营商 NTT、KDDI 和软银没有一家再自立标准或设定独特终端，而是立即跟进，提供手机电视服务。

（2）3G 时代日本手机媒体发展的瓶颈

日本手机的 3G 服务虽然成熟，但无法走出日本。原因在于：

第一，起步过早，3G 服务完全日本本土化。

2001 年，当全球还停留在黑白手机时代的时候，日本最大的运营商 NTT DoCoMo 就开始启动建设全球首个 WCDMA 商用网络，日本 3G 正式开始。日本的 3G 建立之初，没有任何经验可以借鉴，运营商在实际运营过程中理所当然把日本用户的意愿排到了首位，因此目前日本运营商提供的 3G 服务全部是高度本土化的。而且日本手机市场是运营商绝对主导，日本用户需要什么，运营商就会定制什么，最后的结果就是其他国家生产的手机会因为本土化不够很难进入日本市场。

第二，标准制定过于小众。

1997 年，当其他国家的手机只能用于打电话的时候，NTT DoCoMo 公司已悄悄展开手机业界最浩大的工程——将手机改造成一部可以随时上网、数据储存以及付钱管账的随身工具，并且获得了巨大的成功，这就是 I-MODE。虽然 I-MODE 更简单、更方便、更便宜、速度更快，但并不会因此就能成为全球通行的标准。因为 I-MODE 是专利性的、封闭的，无法在其他网络平台上工作，而我们现在熟知的手机上网方式 WAP 在设计之初就能够在任何网络平台上工作，是完全开放的。目前，I-MODE 在日本有几千万用户，但 WAP 得到了全球 500 多家运营商的支持，仅仅在中国就有超过 1.1 亿的 WAP 用户。此外，I-MODE 在日本也只是主流而不是唯一，日本 NTT DoCoMo 之外的运营商还有其他的封闭独立上网标准。

第三，缺乏统一的 OS 平台，导致智能手机市场丧失。

日本运营商之间是各自为政，手机厂商之间同样是各自为政。虽然日本手机更新换代的频率非常快，不过至今没有一个统一的手机操作系统。

目前的情况是日本手机离开日本之后，就成了硬件的堆砌，内置过于强大的 3G 服务离开日本运营商拿到其他国家就变得毫无用处。在全球的智能手机市场中，日本的企业不仅落后于苹果，而且落后于三星等后起之秀。

第四，日本 3G 服务赢在细节，输在整体。

日本 3G 服务的细节绝对让人折服，在日本使用手机会感觉运营商为用户考虑得非常周到，但缺少整体大局的观念。日本的手机厂商把手机屏幕和摄像头发挥到了极致，日本还是全球随身音乐设备的发源地，但是真正把音乐手机发扬光大的是索尼爱立信、诺基亚、苹果等手机厂商。日本是全球动漫游戏行业最强的国度，但是至今未诞生一部真正意义的游戏手机。日本 3G 手机可以在细节上做到极致，但是缺乏整体的创造性。

3. iPhone 入侵后的日本手机媒体

2008 年，软银创始人孙正义正式将苹果的 iPhone 引入日本，这个拥有大屏幕、触摸屏的革命性智能手机曾经在日本显得很另类，没有人看好。在此之前，很少有日本人使用外国牌子的手机，诺基亚、三星、摩托罗拉在日本市场都以惨败收场。诺基亚甚至关掉了在日本的分公司。

当时，日本人都在使用本国品牌的大翻盖手机——这种手机由 NTT DoCoMo 和 KDDI 等运营商定制，可以上网、发邮件、玩游戏、听音乐、交友、看电视、刷卡进地铁站……这些手机通常都有一个按键，可以一键进入运营商的主页，里面有各种移动互联网服务。当时，世界上没有哪个国家的手机像日本手机那样功能丰富。

在 iPhone 诞生前，日本拥有着全世界运营最良好的移动互联网体系。但是，运营商长期以来的封闭使得夏普、NEC 等日本本土手机厂商的竞争力被弱化。在日本，最优秀的手机设计人才往往集中在运营商，手机厂商在某种程度上沦为运营商的代工部门。

日本的手机设计过于复杂，运营商要求加入许多他们想要的功能，例如 NFC（近距离无线通信）、手机电视，手机里面内置了许多运营商定制的软件。日本运营商对手机品质要求很高，非常注重产品质量，追求把产品做到极致，却往往忽略了到底有多少消费者需要这种产品。而且由于产量少，手机价格居高不下。

起初，iPhone 在日本销售并不好，因为日本人还不习惯接受这种全新的手机，而且 iPhone 的价格要高于其他手机，每个月还要在套餐中花很多钱。此外，iPhone 中并没有加入日本手机中常见的手机钱包、手机电视功能，也让日本人不习惯。在推出半年之后，iPhone 在日本的销售基本陷入停滞。

后来，软银调整了 iPhone 的销售策略，例如大幅降价、加强营销宣传，在门店加强对 iPhone 使用的指导等。此外，软银在日本布设了大量 WiFi 热点，在日本运营商中是布点最多的。软银为很多商家如麦当劳和便利店免费布点，在麦当劳门口贴上软银 WiFi 免费使用的标识，吸引了大量消费者。

受到软银的冲击，日本第一大运营商 NTT DoCoMo 和第二大运营商 KDDI 的业绩一度受到很大影响，其新增用户的市场份额被软银抢走许多。

iPhone 在日本的热销对日本手机厂商的打击是致命性的——他们最后一块

赖以生存的市场，也有了强大的外来入侵者。

以 NEC 为例，这家公司曾是全球最大的 IT 和电信公司之一，经历了两年的亏损和市值十年下滑 90％以上后，NEC 正在出售旗下手机销售部门，并裁减 1 万个与移动相关的工作岗位。分析师指出，NEC 再也无力与苹果和三星展开竞争。

在功能手机时代，日本曾经诞生了一大批如 Index、CAmobile、CIBIRD、Klab 这样的 SP 公司（电信增值业务服务商），在智能手机大潮来袭后，大部分公司的日子开始变得艰难。

这些 SP 公司过去依附于运营商并有着很稳定的收入，现在许多日本 SP 公司开始巨亏，另有更多公司开始转型开发智能手机游戏，例如日本最大的移动广告公司 D2C，现在已开始大规模开发游戏。

日本运营商的市场格局也发生了巨大变化，软银依靠 iPhone 的热销，市场占有率大幅提升，而 NTT DoCoMo 和 KDDI 则开始转型。智能手机的普及让运营商面临着"管道化"的威胁。日本的运营商目前对销售智能手机有非常高的热情，作为移动通信的成熟市场，日本的语音市场早已饱和，运营商相信智能手机能有效拉动用户使用移动流量，从而拉动运营商的收入。

2006 年，当孙正义领导下的软银宣布斥巨资并购沃达丰日本公司的时候，一股唱衰的声音席卷日本。当时，沃达丰日本公司是日本位居 NTT DoCoMo 和 KDDI 之后的第三大运营商，但这艘被喻为"快要沉没的船只"，其产品并不符合日本市场的口味。沃达丰日本网络质量很差，品牌形象糟糕，且内部管理问题很多，员工士气低落。资本市场很不看好软银的收购，投资者们疯狂地卖出软银的股票，导致软银股价暴跌 60％。

但是，事实证明，由沃达丰日本改名而来的软银移动，一举成为日本市场上盈利状况最好的运营商，其用户数由原来的 1500 万增至 3000 多万，足足翻了一倍，在日本这样饱和的通信市场，委实不易。软银移动在日本市场的漂亮表现，甚至彻底改变了日本长期以来引以为傲的封闭式移动互联网体系。

由于 iPhone 是高端品牌，引入 iPhone 之后，原本品牌形象较差的软银一下子变成高端品牌的代名词。2012 年下半年，iPhone5 正式在日本开始销售。根据 IDC 市场研究公司的统计，2012 年全年 iPhone 在日本手机市场上的份额达到了 23.3％，第一次夺得冠军；之后分别是富士通 18.0％、夏普 14.0％、索尼 8.4％、京瓷 8.0％。如果只算智能手机，iPhone 的份额则高达 33.1％，是第二名富士通 16.5％的整整两倍，优势极为明显。位列三到五位的分别是夏普 12.2％、索尼 11.8％、三星 9.3％。

2012 年 10 月份，软银宣布斥资 200 亿美元收购美国第三大运营商 Sprint，这是日本公司有史以来规模最大的海外收购案。

显然，软银移动及 iPhone 横扫日本，苹果的 App Store 模式极大地颠覆了日本运营商把持的移动互联网生态圈。

KDDI 是日本继软银之后第二家引入 iPhone 的移动运营商。KDDI 的创始人稻盛和夫多年来把他那带有东方哲学色彩的管理方式注入到 KDDI 的管理中，带来了 KDDI 今天的兴盛。

日本最大运营商 NTT DoCoMo 也一直没有放弃在日本引入 iPhone 的努力，但由于苹果公司条件苛刻，成功引进 iPhone 的难度非常大。苹果公司开出的 DoCoMo 销售 iPhone 的条件是，要求 DoCoMo 开放 NTT 研究所的所有专利。NTT 研究所是日本最大的研究机构，研究所如何使用所拥有的技术，甚至可以影响整个国家的竞争力。所以即使 iPhone 在全球市场受到如此大的关注，也不可能换取到 NTT 公开所有专利。

没有销售 iPhone，并不代表 NTT DoCoMo 准备坐以待毙。事实上，NTT DoCoMo 正在由一家单纯的运营商向一家综合型公司转型，即去电信化。运营商不再是单纯的运营商，要向电信周边的产业扩展。虽然电信运营商的"管道化"已经不可避免，但人们的手机使用率越来越高，所以针对手机的各种业务，运营商还有很多机会。

从 2010 年开始，NTT DoCoMo 就提出要向金融及结算业务、多媒体业务、商业服务、医疗与健康服务、物联网、集成与平台化业务、环保服务、安全安保服务这八大领域扩张。

NTT DoCoMo 在 2010 年 12 月正式推出品牌为"Xi"的 4G-LTE 服务，并在一年内就突破了 100 万用户大关。LTE 技术是 3G 向 4G 演进的主流技术，该公司运营的 LTE 产品包括 32 款智能手机、6 款 Windows 8 平板设备等。

目前日本移动互联网整体依旧领先于世界其他国家，其多年来的经验和教训，成为世界移动互联网发展的借鉴；日本手机媒体的发展历程，也成为各国发展手机媒体的教科书。

4. 日本是目前全球部署 4G 最快的国家之一

日本最大运营商 NTT DoCoMo 在 2010 年 12 月正式推出品牌为"Xi"的 4G-LTE 服务，并在一年内就突破了 100 万用户大关。该公司运营的 LTE 产品还包括 32 款智能手机、6 款 Windows8 平板设备等。KDDI 和软银也加速了 3G 向 4G 的升级过程。软银于 2012 年 2 月，在东京、名古屋、大阪等城市正式推出 TD-LTE 商用业务。

软银是发达国家为数不多的采用了中国推出的 TD-LTE 标准的运营商，软银的 4G 建网基本被中国两大设备商华为和中兴包揽，一期项目由华为、中兴两家平分，各 1000 个基站，主要用于福冈、北海道、札幌等城市 TD-LTE 网络的建设。目前，软银已完成网络一期的建设，并开始启动二期网络建设。

和 NTT DoCoMo 的策略不同，软银在发展 4G 时强调成本优势，软银之所以采用中国的 TD-LTE 标准，某种程度上就是看准中国移动这个全球最大运营商准备采用 TD-LTE 标准，因此软银可以在设备采购时节省不少成本。

2012 年 10 月软银斥资 200 亿美元收购美国第三大运营商 Sprint，在某种程度上也是为了节省设备采购成本——因为软银在美国和日本两大市场同时部署 4G，设备采购上可以获得规模效益。

对比日本几大运营商的 4G 套餐和 3G 套餐，价格相差无几，因此许多日本用户在换新手机的时候都愿意加入 4G 套餐，日本正成为全球 4G 渗透率最高的国家之一。如果在更换手机的时候选择 4G 手机，加入 4G 合约计划，实际上消费者的支出并没有比 3G 时候多很多，有些甚至更便宜。

"日本版微信" Line 因 4G 的到来迎来重大利好——Line 的招牌应用便是免费通话，此前在 3G 时代，这种语音通话常常会信号不稳定，而到了 4G 时代，其通话质量有了大幅提升。

4G 普及之后，日本的手机游戏公司同样获益。因为在智能手机上下载 App 的速度大幅提升——这有利于加强手机游戏的用户体验。此前，日本的手机游戏大部分是基于手机网页的，而 App 的用户体验要明显好于手机网页游戏。

二、美国：Apple iPhone 颠覆了手机的定义

美国 Apple（苹果）公司发明的 iPhone，带来了全球手机业的变革，颠覆了手机的定义。手机已经不再是移动电话，而是具有通信功能的迷你型电脑。

iPhone 是结合照相功能、个人数码助理、媒体播放器及无线通信设备的掌上智能手机，由史蒂夫·乔布斯在 2007 年 1 月 9 日宣布推出，2007 年 6 月 29 日在美国上市。iPhone 是一部 4 频段的 GSM 制式手机，支持 EDGE 技术和 802.11b/g 无线上网，还支持电邮、移动通话、短信、网络浏览及其他的无线通信服务。北京时间 2012 年 9 月 13 日凌晨（美国时间 9 月 12 日上午），iPhone 5 发布。

虽然 iPhone 技术先进，但是谷歌开发的 Android 手机操作系统具有免费、开源的特点，市场份额迅速扩大，今后 Android 仍会是美国最受欢迎的智能手机操作系统。

目前美国智能手机市场依然在不断的高速增长中，尤其是年轻人对智能手机的热情非常高，对于年轻的美国手机用户而言，使用智能手机已经不是一种通信手段而是一种生活方式。

2013 年 5 月 4 日，市场研究公司 comScore 发布了 2013 年第一季度全美智能手机市场份额数据报告。报告显示，美国智能手机用户数环比增长 9%，为 1.367 亿。苹果份额再次登顶。

报告显示，在截至 2013 年 3 月底的 3 个月中，全美智能手机市场渗透率达 58%。苹果成为用户最多的智能手机制造商，份额为 39%，较上年 12 月上涨 2.7 个百分点。三星位列第二，份额为 21.7%，上涨 0.7 个百分点。HTC 排名第三，份额为 9%。摩托罗拉与 LG 分别以 8.5% 和 6.8% 的份额位列第四和第五。

1. 手机收发电子邮件

用手机收发电子邮件在美国很盛行，特别是在企业的主管层中更是如此。最智能的收发电子邮件的手机是在加州注册的 RIM 公司的黑莓手机，它可以将用户的新邮件像短信一样主动推送到手机上。此外，在它的手机上有类似电脑键盘的装置，用手机可进行 Excel（微软办公软件）、PowerPoint（微软制作幻灯片和简报软件）、PDF（可移植文档格式）等文件的阅读以及 XHTML（可扩展超文本标记语言）页面浏览。但是，在 iPhone 和 Android 的两面夹击下，目前黑莓手机的市场份额急剧下降。

2. 手机音乐

现在 Verizon Wireless，Sprint Nextel，Cingular Wireless 等主要移动运营公司都在推销手机音乐服务，在美国销售手机的制造商已开发出多款能够存储和播放音乐的手机，主要支持 MP3 或微软 Windows Media 格式。手机通过 USB 接口与电脑连接，可将电脑在 iTunes 网站下载的音乐或 CD 上的音乐转录到手机上，目前手机存储歌曲可达 100 首。

3. 专为学生开发的手机

目前美国高校学生的手机普及率已达 90% 以上，这是个特殊的用户群体，很受移动通信公司的重视，生产出以整合学校活动信息、安全侦测与紧急呼救于一体的校园手机。除通话外，拥有这种手机的学生可随时获得校方的即时信息通报，可查看课程安排，获得校园餐厅特价优惠，借 GPS 全球定位系统功能查看学校公车位置，启动保护服务可获得校方保护。在这种形势下，固定电话在美国高校中的重要性受到威胁，并有逐渐淡出校园的趋势。

4. 手机电视

Verizon Wireless，Sprint Nextel 等美国大型移动通信公司都相继推出用手机看电视的服务，用户不单能看现场直播的电视节目，也能观看由数字录像录下的电视节目，还可用手机操作使家中电脑与电视机互动，用手机观赏专为小屏幕设计的新闻剪辑、电视节目精华和 MTV 等。但目前美国的手机电视用户还不多，现仅有 50 多万户。

5. 用手机查看实时路况和行车路线

自从谷歌公司推出谷歌地图服务之后，越来越多的服务被整合到网络地图上，现在又将其移植到手机应用上，只要你的手机符合 J2ME 标准，便可到相应网站下载软件，并可用手机查看附近的实时路况信息。J2ME 是 Sun 公司为了把 Java 语言应用于移动通信设备、嵌入式设备或消费电器而推出的一项技术，而 Java 是 Sun 公司开发的一种编程语言，它是一种以解释方式来执行的语言，是一种跨平台的程序设计语言。用编译码器将它编译成类文件后，将它存放在 WWW 页面中，并在 ATML 文档上作好相应标记，用户只要装上 Java 软件，就可在网上直接操作，减少了应用程序（Applet）。

6. 手机定位

美国手机定位技术采用在手机上安装 GPS 全球定位系统，根据手机所处位置与基站之间的距离，自动计算出手机所在的地理位置，精度在 100 码之内。现已有多家移动公司推出此种服务。

7. 移动数据业务迅速攀升

近期美国移动数据业务发展很快，其收入已占到移动公司总收入的 10% 以上，目前这个势头仍在发展。移动数据业务的服务对象，其一是无线移动终端设备，如带有网卡的 PC 和 PDA（掌上电脑）等；其二是可上网的手机。承载移动数据业务的网络有移动公司的无线网络和由地方政府兴建的 WiFi 网络等。移动公司的无线数据网络种类比较多，各移动公司也不完全一样。

8. 美国 4G 沦为 WiFi 替补

作为全球最发达和成熟的通信市场，美国的 4G 用户可以以相对较低的价格拥有最新的终端，覆盖广、速度快的网络，不限量的语音和短信服务以及绰绰有余的数据流量，但是，在 WiFi 普及的美国，4G 用武之地并不多。

至 2013 年底，美国四大 4G 运营商 Verizon、AT&T、T-Mobile 和 Sprint 的 4G 信号几乎覆盖了美国人口的 97%，而 4G 用户数量也十分可观，因为美国在售的热销智能手机 7 成以上支持 LTE，也就是 4G 网络，并且这一比例随着新机的不断推出仍在不停增加。

Verizon 是美国 4G 网络覆盖最好的运营商，达到了美国人口的 95%；AT&T 的 4G 覆盖情况排第二，得益于 iPhone；T-Mobile 和 Sprint 相差不大，T-Mobile 对大城市支持更好些。

尽管 4G 网络在美国覆盖接近 100%，而且 4G 用户数量也不少，但是，由于 WiFi 网络随处可见而 4G 的杀手级应用缺失，令用户很难找到理由不用方便的 WiFi 网络而去使用 4G。在没有 WiFi 网络时，用户使用最多的应用也仅仅是 GPS 导航或者社交聊天软件等对流量需求较小的软件，这样一来，4G 流量的大蛋糕通常在月底会剩下50%以上。

在2012年底，美国一家调查公司曾经给出报告称，有73%的美国人不知道4G或者认为3G和4G并无多大区别，仅有15%的美国人认为4G才是更好的选择，现如今的情况也许会比2012年底时略好一些，但大部分的美国人对4G的需求还处在一个可有可无的状态中。

美国的WiFi信号几乎随处可见，而且相比手机信号更稳定，也多数为免费，所以4G网络的使用场合仅仅是一些没有WiFi信号的偏远地区或者一个场所到另一个场所之间，但这种情况并不多见。

美国4G发展的一大短板便是应用。对普通用户而言，谈及4G应用，最先想到的便是视频，由于美国4G网络利用率有限且速度较快，因此不论是下载还是在线播放视频都很流畅和优质。除此之外，还没有出现一个有吸引力的重要应用。

从手机操作系统方面看，谷歌的Android是使用最广泛的智能手机平台，占54%的市场份额，用户数达7110万。苹果份额增长2.7个百分点，达39%，拥有5330万用户。黑莓排名第三，份额为5.2%。之后是微软的3%和塞班的0.5%。

手机营销将是未来移动互联网发展的一个重要方向，手机广告与传统广告相比具有较大的优势：一方面，手机广告的成本远低于传统电视广告，好的手机广告可以用较小的制作成本换来更多的关注；另一方面，手机广告的受众更加明确，能够更好地实现精准营销，因而营销效果会更加显著。

相比传统的金融服务，移动金融服务具有便捷、节约时间等优点，手机业务应用将是金融服务业未来的发展趋势之一。艾瑞咨询集团建议，在手机银行前景乐观的情况下，金融服务行业可加大手机业务的应用力度，以达到深化顾客关系、简化操作、降低成本的目的，对其未来的发展起到很大的促进作用。

美国的移动通信话费不分本地与国内长途，都是一种价格，同时又提供较长的免费通话时段。免费时段大多数是由晚上9点开始一直到次日早晨的6点止，周六周日全天都免费。小公司的免费时段更长，因此受到美国移动用户的普遍欢迎。

美国手机用户希望手机广告更有针对性，或者手机服务费用更加便宜。目前手机与社交网站的结合越来越紧密，尤其是智能手机用户是浏览量增长的主要驱动力。因此，如何在手机平台上开发更多针对社交网站的应用或服务，是产业链各方未来需要考虑的问题。

尽管从2012年开始，三星手机成为全球最大的手机制造商，但是，在美国市场，苹果依然是市场占有率最高的手机。据美国互联网流量监测机构

comScore2014 年 1 月智能手机行业趋势报告显示，苹果手机以 41.6% 的市场占有率，依然是第一大智能手机制造商。LG 市场份额增长，上升为第三大智能手机制造商；摩托罗拉（6.4%）及 HTC（5.4%）分列第四和第五。

三、先发后至的欧洲手机媒体

1. 欧洲 3G 的发展

相对于日本和美国来说，欧洲的 3G 发展缓慢。

（1）起步失误

2000 年前后，欧洲开始拍卖 3G 牌照，此时，欧洲发达国家的移动用户已经达到甚至超过了人口总数的 60%，语音业务已经趋于饱和，为了寻找新的收入增长点，欧洲的运营商们把目光投向以 3G 为主的数据业务。但是在很长的一段时间内，语音业务还是主导，但由于热情高涨，运营商花高价买下了 3G 牌照。由于资金被大量占用，没有更多的资金建设网络，同时，欧洲的运营商普遍采用 WCDMA 的制式，在 2004 年以前，相对于 CDMA2000 来说，WCDMA 是个不太成熟的制式，因此欧洲 3G 的发展从一开始就注定困难重重。

2006 年，欧洲 3G 许可证达到了约 100 张，占全球总数的近 60%。许可证获得者中，半数以上是原有 GSM 运营商。另外，30 多张许可证发给了新竞争者。有的国家还在许可证上给新竞争者一定的政策优惠。

尽管 3G 许可证发放数量在世界各国间有所差异，但发放 4 张的居多，小国一般仅发 1 张，许可证发放最多的是 6 张，欧洲也不例外。在有统计的 31 个欧洲国家中，发放 4 张许可证的国家最多，占到了 48.39%；其次是 3 张和 5 张，均占到了 16.13%；也有个别国家发放 2 张和 6 张，比如冰岛是 2 张，德国和奥地利都是 6 张。

另外，从许可证发放方式看，欧洲采用较多的是拍卖方式或选秀＋征收许可证费用方式，也有少数国家采用混合法或选秀＋征收名义费用方式。

从许可证发放价格上看，据统计，欧洲在 3G 拍卖中花掉了 1000 亿美元，比其他地区高得多，比如欧洲平均许可费用是亚洲的 4～6 倍。昂贵的拍卖费用严重影响了运营商的 3G 投入能力。

从许可证发放的技术选择上看，欧洲采取了半开放式的态度，并没有规定 3G 运营商必须采用的技术，结果运营商统一选择了 WCDMA，一是出于网络平滑过渡的考虑，二是经济联合体体制的影响。

（2）2G 时代数据业务落伍

日本在 2G 时代数据业务已经丰富多彩，无论在商业模式或业务类型上都积累了许多经验，而欧洲在 3G 商用化之前数据业务并不丰富，不像日本在传送图片、图像数据等功能上已经有所成就，因此欧洲发展 3G 缺乏前期的市场培育和成熟的业务平台。

（3）人文环境的差异

最为不同的是，欧洲人注重实用性的业务，对娱乐性的数据业务不感兴趣。从业务的性质看，娱乐性业务是一种趋感性消费的业务，而实用性业务是趋理性消费的业务，娱乐性业务比实用性业务能更快地发展用户，因此在欧洲发展 3G 更需要全局性思维，不是高昂的热情就能解决的。

（4）营销策略有误

欧洲在发展 3G 以前，2G 网络覆盖已经很好，当中国香港和记黄埔有限公司（简称和黄）第一个在欧洲推出 3G 时，双模手机已经出现。和黄本可以推出双模手机来解决 3G 网络覆盖不好的问题，但并没有这样做，反而卖掉了 2G 网络去发展 3G，这就失去了 2G 网络的规模用户和网络覆盖。当和黄意识到双模的重要性时，又要支付漫游费给 2G 网络运营商，在通信行业，运营商追求的最高境界就是网络的规模经济性。同时，欧洲的 3G 运营商在宣传 3G 时犯了一个错误，过多地宣传 3G 的技术优势而不是业务优势，这说明他们没有认识到 3G 是市场驱动的产物。

（5）产业链不成熟

由于欧洲的 3G 运营商过早背上沉重的资金压力，同时 WCDMA 的技术不成熟，致使更多运营商推迟 3G 服务。2000 年前后欧洲运营商取得了 3G 牌照，但直到 2003 年和黄才第一个推出 3G 服务，更多的是观望，这样一来，终端厂商和 SP/CP 也处于观望状态。手机贫乏，业务单调，用户的规模效应没有实现，产业链处于恶性循环，这种状况一直持续到 2005 年。

（6）终端制约因素

WCDMA 终端在刚推出时，质量、款式、种类、数量都不尽如人意，曾成为 3G 发展的瓶颈。而随着这一问题的解决，运营商对 3G 终端产业链各环节进行了改善，不仅厂商数量不断增加，手机款式也更加多样。

（7）需求不足影响 3G 发展

尽管 3G 在欧洲已启动，但 3G 业务市场需求仍然匮乏，大约只有 6% 的移动用户有 3G 需求。东、西欧经济发展水平差异较大，3G 需求也有所不同。西欧语音业务需求日趋萎缩，移动数据业务正逐渐成为关注焦点，针对企业用户的 WCDMA 数据卡业务推出。东欧由于移动网络建设落后，目前仍处于普及语音阶段，普遍对语音业务需求强烈，移动数据业务还处在起步阶段。

2. 2005 年前后欧洲 WCDMA 用户发展全面提速

欧洲大部分国家商用网采用的都是 WCDMA 制式，也有一些国家采用

CDMA2000，主要集中在东欧。2006—2007 年是欧洲 3G 网络平稳发展阶段，但是商用网络不会快速增加。

欧洲是 WCDMA 的发源地，很多国家在 1999—2000 年间就发放了 WCDMA 许可证。但是过高的许可证费用，给这些获得许可证的运营商带来了巨大的资金压力，加之大部分运营商都有 2G 网络，对开通 WCDMA 商用网络都非常谨慎。欧洲传统的移动运营商，如 Vodafone 2004 年才正式开通面向大众市场的 WCDMA 商用网络。

欧洲 WCDMA 用户市场份额于 2005 年超过亚太地区，成为世界上 WCDMA 用户最多的地区。2006 年欧洲地区 WCDMA 用户市场份额上升有限，仅比 2005 年上升了 0.72 个百分点。2007 年随着欧洲地区 WCDMA 用户发展的全面提速，其用户份额也大幅上升。

欧洲 WCDMA 发展迅速的原因主要有两个方面：一是许多国家的 3G 网络室外覆盖已经基本完成，目前 3G 网络建设的工作重点已经转移到室内覆盖，良好的网络覆盖带动了 WCDMA 用户的快速增加；二是经过几年的市场培育，用户对 3G 业务的认知度极大增强，用户需求逐渐被激发出来。另外，欧洲地区的移动通信市场发展非常成熟，普及率已经超过 100%，为 WCDMA 发展打下了良好的基础。预计未来欧洲 WCDMA 服务仍将保持快速发展的势头。

3. 监管限制和经济增长疲软导致欧洲 4G 落后

对欧洲来说，投资于 4G 网络是其在全球舞台上保持竞争力的必需之举，但由于受到经济困境、100 多家运营商彼此竞争以及重度监管等因素的影响，欧盟移动无线市场的表现远远不及美国和亚洲部分地区。

据《华尔街日报》报道，2013 年年底，美国 19% 的移动网络已经是 4G，而欧盟只有 2%，而且美国的速度比欧盟快平均 75%。目前欧洲 4G 最发达的两个国家，德国和英国，4G 用户加起来不到 100 万。

欧洲的 4G 发展为何落后？首先是投资落后。因欧债危机，2009 欧洲的电信设备投资比 2005 年下跌 14%，为 400 亿欧元。其次，欧洲的电信商众多，竞争激烈，加上欧盟管制严格，很多企业为购买 3G 牌照负债过多，导致电信公司不愿投资 4G。

四、颇具特色的韩国手机媒体

1. 韩国 3G 和智能手机迅猛发展

随着智能手机的迅速普及，手机的功能已不限于通话，而成为交通、游戏、金融、教育等信息平台。

目前韩国移动电话的普及率已直逼 100%，宽带的普及速度在亚洲名列第一。从 3G 创造的经济价值看，韩国 IT 产业的规模已经从 1998 年的 800 多亿美元，猛增到目前的 2000 多亿美元，占国家 GDP 的比重超过 2 位数，高达 13.9%。这带来的直接好处是，既满足了韩国国内的通信需求，又提升了国民文化信息水平，还带动了硬件产业、软件产业和运营技术的全面发展。成功的原因主要源于三方面的贡献，一是政府鼓励引进先进的技术，不断创造投资的机会，还制定了完善的法律法规；二是主流运营商积极主动地采用新技术为用户提供新服务；三是韩国国民乐于接受新事物。目前韩国 3G 产业处于用户和市场增长的减缓期，这既是寻求市场新增长点的信号，又预示着 3G 产业的成熟。

2. 移动商务：在快速成长中变革

如今，韩国运营商的业务收入多半还是来自语音费用，但数据业务所占比重稳步上升。现在韩国 KTF 电信公司的数据业务收入大概占其总收入的 50%。

移动商务最常见的形式是电子钱包和移动银行。前者包括地铁卡、公交卡、信用卡支付，后者主要是转账、查询余额等。

移动商务的另一项业务已处于发展的井喷状态，那就是在线购物。以往手机只支持在线购物的小额支付，但是在消费习惯形成、技术成熟、安全性提高、货品资源丰富等因素的综合作用下，手机已经能够支持大规模的在线购物。不仅如此，在韩国，由于运营商控制着终端，所以它能够根据自己的需求定制手机。比如，根据在线购物的需求，专门定制了带有能扫描条形码的摄像头的手机。例如，杂志上展示的商品都有条形码，你只要把手机的摄像头对准条形码一扫，再将扫描下来的信息上传到网络，就可以买到这个产品，非常方便。

3. 视频通信

在欧美，视频通信占据了 3G 数据业务的很大份额；但在韩国，视频通信却被娱乐业务、移动商务、GPS 等业务远远抛在后边。这种反差是如何形成的？文化习惯差异在其中起到了一定的作用——亚洲人相对内敛。

3G 最大的优势就是带宽很宽，而人与人最直接的交流就是可视化的交流，因此实现视频通信是 3G 能做到的，也是必须要做到的。现在视频通信费用比较高，但随着网络的优化、业务的成熟，费用必然会下降，从而促进视频通信的普及。

视频通信不局限在个人聊天上，视频会议、视频彩铃以及不需要书写，只用视频和语音就能形成的邮件——视频邮件等都将陆续走入日常生活中。除了短信和彩信这两个传统的业务外，音乐、游戏、电视等娱乐业务，以及移动银行、移动商务、GPS 等融合业务是 KTF 的两大数据业务。此外，视频通信还能实现远程监控，如检查家电、监督孩子等。

4. 韩国 4G 普及率居全球之首，努力研发 5G

韩国是世界上 4G 网络最普及的国家。在韩国，主要由 SK 电讯（SKT）、韩国电信（KT）、LGU＋（LG 旗下三个电信公司合并而成）三家电信运营商提供 4G 服务，均采用 FDD-LTE 制式。所覆盖人数占到全国总人数近 70％，达到 3400 万户。

在韩国，手机视频多媒体服务是目前韩国 LTE 中用户使用最频繁的应用。在地铁里更是随处可见观看手机视频节目的用户。

韩国三家运营商均采用捆绑套餐的资费模式，并在 4G 时代沿用这种模式。从手机流量的资费单价来看，套餐内取消无限量、单价提高，套餐外单价降低、阶梯资费使用更为普遍。在首尔，大众收入一般在 200 万至 300 万韩元左右，折合人民币约 1.2 至 1.8 万元。平均每月使用流量约在 3G 左右，花费约 6 万韩元，折合人民币不到 300 元。

韩国政府在电信市场发展中，扮演了推动者、仲裁者的角色，有条不紊地引领着韩国运营商和通信制造业发展。

3G 时代，韩国政府下令强制要求三大电信运营商之间完成携号转网，以至于今日的韩国用户无需换号，便可选择任何一家运营商享受 4G 服务，这也是韩国 4G 普及率居全球之首的重要原因之一。

此外，韩国的 4G 普及率全球最高，离不开当地广而深的覆盖率。这主要得益于政府一直以来对网络建设的大力度支持，以及运营商对网络业务的执着运营和拓展。当然，韩国当地经济发达，地域面积相对较小也是客观事实。

三星电子 2013 年 5 月 13 日表示已成功测试数据传输速度超快的第五代无线科技（5G），该技术最终将允许用户在 1 秒内下载一整部影片。有关测试在超过两公里的距离进行，已取得每秒超过 1 吉字节（gigabyte）的速度。

第三节　中国手机媒体的最新发展

一、智能手机已经成为市场主体

2011 年 11 月 23 日，美国市场研究咨询公司 Strategy Analytics 发布调查报告指出，2011 年第三季度中国市场智能手机出货量达到 2390 万台，环比增长 58％，超过美国，成为全球最大的智能手机市场。2011 年第三季度，美国市场智能手机出货量为 2330 万台，比上一季度减少 7 个百分点。

市场研究机构发布的《2012 中国智能手机市场年度研究报告》显示，截至

2012年第四季度，中国智能手机用户总数已经达到3.8亿人，比上年同期增长72.7%。

Strategy Analytics 汇总的中国智能手机市场数据显示，2012年一年间三星电子在中国的智能手机销量达到3006万部，这是三星自2009年开始在中国销售智能手机以来首次夺冠。造成 iPhone 销量下降的最主要原因在于整个智能手机市场竞争加剧。

2012年第一季度三星超越诺基亚成为全球最大的智能手机制造商，同时也成为苹果目前面临的最大竞争对手。2012年6月，三星发布旗舰新品 Galaxy S Ⅲ，上市仅一个月销量就突破1000万台。三星在8月份发布同样热销的旗舰产品 Galaxy Note 的升级版 Note 2，在市场竞争中占据主动。

新华社2013年3月18日消息，2013年中国智能手机销售量预期将达到3.29亿部，相比2012年增长67%，这主要得益于3G用户数量的快速增长。

2013年第二季度中国智能手机总出货量为7880万台，占全球出货总量的34%。该季度韩国三星在中国市场上智能手机的销量超过了1530万台，所占的份额为19.4%。联想、酷派、中兴、华为在中国市场排名第2到第5位。苹果 iPhone 该季度在中国市场的销量为340万台，市场份额为4.3%。而小米逆袭苹果成功，销售了440万台，超过苹果排在第6位。

据市场研究机构 IDC 发布数据显示，预计到2017年，中国智能手机出货量有望突破4.6亿台，销售额将约1200亿美元。

据易观智库发布的数据，2014年底二季度中国手机市场销量为11212万台，环比增长1.46%，同比增长24.4%。其中，智能手机销量为10298万台，占比整体手机市场达到91.9%；4G手机销量突破千万量级。2014年第二季度，三星占比15.4%、小米占13.5%、联想占10.8%、酷派10.7%和华为占8.3%，分别为中国智能手机市场份额前五位；苹果占比6.9%，排名第六。

二、国产智能手机飞速进步

美国高德纳公司2014年2月发表报告，2013年全球智能手机销量超越功能机，达到手机总销量的53.6%。三星仍然稳居市场占有率冠军，而华为跃升至第三位。

报告指出，2013年全球共售出9.68亿部智能手机，相比2012年的5.58亿部增长了42.3%。在拉美、非洲、东欧和中东地区，智能手机用户增长迅速，而在成熟经济体地区，智能手机保有量已经趋于饱和。

高德纳公司还公布了截至2013年底全球智能手机品牌的市场占有率前五名，分别是：三星拥有31%的市场份额，苹果市场占有率下降至15.6%，华为以

4.8%的市场占有率成功冲进三甲，联想以4.5%的市场占有率位列第五名。

2014年第一季度的智能手机市场份额报告显示，三星、苹果仍旧占据头两名，国产手机的强势爆发令人震惊，联想凭借收购摩托罗拉已经大幅提升其市场份额，排名第三紧追苹果；而在前八名当中，国产品牌已经占到半数，而前十名当中已经占到六席，这样的发展态势足够让国人兴奋。2014年第一季度全球智能手机品牌前八名分别是：三星（市场份额34.9%）、苹果（13.6%）、联想＋MOTO（7.5%）、华为（5.2%）、LG（4.4%）、索尼（4.0%）、小米（4.0%）、酷派（3.7%）。

据美国道琼斯旗下"市场观察网"报道，美国市场调研公司Canalys的数据显示，2014第二季度中国智能手机厂商小米成为中国领先的智能手机供应商，其手机出货量首次超越三星。第二季度小米智能手机发货量在中国市场占14%，位列第一。三星、联想和宇龙次之，市场份额均为12%。

三、中国3G用户接近5亿，4G起步

根据中国三大电信公司2014年8月发布的数据，截至2014年7月底，中国市场目前拥有4.71亿3G用户。自2013年12月TD-LTE牌照发放以来，中国4G用户已达1397万户。三大移动运营商中，中国移动占尽先机，领跑4G市场。

中国的4G网络服务虽然刚刚起步，但拥有的基站已经超过了欧洲国家的总和，中国新建基站占全球六成。

中国移动2013年12月成为中国首家4G运营商，覆盖5亿人，其拥有的20万座基站已超过全欧洲现有的基站总数。中国电信和中国联通也在建设规模较小的4G网络。到2014年底，中国可能建成多达100万座4G基站。

欧洲4G基站建设相对集中在大城市，在偏远地区没那么多。相比之下，中国国土面积很大，基站铺设范围较广。如果4G要达到所有用户满意的效果，基站部署肯定要超过欧洲，而且会建设更多。影响网速的因素除基站外，还包括采用的制式（中国普遍采用TD-LTE，而欧洲是FDD-LTE）、国家规定的频谱数量（频谱越多，网速越好）以及进入固网的带宽。

中国4G能够飞速发展，一个重要原因是政府的扶持。此外，全球只有1/3的家庭拥有固定宽带网络，这为移动宽带提供发展契机。目前中国4G发展主要面临资金压力和社区压力，很多社区担心辐射而反对运用商建基站。

四、我国手机上网用户呈几何级增长

中国互联网络信息中心发布的第34次《中国互联网络发展状况统计报告》

显示，截至 2014 年 6 月，中国网民规模达 6.32 亿。2014 年上半年，中国网民中使用手机上网比例继续保持增长，从 81.0% 上升至 83.4%，手机网民规模已达 5.27 亿，较 2013 年底增加 2699 万人。

在中国网民使用的上网设备中，手机占比达到 83.4%，首次超越传统 PC 的 80.9% 的份额，成为第一大上网终端。相应地，中国手机网民规模也在迅速增长。与此同时，网民对手机电子商务类、休闲娱乐类、信息获取类、交流沟通类等应用的使用率都在快速增长。可以说，移动互联网带动了互联网各类应有的发展。

遵循传统互联网发展历程，结合移动互联网特征，预计随着 3G 商用时代的到来、移动互联网带宽的加宽、手机功能的增强、上网资费的下降、用户认知度的提高，我国手机网民的数量将大幅增长。

当前移动互联网网民的低龄化特征明显，而在未来三到五年，年轻用户作为移动互联网主体用户的特征将得到延续。这体现在，一方面，手机尤其是新型智能手机在年轻人中的普及率要高于其他年龄段的人群，这形成了年轻一族实现移动互联网应用的良好基础；另一方面，移动互联网的便捷、互动以及崭新的应用体验，对乐于接受新鲜事物的年轻人将产生持续吸引力。

随着移动互联网应用的不断普及，以及相关服务在应用条件上的不断改善，移动互联网对手机网民的影响力在广度上有了较大的扩张，而在影响深度上，一些原来只有在 PC 端才可以获得的应用和服务，已经开始在移动互联网中得到应用，并受到手机网民的青睐和追捧。

手机上网快速普及的意义，一方面在于推动了当前移动互联网领域持续不断的创新热潮，以智能手机为主流的智能移动终端，因全新的终端交互方式与用户使用环境和习惯，为互联网从业者提供了广阔的创新空间。另一方面，手机上网为网络接入、终端获取受到限制的人群和地区提供了使用互联网的可能性，包括偏远农村地区居民、农村进城务工人员、低学历低收入群体等。使用价格低廉且操作简易的终端，可以满足这些人群相对初级的上网需求，推动了互联网的进一步普及。随着智能终端价格继续走低，大量低端智能手机推向市场，同时流量资费日益平民化，使上述人群逐步转化为智能手机用户。移动互联网市场还有巨大的发展潜力，特别是针对那些无法接入传统互联网网络的群体。

即时通信使用率稳居第一，微信成为最热手机应用。手机即时通信切合了移动社交的特点，用户能随时随地和朋友进行沟通，加之手机即时通信中逐渐加入短信、图片、语音和视频等交互元素及地理位置定位、二维码扫描等功能，使沟通变得更加便捷和有趣，吸引了越来越多的手机网民，用户黏性不断加大，"在线"成为一种常态。

第四节 手机媒体的发展趋势

一、手机硬件技术前瞻

1. 手机 CPU 进入"多核"时代

智能手机的本质特征是：在硬件上具有 CPU，在软件上具有操作系统。手机 CPU，如同电脑 CPU 一样，它是整台手机的控制中枢系统，也是逻辑部分的控制中心。

进入 2011 年后，智能手机硬件开始进入"双核""四核""多核"时代。手机处理器的发展与 PC 行业的进步非常相似，都是从单核向多核方向发展。但是，双核智能手机时代的到来比人们预期的更快。

2. 手机技术的瓶颈问题将逐步得到解决

长期以来，屏幕小和电池不足是手机难以克服的技术瓶颈。目前不仅有 5～6 寸屏幕的手机在普及，而且已经有企业在研发可折叠手机屏幕和投影式手机屏幕，以有效地克服手机屏幕小，阅读时眼睛吃力，老年人难以使用等不足。

手机行业的快速发展，不仅体现在处理器的日新月异，而且手机屏幕的竞争也日益激烈，无论是屏幕材质还是分辨率都有了革命性的进步，屏幕尺寸变大逐渐成为主流趋势。目前，很多高端旗舰机型都喜欢选择 5 英寸以上的大屏幕。大屏手机无论是操作还是观影都具有震撼效果，人们也开始体验到大屏手机带来的前所未有的视觉新享受。

由于 3G 手机对多媒体功能的要求较高，而彩屏、摄像头、蓝牙、游戏和流媒体等功能导致耗电量较高，加之 3G 手机的外形越来越小巧、轻薄，手机电池的体积也在减小，因此大部分 3G 手机都面临着电池容量小，待机、操作时间短等问题。目前，3G 手机配备的电池以锂离子电池为主，锂离子电池的能量密度比以往提升了近 30%，但同时能量密度也只剩下 20% 左右的提升空间。燃料电池被业界普遍看做未来手机电池的发展趋势，这种电池的通话时间超过 13 小时，待机时间可长达 1 个月。

3. 手机外形呈个性化、魔幻化、小巧化

在不久的将来，各种个性化魔幻手机将成为潮流。从工业设计来说，这类魔幻手机最大的瓶颈就是材质和硬件的问题，而这两项技术很快会被攻破（见图 6-2、图 6-3）。

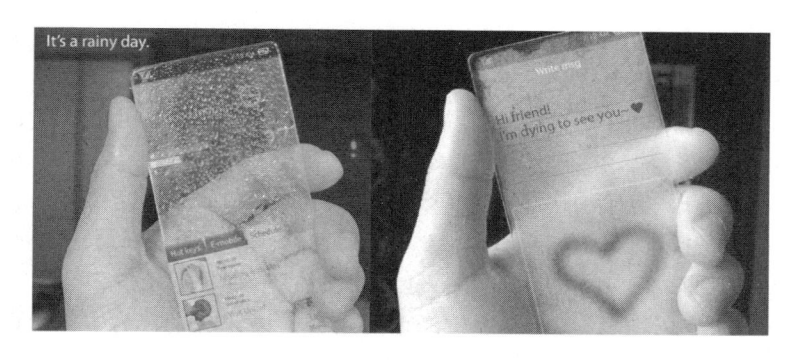

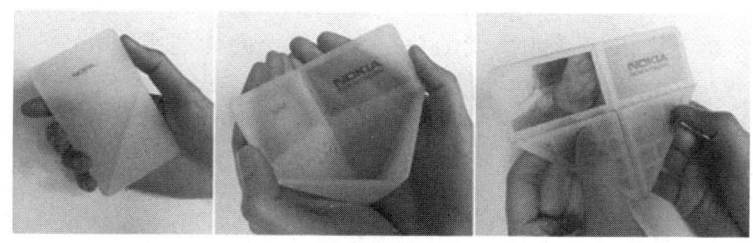

图 6-2　透明手机成为时尚设计

有人总是抱怨手机的键盘过小，目前一种通过手机上的摄像头或者其他捕获工具感应人手指移动的技术已经研发成功，通过预设在屏幕上的虚拟键盘显示用户的按键情况，人们就可以在虚拟的键盘上打字或者进行其他操作。同时这个技术还配备音频和振动传感器，不仅可以捕获移动的手指状态，还可以捕捉声音或振动作为虚拟命令执行。

手机的硬件将会在未来继续完善，CPU、屏幕材质、内存、摄像头、USB 设备都会得到全面的提升。而这一切都以高速的处理器为基础，以完善的系统底层进行驱动。手机硬件的发展不会停止，高新技术的发展将会进一步刺激手机行业的发展。

图 6-3　未来 iPhone 的透明机壳

二、手机软件的发展趋势

1. 手机操作系统是手机软件技术发展的核心

手机操作系统关系到国家信息安全，手机操作系统领域竞争将更加激烈。

目前应用在智能手机上的操作系统主要有安卓（Android）、苹果 iOS、微软 Windows Phone 和黑莓（BlackBerry）。

苹果 iOS 是由苹果公司开发的手持设备操作系统。苹果公司最早于 2007 年 1 月 9 日公布这个系统，最初是设计给 iPhone 使用的，后来陆续套用到 iPod touch、iPad 以及 Apple TV 等苹果产品上。iOS 与苹果的 Mac OSX 操作系统一样，也是以 Darwin 系统为基础的，因此同样属于类 Unix 商业操作系统。原本这个系统名为 iPhone OS，直到 2010 年 6 月 7 日 WWDC 大会上宣布改名为 iOS。

3G 时代"应用为王"，如今手机的市场趋势是以终端销售为主流，以应用平台为卖点。iPhone 4 应用软件的丰富程度是其他系统不可比拟的，而 App Store 的成功是智能手机市场商业模式的典范。从平台的性能来说，iOS 性能最好，UI 控件也很出色，操作界面更美观和人性化，这些都让 iOS 操作系统在智能手机市场呼风唤雨。

安卓是一种基于 Linux 的自由及开放源代码的操作系统，最初由安迪·罗宾开发，主要支持手机。2005 年 8 月由谷歌收购注资。2007 年 11 月，谷歌与 84 家硬件制造商、软件开发商及电信营运商组建开放手机联盟，共同研发改良安卓系统。随后谷歌以 Apache 开源许可证的授权方式，发布了安卓的源代码。第一部安卓智能手机发布于 2008 年 10 月。随后，安卓逐渐扩展到平板电脑及其他领域，如电视、数码相机、游戏机等。2011 年第一季度，安卓在全球的市场份额首次超过塞班系统，跃居全球第一。目前，安卓占据全球智能手机操作系统市场 76% 的份额。

截至 2013 年 4 月，中国智能手机中搭载安卓操作系统的机型数量已经超过千款，占据整个智能手机市场 90% 以上的份额，同时获得 79.1% 的关注比例，成为用户关注的绝对主流。从安卓阵营来看，三星保持着较为明显的优势，领跑市场，联想等国产品牌表现形势向好。

微软在 PC 操作系统方面可谓无人能与之相匹敌，但是在手机操作系统上却不温不火，Windows Phone 7 虽然在系统的人性化和界面的美观程度上作了比较大的改进，并且也和诺基亚展开合作，但是受到苹果 iOS 和安卓两强的夹击，市场份额受到限制。

据市场研究公司 IDC 发布的研究报告显示，微软的 Windows Phone 平台在 2013 年第一季度首次在智能手机出货量和市场份额上超过黑莓，成为市场排名第三的移动平台。基于 Windows Phone 平台的智能手机在 2013 年第一季度的出货量达到了 700 万部，对应的市场份额为 3.2%。相比之下，Windows Phone 智能手机 2012 年第一季度的出货量仅为 300 万部，对应的市场份额为 2%。

与此同时，黑莓 2013 年第一季度的智能手机出货量由 2012 年同期的 970 万部降至 630 万部，对应的市场份额由 6.4% 降至 2.9%。

由于诺基亚加入 Windows Phone 平台的阵营，Windows Phone 成为 2013 年第一季度出货量和市场份额增长幅度最大的移动操作系统。Windows Phone 智能手机 2013 年第一季度的出货量有 70% 是由诺基亚贡献的。

据调查机构 Strategy Analytics 发布的最新数据显示，2014 年第二季度，安卓在全球智能手机出货量当中占据了高达 84.6 的份额；而 iOS、Windows Phone 及其他智能手机系统的市场份额均有所下滑。iOS 的全球市场份额下降到 11.9%，Windows Phone 下降到 2.7%，黑莓系统下降到了 0.6%。

2. 基于手机的云计算

随着移动互联网的快速发展，智能手机开始朝着轻量级发展，除了必要的硬件升级之外，云计算也是不可忽视的一个方面。3G 时代，云计算已经深入到我们的生活当中。云计算在手机上的最大特点就是把复杂的计算过程交给服务器，只将最简单的结果呈现出来，这样在完成众多任务的同时也可以保证程序的轻量化。在目前的智能手机当中，云计算已经成为重要的组成部分。比如在安卓手机上出现的各种天气 Widget，就是云计算的最好体现。每天服务器会通过天气源收集各地的天气信息，同时根据用户的定制需求进行更新，这种服务的逐渐普及让我们的智能手机变得更加实用，打开屏幕就可以知道当天的天气情况。

3. 手机应用软件越来越多，带来手机功能的多样化

目前，移动互联网已经成为很多人关注和讨论的热词，所谓移动互联网就是移动通信与互联网的结合。手机作为移动终端设备已经不再局限于通信，更多的是为互联网以及互联网应用提供平台。几年前，我们很难想象手机除了通话和短信以外还能有其他功能，而如今手机作为移动终端设备，已经拥有了包括手机即时通信、手机社交、手机安全、手机支付、手机购物、手机资讯、手机出行、手机游戏、手机视频在内的诸多应用，而这一切的实现都离不开手机宽带的提速，在 3G 网络的支持下手机应用软件还将呈现加速发展的趋势。

以 UCWeb 为代表的浏览器的发展填平了无线互联网与有线互联网的鸿沟。UC 浏览器是 UC 优视基于手机等移动终端平台而研发的一款 WWW、WAP 网页浏览软件，适用于国内目前大部分手机操作平台，具有智能、极速、低能耗、更安全等特点。

三、手机与互联网融为一体，手机用户都将成为网民

随着 3G 技术的迅速普及，所有手机用户都将成为网民。

2012 年 7 月，中国互联网络信息中心发布的《中国互联网络发展状况统计报告》显示，中国手机上网用户首次超过了 PC 上网用户。

2013年7月17日,CNNIC统计报告显示,截至2013年6月底,中国网民规模达到5.91亿,互联网普及率为44.1%。

3G手机的特点是高速度、多媒体、个性化。它的速度很快,不仅能通话,还可以高速浏览网页、参加电视会议、观赏图片和电影以及即时炒股等等。3G时代的来临将使手机媒体具有网络媒体的许多特征,成为人们随身携带的交互式大众媒体。3G时代,所有的手机用户都是网民,手机媒体成为互联网的延伸。

3G手机突破了多媒体功能的局限,拥有对数据和多媒体业务强大的支持能力以及在线影视、阅读图书等多种多样的流媒体业务,除传统的通信功能之外,3G手机提供的网络社区、信息服务等诸多增值功能也在不断吸引人们的眼球。未来手机将不仅仅用于打电话,而且将实现永远实时在线,大家可以随时随地与他人在网上沟通,手机让人类进入全网络时代。

在此,我们要特别强调,在手机媒体的发展中,技术只是基础;成败的关键还在于能否提供合适、丰富的信息内容与服务,以及能否建立一个让手机媒体各博弈方共赢的经营模式。此外,政府能否在发挥市场力量的基础上建立一套合理的管理模式也十分关键。

四、手机的功能多样化、应用普及化,将彻底改变人们的生活

1. 智能手机成为主流,销量超过 PC

智能手机(Smartphone),是指具有独立操作系统的手机。智能手机可以由用户自行安装软件、游戏等由第三方服务商提供的程序,通过此类程序不断对手机的功能进行扩充,并可以通过移动通信网络实现无线网络接入。

由于3G网络在全球逐渐普及,智能手机的销量将进入快速增长期。智能手机的初期适应阶段已经过去,它正在走上普及应用之路。带有触摸屏的智能手机的受欢迎程度有可能进一步提升。

IDC数据显示,2010年第四季度智能手机的销售量首次超过了个人电脑,共销售出1.01亿部智能手机,同比增长87%,而同时期个人电脑的销售量却低于预期,仅有9200万部,增长不到3%。智能手机市场的迅速发展,使整个IT产业、传媒业迎来重要转折。

苹果公司的iPhone是当今智能手机的代表。2011年第一季度,苹果公司iPhone手机部门的收入达到了119亿美元,手机销售量为1860万部,第一次超越诺基亚,成为按营业收入和利润计算的全球最大手机生产商。而诺基亚同期的销售额为94亿美元,手机销售量为1085万部。苹果在不到4年时间里,从被市场边缘化的电脑企业,一跃成为全球利润最高的手机企业和最大的平板电脑企业。

2. 手机的通信功能将进一步被淡化

原先的所谓"附加"功能和增值业务正在成为手机应用的主流。手机的设计理念将发生深刻变化。诺基亚希望在每个人的口袋里都放入一台手机，苹果想要放入一种生活，而谷歌放入的则是互联网。

手机不但成为一个信息传输平台，还将是一个身份识别系统，手机卡事实上就是身份证，通过手机可以进行身份的识别，这对于信息收费，对于信息的定向传输和管理具有非常大的价值。

2010年11月30日芬兰启用手机作为移动"电子身份证"，即通过电信运营商将包含个人信息的"电子身份证"植入用户手机的SIM卡中，再通过运营商提供的有偿"移动证书"服务，实现网络实名服务所需的身份认证。

网络实名认证的操作流程非常简便，用户只需填写自己的电话号码，服务器会发送一个短信到用户手机上要求鉴权，用户再输入自己预设的密码并回复短信，就可以确认用户的身份。

智能手机的普及，改变了普通民众的移动互联网生活方式。人们在视觉内容更丰富的社交网络或是聊天工具上花费的时间越来越多。人们可以和媒体内容丰富的社交工具保持长时间的互动，其中包括Facebook、Instagram、Snapchat、Line等。美国财经科技新闻网站Business Insider旗下的智库BIIntelligence，2014年6月发布了一份有关全球大屏手机市场的报告，认为2015年大屏手机销量将会超过非大屏手机和平板电脑，未来将会成为智能手机的绝对主流。大屏手机是指具备5到7英寸显示屏的智能手机。

"电子身份证"在公共服务中具有广泛的应用前景，如网上报税、领取社会福利等，它是实现网络实名制服务和政府部门电子化的基本前提。

3. 移动商务大行其道

手机将成为一个电子支付系统，利用手机可以进行小额的电子交易。

"手机电子货币"将越来越普及，它不仅可以使支付系统实现无纸化，还可以替代银行卡，将人类推向"无卡化"时代。这不仅方便了用户，还能降低交易系统的成本。

2010年12月8日，谷歌发布旗下搭载了最新的Andriod 2.3系统的Nexus S手机。新手机使用弧形玻璃屏和抗指纹涂层，内置1GHz蜂鸟（Hummingbird）处理器、500万像素摄像头和16 GB存储量。它也备有近距离无线通信（NFC）功能，可让手机成为虚拟钱包，用户只要把手机放在终端机前扫描，就能进行金融交易。谷歌总裁施密特指出，手机"最终可取代信用卡"。

每个人的指纹是相对固定的，在相当长的一段时间里不会随着年龄或身体健康状况的变化而变化。目前指纹识别技术比较成熟，识别系统中完成指纹采样功能的硬件部分也较易实现，而且现在也已有标准的指纹样本库，方便了识别系统的软件开发。另外，一个人的十指指纹皆不相同，这样就可以方便地利用多个指纹构成多重口令，从而提高系统的安全性。随着移动电子商务和移动小额支付业务在全球的逐渐普及，市场上将会出现更多款拥有指纹识别功能的手机。

移动商务的发展不仅能够大大提高商务活动的效率，降低商品流通成本，促进低碳经济发展，而且由于手机媒体产业属于典型的知识经济形态，能够大力推动我国经济增长模式的转型。

4. 手机将大大提高工作和学习效率

用手机实现视频会议将日益普及。3G 相对于 2G 网络来说，最突出的地方在于网络的速度快，能够支持普通的视频通话，这一应用会随着手机网络速度的提升而向更高水平发展。首当其冲的就是使用手机的无线网络进行视频会议。它摆脱了电脑和电线的束缚，只需要利用手机即可以处理异地的视频会议需求。如果手机上有 HDMI 接口的话，还可以连接大屏幕。

手机在未来将成为重要的教育工具和媒介，学生和老师可以通过手机进行互动，而很多课本也可以通过手机来分发，节约了纸张。随着技术的进步，手机将会有更大的屏幕从而减少对学生视力的损害。

5. 手机将大大方便人们生活

手机视频监控将普及。手机视频监控可以方便上班的家长照看家中的小孩或者宠物，或者监视家中和汽车里的动静以防小偷盗窃等等。

用手机实现各类型的遥控。在很多人的家里，遥控器都是茶桌上的"统治者"，而且不只一个，将来传统的遥控器将被手机取代。随着相关硬件的进化，集成 IP 功能，采用无线技术，添加了遥控器功能的手机必将大量涌现，红外遥控器将被完全取代。用户可以通过手机享受从另一间屋子切换频道、歌曲、DVD 章节的便利。

GPS 导航的应用将更加成熟。实时的导航技术将进入我们的手机，谷歌卫星、谷歌街景、实时的汽车 GPS 状态信息显示将帮助解决未来的城市交通问题，且数据将更加精确。我们甚至能够在手机上设定好线路，它能够和我们的车子对话，帮我们自动驾驶，而我们平常所有的驾驶习惯会不断修正以符合驾驶要求。

手机将帮助我们更好地获得生活信息。通过 RFID（Radio Frequency Identification，即射频识别，俗称电子标签）技术，在你经过的路段，手机感应设备会自动显示商家打折信息，这无疑会使个人的消费更加高效。同时，由于融入了个人信息，手机可以更加快捷地进行消费刷卡；各种消费场所也可以设置扫描仪规定不同的人进出，比如一些游戏厅等。

在医疗上，手机将成为我们的辅助医生，比如可以侦测生理周期、DNA

由于我们每天都随身携带,手机可以通过感应器记录我们所有的生命体征,提前发送给我们生病的信息。在未来,婴儿从一出生就有了一个对应的身份证手机芯片,其出生的所有医疗信息都储存在内,此后,伴随着这个人长大,这些信息能够应付一些紧急情况,还能够不断提示其健康状态。

6. 手机成为重要的社交工具

手机正在成为人们进入社会 SNS 的一个重要工具。事实上,现在很多新款手机已经捆绑了手机版的 QQ 软件。

随着手机阅读、微博、SNS、手机电视、手机导航等各类新业务不断推出并快速普及,消费者对手机本身的应用延伸性愈加重视,智能手机对用户的吸引力空前增强。各种以移动互联网应用体验为核心目标,以 iPhone 的设计和制造为方向的终端不断推出,成为业内的潮流和发展方向。

手机已经不再仅仅是一个简单的通信工具,它的快速发展改变着人们的日常生活方式,成为传播、整合信息的设备,甚至是个人数字娱乐中心。

未来,手机将成为重要的掌上设备,和我们的身体相随(甚至和医学结合出现植入人体的手机芯片也有可能),其更新发展速度将不断加快。

第五节　手机媒体与新闻传播

麦克卢汉曾说:媒介即讯息。即不但媒介内容可以成为讯息,媒介本身的功能、性质、开创性更值得重视。麦克卢汉曾预言,"媒介是人的延伸",他认为技术的任何进步都会使人类更有效地生活和劳动,媒介具有有机体的性质。报刊、广播、电视事实上是和人分离的,以电脑为终端的互联网,实际上是把人给"淹没"了。而手机媒体的诞生真正实现了人和媒体在时空中的无缝链接,让人拥有控制媒体的能力:媒介既不是和人分离的也不主宰人,而是"人的延伸"。手机媒体将是一种完全以个体为中心构造的媒体。许多人基本上已是机不离身,一个用惯手机的人一旦缺了它,就会像摘掉"感官"一样难受,他对周围事物的感觉能力和沟通能力也将大大减弱。

被誉为"数字时代的麦克卢汉"的保罗·莱文森认为:数字时代的特征,是用视窗和浏览器选择信息而实现个人化,那么,在数字化以后的时代里,我们则期待与之类似的表现个人选择的载体,只不过将来的载体用法不同,目的不同,结果也不同而已。从这个意义上讲,手机媒体将是互联网出现以后,即数字化时代的新媒体克服原有媒体的不足,实现自己存在价值的一种方式。它的传播介质将更加适于信息传播。虽然它依附于互联网,但具有自成一体的无线网络。比起有线网络的电脑,基于无线网络的手机媒体对信息的处理更加及时、迅速,互动性更强。它小巧玲珑的形体优势，使得它比笨重的电脑更易携带和装饰，从而更符合个体的需要。虽然它的受众群从时空上来讲也是广泛和分散的，但以手机号形式出现的手机用户比起以网址出现的电脑网民更加固定和容易确定，从而将受众与传者的隔离抹掉。它拥有两个相对独立的话语空间，一个是点对点的私人空间，另一个是连接互联网形成的点对面的公共空间，而"一网打尽"的互联网只有一个空间，里面的各种话语割据空间而立。手机媒体人性化传播的特点代表着未来新媒体的发展方向。

手机传播打破了传统大众传播中传播主体的机构性、权威性，进而呈现出了传受主体的多元互动性及其在新的传播模式中权利的分解与集中的特征。

手机传播能够真正实现信息传播的5W：无论何时（Whenever），无论何地（Wherever），无论是谁（Whoever），无论什么内容（Whatever），能找到对方（Whomever），即任何用户可以在任何时间、任何地点获取任何信息并联系上任何人。

手机媒体具有以下优势：

1. 高度的移动性与便携性

手机媒体具有高度的便携性，信息传播极其方便。有人把手机媒体形象地称为"影子"媒体，因为手机往往24小时不离身，人们可以边走边看。媒体经济是一种注意力经济，眼球资源成为媒体最短缺的资源，然而受众有大量的零散时空被耗费，如等车、候机、坐地铁等，成为注意力的"盲点"，而手机媒体随时随地且无处不在的服务，正好填补了人们的离散时空，并通过吸引受众非连续的、间歇的、零散的时间段和空间段的注意力来获得经济收入，创造出"离散眼球经济"。

保罗·莱文森在2004年出版的《手机》一书中，对手机发展做了最乐观的分析。莱文森认为，人类有两种基本的交流方式：说话和走路。可惜，自人类诞生之日起，这两个功能就开始分割，直到手机问世，才将这两种相对的功能整合起来，集于一身。手机之前的一切媒介，即使是最神奇的电脑也把说话和走路、生产和消费分割开来。唯独手机能够使人一边走路一边说话，一边走路一边发短信。于是，人就从机器跟前和禁闭的室内解放出来，进入大自然，漫游世界。无线移动的无限双向交流潜力，使手机成为信息传播最方便的媒介。

霍华德·莱茵戈德（Howard Rheingold）在《聪明暴民：下一次社会革命》（*Smart Mobs*）一书中提到了新媒体全新的沟通模式：互联网的力量从电脑转移到手机上，诞生了全新的社会现象和全新的沟通模式。如果说电视的收视率、报纸的订阅率更多地依赖于用户的传统媒体习惯，那么，具有相当可读性、必读性、互动性、新奇性，类型丰富，能以不同内容、不同形式满足用户需求的手机媒体，就会成为用户随时随地获取信息的新的习惯性媒体。

手机媒体高度的便携性还带来了高度的个性化、隐私性与贴身性。手机是同人们生活黏性极高的"带着体温的媒体"，这就要求手机媒体传播者要按用户的需求提供个性化信息，即真正做到分众传播。

2. 信息传播的即时性

手机传播是一种数字化传播。手机传播速度快、时效性强、范围广、限制因素少，手机用户数量庞大，因此手机传播的受众群十分巨大。

手机媒体在即时性方面的优势已经彰显无疑，不用打开电脑或电视机，许多受众通过手机媒体就能看到权威媒体机构提供的实时新闻、现场图片或现场视频片段。例如，不少受众通过手机领略了"神六"升空的壮丽场景。新华网发出的第一条有关中石油吉林石化爆炸的图片新闻，不是来自摄影记者，而是来自当地居民用手机拍摄的照片。特别是当遇到台风、地震、山洪等突发性自然灾害时，手机媒体即时报道，沟通信息，有利于紧急避险。手机媒体还具有即时接收和动态传播的特点，可以像网站一样实现新闻的动态传播。

手机传播的更新速度快、更新成本低，其更新周期可以分秒计算，而电视、广播的周期用天或小时计算，报纸的出版周期以天甚至以周计算，期刊与图书的更新周期更长。手机传播的即时性提高了新闻的时效性。同时手机传播还具有一定的"信息接收的异步性"，例如，一条手机短信发过来，你可以在方便的时候再去阅读与回复。接收的异步性使受众无需受媒体传播时间的限制，可按自己的需要随时进行信息的接收与利用。

3. 互动性

手机传播是一种开放的互动式传播。传统媒体的传播方式在现实中通常是单向的，传播者与受众双方无法随时随地进行双向沟通。而手机传播既可以是单向传播，也可以是双向甚至多向传播，手机传播具有很强的交互性。

手机媒体在互动性方面也有着传统媒体无法比拟的优势。传统大众传播的单向性导致受众对媒介信息的反馈大部分是事后的、延时的，缺乏即时性和直接性。尼葛洛庞帝把网络区分为环状网络和星状网络。电视网是典型的环状网络，它的作业方式是"一对多"。而移动通信网则是一种典型的星状网络，是"多对多"的作业系统。其实，我们可以把星状网络界定为"无中心化机构的网络"。基于移动通信网的手机媒体正体现了这一特点，在此传播体系中传者与受者一律平等，受者亦构成这个传播体系中的一环，传者与受者之间没有明确不变的界限。因此，手机媒体不仅可以给用户发送他所需要的新闻，同时还具备跟踪、材料收集、读者调查、读者评论等多方面的功能，为受众提供了更多、更方便的服务，实现了更广泛、更迅速的互动。

4. 受众资源极其丰富

衡量一个媒体是否具有竞争力的一个重要指标就是现实和潜在的受众数量，而对手机媒体来说，最不用担心的就是用户资源。全球共 70 亿人口，其中已有 64 亿手机用户。拥有手机的人数是所有报纸读者的两倍多，手机用户也远远超过网民数。

手机已经不再仅仅是一个简单的通信工具，它的快速发展改变着人们的日常生活方式，成为传播、整合信息的设备，甚至是个人数字娱乐中心。未来移动通信产业发展的主要目标将从用户数量的扩张转移到人均利润最大化。虽然在许多成熟的市场，手机的拥有量已经达到饱和，但在利用手机进行信息传播以及赢利等方面，仍处于起步阶段。

5. 手机成为多媒体

手机信息处理功能日益强大。上网、拍照、录音、摄像已逐渐成为不少手机的基本配置，多媒体手机逐渐普及。手机的操作平台也发生了很大变化，手机已经成为电脑的一种形态，智能手机具有以通话为核心功能的传统手机所不具备的信息处理能力。

3G 时代的手机传播是一种多媒体的传播。它可借助文字、图片、图像、声音等任何一种或几种的组合进行传播活动。这种具有立体效应的多媒体传播组合可以更加真实地反映所报道的对象，给受众带来逼真而生动的信息体验。手机传播的新闻也可以是多媒体的。

真正推动手机成为大众化媒体的是 3G。3G 不仅是一种高新技术，而且是一个新兴的产业，是移动通信发展的方向。随着 3G 时代的来临，随着技术的完善、用户认知的不断提高和运营模式的逐渐形成，手机将更快更好地承载目前各种媒体的传播方式和内容，手机媒体及相关产业的巨大潜力也将随之得到显现。在 3G 基础上，文字、图片、音频、视频、网页、电子邮件、实时语音、实时影像等功能均可以在手机上实现，而这些新颖的功能结合在一起，所带来的不仅是集中发力的冲击，更能为不同需求、不同终端的用户提供不同的服务，也可通过多种形式形成一定的互补和替代，确保同一类内容在手机媒体中以不同的形式实现最广泛的传播。

6. 手机亦是新闻采访的重要工具

手机媒体技术的迅速兴起，使得全世界几乎所有普通民众都能够拍下突发新闻并迅速贴到互联网上，世界见证历史的方式因此而发生改变，名人们的糗事更是无处可藏。有些西方学者把这种现象称为"草根新闻""草根记者"，只要有手机就可做记者。

以前只能靠人脑记忆的事件现在可以以几百万像素的精度几秒之内完整地传

遍全球各个角落，拍照手机将这一趋势推向了新的高潮。图片的作用也日趋明显，例如，法院在审理刑事案件时，越来越依靠现场图片的证据作用；保险公司在处理交通事故的理赔时，除了听取当事人的回忆外，手机照片也成了重要的佐证。

7. 私密性

手机媒体是一种十分个人化的媒体，不像电视那样方便家人共同观看，也不像报纸那样方便多人相互传阅，而是带有鲜明的个人色彩、贴着个性化标签，具有很强的私密性。每一个手机终端对应一个具体的受众，这比互联网 IP 地址更能准确跟踪用户信息及行为。对于信息服务提供商来说，信息传播可以针对不同的受众群体甚至特定用户设定，从而提供有吸引力的个性化服务，满足受众的个性化需求；对于手机媒体用户来说，自主地位得到提高，自由选择和发布信息的权限扩大，隐私得到保证。

8. 整合性

手机媒体能整合多样的传媒形态，承载报纸、广播、电视等传统媒体的内容，并充分发挥出新媒体所具备的一切传播优势。手机媒体能整合多元的传播主体，将电信基础运营商和各种类型的 SP（服务提供商）、CP（内容提供商）融合到一起，将生产信息、传播信息的传者与接受信息、消费信息的受众合而为一。手机媒体能整合多样的传播方式，既可实现点对面（手机网站对用户）、面对点（多个用户向网站反馈信息）的传播，还可实现点对点（单个用户对单个用户）、一点对多点（聊天）、多点对多点（群组）等传播。

9. 同步或异步传播有机统一

手机媒体将同步传播和异步传播有机整合到了一起，用户借助手机媒体提供的各种传播工具，既可以实时接收传播者传递出来的信息，与其他用户进行实时交流，也可以选择任何自己愿意的时间接触传播者传递出来的信息，与其他用户进行跨时间交流。这与新媒体模式的特征十分相似。手机媒体的特殊性在于，它是与人形影不离的传播工具，能有效缩短甚至消除异步传播的时间差，实现同步传播与异步传播的有机统一。比如，电子邮件是异步传播方式，但手机邮箱的邮件到达提醒功能，能让用户更快知晓邮件内容；即时通信工具具有留言功能，手机即时通信的留言提醒服务，能让用户不必被动等到下次上线才去提取。

10. 传播者和受众高度融合

较之新媒体，手机传播的出现进一步打破了传统媒介的传播者地位，清除了一般受众进入媒体的障碍，使得每一个人都能通过手机媒介行使自己的信息发布权和意见表达权。在这种情况下，传播者和接受者的角色发生了变化与融合。就组织机构类型的传播者而言，既要进行网上信息发布，又要强化受众意识，及时接收整理用户的反馈，并作出调整，以便最大限度地吸引用户。对普通受众而言，随时随地都在传播者和受众的角色之间转换，比如浏览新闻时是受众，发表跟帖评论时是传播者；浏览别人的博客时是受众，而开办自己的博客又成为传播者。而手机独具的随写随拍随录随发功能，使每一个用户时时刻刻能往手机网站或互联网站上发布新闻信息、图片、视频等内容，普通受众的传播者角色得到空前强化。

11. 手机传播强调个人化、人性化，强调用户参与

与传统的大众传播相比，手机媒体在传播类型上具有明显的多样性，集人际传播、群体传播、组织传播、大众传播于一体。手机本身就是人际沟通工具，借助手机媒体上的各种论坛、聊天室、移动QQ、微信等，人与人之间的交流渠道更加丰富。群体传播在手机媒体上也能便捷地实现，不少手机网站都在倾力打造主题BBS、专题论坛、手机社区等，方便有共同爱好或需求的用户交流。通过手机进行组织传播应用已经较为广泛，不少单位和部门开发了专门的手机信息发布平台，直接通过手机短信的方式传递组织内的各种信息；北京等地政府部门还通过手机短信的方式将突发事件应急信息、市政建设信息等第一时间告知市民。手机媒体的大众传播功能正在不断加强，一些传统媒体在无线互联网上安家落户，一批以新闻信息服务为特色的手机网站逐渐兴起，具有越来越大的社会影响力。这些传播类型相互交织，在一定条件下可以相互转化，比如通过移动QQ，既可以进行人际传播，也可以进行群体传播、组织传播，甚至可以进行大众传播。

手机传播具有人性化的特点。保罗·莱文森提出了媒介演化的"人性化趋势"理论，认为人类技术发展是在模仿甚至复制人体的某些功能，是在模仿或复制人的感知模式和认知模式；并认为任何一种后继的媒介都是一种补救措施，都是对过去的某一种媒介或某一种先天不足的功能的补救和补偿。换言之，人类的技术越来越完美，越来越"人性化"。[①] 作为继新媒体之后出现的又一新型传媒，手机媒体在很多方面克服了其他媒体的不足，会越来越张扬自己的独特个性。手机媒体能实现信息产品和家电产品功能的一体化，实现各种媒体功能的集约化，例如通过手机可以看电视，可以拍摄照片、录制视频并直接传播，摆脱了众多设备和程序的束缚，充分体现了"人性化"特点。手机媒体形体小巧，易于携带，更符合个体的需要。手机媒体是人能够"掌握"和控制的媒体，不像传统媒体那样把人与媒体分离开或像新媒体那样把人"淹没"其中，更能凸显人的主体性。

---

① [美]保罗·莱文森：《手机：挡不住的呼唤》，何道宽译，中国人民大学出版社2004年版，第6、7页。

手机是"作为人体组成部分"的媒体，具有有机体的性质，是"媒介即人的延伸"的生动诠释。

但是，作为新媒体的延伸，新媒体的许多特性（包括不足）也延续到手机媒体中。现阶段手机媒体存在以下不足：（1）虚假与不良信息传播。一些不法分子发布虚假信息，大肆招摇撞骗，各种淫秽信息和流言蜚语借手机流传，败坏了社会风气，误导公众，导致社会秩序混乱。（2）侵犯个人隐私。彩信MMS手机把摄像镜头安装在手机的背部，并且可以被隐藏起来，因此佯装打电话，就能轻而易举地拍下一些机密的东西或侵犯个人隐私。（3）信息垃圾。目前中国网民收到的垃圾邮件数量已经与正常邮件数量相当，垃圾短信也不计其数。（4）信息安全。一些手机黑客针对手机软件专门设计了一些病毒，对广大的手机用户进行攻击。（5）手机所固有的技术缺陷，如屏幕小，电池供电量不足等。

尽管手机媒体存在种种不足之处，但它作为新媒体已经实现移动电话媒介身份的突破，正在成为人们随身携带的信息系统。手机作为新的传播终端，以高效、便捷、及时、互动的特性，为人们提供更为丰富、更为个性化和随时随地的信息服务。这将是一种不同以往的、向传统媒体发起挑战的全新的文化生产样式和信息传播渠道。

从手机媒体的特点来看，它完全不同于传统媒体，而是和网络的传播特性较为接近，其功能是多元合一，比如，通话时手机就是移动电话，发短信时就是文字媒介，用手机上网时就是新媒体。

作为具有信息载体功能的终端，手机在实现自身基本功能属性的过程中，面对海量的终端用户进行直接接触，因而有可能把特定信息进行最大限度的有效传播，进而达到一种类似、甚至超过传统媒体的大众传播效果（无论是在广告还是新闻方面）。在当今这个信息爆炸的年代，现代社会正以细胞裂变的方式不断地制造信息，传统媒体在满足人们日益增长的信息需要时也遇到了各种局限，渴望自己的信息能够更快、更好地传递给他们的目标客户群体。这种供求关系的扩张，使得将传统媒体的优势和手机的优势结合起来成为可能。一方面，即时滚动新闻的推出使得用户可以随时随地看到一些重要而简短的新闻；另一方面，报纸、广播、电视等传统媒体长期发展形成的信息采集网络、媒体品牌、广告经营以及社会公信力，也是目前其他新兴媒体所无法逾越的门槛。传统媒体与手机媒体的结合改变了信息的传播方式和内容表现形式，但最深层次的本质并没有发生变化，从长远来看，这有利于传统媒体强化自身的品牌优势，进而吸引更多的受众使用传统媒体的服务。

总之，手机媒体的基本特征是数字化，最大的优势是携带和使用方便。同时，手机媒体作为新媒体的延伸，具有新媒体互动性强、信息获取快、传播快、更新快等特性，这些特征使得手机媒体能够渗透到人类社会活动的各个层面，深刻影响人类的传播活动。

思考题

1. 你如何看待手机媒体？
2. 试分析手机媒体与网络媒体的关系。

第七章

网民研究

第一节 网络时代的受众理论

一、受众、网络受众和网民

受众,简单地说,便是接受信息的人。传统意义上的受众是观众、听众、读者的统称。受众,在传播过程中是信息到达的终点(信宿),传播过程可以简要表示为:信息→新闻传播者→大众传媒→受众及少量的信息反馈。在这里,受众是与新闻传播者相区别的一个相对固定的群体,在传统信息传播过程中,他们只能被动地接受新闻传播者所传播给他们的完全一致的信息内容。而在受众主动性、选择性很大的网络传播中,有条件的受众摆脱了被动的地位,成为与新闻传播者一样的主动的信息传播参与者。

受众既包括大规模信息传播中的群体,即报刊的读者、广播的听众、电视的观众,也包括小范围信息交流中的个体。随着网络传播的出现,受众中又加入了一个新的成员——"网络受众","受众"的定义在网上被赋予了新的含义。网络传播中,无论是信息发布者还是受众,首先都是网络媒介的共同使用者。有条件的受众既可以在网上接受信息,也可以发布信息。所谓网络受众,我们可以定义为:网络传播的信息接受者,可以是一个人,也可以是一个组织、团体或国家。

由于网络传播具有主动性和互动性,网络受众也有着传统媒体受众所不具备的许多新的特点。网络传播中的传播者和接受者可以在瞬间进行角色转换,这种转换尤其在BBS论坛、电子邮件、网上聊天中表现得十分明显。在网络传播中的许多情况下,信息的传播者和接受者在动态上难以清晰区分,两者的界限比较模糊。当然,网络传播中的传播者和接受者在静态上还是能够区分的。

"网民"泛指上网者,上网者除了通过浏览等方式接收信息外,还经常通过BBS论坛、电子邮件、网上聊天等方式发布和传播信息,即扮演传播者和接受者的角色。只有上网者处在单纯的接受信息的状态时，我们才能称之为"网络受众"。"网民"和"网络受众"是联系十分紧密的两个概念，网民有时既接受信息又发布信息。从外延看，"网络受众"是"网民"的子集，或者说是组成部分。在逻辑上，研究网民必然包含了对网络受众的研究。

由于客观条件（经济、技术、时间、知识技能等）的限制，至少在目前的大多数情况下，网民依然主要处在信息接受者的位置，即主要以网络受众的身份出现在网络传播中。从整体上看，网民发布、传播信息的影响力、科学性、真实性、可信度，还无法与经济技术等各种实力雄厚的新闻网站、商业网站等相提并论。事实也是如此，绝大多数网民在上网时浏览、检索、下载、接收的信息要远远多于上传、发布的信息。尤其是网络新闻传播（例如新浪网、搜狐网、人民网、新华网的新闻发布）更类似于传统的大众传播，网民的受众（信息接受者）角色是十分清晰的。但是，随着网络的迅速发展和网民自我意识、民主意识的进一步提高，将来会有越来越多的网民发布高质量的信息。

显然，在理论研究和实践中，都难以将"网民"与"网络受众"两者截然分开。本书的"网民研究"也可以理解为"网络受众研究"。由于网络传播具有互动性，传播者与受众之间的界限十分模糊，两者角色可瞬间转换，因此可以用"用户"一词取代"受众"。

从20世纪90年代开始，网络传播的崛起产生了巨大的社会影响。国内外一些调研机构和企业对网民作了大量的调查，积累了大量的数据。国内有中国互联网信息中心（CNNIC）每半年一次的调查，中国社会科学院、一些高校、市场调查公司也作了大量的网民调查。国外的 Nielsen/NetRatings 公司、Netvalue 公司、Jupiter Media Metrix 公司、IDC 公司等知名网络调查公司和机构以及一些高校和研究机构也作了大量的网民调查。

目前的受众理论是基于传统媒体产生的，难以合理解释网民现象。从受众角度看，网络传播具有交互性和主动性等特点，这些传统大众传播方式所不具备的特点使得原有的受众理论亟须更新。

二、网络传播的互动性

无论是施拉姆，还是马莱兹克，都强调受众社会结构的传播模式，受众反馈几乎都是一种"延迟"行为，大众传播中的反馈不能像人际传播中的沟通那样得到及时的回应。而且，就传播资源、传播能力以及传播时间而言，传受双方是不平等的，反馈在大众传播中是一个薄弱的环节。在现代大众传播中，尽管传播者充分注意到受众的反馈意见，诸多媒体设置了一系列渠道，实现了传受之间的直接对话，但是这种沟通仍然不能及时、准确、全面地反映所有受众的意见。

与传统媒介最大的不同是，互联网实现了类似于人际交流的双向信息传播模式，即互动性，这是对旧有传播方式的一个革命性的变革。互联网是双向、多向交流的媒体，互动性是网络传播较传统媒体的一大优势。在网络传播中，受众享有了前所未有的参与度，成为媒体的一部分。受众由被动变为主动，既可以随心所欲地从媒体中"拉"出所需信息，也可以参与媒体的传播活动，媒体和受众形成充分的双向交流。

网络传播的交互性有两种含义：一方面指用户在网络上获得信息时，可以有更多的选择权、自主权，即可以主动地全球范围地选择信息源，可以自己控制何时以何种方式获得何种信息。另一方面，指信息的提供者与信息的接收者之间的关系，主要是指用户的反馈。交互性最重要的一种方式就是以受众为主体的交互式网络论坛。此外，网上的民意调查及 E-mail 方式的读编交流等也是实现网络传播交互性的重要手段。

新闻网站对于互联网的交互性的利用大致分为两个方面：网络受众与传播者之间和网络受众之间的相互沟通。

1. 网络受众与传播者之间的相互沟通

传播学认为，传播者必须注意传播对象的意见反馈，根据对象的变化调整传播方式和内容，这两者之间的互动做得越好，传播效果就越好。应该说传统媒体主要通过电话、读者来信、问卷调查等方式了解受众意见和建议，但主动给媒体致信致电讲述自己看法和要求的受众占全体受众人数的比例很低，而媒体进行意见调查则需要花费较多的人力、物力、财力和时间，难以经常开展。总之，传统媒体受众的反馈手段比较落后，反馈通道不够通畅，反馈信息量小、速度慢。而网络传播的一个显著优势就是可以利用先进的技术手段加强媒体与受众之间的交流，这是因为：

首先，上网的计算机可以根据受众点击的次数很快计算出阅读频率最高的新闻，随时跟踪受众关注的焦点，将新闻根据受众的关心程度进行排列，并提醒有关记者采写跟踪报道。

其次，可以在网上组织较大规模的民意调查，以较低的成本在短时间内掌握受众对新闻事件的态度或是对媒体的看法、要求。虽然参加网上评选的受众不是随机取样，没有普遍代表性，只代表了部分网络用户，不具有统计学的意义；并且网上调查与传统民意调查有着一定的不同，网上调查对象只能来源于网络的使用者，而目前这部分使用者具有一定的特殊性，把一些涉及普通大众的问题拿到网上做调查，结果就会产生偏差。但是，网上调查仍为许多网络媒体采用。这样做的好处在于：一来可以促进受众参与其中，二来也能够多少了解一些网民的观点和看法。

最后，网络媒体可在主页上设置专门收集网民意见的留言栏、电子邮箱、网络论坛 BBS 等，这就使得每一个网络用户不仅可以迅速、自由、充分地与媒体交换意见，向它们提供新闻线索和投稿，而且还能够了解到其他一些用户的看法，增强了用户之间的横向联系。由于反馈和互动得到广泛加强，网络传播便可以根据用户的要求及时调整传播政策和内容，提供适销对路的新闻信息产品，从而更好地控制传播过程，获得最佳的传播效果。

2. 网络受众之间的相互沟通

传统媒体的传播模式是将信息传至受众个人，传播过程就基本到此结束，受众之间的交流不可能利用媒体进行，所以大都在可见面的人群范围内交流。网络传播则不然，受众之间可以利用媒体跨越空间距离进行广泛充分的交流。网络上电子公告牌系统、邮件目录群、在线闲谈等都是典型的交流信息的场地。

受众之间的交流可以通过网上论坛和聊天室进行。在电子论坛和聊天室里，受众可以畅所欲言，相互之间进行实时或非实时的讨论。随着上网人数的增加，越来越多的人加入网上聊天的行列。网络传播中的"互动式"讨论具有匿名性。设立电子论坛还可以研究人们的真实心理状态，观察现实生活中的压力对人们的影响，以及他们如何通过讨论来减压。

网络传播的交互性使得传播者与受众之间的关系发生了一定的变化。网络传播的交互性引发受众的主动性，在网络传播活动中受众的参与意识大大加强。

传播学理论认为，任何传播行为，尤其是大众传播都应该是双向的，只有及时获得受众反馈才有可能获得理想的传播效果。由于受到经济技术条件的限制，传统媒体的传播方式基本上是单向的，受众处于被动接受的地位，而网络的互动性则使网络传播的传播过程成为一个闭合的回路，这将有助于媒体便捷、低成本地搜集受众反馈信息，从而提高传播效果。目前，许多网络媒体在自己的网页上设立了可以联机填写的调查问卷，调查涉及方方面面，既有对社会热点问题的看法，也有对该媒体的评价和看法。传统媒体虽然也很重视对受众的调查和搜集受众反馈，但与网络传播相比，其反馈和整理的速度要慢很多，为此花费的成本也要高得多。

三、网络传播带给受众信息获取的主动性

进入 20 世纪 90 年代中期，互联网规模快速扩张，成为全球最大、也是最流行的计算机信息网络。互联网的迅猛发展，已将世界各国、各地区连成一片。它打破了传统的地缘政治、地缘经济、地缘文化的概念，形成了虚拟的以信息为主的跨国界、跨文化、跨语言的全新空间。在这种情势下，受众的地位及其反馈发生了根本性的转变。网络传播中受众的主动性表现得十分明显。在网络传播中，

受众能够主动地选择自己感兴趣的、需要的媒介信息，他们积极地使用媒介，而不只是被动地听任媒介的摆布。

在传统的大众传播过程中，受众只能被动地接受大众传媒传递的信息。在网络传播中，受众可以对信息进行自由选择，包括选择信息内容和信息的接收形式以及接收的时间和顺序。目前网络信息是名副其实的海量，不仅有文本，还有图像、声音，供受众自由选用。在信息的编排上，网络媒体除少数重大新闻事件采取同步传播外，对大多数信息采取异步传播，将各种信息散布在网上并随时更新，让网民可以随时在网上按自己喜爱的顺序浏览或下载新闻信息。网络传播改变了受众的地位和角色。有条件的受众不仅将从被动地接受信息变为主动地获取信息，而且还将进而主动地报道甚至发布信息。

传统的大众媒体是点对面的传播，传者处在中心控制地位，受众较少有主动选择的余地，受众的个性化受到一定程度的限制，比如广播、电视的线性传播，带给受众的是强制性，它迫使受众只能按时间顺序线性地看下去。传统的大众传媒在发送信息方面有两个特点：一是单向的推送式，媒体把经过编排的信息推送给受众；二是点对面式，一家媒体向众多受众推送同一种信息。大众媒体发送信息的特点决定了受众获取信息的方式：一是被动的，受众不管愿意与否，只能接受既定的信息；二是群体性的，受众无论喜恶如何，只能是大家接受同一类信息而别无选择。

网络传播打破了传统大众传媒的单向传播模式，使得信息发送有了双向交互和点对点的特点。这种传播特点决定了受众获取信息的方式：一是主动的，受众从丰富多彩的网络中自己拉取信息；二是个性化，受众根据个人的需要想选择什么就拉取什么。这种从群体向个体的转移，无疑增强了受众的自主性。

网络传播中，受众不再是被动接受信息，而是主动发现、处理信息。传播者与受众之间的关系发生了根本变化，"受众中心"替代了"传播者中心"，受众地位得到了充分的尊重。

现在的受众已不再满足于你说我听或者你播我看的旧有传播方式，市场经济的冲击及观念的开放，使得受众结构发生分化，受众变成了一个个有着不同愿望和需求的"小众"群体。主体意识的增强，使得受众的参与意识较从前有了很大提高，网络媒体的发展促进了个性化传播趋势。除了传播方式的变革外，我们的政治将更加民主化，我们的经济、文化、社会和个人生活、学习、工作都将更加多样化。这些都加速了个性化传播趋势。不仅信息来源很多，选择余地很大，而且随着人们独立思考和判断能力的不断加强，个人的独立自主性也会相应增强。受众眼界开阔，文化程度提高，独立思考、判断的能力和习惯增强，盲从度会大大降低。这与生活的多元化，各种选择机会的丰富多样相结合，受众个人的独立性和自主性便会更强,受众需求的个性化程度就会不断提高。

四、网络传播对受众接近权的突破

接近权,指"大众即社会的每一个成员皆应有接近、利用媒介发表意见的自由"[①]。

从传播学角度而言,受众接近权的强调有比较突出的意义。

一是有利于提高传播效率。一个有效的传播模式不仅要包括从传播者到受众的信息流动,而且也应该包括从受众到传播者的信息反馈,只有实现传播者与受众之间的信息互动,才能使传播者的传播更好地满足需要,更充分地被接受。而要建立畅通的反馈渠道,就必须保证受众的媒介接近权,使受众可以对媒介的报道进行纠正或补充,提供新的事实,并发表自己的意见和看法。

二是有利于建立健康积极的媒介环境。传播理论认为,在客观环境和人们对它的认知之间,存在着一个信息环境,这主要依靠大众传播媒介来构造。这个虚拟的媒介环境能在多大程度上接近真实,依赖于传播者的修养、良知和观察力。如果受众不是被动接受,而是可以主动参与这一构造过程,无疑将对传播者的行为产生有效的约束。

三是比较妥善地理顺了信息源和传播者之间的关系。在信息源和传播者之间一直存在一个悖论。理论上讲,信息源是传播的真正源头,传播者的传播活动依赖信息源,但在实际操作中,因为传播者握有选择权,反而变成信息源依赖于传播者才有可能被受众知晓。受众接近权的提出,理顺了两者的关系,当受众主动接近媒介时,受众转为信息源的角色,并为信息源赢得了一定的主动性和独立性。从社会发展角度看,受众接近权成为实现现代民主制度的一个重要途径。尽管理论上强调受众接近权有着积极意义,但是在现实中要真正实现它还面临着诸多困难。美国学者巴隆企图借助于法律的保障,实际上,法律保障依赖于现实的物质基础,缺乏基础便难以实施。这种现实困境表现在:

(1) 传统大众传媒时间和版面的限制性。这决定受众提供的意见和事实不可能全部被反映,只有极少数可能获得被大众传媒传播的机会。

(2) 传统媒介的高度选择性。时间和版面的限制给媒介的选择以普遍认可的理由。而媒介出于自身立场和利害关系的考虑,必然在选择时有所偏重和回避,这使受众提供的意见和事实实际上很难获得公平对待。

从实际运作来看,目前,传统媒介和受众对接近权的认可程度都还不高。辟出专门版面刊登读者来信的报纸不多,有的只是刊登在报纸中缝。广播电视上热

---

① 张国良主编:《传播学原理》,复旦大学出版社 1995 年版,第 171 页。

线电话类的节目差不多都属于传播者的议程设置，受众意见是被限定和被选择的，理论上是媒介反映舆论，实际是媒介成为舆论代言人，真正的舆论（社会普通公众的言论）离媒介很远。媒介的这种现实状况也影响了受众参与的积极性。网络这一新技术的诞生使我们看到走出困境的光亮。首先是网上勃兴的电子论坛使用户可以自由发送信息、交流观点、展开讨论，为民间信息和意见提供了一个重要集散地。接着是传统媒体建立网站，为获得点击注意力，想方设法吸引用户参与，不再忽视大众意见，开设出各种网上论坛。在电子论坛中，受众的接近程度已经相当高。

网络对受众接近权实现的积极意义在于：

（1）网络传播打破了传统媒介的信息准入特权。传统媒介作为庞大的信息机构，人们在赋予它监视环境的职能的同时，也赋予它选择的职能。这样就产生了大大小小的媒介把关人，他们拥有信息准入的特权。符合把关人利益的信息被传播，符合公众利益而与把关人利益相违背的信息则可能被遏止，把关人（媒介）利益超越于公众利益之上。这样的结果可想而知，强势力量可以利用媒介，处于弱势地位的声音则难以接近媒介。

网络技术使人们期待已久的大众传播过程中的互动不再那么艰难，并以其开放式结构和海量存储能力为各种信息、意见的进入与碰撞提供了包容空间。对于受众来说，网络技术最大的意义可能在于提高了他们在传播过程中的地位，他们由被动的接受者变成主动的参与者。网络较低的准入门槛（一定的技术、文化和物质条件），在为大众发表多样意见提供园地的同时，也就打破了传统媒介的信息准入特权。

（2）网络使个人意见获得有力传播。"大道不传小道传"曾经是在大众传播统治下处于弱势地位的信息的唯一选择。个人意见要想产生较为广泛的社会影响，希望是渺茫的。网络的出现则改变了这种状况。虽然目前从总体情况来看，网络影响力还不敌传统媒体，但传统媒体也不可轻易忽视之。古典自由论所极力倡导的"观点的自由市场"，几个世纪后可能将在网络上获得体现。

（3）网络使传统媒介的权力受到制约和监督。自从传播学的社会责任理论提出以来，人们一直都在探讨如何监督媒介的问题。人们寄希望于媒介自律、媒介管理、媒介教育和公众监督等渠道。但细想，媒介的权力并非一种实在赋予的权力，它是依靠其在信息传播中的特殊地位，作用于社会舆论而产生的特权。因此，要想监督媒介权力，只有先打破它在信息传播过程中的垄断地位。现在，网络承担起了这个角色。我们已经在不止一个案例中看到，大众传媒所制造的舆论氛围被打破，它们不得不尊重事实的真相和真正的社会舆论。

网络正在实现受众接近权，网络成为了信息传播的另一种渠道。一部分因为种种原因而没有进入大众媒体的信息，可以首先在网络上找到存身的空间，并可以获得一些浏览者的关注，传统媒介所制造的权力空间因此被打破了。

网络使弱势信息获得沟通交流的机会。大众传播学著名的"沉默的螺旋"假说，在网络时代有望改观。通过网络，在大众传播中处于弱势地位的信息，可能绕过大众传播的环节，在网民乃至网外产生一定的影响。社会弱势的声音在网络世界里有了表达的空间。

当然，网络上信息准入的宽松也产生一些负面效应，最主要的表现就是信息的可信度低。一部分人无事生非，制造信息垃圾使人们真假莫辨，从整体上降低了网络传播的影响力，同时也影响了受众接近权更好地实现。

五、网络传播挑战"沉默的螺旋"理论

"沉默的螺旋"假说是德国学者 E. 诺埃尔于 1974 年在一篇论文中最先提出的。1974 年，她在《沉默的螺旋：舆论——我们社会的皮肤》一书中，对这一理论进行了系统的阐述。诺埃尔认为，舆论的形成与大众传播媒介营造的意见气候有直接关系。大众传播有三个特点：多数传播媒介报道内容的类似性——由此产生共鸣效果，同类信息传播的连续性和重复性——由此产生累积效果，信息到达范围的广泛性——由此产生遍在效果。这三个特点使大众传媒为公众营造出一个意见气候，而人们由于惧怕社会孤立，会对优势气候采取趋同行动，其结果造成一方越来越大声疾呼，而另一方越来越沉默下去的螺旋式过程。

尽管这一假说夸大了人的从众心理和趋同心理的作用，但它在一定程度上反映了大众传播媒介对舆论形成所起的重要作用。同时，诺埃尔还把舆论比作社会的皮肤，以表明大众传播媒介在维持社会整合方面所起的重要作用。

在"沉默的螺旋"假说中起重要作用的"从众心理"会因为网络时代的到来而有所改变。从心理学的角度来说，从众心理的产生主要是由于认知失调和对孤独的惧怕。从认知失调理论看，群体的压力会让人产生失调，而从众是减少失调的一种有效方法。但是在网络中，网民的身份往往是匿名的，而且多数群体并不是稳定的，网民在这样的群体中如果感到失调，可以通过转换群体的方式来逃离让他感到失调的环境，因此，相对来说，从众心理发生的机会较少些。从人害怕孤独这方面来说，这种心理往往是在人们的生活圈子较小的时候表现得比较强烈，这时一旦人在意见上陷入孤独，往往也意味着他在其他方面也陷入孤独，而且这种局面没有积极的办法可以扭转。但是当人们的交往能力随着网络技术得到扩展时，人们的交往空间也得到了极大的扩展，因此，消除孤独的方式也变得多种多样。这时，人们采取的往往不是消极的从众措施以保护自己，而是积极地在网络中去寻找盟友。

网络时代被认为是一个尊重个体的时代，它更承认人们个人意见的表达与个性的发展，所以相对来说，传统的从众心理可能会表现得较弱一些。网络社会将是一个舆论更分散的时代，"沉默的螺旋"理论虽然在网络传播中未完全失效，但是受到了很大冲击和挑战。

第二节　网民由精英走向大众化

在传播学的受众研究中，定量研究方法起到了重要作用，传播学史中著名的有关受众的理论基本上都是建立在对大量一手数据的定量分析和研究的基础之上。在网络媒体日益兴盛的今天，对网民进行定量研究显得十分迫切和重要。

依据中国互联网络信息中心公布的《中国互联网络发展状况统计报告》，以及在互联网上获得的 Netvalue、Nielsen/NetRatings、JupiterMedia Metrix、IDC 等知名网络调查公司和机构的调查数据，我们对网民进行了以定量研究为主、定性研究为辅的研究，发现了网民的几大特征和趋势。

互联网在发展的初期很大程度上是"贵族"的"专利"，这里所说的"贵族"是指受教育程度和经济收入较高的年轻单身男性。国外早期的调查报告也得出同样的结论。一般的研究也认为，初期网民的群体特征为：信息需求大、年轻、受教育程度高、收入多、身处发达地区，以男性和白领为主。但是，通过对历次数据与国内外最新数据的对比研究，我们发现，网民已经开始呈现出大众化趋势（或称为"平民"化趋势），互联网日益普及。

一、全球网民数量增长趋势

中国互联网络信息中心第一次公布《中国互联网络发展状况统计报告》是在1997年。截至1997年10月31日，中国互联网用户人数是62万，此后每年统计和公布两次。

智能手机与3G的普及、无线网络发展（包括公用和私有 WiFi 的发展）和手机应用的创新，使得手机上网成为互联网发展的新动力。一方面，手机上网的发展推动了中国互联网的普及，尤其为受网络、终端等限制而无法接入的人群和地区提供了使用互联网的可能性；另一方面，手机上网推动了互联网经济新的增长，移动互联网的创新热潮为传统互联网类业务提供了新的商业模式和发展空间，如打车应用、电商实时物流、微博商业化等均被视为互联网应用的创新典范。

互联网具有高黏性和高传播性。一旦用户接触互联网，流失率极低；另一方面，网络游戏、即时通信、博客、论坛、交友等应用具有极强的互动功能，这些功能会推动相关应用的传播，这种传播既包括向网民的传播，也包括向非网民的传播，而向非网民的传播将推动网民规模的扩张。网民规模的扩张会推动网络价值的提升，而网络价值的提升又进一步增强网络扩张力。根据梅特卡夫定律（Metcalfe's Law），网络的价值与网络规模的平方成正比。随着网民规模的快速增长，网络的价值不断膨胀，将目光瞄向互联网价值的机构和个人所创造的内容，反过来进一步增强了网络的扩张力和吸引力。

2012年，全球网民人数突破创纪录的25亿人，其中亚洲各国新增人数之和占新增总人数的近54%，为世界各洲之冠。

互联网的发展有其客观规律，比如韩国实行了一段时间的网络实名制，在一片声讨中于2012年底黯然收场。在阿拉伯、中东变局中，互联网所起的作用有目共睹。其中埃及、伊朗等国政府面对民众抗议的浪潮，都有过断网举措，但最终还是挡不住互联网强大的力量，还网于民。

2013年，全球网民最多的5个国家分别为中国、美国、印度、日本和巴西，而2008年的排名是美国、中国、日本、巴西和德国。

国际电信联盟的研究报告显示，到2014年底，全球互联网用户数量将会逼近30亿，这个数字相当于全世界人口的40%。2013年初，全球近80%家庭拥有电视机，而拥有计算机和互联网接入的家庭比例分别为41%和37%。报告统计，全球11亿家庭仍没有接入互联网，其中90%位于发展中国家；欧洲的互联网渗透率最高，约为75%；而亚太地区的互联网用户数量最多。

2013年世界上网民数量最多的20个国家排行依次为：

(1) 中国。中国网民数量占全世界网民的22.4%，成为世界第一大网民国。

(2) 美国。美国的互联网是世界互联网的基础。在美国，互联网接入主要是由私人机构提供并提供多种技术。美国总共有3.14亿人，网民占了78.1%，成为世界第二大网民国。

(3) 印度。从20世纪90年代起，印度的电信业得到了飞速发展，在10年的时间里增长了20倍。而印度也成为世界第三大网民国，12亿人中有1.37亿人是网民，占全国总人口的11.4%。

(4) 日本。日本作为东亚的一个岛国，总共有1.27亿人，网民数量为1.01亿人，占全国总人口的79.5%，为世界第四大网民国。

(5) 巴西。互联网1988年在巴西生根。现在其网民已经达到8849.4万人，巴西总人口为1.93亿人，网民占全国人口的45.6%，占全世界网民的3.7%，成为世界第五大网民国。

(6) 俄罗斯。在俄罗斯1.42亿人中有6798.2万为网民，占全国人口的 47.7%。

(7) 德国。德国是第七大网民国，德国网民为 6748.3 万人，占全国总人口的 83%，占全世界网民的 2.8%。

(8) 印度尼西亚。印度尼西亚有 5500 万网民，占全国总人口的 22.1%，占全世界网民的 2.3%。

(9) 英国。在英国有 5273.1 万网民，占全国总人口的 83.6%，占全世界网民的 2.2%。

(10) 法国。法国网民人数为 5222.8 万，占法国人口的 79.6%，占世界网民的 2.2%，是世界第十大网民国。

(11) 尼日利亚。在尼日利亚，1.7 亿人口中网民占 28.4%，数量为 4836.6 万人。

(12) 墨西哥。墨西哥 4200 万网民占总人口的 36.5%，占全世界网民的 1.7%。

(13) 伊朗。伊朗总共有 7886 万人，网民 4200 万人，占到总人口的 53.3%，是全世界网民的 1.7%。

(14) 韩国。韩国总共有 4886 万人，网民就有 4032.9 万人，占全国人口的 82.5%。

(15) 土耳其。土耳其网民为 3645.5 万人，占全国人口的 45.7%，占世界网民的 1.5%。

(16) 意大利。意大利共有 6126 万人，网民有 3580 万人，占总人口的 58.4%。

(17) 菲律宾。菲律宾总人口 1.03 亿人，网民约为 3360 万人，占全国人口的 32.4%。

(18) 西班牙。西班牙网民占总人口的 67.2%，共有 3160.1 万人，占全世界网民的 1.3%。

(19) 越南。越南的网民为 3103.5 万人，占总人口的 33.9%，是全世界网民的 1.3%。

(20) 埃及。埃及共有网民 2980.1 万，是总人口的 35.6%，占全世界网民数的 1.2%。

美国是名副其实的网络大国，从购物到旅行，从投资到理财，样样离不开互联网，网络彻底改变了美国人的生活。电脑在美国家庭相当普及，家家都有一两台台式机或笔记本电脑，所有的机场、旅馆、图书馆都有无线上网设备或有线上网端口，很多美国人外出都习惯性地带上笔记本电脑和智能手机。

近几年，社会化媒体在美国网民中的被关注度日益显著。2013 年 5 月 22

日，皮尤"因特网与美国生活项目"和哈佛伯克曼研究中心共同发布调查数据，94％的美国青少年网民使用Facebook，其中很多人的好友群超过400人。此外，Twitter、Instagram使用量也得到大幅度提升。

2013年3月22日，美国市场研究机构comScore发布了有关欧洲地区智能手机、宽带和视频等消费者数字服务数量的报告。comScore在这份报告中指出，总体而言，截至2012年底，欧洲的网民数量呈现增长势态，达到了4.083亿，而其中来自俄罗斯的网民数量则高达6130万，俄罗斯也由此成为了欧洲网民数量最多的国家。此外，在英、法、德、意和西班牙这欧洲五大市场上，移动用户总数量也增加到了2.41亿，其中57％的用户是智能手机用户。

就网民数量而言，comScore的报告显示，欧洲市场的网民总数量已经达到了4.08亿。在英国、法国、德国、意大利和西班牙五个国家中，每个国家的移动用户数量都超过了各自国家人口的一半。其中居于领先地位的是西班牙，该国约有66％的人口使用智能手机。另外，数据还显示，三星和Android在欧洲五强智能手机市场上占据主导地位，三星大约占据了1/3的市场份额，而Android则占据了该地区智能手机操作系统市场一半左右的份额。

日本在2005年成为世界上第一个网民用手机上网超过用计算机上网的国家。Internet在日本迅速普及，日本在吸收美国经验的同时，更注重手机上网。手机上网的高度普及是日本网络业的一大特色。日本I-MODE诞生于1999年2月22日，其发展令世人瞩目。日本也是全球第一个大规模将3G（WCDMA）商业化的国家，3G网络在日本十分普及。

在日本，网络创造了很多商业机会，雅虎和乐天等网站上商家云集，网上购物十分盛行，人们不出门就能在网上订购各种各样的商品，衣食住行几乎无所不包。网上商店成本较低，商品相对便宜，这对那些没有时间上街购物的人来说是绝好的选择。日本的网络上还形成了一个庞大的人才供需市场，用人企业和求职者可以在网上交流，各取所需。很多人利用网络进行证券交易，一些家庭主妇在照顾家庭的同时，利用网络在家中炒股。为了节约成本，有些企业开始尝试让员工在家中上班，员工可在家中借助网络随时与企业保持联系。

韩国是世界上宽带接入最为普及的国家。韩国所有地区的高速光缆主干网在2002年建成，韩国政府从2000年起投入40万亿韩元（1200韩元合1美元）的巨资，到2005年已在全国范围内全面建成超高速信息通信网，其互联网用户大部分使用新建成的超高速通信网络。

波士顿咨询公司2012年1月28日公布报告显示，2016年，世界网民数量将达到30亿，相当于全球近一半的人口将成为网民。届时中国的互联网用户将达到8亿，约是英国、法国、美国、德国和印度互联网用户的总和。2013年，移动终端成为访问网络的最主要方式,到 2016 年,移动终端将占据宽带连接终端总数的 80%。

二、传播学中的"扩散 S 曲线理论"与中国特有的"2000 万现象"

按照传播学界的共识,当一种媒介的使用者人数超过总体的 20% 亦即 1/5 以上,它就跨越了"普及"的门槛。以美国为例,为达到这一标准,广播用了 38 年,电视用了 13 年,而网络只用了 5 年。根据传播学中的"扩散 S 曲线理论",当一种新产品或服务在其潜在市场中占据 10%~25% 份额之际,扩散率就将急剧上升。

此外,手机正在成为媒体工具,促使网民数量飞速增长。短短几年,在中国,手机的使用不仅已经大为普及,而且手机的功能也大为扩充,它已由最初单一的双向语音通信工具,变成媒体信息的接收端和个人信息的发送端。尤其是随着第三代手机技术的完善与普及,手机正在成为互联网的延伸。手机技术的发展和手机功能的增强及扩大,以及手机新品不断推出,将使其媒体工具的特性越来越彰显,它不仅是人们随时随地获取信息的工具,而且是新闻记者及时快速传递新闻信息的利器。由于中国移动用户人数已经居世界第一,能够上网的手机被大量使用,这将极大地促进中国网络的普及。

在中国经济领域有所谓的"2000 万现象":彩电、冰箱、空调等均在用户数量达到 2000 万以后迅速走向大众化,中国手机的普及更加印证了"2000 万用户往往会带来雪崩效应"的观点。中国网络自突破 2000 万用户后开始向低收入网民、女性网民倾斜,也印证了这一趋势。

综合上述数据和分析,可以得出结论,互联网在迅速普及,并呈现出大众化趋势。

第三节 网民的心理特征分析

一、网民的类型与心理

网民可以按照不同的标准进行分类,不同类型的网民有着不同的上网心理和行为。

1. 地域

不同的国度、地域,其气候、文化、风土人情也不同,对网民的心理和行为有重大影响。

有调查显示,聊天是中国网民上网最爱干的事情之一;而美国人上网最常做的事是查地图；法国的博客人数则超过了 600 万，这就是说平均大约 10 个法国人中就有 1 个有了自己的博客。不同的上网习惯不仅反映出一个国家互联网的发展水平，也反映出一个国家的网络文化。

2. 性别

男性和女性网民在上网心理和行为上均有较大差异。男性比较注重理性，喜欢搜寻科技、新闻、军事等信息；女性则比较侧重感性，喜欢浏览时装、美容等信息，网上聊天中的女性多于男性。

3. 年龄

人们在不同的年龄，会有不同的上网心理和行为。网络媒体应针对人们的年龄差异，发布不同内容的信息和设计不同形式的页面，才能最大程度地满足不同层次网民的心理需求。

4. 支付能力

经济支付能力是直接影响网民上网动机和行为的重要因素。一个收入不高的人，很难指望他（她）花很多时间去网上购物。

5. 教育水平

教育水平直接影响网民上网获取信息的心理和行为。受不同性质教育的人，对网上信息的需求和兴趣不同；受教育程度不同，对网络信息的需求选择也有较大差异。受教育程度愈高的人，花在娱乐上的时间愈少，而花在阅读新闻、科技信息的时间相对愈多。

此外，具有不同职业、社会地位的网民也有着不同类型的信息需求。

二、受众的普遍心理分析

不同类型的受众虽然在具体的信息需求上有所不同，但是某些心理却具有较大的普遍性。概括起来讲，一般受众在使用传播媒介方面，具有如下心理特点：

1. 好奇心理

新闻的最大特点是"新"，这正与人们的好奇心理相吻合。对新鲜事物敏感好奇，是每个正常人都具有的心理活动。好奇心理是不用启发、引导，人们自然就会关注和感兴趣的一种心理指向，凡是第一次出现的、罕见的、反常的或突然发生强烈变化的事物，人们很容易感兴趣，从而悉心去观察和探究这些事物。网络新闻以其"新"的特征最大限度地满足了受众的好奇心理需求。

2. 求真心理

"真实"是新闻的生命，新闻传播离开了真实，也就离开了受众。新闻媒体所传播出的信息，如果与受众的所见、所闻、所感产生反差，或大相径庭，受众就会对传播的信息产生怀疑或反感。网民上网浏览新闻，最主要的原因在于新闻能够向他们提供一定时空环境的客观存在的事实，这种可视、可触的人或物是客观的真实，它们区别于艺术的真实。新闻只有坚持真实性原则才能满足网民求真的心理需求。但是网络传播的自由性、开放性的特点决定了网络新闻的可信度、真实性、权威性比传统媒体逊色。

3. 亲和心理

亲和是人们的普遍心理需求。每个人在自己的生活中都离不开与他人的交往，并在交往中因自身生活的需要，产生亲和动机和依赖动机。人们对发生在自己身边与自身相关的人和事总是格外关注，对自己熟悉的人和事总是倍感亲切。

在新闻传播中，这种亲和心理既表现在新闻发生地与受众的空间距离的关系上，也表现在新闻事件与受众利益联系、远近亲疏关系上，凡与之地理位置、心理距离接近的新闻，受众则更感兴趣。印尼排华暴乱事件和中国台湾大地震引起中国人的特别关注，原因是虽然空间距离远，但华人血统的心理距离近。

网民构成上的特点主要体现在受众数量多、范围广，具有分散性、无组织性、不确定性和非固定性，受众在网络传播中又具有跨国性。网络媒体应根据受众的社会类型和差异，选择不同的内容传播给不同的受众。

影响受众使用传播媒介的因素主要有两个：一个是社会因素，即受众所处的社会地位和社会环境。另一个是心理因素，即个人在气质、性格、兴趣、爱好等方面的差异。不同的受众由于个人地位不同、政治倾向不同、信仰不同、文化教养不同、兴趣爱好不同，对同一传播内容就会有不同的理解、不同的感受、不同的评价，因此传播效果也就不同。

4. 选择心理

受众的选择心理有三种表现形式：一是选择性注意，即选择那些自己最喜欢的传播媒介和传播内容；二是选择性理解，即受众基于自己固有的观念、立场、信仰，对传播内容做出自己的解释和理解；三是选择性记忆，即受众根据自己的理解而选择记忆那些最符合自己观点的内容。这三种选择性心理是受众在使用传播媒介过程中普遍存在的现象，也是妨碍传播产生效果的重要因素。

5. 参与性心理

与传统媒介的受众不同，网络受众不仅仅是接收者与旁观者，网络受众更多地加入传播过程中，他们可以提出自己对信息的需求，可以对传播的内容提出看法，也可以将自己认为有价值的信息放到网上传播。参与性不仅仅意味着传播者与受众之间界限的模糊，也不仅仅意味着受众地位的提高，它还意味着网上信息内容的多元化与复杂化。

由于网络传播的交互性，网民自主性心理增强，网民已不再仅仅满足于一般性的浏览阅读，他们还通过 E-mail、BBS 论坛、网上聊天等方式参与传播活动，发表意见，提出建议，展示自己的思想感情和喜怒爱憎。

6. 个性化心理

传统媒介的传播方式是"点对面"的，个体只是作为受众中的一员存在，任何一个传媒组织都不会针对某人的特别需求进行传播。在传统大众传播媒介中，受众的个别需求通过受众自己在"大众化"的信息产品中进行挑选而得以部分满足。受众有一定的决定权，但挑选余地很小。

网民可以更加自由地选择自己喜欢的网站、信息或服务。更重要的是，网民的媒介消费行为，在时间上和空间上有更多的自主性。他不必再根据电视台、电台的时间表来安排自己的行动，也不一定要在某个固定的空间里看电视。在传统媒体时代特别是电视时代，人们的生活规律往往受到媒体节目的影响，例如，为了收看一个自己喜欢的电视节目，人们也许不得不放弃其他社交活动。而在网络时代，人们对于自己的日程有了更多的决定权。

7. 虚拟环境下的匿名心理

与传统媒体的受众不同，网络受众是在网络这一虚拟环境下来接受网络信息或服务，网络为他们提供了一种充分放开自己的环境。在"匿名"的状况下，受众的需求与他们在物理世界的需求会发生一些偏离，或者说，他们会更加追求在物理世界里得不到的需求。

匿名心理，在社会心理学中，指的是在一种没有社会约束力的匿名状态下，人可能失去社会责任感和自我控制能力。而在网络环境中，虽然也是一种"匿名"状态，但一般情况下，网民都有自己的代号，如果是在一个比较稳定的社区里，每个人的代号是相对固定的。如果一个人做出了违背大家意愿的事，他就可能遭受冷落甚至被赶出社区。另外，每一个上网者都有 IP 地址，对于网络管理者来说，他们可以通过 IP 地址来查找某一个违法行为的责任人。在网络进一步发展的情况下，网络受众会更加体会到，IP 地址实际上使他们在某种意义上不再是匿名的，这会促使他们加强对自己的约束。所以，网络的匿名并不是完全意义的匿名。在大多数情况下，受众只有面对自己时，才更有可能失去自我控制能力，例如浏览色情网站。

此外，网民还具有一定的从众心理。当然，由于网络的隐蔽性，从众的压力较传统媒体有所减轻，从众心理有所弱化。

第四节 网民的上网目的和动机

一、网民上网目的分析

历次的 CNNIC 调查结果都显示，网民上网的主要目的依次是：获得各方面的信息,学习计算机等新技术,工作需要,休闲娱乐;网民最常使用的网络服务是电子邮箱和搜索引擎;网民在网上获得的最主要的信息是各类新闻。国外的调查也得出了类似的结论。

近年来,随着互联网的大众化、平民化,用户上网目的出现了明显的娱乐化趋势。在信息获取方面,网民在网上获取的信息最主要的是各类新闻,与传统媒体的新闻信息需求相比,网民的新闻信息需求至少会有以下几个新特点:

(1) 信息来源很多,选择余地很大,接受时的主动性和互动性很强,这对于人的发展、社会的进步是十分有利的。而新闻传媒只有按照新闻规律和传播规律进行运作,才能在众多的传播者中脱颖而出,获得受众的选择,从而实现其使用价值和经济价值。

(2) 在大量的信息面前,受众又需要在选择上获得帮助。传媒的信誉,品牌的质量,对受众的选择会有很大的影响,有的品牌甚至成为受众的依赖,从而形成选择习惯。

(3) 网民独立思考和判断的能力加强,个人的独立自主性也会相应增强。受众眼界开阔,文化程度高,独立思考、判断的能力和习惯增强,盲从度会大大降低。这与生活的多元化、各种选择机会的丰富多样相结合,使个人的独立性和自主性大为提高,因此,受众对传媒质量的要求会更高,且不易被欺瞒和愚弄。媒体必须时时处处、方方面面都保持其真正的高质量,才能不断地吸引受众。

(4) 对传媒的需求增强,需求的个性化程度提高。由于受众的经济能力增强,文化程度提高,因而传媒消费能力大为增强。又由于社会联系多,生活、工作等各种活动的社会化程度提高,人们对信息、娱乐、生活指导等需求以及自我表达的需求既多又强,受众和广告主对传媒的依赖程度也会不断提高,因而传媒消费欲望又会相应增强。许多受众会不满足于只接触一种日报、几个广播电视频道和少数网站,而且广告也会大量增加,并具有更强的针对性。所有这些,都将给媒体带来新的机遇,同时又为传媒市场的更加细分创造了条件。

另外,受众需要更优质的服务,包括符合他们个性化需求的传播,这使传媒小众化趋势更强。因此,传媒必须增强自己的特色,进一步提高对特定受众的针对性。

此外,随着经济的发展,越来越多的网民开始关注经济信息。虽然从网络传播学理论的角度来看,网络新闻从整体上说可信度、权威性比传统媒体低,但是,随着阅读网络新闻日益成为人们生活的一部分,人们对网络新闻的认可度会越来越高。

二、网民上网动机分析

动机的原始含义是引起(或发动)动作。心理学则把人们经常以愿望、兴趣、理想等形式表现出来的，激励人们行动的主观因素称为动机。动机是行为发生的先导和条件。网民上网的动机主要有：

1. 求知

求知，是以对知识、信息的追求为目的的一种动机，它是网民中最普遍、最常见的一种心理活动和行为。发展自己、完善自己是人们普遍存在的一种需要，求知动机正是这种需要的一种心理反应。网民利用互联网，可以获取外部信息，监视环境；通过网络媒体获得外部世界的信息，了解国内外大事，了解别人的见解，决定自己的行为。网民在网上求知的过程，往往是主动寻求信息和知识，这与传统媒体受众被动接受信息截然不同。

2. 求实

求实，是以追求上网的实用价值为主要特点的一种上网动机。互联网是一个巨大的信息资源库，其中的信息不仅能给人以知识，还能直接帮助人们解决日常学习、工作和生活中的一些实际问题，例如网上数字地图等。许多网民上网是为了社会联系、购物、求职等。人们通过互联网可以克服孤独，实现感情沟通和社会交往。目前，电子邮件、微博、微信已经成为人际交往的重要手段。

3. 求新

求新，是以追求网络信息的新颖性为主要目的的一种上网动机。新闻总是最受网民青睐且访问量最高的内容。人们在从事科研、商务、管理等各种工作时需要最新的信息；人们为了生存和发展，也需要不断用新知识充实自己。

4. 消闲娱乐

娱乐是以追求精神享受和放松为目的的一种上网动机。网民通过网络媒体可以增加见闻，满足好奇心，打发时间，寻求刺激和快乐，放松情绪，消除烦恼和疲劳，释放日常生活中的种种压力。

非功利性的网上视频点播和网络游戏虽然不与人的生存发展直接相关，但它们使人的身心从繁忙的工作中恢复过来，使人们从日常利害关系中解放出来，是对自我个性的调节和丰富，可以为进一步的自我发展和自我提高积蓄力量。

5. 求名

这是以追求自己成名、获得成就感为特征的一种上网动机。许多网民乐于在网站、BBS、微博、微信上发表见解，乃是出自此动机。

6. 好奇

好奇是以满足好奇心为目的的一种上网动机。心理学研究表明，猎奇是人们的一种主要心理动机，它也是驱使某些人上网访问某类型网站的一种重要因素。

7. 时尚

时尚心理，是一种普遍的心理现象，它存在于许多领域。一些人上网并无明确的目标,只是追求一种时尚,以获得一种心理上的满足。

8. 求便

许多网民进行网上购物,就是一种求便心理在起作用。网民网上购物,不仅要求交易迅速方便,而且要求送货上门。

9. 逃避

网络媒体可以使网络受众——网民逃避现实,不理会常规的工作。网民可以利用互联网,在自身与周围的人之间建立一个缓冲带,以摆脱他人的打扰和制约。在逃避动机中起作用的不是"合群倾向"而是"离群倾向"。事实上,逃避已经成为许多人上网的理由,一些网民在虚拟的网络社区中寻求安慰和解脱,回避现实生活中的矛盾和冲突。互联网成了一些人的避风港。对现实不满的人,或有心理问题的人,更容易到虚拟的网络世界中寻找支持和寄托。

事实上,网民上网的动机十分复杂,往往是多个动机综合作用。

三、网络媒体的娱乐化

2005年后,为消遣娱乐而上网的网民所占比例上升为第一位。

网络媒体娱乐化的主要原因在于网民结构的大众化。网络正在由"精英"(年轻富有的高学历男性群体)的"专利"转化为大众化媒体,网民结构呈现出大众化趋势。从社会心理学的角度分析,"大众"与"精英"相比,更喜爱娱乐信息,网民结构的大众化造成了网络媒体的娱乐化趋势。

网络游戏热和宽带（Broad Band）的普及也加速了网络媒体的娱乐化。网络不仅成为了重要的新闻媒体与广告媒体,而且正在成为新兴的娱乐媒体。

总之,网络传播的发展趋势是上网方式的宽带化、无线化,网络媒体的娱乐化,网络新闻的多媒体化,网络媒体与传统媒体界限的模糊与整合等。

第五节　网民行为特征分析

一、网民注意力呈现"马太效应"

调查显示,网民的注意力越来越集中在少数的知名网站,呈现出"马太效应"。美国Jupiter媒体调查研究公司2004年发布报告称,谷歌、雅虎、美国在线（AOL）以及微软网站吸引美国网络用户驻足浏览的时间占所有美国用户上网时间的一半还多,即四家网站瓜分网民半数线上时间。Jupiter公司指出,在如今的互联网媒体市场上,公司规模越大就越可能获得成功。例如AOL与时代华纳合并的同时,很多小公司就因为资金匮乏而倒闭。互联网媒体市场的大部分份额将被几家大公司瓜分，占主导地位的公司将集中到几家大企业身上。

CNN 公布的一份研究报告也显示，互联网界现在有四家大型门户网站已经控制了半数网民，它们以其较高的知名度吸引了广告客户的目光。它们是美国在线、雅虎、微软和 Napster，这些网站都找到了控制网络交易流程的新方法。尽管有人预言，由于网站的不断增加，网民将不会很容易集中于某几个网站，但是网民集中点击几家大型网站的趋势却是显而易见的。这些大型门户网站因其丰富多彩的内容及周到的服务吸引了数量众多的网民，因此，它们已经成为广告客户在选择广告载体时必然要考虑的对象，从而使这些门户网站的交易额会有一定程度的恢复。

2013 年 2 月，comScore 列出了全球访问量最高的 20 大网站，其中 Facebook、Google、YouTube 位列前三名，占据了全球网民互联网访问量的一半以上；而中国互联网企业腾讯、百度、淘宝、搜狐、新浪则进入前 20 名。排名前 20 位的网站占据了全球网民互联网访问量的 90%。

2013 年互联网访问量排名：

1. Facebook.com（独立访问用户数：8.367 亿）

Facebook 是一个社交网络服务网站，于 2004 年 2 月 4 日上线，由马克·扎克伯格（Mark Zuckerberg）在哈佛大学二年级时创立。该网站当初仅向哈佛学生开放，后来扩大至其他大学和高中，并最终向所有年满 13 岁的人开放。Facebook 还是美国排名第一的照片分享站点，每天上传照片数超过 850 万张。

2. Google.com（独立访问用户数：7.828 亿）

Google 是全球最大的在线搜索引擎，创建于 1998 年 9 月，创始人为拉里·佩奇（Larry Page）和谢尔盖·布林（Sergey Brin）。Google 允许用户以多种语言进行搜索，在操作界面中提供了多达 30 余种语言选择。现在，Google 还提供多种其他产品，如 Gmail、Google Maps、Google+等。

3. YouTube.com（独立访问用户数：7.219 亿）

YouTube 是全球最大的视频分享网站，公司于 2005 年 2 月 15 日注册，早期公司总部位于美国加利福尼亚州的圣布里诺。2006 年 11 月，Google 以 16.5 亿美元的价格收购 YouTube，使该公司有了更高的知名度。

4. 雅虎网站（Yahoo.com）（独立访问用户数：4.699 亿）

雅虎是美国著名的互联网门户网站，20 世纪末互联网奇迹的创造者之一。其服务包括搜索引擎、电邮、新闻等，业务遍及 24 个国家和地区，为全球超过近 5 亿的独立用户提供多元化的网络服务。同时它也是一家全球性的因特网通信、商贸及媒体公司。

5. 维基百科（Wikipedia. org）（独立访问用户数：4.696 亿）

维基百科是一个自由、免费、内容开放的百科全书协作计划，参与者来自世界各地。其目标及宗旨是为全人类提供自由的百科全书——用他们所选择的语言书写，是一个动态的、可自由访问和编辑的全球知识体，也被称作"人民的百科全书"。维基百科主要的访问量来自 Google，因为它回答了人们在 Google 上的提问。

6. Live. com（独立访问用户数：3.895 亿）

Live. com 是微软新的电子邮件服务，用户可以通过该网站访问微软的两大电子邮件服务：Outlook 和 Hotmail。现在，当用户访问 Hotmail. com 或 Outlook. com 时，会被自动定向到 Live. com。

7. 腾讯网（QQ. com）（独立访问用户数：2.841 亿）

腾讯网是中国主要的门户网站之一，同时提供网络搜索服务。腾讯打造了在中国占据主导地位的即时通信服务 QQ。目前，QQ 客户端拥有 7 亿多活跃用户，这大幅推动了腾讯旗下 QQ 空间、腾讯微博等其他产品的用户数增长。

8. 微软网站（Microsoft. com）（独立访问用户数：2.717 亿）

Microsoft. com 是用户购买微软产品、下载及更新微软软件的网站。在全球大量使用微软 Windows 操作系统的 PC 产品中，绝大多数都将 Microsoft. com 加入书签，以及时获得更新或其他产品资讯。

9. 百度（baidu. com）（独立访问用户数：2.687 亿）

百度是全球最大的中文搜索引擎，2000 年 1 月由李彦宏、徐勇两人创立于北京，主要提供网页、视频、图片等搜索服务。2005 年，百度在美国纳斯达克上市，一举打破首日涨幅最高等多项纪录，并成为首家进入纳斯达克成分股的中国公司。

10. MSN. com（独立访问用户数：2.541 亿）

MSN. com 是微软所有网络服务的集合，提供资讯、购物、游戏、电子邮件、即时通信、博客门户等服务。

11. Blogger. com（独立访问用户数：2.184 亿）

Blogger. com 由旧金山一家名为 Prya Laba 的小公司于 1999 年 8 月创办，是全球首家大规模博客服务提供商。Blogger. com 是 Prya Laba 的旗舰产品，在创立初期曾创下单月过百万注册用户的纪录。但受到互联网泡沫冲击，Blogger. com 差点倒闭，直到 Google 于 2003 年收购 Blogger. com，该网站才重新焕发生机。

12. Ask. com（独立访问用户数：2.184 亿）

Ask. com 是 1996 年诞生在加利福尼亚州伯克利的一个搜索引擎。1999 年 7

月，Ask.com 曾以 ASKJ 为代号在纳斯达克上市，2005 年 7 月，被现在的母公司 InterActive Corp 收购。在雅虎与微软将搜索业务合并后，Ask.com 成为美国第三、世界第六大公网搜索引擎。尽管 Ask.com 使用自己的搜索技术，但在广告营收方面他们采用了 Google 的解决方案。

13. 淘宝网站（Taobao.com）（独立访问用户数：2.07 亿）

淘宝网于 2003 年 5 月 10 日成立，由阿里巴巴集团投资 1 亿元人民币创办，目前已经发展成为全球最大的网上交易市场之一。在创立之初，淘宝网主要提供二手货交易的电子商务平台，后来逐步转型为以一口价出售全新产品的企业，以消费者交易为主。个人或小企业卖家均可在淘宝网开设网上商店，面向中国大陆、香港、澳门、台湾以及海外的用户。

14. Twitter.com（独立访问用户数：1.84 亿）

Twitter.com 是一个社交网络，提供微博客服务，它可以让用户更新不超过 140 个字符的消息，这些消息也被称作"推文（Tweet）"。

15. 必应（Bing.com）（独立访问用户数：1.84 亿）

必应是一款微软公司推出的用以取代 Live Search 的搜索引擎。2009 年 5 月 28 日，微软宣布推出 Bing 搜索服务，同年 6 月 3 日正式在世界范围内发布。

16. 搜狐网站（Sohu.com）（独立访问用户数：1.758 亿）

Sohu.com 成立于 1997 年，是中国第一家在线搜索公司，目前已经成为中国最大的门户网站和搜索引擎服务商之一，旗下资产包括游戏门户网站和房地产网站，以及搜狗输入法、搜狗浏览器等产品。

17. 苹果网站（Apple.com）（独立访问用户数：1.717 亿）

Apple.com 是苹果官方在线商店——Apple Store 的域名，提供各种苹果产品和软件，所有苹果用户都可以通过该网站获得客户支持。此外，Apple.com 还是 Safari 浏览器的默认主页。

18. WordPress.com（独立访问用户数：1.709 亿）

WordPress.com 是一个博客寄存服务站点，由 Automattic 公司持有。2005 年 8 月 8 日进行 Beta 测试，2005 年 11 月 21 日向公众开放。由于 WordPress.com 使用的是开源博客软件 WordPress，因此在与其他收费平台的竞争中占了上风。2004 年，当著名的博客系统 Movable Type 决定开始收费时，许多人转投 WordPress 的怀抱。

19. 新浪网（Sina.com.cn）（独立访问用户数：1.63 亿）

新浪网是中国主流门户网站之一，由原四通利方公司和华渊资讯公司于 1998 年 11 月 30 日合并而成。2000 年初，新浪正式在纳斯达克上市。在 21 世纪初，新浪网被称为"中国的雅虎"。2009 年，新浪网推出微博服务，目前已发展到 4 亿多用户。

20. 亚马逊（Amazon.com）（独立访问用户数：1.2 亿）

亚马逊是美国最大的网络电子商务公司，也是网络上最早开始经营电子商务的公司之一。亚马逊成立于 1995 年，一开始只经营书籍销售业务，现在扩展到其他产品，包括 DVD、音乐光碟、电脑、软件、电视游戏、电子产品、衣服、家具等。

二、网民对黄色信息存在猎奇心理

多个海外调查显示，网民普遍接触过黄色信息。

据网络市场研究公司 NetValue 进行的调查显示，越来越多的亚洲网民热衷色情网站，其中韩国人在本区域接受调查的 4 个国家和地区中，浏览色情网站的人数最多。接受调查的 4 个国家和地区包括韩国、新加坡、中国香港地区和台湾地区。调查显示，浏览色情网站的网民成双位数增长。

NetValue 通过在受调查网民电脑上安装网络调查软件，监视网民上网的情况。受调查者都知道上网受到监视。NetValue 发言人表示，互联网是我们寻找资讯的有效渠道，但是，如果许多人花时间上成人网站，那么公众就应该注意这个问题，因为许多上网的人是青少年。以韩国为例，浏览色情网站的网民超过一半是学生。

据韩国《中央日报》报道，根据对首尔地区 1135 名小学生进行问卷调查的结果表明，对"访问色情、猎奇等不健康网站经验"的提问，回答"有时访问""多次访问""经常访问"的共占 42.6%。

对访问的原委，83.6% 的回答者说"上网时偶然访问"，而回答说"知道网站名称故意访问"的小学生也有 17.4%。对关于如何应对不健康网站的提问，绝大多数回答说"不再访问"（89.4%），而回答说"不知道如何去做""心里纳闷儿就想访问"的也有 10.6%。

美国互联网流量监测机构 comScore 发布的数据显示，截至 2014 年 1 月，美国各大网站 PC 端独立访客数量共计 2.23 亿。雅虎网站以 1.92 亿独立访客数量居榜首。其后是谷歌网站（1.89 亿），微软网站（1.75 亿），Facebook（1.41 亿）及 AOL（1.16 亿）。

日本《自然》杂志估计，目前大约有 2% 的网站提供色情内容。美国科学院估计，大约有 40 万家要求订阅的成人网站，每年的收入约为 10 亿美元。心理学家并没有按照在电脑上所花的时间来定义是否成瘾，成瘾是指不能控制他们的这一癖好，以致影响了他们的个人生活和工作。网络色情成瘾是为了满足日常生活中无法满足的性需要，那些在生活中有其他方面成瘾的人更容易陷入其中，而且中年是容易陷入其中的主要年龄段。

此外网络色情成瘾的并不都是男性，那些对生活感到乏味或不满的女性也容易网络色情成瘾。男性成瘾主要体现在视觉方面，比如寻找色情站点浏览色情图片，而女性主要是到色情聊天室满足自己的交流需要。美国婚姻法律师科学院院长小林塞·肖特指出，不应当设想男人都是好色之徒。他以自己在休斯敦的法律工作实践说明，妻子们平时百无聊赖，精神空虚，上网浏览色情网页并不比丈夫们少。男人和女人在迷恋网络色情内容的问题上，机会是均等的。

2013 年 6 月，根据 ExtremeTech 网站发布的一份报告：全球最大的色情网站 Xvideos，每月的页面浏览量高达 44 亿，而认定身份的浏览量也达到 3.5 亿，其访问量仅次于谷歌和 Facebook。

Xvideos 在高峰期的数据传输量可达 1000 GB/秒（或 1 TB/秒），根据报告，这个数量等于伦敦和纽约之间数据交换总量的 15%。ExtremeTech 的调查推测全球 30% 的网络流量与色情内容相关，用户在 Xvideos 停留的平均时间大约是 15 分钟。

据新华社 2013 年 2 月 25 日报道，英国议会的电脑 14 个月内访问色情网站超过 2500 次，遭媒体曝光。英国《每日邮报》依据信息自由法获取议会电脑上网记录，显示 2011 年 5 月至 2012 年 7 月，由议员或议会雇员使用的电脑访问色情网站达 2549 次。公众据此批评议员和雇员"不务正业"。

不过，随着互联网的发展，网民的成熟，色情网站及其对网民的吸引力将呈逐步下降趋势。据 Jupiter 公司的统计，在"浏览量"列全球前 10 名的网站中，没有一家属于色情站点。该公司称，购票服务网以及许多大公司的网站是互联网用户近期最喜欢光顾的地方，当今的网民更倾向于阅读一些严肃的内容。

思考题

1. 试分析网民大众化的原因。
2. 试分析网民注意力呈现"马太效应"的原因。
3. 试分析网民上网的心理特征。

第八章

新媒体舆论

近年来，我国相继发生的几件大事被新媒体聚焦并在"虚拟社会"上掀起了巨大波澜，引起现实社会的广泛关注，促使人们开始关注新媒体舆论的影响力。新媒体已成为中国公众表达民意、讨论公共事务、参与经济政治生活以及进行舆论监督的重要公共平台，而新媒体舆论也随之成为我国社会舆论的重要组成部分，对政府行为产生越来越重要的影响。

正因为如此，新媒体舆论不仅是各级政府部门关注的焦点之一，也是学术界研究的热点之一。

第一节 新媒体舆论概述

一、新媒体舆论的概念界定

通过检索发现，2000年前后，在国内学术期刊和大众媒体上相继出现"在线舆论""网上舆论"的提法。2003年，互联网在"孙志刚案"及其他热点事件中扮演了民意表达平台角色，网络舆论成为一种正式的社会现象进入公众话语，相对独立于互联网的手机媒体等新媒体，亦成为了民意表达的重要平台，"新媒体舆论"开始逐步流行。我们认为，新媒体舆论，是指在互联网、手机媒体等新媒体上传播的公众对焦点问题所发表的有影响力的意见或言论，也是现实民意借助于新媒体的表达。网络舆论，包括有线互联网和无线互联网上的舆论，是目前新媒体舆论的主体。在严谨的理论研究中，网络舆论应该是新媒体舆论的子集。但是在实践中，网络舆论与新媒体舆论不容易严格区分，而且随着无线互联网逐渐成为主流，两者通常被当成近义词甚至是同义词。

1. 舆论的界定

舆论是一种极为丰富和复杂的人类精神现象，目前国内外学者对舆论的定义各抒己见，多达七八十种，但一直未能有一个公认的定义。

关于舆论，我国古代称为"舆诵""舆颂""清义"，指众人的意见。目前我国多数专家学者也把舆论看成是意见，认为舆论是多数人对于某一事件有效的公共意见。

联合国教科文组织的专题报告《多种声音，一个世界》中给舆论下的定义是：舆论是一种常常难以进行确切的科学分析的集体现象，它是同人的社会性紧紧联系在一起的。但是舆论既不是暂时无变化的，也不是从地理角度上构成一个整体的。

李普曼在《舆论学》中对舆论作了粗糙的描述："他们头脑中的想象，包括对于他们自己、别人、他们的需要、意图和关系等等，都属于他们的舆论。"[①]

刘建明在《社会舆论原理》中指出："舆论是一定范围内多数人的集合意识及共同意见。"[②]

李广智在《舆论学通论》中指出："舆论是社会公众对涉及个人利益事件的意见的自由表达和传播而形成的共同趋向。"

甘惜分认为："舆论是社会生活中经济政治地位基本接近的人们或社会集团对某种事态发展大体相近的看法。"[③]

项德生在《舆论与信息》中指出："舆论，就是社会公众或集团对人们普遍关心的事态所做的公开评价。"[④]

喻国明在《中国民意研究》中指出："舆论是社会或社会群体中对近期发生的、为人们普遍关心的某一争议的社会问题的共同意见。"[⑤]

沙莲香在《社会心理学》中指出："舆论是指大家共同关心的有争议的问题上多数人意见的总和，是社会上的众人对某些社会事件的一致反应和判定，是具有代表性的综合性的意见。"[⑥]

陈力丹认为："舆论是公众关于现实社会以及社会中的各种现象、问题所表达的信念、态度、意见和情绪表现的总和，具有相对的一致性，强烈程度和持续性，对社会发展及有关事态的进程产生影响，其中混杂着理智和非理智的成分。"[⑦]

---

① ［美］沃尔特·李普曼著：《舆论学》林珊译，华夏出版社1989年版，第22页。
② 刘建明：《社会舆论原理》，华夏出版社2002年，第70页。
③ 甘惜分：《新闻理论基础》，中国人民大学出版社1982年版，第42页。
④ 项德生：《舆论与信息》，河南人民出版社1992年版，第9页。
⑤ 喻国明：《解构民意：一个舆论学者的实证研究》，华夏出版社2001年版，第26页。
⑥ 沙莲香：《社会心理学》，中国人民大学出版社2002年版，第44页
⑦ 陈力丹：《舆论学——舆论导向研究》，中国广播电视出版社1999年版，第14页。

胡钰在《新闻与舆论》中指出:"舆论就是社会中特定群体对特定事件表现出来的特定意见。"①

综合以上不同的观点我们不难发现,舆论具有以下几个特征:舆论应该是公众的意见,舆论必须要有一个焦点,舆论是不断发展变化的,舆论是一种巨大的社会精神力量(见图8-1)。

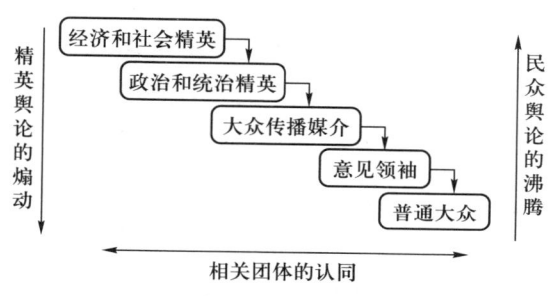

图8-1 多伊彻②的舆论形成"瀑布模式"

在社会现实中,人们往往把大众传媒或媒介的言论等同于社会舆论,把民意等同于社会舆论,把众意或公意等同于社会舆论。

2. 从网络舆论到新媒体舆论

舆论作为公众发表的集合性意见,在古代社会主要是通过口耳相传,舆论的载体也主要是人群自身。现代舆论的形成和大众传播媒介的发展,有着密不可分的关系。在20世纪90年代以前现代舆论的载体主要是报纸、广播、电视等大众传媒,随着网络作为"第四媒体"的出现,一种新的舆论类型——网络舆论应运而生。

"网络舆论"与传统意义上的舆论相比,其传播主体、载体、传播方式和受众特点等具有不同特征,但作为舆论在网络传播方式下的延伸,网络舆论仍然具备舆论本身的性质,因此我们这里将"网络舆论"界定为:网络舆论是伴随着网络传播方式的流行而兴起的一种特殊的舆论形态,是网民对出现在网络上或社会现实(两者往往相交)中的各种现象、问题所表达的具有共同性的观点、态度、信念和情绪的总和,具有相对的一致性、影响力和持续性,并对社会发展及有关

---

① 胡钰:《新闻与舆论》,中国广播电视出版社2001年版,第112页。
② 艾萨克·多伊彻(Isaac Deustcher, 1906年4月3日—1967年8月19日)是一位出生在波兰,后在第二次世界大战爆发时迁居英国的犹太马克思主义作家、新闻工作者和社会活动家。他最为人知的身份是列昂·托洛茨基和约瑟夫·斯大林的传记作者和苏联时事评论家。他的三卷本托洛茨基传记《先知三部曲》在英国的新左翼中有着巨大影响,迄今仍是举世公认的研究托洛茨基的最权威著作,已被译成多种文字。

事态的进程产生影响。也就是说，网络舆论是公众意见与网络传播媒介相结合的产物。只要满足方式上以网络媒体为载体进行传播，内容上是公众发表的集合性意见这两个条件，就是网络舆论。

网络舆论的兴起是社会发展过程中的必然现象。目前中国正处于社会转型期，社会摩擦急剧增加，不同的集团、群体存在不同的利益诉求和文化需求，因此就有必要提供一个活跃的公共话语平台帮助他们充分、合法地发表各自的意见，从而实现沟通、化解偏见、消除冲突。网络正好适应了这一要求。在网络传媒时代，借助电子邮件、BBS、博客、微博等信息交互工具，网民结合内容讨论、参与媒体建设的热情极为高涨，舆论的影响大大增强。而且网络舆论有相当的言论自由度，许多用户发表自己在现实中不愿意说或不敢说的意见，因此网络舆论也成为社会焦点问题的意见集散地，其地位日益受到人们关注。

随着手机的普及，由手机传播的言论更具有开放性和民主性，范围也更具广度和深度，传播速度更加快捷、方便，形式也多种多样，社情民意的表达更加自由和高效，使得手机媒体成为公民参与政治、表达民意的一个新平台，手机媒体政治参与已成为中国民众政治参与的一条重要途径。

至此，包括网络舆论与手机舆论在内的"新媒体舆论"一词逐步开始流行。

作为舆论形式的一种，新媒体舆论必然具有舆论的特征。但是，与传统舆论相比，因其传播空间不同，加之新媒体传播机制的影响，特别是传统"把关人"角色在新媒体传播中部分失效，使得新媒体舆论成为与传统大众媒介舆论有较大差别的舆论形态。

二、新媒体舆论的特性

1. 丰富性与多元性

新媒体舆论的丰富性是指新媒体舆论内容无所不包、无所不及。新媒体所具有的虚拟性、匿名性、无边界和即时互动等特性，使网上舆情在价值传递、利益诉求等方面呈现多元化、非主流的特点。加上传统"把关人"作用的部分失效，积极健康的、庸俗和灰色的信息都可以找到立足之地，以致新媒体舆论内容异常繁杂。

新媒体本身承载着海量信息，可以超越时空的限制，快速汇总和整合信息并对其进行存储。新媒体舆论包罗万象，既存在轻松话题，也存在严肃话题；既有庸俗话题，也有高雅话题。网络论坛、博客、微博等作为新闻的集散地和公共话语空间，可以在最短的时间内发布世界各地的重要新闻和突发事件，这就为舆论的产生提供了丰富的"议题"。

过去，由于地理位置的自然屏障作用，交通和通信技术相对落后，加上传统媒体的"把关人"的存在，恶意的政治信息难以入侵。但是，互联网的自由性与开放性使得天然地域障碍不复存在，新媒体舆论的意识形态呈现多元化。

2. 开放、自由与互动性

现实社会中，人们处于特定的群体中，个人行为往往会受到各种社会习俗与制度的制约，很多人戴着"面具"。而在虚拟的网络世界中，虚拟的身份与匿名的形式给予人们一种前所未有的平等性，人们拥有空前的安全感。正是这种安全感增强了人们对自我意志的认同，并激发了人们表达与表现的欲望。

新媒体舆论的主体是成千上万分布在不同区域的网民，这些网民通常在网上匿名表达自己的观点与意见，具有很强的虚拟性。网民的匿名性特点决定了新媒体舆论具有开放性与自由性的特点。

新媒体具有即时互动性，使舆论传播过程得以延续和完整。新媒体舆论的受众不再是毫无主动性可言的"靶子"，传播者也不再占有绝对的话语主导权和控制权。而且，在新媒体传播中，传播者与受众的角色模糊，可以在瞬间相互转化。相对于传统媒体曾经的强势，网民个体逐渐成为网上信息发布主体，个人的力量在增强。

3. 速成性

新媒体舆论的迅速形成得益于新媒体传播的优势，主要表现在新媒体舆论形成的时间缩短与空间缩小。

首先，与传统媒体相比，新媒体在信息传播过程中省去了印刷与录制等诸多环节，缩短了从媒介议程转向公众议程，也就是形成社会舆论的周期。

在新媒体环境下，信息发布和传播的速度大大加快。帖子或言论一旦引起网民的关注，就会被网民反复转载，以惊人的速度扩散。

其次，新媒体的即时互动性使交流成为一个动态的系统，网民能够对网上意见迅速做出反应。这种互动的过程可以迅速使新闻事件成为大众普遍关注的焦点，很快引发并形成舆论。新媒体为网民提供了相互交流的平台，消除了传统媒体中信息传递和反馈过程中的滞后，使各种意见能在短时间内聚集并得到整合，进而形成舆论。一些重大新闻和热点问题在网上发布仅几个小时，新媒体舆论就"沸腾"起来。

此外，互联网传播具有广泛性，作为舆论主体的数亿网民虽然散布于世界的各个角落，但在短时间内就可以打破地域的界限与空间的阻隔，实现意见的互动，从而快速形成舆论。

新媒体舆论既可能"兴""衰"迅速，也可能长期持续。新媒体舆论分为两大类：一类是信息类型的舆论，一类是观点类型的舆论。由于新媒体传播效率超过一切传统媒体，重大突发事件发生时，新媒体都会在第一时间予以报道，迅速吸引网民眼球，引发网民表明立场，交流信息，引起共鸣，形成一个主导性意见，在网上迅速形成舆论。这是典型的信息类型舆论。而观点类型、话题类型的舆论，如有关社会不公、腐败等舆论，就会长期滞留，即使网上删除了引起某种舆论的信息和言论，但相关话题难以消除。观点类型的舆论一旦形成，在舆论目的没有实现之前，网民不会改变原来的观点，舆论往往在短期内难以消除，它总会在新闻跟帖、论坛或者博客上出现。

新媒体舆论容易"一边倒"。在很多案例中，多数网民的认识和看法普遍简单直接，不深刻不全面，带有很强的群体盲从性。对于网民普遍关注的问题，如敏感的国际关系问题、社会阴暗面、腐败案件和负面的突发事件等，种种偏激的言论甚至比正面的、主流的言论传播的速度更快、波及面更广，出现舆论"一边倒"或"关键时刻的雪崩现象"，从而导致网民意见的"高度集中"，即使这些舆论是非理性、情绪性的。

互联网是个开放的、参与性强的世界。任何人，不论其社会地位如何、是贫穷还是富贵、文化程度是高还是低、性别和种族怎样，在互联网上都一律平等，尤其在网络论坛中，所有访问者都能发布自己的消息和对事物的看法。

4. 匿名性

"在互联网上，没有人知道你是一条狗"。网络的匿名性，使得网民发言无所顾忌，这一方面可以反映真实的民意；另一方面，也为一些网民发表不负责任的言论提供可乘之机，导致网上侵权事件频发。

在现实社会中，人们的角色和身份往往是公开的、真实的，并受到他人、法规等方面的监督和制约。换言之，在现实社会中，人们往往戴着"面具"。新媒体为人们提供了一个相对平等、开放和自由的空间和平台，是一个虚拟的社会，这种虚拟性使新媒体舆论的主体呈现出一种隐匿状态。

在新媒体舆论活动中，舆论主体的匿名性使他们更乐于表达自己的意见，而且这些意见更为真实、可靠。主体的匿名性促使新媒体舆论以更大的数量、更快的速度生成，并使舆论主体可以少受外界因素的影响，大多数人都能在这个虚拟、自由的空间里大胆地发表意见和评论。但这往往会导致有些人不负责任地随意发表虚假性言论，使新媒体舆论信息呈现出良莠不齐的局面，加大了监管的难度；但同时，在很多时候，由于这种匿名性，民意在互联网上得到了真实、充分的表达。

例如：2009年5月19日，工业和信息化部发出通知，要求从2009年7月1日开始，所有在中国大陆销售的个人电脑都要预装"绿坝"上网过滤软件。此通知一出，引发网民热议。虽然官方的"新闻通稿"称，92%的用户认为有必要由政府采购过滤软件，70%以上的用户对软件表示满意，但事实上，一些门户网站的在线调查显示，在匿名状态下超过 80%的网民反对强行安装这款软件。在强大的网络民意面前，工业和信息化部于 6 月 30 日晚紧急宣布推迟预装，后又改称："绝不会出现在所有销售的计算机里一律强制安装的问题"，改进后的预装方案主要限制在学校、网吧等公共场合的计算机。

5. 非理性和理性因素并存

新媒体作为民意表达的重要平台，在社会中的作用和影响力越来越不可小觑，新媒体舆情也日益成为政府执政所必须参照的"晴雨表"。由于新媒体匿名性、开放性等特征，有人会把新媒体作为发泄情绪的场所，形成一种情绪型舆论。这种舆论分为政治情绪型、社会情绪型、文化情绪型、生活情绪型等。

新媒体情绪型舆论在网上出现，有助于党和政府了解真实民意，新媒体由此成为公共民主生活的"推进器"。

但是情绪型舆论也存在着非理性、消极性、感染性、扩散性的特点。新媒体的匿名性和互动性加剧了新媒体舆论感性上的膨胀与理性上的匮乏，使其呈现出一定的盲目、冲动、偏激、缺乏理智等特点。

新媒体舆论的非理性还可能造成现实的冲突。新媒体舆论的冲突性是指新媒体舆论的伦理相对主义强化和伦理基础准则的冲突。伦理基础准则有一定的地域性，但互联网是全球范围内共享的，这就造成了在互联网上不同地域间的伦理基础准则相互冲突。例如，在某些国家和地区，在网上提供色情服务和信息属于合法；而在绝大多数国家和地区，在网上提供色情服务和信息是要受到谴责、甚至法律制裁的。由于新媒体的跨地域性与各国政府的地理管辖权相矛盾，使得一些在现实世界属于违反法规而会受到制裁的行为，一旦移到新媒体空间，由谁充当制裁主体以及如何制裁变得模糊不清。这就造成了新媒体舆论的伦理相对主义强化和伦理基础准则的冲突。

在很多案例中，新媒体舆论具有"群体化"倾向。一方面，群体中非理性特点在网民中十分显著；另一方面，新媒体中聚集的群体极易出现群体认同的现象。通过说服机制，网民会向讨论时的倾向性结果靠拢。这一特点很容易导致言说者态度偏激，话语权的争夺在一定程度上走向"语不惊人死不休"的极端。

6. 难控性

新媒体舆论的难控性是指在新媒体上要对舆论进行控制是比较困难的。在传统大众传播媒体的舆论控制方面，各国政府通过规定大众传播体制，制定有关法律、法规和政策，分配传播资源，对创办新媒体审核登记，限制或禁止某些信息内容的传播等来规范。对传统媒体来说，由于把关人的存在，舆论的控制是不难做到的。然而互联网是高度开放的空间，每个人都有"麦克风"，新媒体信息的传播者数以亿计，网上信息的传播不可能都接受新闻出版部门的审批。

在网络上匿名发送邮件、参加 BBS 讨论相当容易，电子邮件也极易被人截取、更改和伪造。新媒体的开放性，理论上使每一个人都成为"新闻发布者"。对于海量的新媒体用户，不可能在"信息高速公路"上检查每一条言论，更不可能对其作出全面的客观评价，这就使得新媒体舆论控制变得复杂和难以操作。新媒体舆论的难控性是新媒体舆论最重要的一个特征，新媒体舆论的丰富性、复杂性、多元性、冲突性等特征都是由难控性派生出来的。

新媒体舆论的调控难度表现在：

一是新媒体舆论主导权不完全由网站掌握，而是由参与议论的网民数量的密集度和强度所决定。

二是新媒体的开放性，使信息传播者往往想方设法绕开各种障碍来发布消息，网站管理者也不可能对网上的言论逐一进行检查。

三是新媒体舆论具有复杂性。新媒体舆论混乱、无序，自觉舆论与自发舆论并存。网民可以在网上对任何事情畅所欲言，决定了新媒体舆论主要以自发舆论为主。

四是新媒体舆论具有多元性。随着新媒体的发展，地域屏障已不复存在，在网上完全控制言论不太现实，网络信息可以从地球任何一个地方无限量地向另一个地方传输，这使新媒体舆论的意识形态呈现多元化。

7. 容易被人操纵

由于"网络水军"的存在，新媒体舆论呈现出容易被人操纵的特点。网络水军受雇于网络公关公司，为他人发帖和回帖造势。网络水军有专职和兼职之分。关于网络水军对新媒体舆论的操纵，我们在后面的网络论坛部分会作详细的论述。

三、新媒体舆论的功能

舆论监督。政府决策、法律法规，现在都可以通过互联网、手机来施加影响。如物权法的制定，全国人大常委会就通过网络公开征求意见；一些学者、专家呼吁叫停征收养路费，以及国务院法制办等部门对此的回应也都是通过网络的快速传播而为人们所知晓。

信息传播。由于新媒体的即时传播特性，使得信息的传播速度越来越快，超过了传统媒体。如 2013 年 3 月，缅甸毒枭糯康、桑康·乍萨、依莱、扎西卡四名湄公河案罪犯被执行死刑,仅仅几分钟后,各大门户网站就对此进行了报道。由于新媒体舆论具有集散、传播甚至放大效应,使网络成为人们获取信息的重要渠道,过去存在的一些信息不透明、不对称现象得到很大改变。

交流思想。新媒体舆论通常是多种声音并存,使得网络成为各种思想碰撞的场所。

新媒体舆论对政府行为也产生了一定的影响。主要表现在:

第一,以敏捷反应形成即时性影响。

新媒体舆论传播更敏捷、更快速,对政府的行政效率提出了更高要求。广大社会民众有权质询政府,政府也有责任回复民众。面对质询,政府要有更快捷的反应能力和足够的重视,及时公布有关信息,对民众所关心的社会问题予以反馈,以消除民众的疑惑。很多时候,公众的质疑、猜测大多源于信息的不畅通,只有极个别是因为少数部门的乱作为和不作为。

第二,以多元反应形成印证性影响。

由于新媒体的出现,信息可在瞬间从一个地方无限量地向任何地方传输。任何组织或个人都可以在网上找到发布自己信息的空间。传播的开放性和传播者的多元化打破了传统媒体舆论传播的垄断。

第三,以海量反应形成复杂性影响。

与传统媒体相比,新媒体逃脱了报纸版面、广播电视固定时段、节目容量等诸多限制。由于传播主体的多元化,网络上的每个人都成为潜在的信息提供者,使得网络信息源源不断;同时,数据库的存在,使历史信息得以保存,信息集纳的广度与深度积累,形成了新媒体舆论的海量性。

第四,以互动反应形成挖掘性影响。

新媒体的快速回应使互动成为一种必然的经常性交流方式。在传统媒体时代,尽管也有传统意义上的互动,但其范围和影响有限,而且内容也受到严格审查,是一种"分时"的互动。而网络将互动变成一种"即时"互动。网络在线调查、及时点评和多渠道的参与,使新媒体舆论形成速度远远快于传统新闻舆论。一个热点事件的存在加上一种情绪化的意见,就可以成为点燃一片舆论的导火索。新媒体舆论互动的影响已经得到中央高层领导的重视和肯定。

四、新媒体舆论存在的问题

新媒体舆论的巨大影响力带来巨大"杀伤力",甚至还能演变为网络暴力。网络传播中的"把关人缺失"导致舆论失控。从近年来的情况看,新媒体舆论存在的不良现象主要表现在:

谩骂与攻击。网络的匿名性及隐藏性使网民对他人的攻击和谩骂成为一种常见现象，特别是在门户网站的新闻跟帖、帖吧、论坛、博客里，对新闻报道的主角或者特定的当事人、单位进行辱骂指责的现象司空见惯，很多是情绪性的发泄。

例如，2005年9月，南京大学副教授陈堂发偶然搜索自己的名字，发现自己被指名道姓地在私人博客上辱骂。陈堂发与总部设在杭州的中国博客网联系后，被告知该文章不能删除。随后，陈堂发向南京市鼓楼区人民法院递交了诉状并最终胜诉，成为"中国博客第一案"。

发布虚假信息。由于网络信息发布的便利性，以及网络信息审查与传统媒体的信息审查存在巨大的差异，导致网络上虚假信息发布非常容易。

2012年7月26日，海口市工商局美兰分局执法人员在网络抽检时发现阿里巴巴网站上有这样一则消息，宣称"海南南×塑料制品有限责任公司成立于1987年，注册资本为人民币436万元，是海南省规模最大、设备最先进的塑料制品加工企业，并拥有一批实践经验丰富的专业技术人才。厂房面积21 000平方米，员工301~500人，年营业额5 001万元/年~1亿元/年，注塑车间拥有全电脑控制精密注塑机30多台，月产量700吨"等。

美兰工商分局执法人员经初步核查发现，位于海口市桂洋工业开发区的海南南×塑料制品有限责任公司有利用网络平台进行虚假宣传的嫌疑，随即向该公司下达行政约见书，要求该公司法定代表人于7月30日到工商部门进行详谈。

经与该公司副总经理严先生约谈并着手调查后，美兰工商分局执法人员发现该公司实际员工数仅130多人，3年间的营业额为人民币2 648.987 1万元，年产量平均900吨，且机器设备老化，皆由人工操作。

工商部门认为，该公司在其网络广告中发布与事实不符、夸大企业信息的行为违反了《反不正当竞争法》和《消费者权益保护法》，对其作出处罚。由于当事公司认错态度较好，责令该公司停止违法行为、消除影响，并处罚款3 000元。

大量民事侵权。新媒体舆论侵权既有侵犯人身权的，也有侵犯财产权的，如侵犯名誉权、隐私权、肖像权、著作权、信息网络传播权等。在网上未经同意公布当事人的姓名、电话、地址等个人信息，如对一些明星电话、地址大肆公开，干扰了当事人生活的安宁和隐私。在网络上随便公布当事人的照片甚至进行恶搞，侵犯了肖像权。未经同意而大量转载文章，侵犯著作权的现象更是随处可见。

2013年3月9日，网上传播的乌鲁木齐市"学生戴花帽被处罚"虚假信息一案告破。这是一起由境外策划、境内实施的有预谋的破坏活动，其境内关系人祖某对所犯事实供认不讳。

该虚假信息称，乌鲁木齐市23中百余名戴花帽的学生被召集到操场罚站，校方勒令摘下花帽，否则将予以开除。经有关部门向当事学生及在场教师调查核实，该校 3 月 5 日课间操期间，有 10 余名学生戴着花帽跑步，组织课间操的老师考虑到戴花帽不便于体育活动，说服学生取下帽子。期间，学校没有对学生做过任何处罚，更没有说要开除学生。据公安部门查明，境外伊某从网上获得此信息后，别有用心地制作了所谓的"学生戴花帽被罚站"的虚假照片，然后将照片传回境内，由其关系人祖某在网上传播、煽动，蓄意歪曲事实，企图制造事端。

网络并不是法律的真空，新媒体舆论中存在的侵权行为同样要承担相应的法律责任。在民事责任方面，姓名权、肖像权、名誉权、荣誉权受到侵害的当事人有权要求停止侵害，恢复名誉，消除影响，赔礼道歉，并可以要求赔偿损失。在行政责任方面，根据《治安管理处罚法》的规定，侮辱或者诽谤他人的，多次发送淫秽等信息的，偷窥、偷拍、散布他人隐私的，要处以拘留或罚款；如果侵权情节严重，构成犯罪的，则要承担刑事法律责任。根据刑法的规定，侮辱罪、诽谤罪要处三年以下有期徒刑、拘役、管制或者剥夺政治权利。

五、新媒体舆论的管理

新媒体舆论是对普通民众话语权限的解放，满足甚至激发了普通民众想说敢说的欲望。网络是一个巨大的舆论集市，混杂着理性和非理性的思想言论。新媒体舆论热点集中，目前主要话题事关民生，医疗、住房、教育、工资等话题成为舆论的集中点，涉官、涉贪的政治话题也成为热点。新媒体舆论虚虚实实，情绪化表现突出，既有有根有据的报道，也有无中生有的炒作。

新媒体舆论中有的是谏言，有的则是怨言，谏言固然可嘉，怨言也未必就可畏。有效的社会参与是危机治理的重要环节，让民怨及时发泄出来往往可以缓解冲突，消除某些潜在的隐患，无视甚至压制民怨乃是不智之举，日积月累的民怨得不到解决会酝酿出更严重的危机。新媒体舆论调控已成为社会管理极其重要的方面，引导网上舆论，平衡网民心态，理顺网民情绪，关系到社会发展稳定的大局。

目前，我国新媒体舆论主要平台是网络论坛和微博。网络论坛是用户进行信息交换的场所，是新媒体舆论的主要生成地与集散地。新媒体与传统媒体传播相比，舆论生成更为迅速，各种意见纷争也更为激烈，新媒体舆论在当今社会的舆论传播中扮演着不容忽视的角色。

网民们就热点问题展开激烈的讨论，形成强大的舆论影响，甚至对有关部门的决策和施政产生了影响。但是，网络论坛的舆论功能是有限定的，它只能是监督而不可能代替独立的司法程序和依法行政的程序而作出定论和决策。网络舆论的声浪再大也不能取代独立的司法调查直接参与决策过程，其最本位的功能应该是反映民情民意，对决策过程予以监督，施加或大或小的影响。

此外，网络言论是网友自由发言，难免泥沙俱下、鱼龙混杂，也会产生负面影响。

任何人只要进入网络，都可借助虚拟身份畅所欲言。每个人都有麦克风，受众的地位空前提升，传方的主导性减弱。传统意义上的受众摆脱了被动的地位，开始成为主动的信息传播参与者，这样就使得各种议题纷繁复杂，消解了舆论的整合性，出现极度的舆论多元化和分散性。

在网络争夺眼球的竞争中，个别网站为了吸引受众，将道听途说的消息编发上网，转发或引用虚假新闻误导公众、混淆视听，造成不良后果。

新媒体舆论是时代发展和社会进步的产物，这就注定我们必须积极应对而不能消极回避。对待新媒体舆论，要像大禹治水，重在疏而非堵，既要发挥新媒体舆论的积极作用，又要把它的负面影响降到最低。具体方法有以下几点：

管理舆论。言论自由是有界限的，这个界限就是不能超越法律的限度，《全国人民代表大会常务委员会关于维护互联网安全的决定》《信息网络传播权保护条例》等法律法规是不能逾越的。目前，规范网络环境的法律法规并不少，但存在多头管理、交叉管理、职责不明的现象。规范新媒体舆论，需要进一步完善、清理立法，形成系统、有序的调整网络关系的法律体系。

掌握舆论。在网络时代，要形成健康向上、法治文明的新媒体舆论，就必须要让网民喜闻乐见、弘扬正气的舆论占据主导地位，及时清除有害信息与消极舆论，同时要积极引导舆论。在这方面，政府网站与门户网站应当发挥表率作用。

自律舆论。作为网站，应当文明办网；作为网民，应当文明上网、理性上网，倡导网络文明道德，使网络成为先进文化传播的阵地。对网上的不良信息不点击、不登录、不转发，并积极向有关部门进行举报，创造洁净的网络空间，促进网络健康和谐发展。新媒体在对社会产生影响的同时，也必须承担相应的社会责任，充分运用其强大的影响力，发挥媒体的舆论引导作用。

新媒体舆论多元分散的特点对舆论管理提出了整合和针对的新要求。整合是一个含义宽泛的用语，这里主要是指包容、宽容、寻找共同点、组织为一体。

网络是一个多元世界，各种思潮都在网上积极寻找自己的空间，因此针对性是新媒体舆论管理的重要要求，它包括内容的针对性和手段的针对性。

内容的针对性，一是针对公众对事实了解的需求，二是针对被歪曲的事实，三是针对对事实的曲解，四是针对对主流意识形态的攻击，五是针对各种偏激的非理性言论。手段的针对性主要是指分众。分众是个性化的扩展，若干共同个性要求的集合形成一个共性群体，将一个整体划分成若干个这种共性群体就是分众。新媒体的个性化或分众化服务，是新媒体相互竞争的重要手段，应当引起新媒体舆论引导者的高度重视。

我们要特别强调，不能将新媒体妖魔化，不能将新媒体舆论的混乱完全归罪于新媒体。新媒体仅仅是交流的工具，是信息流通的渠道。新媒体上流通的信息一部分是有害的，但更多的是无害的，新媒体所带来的正面社会效益远远超过其负面效应。

与处于强势地位的官方权力话语相比，我国民间舆论尚处于弱势地位，属于较为稀缺的话语资源。新媒体舆论表达了来自公民社会的以民间立场出现的声音和话语，并能形成较大的辐射面和影响力。这对于形成舆论的多元化格局有着无可替代的作用。而舆论多元的良性状态正是言论自由这一宪政理念的主旨，更是构建和谐社会的应有之义。

第二节　网络舆论研究的蝴蝶效应模型

一、新媒体舆论演化的蝴蝶效应

1. 网络舆论蝴蝶效应的定义

从沃尔特·李普曼在《舆论学》中提出"舆论"概念肇始，其概念就呈现多样化特征，普遍认同的一种定义是指在一定社会范围内，消除个人意见差异，反映社会知觉和集合意识的、多数人的共同意见。其主体是"意见"，舆论的传播也就是意见的流动过程。

如果只把网络视作传播工具，则"网络舆论"可界定为"网络舆论就是在互联网上传播的、公众对某一焦点所表现出的、有一定影响力并带倾向性的意见或言论"，[①] 实际上，"网络舆论"的基本定义超越了简单的技术层面解读，将其看作社会表达渠道，更加切合我国当下的国情。

1963年美国人洛伦兹提出蝴蝶效应。网络舆论蝴蝶效应，是对网络舆论产生巨大社会影响的一种隐喻。蝴蝶效应说的是，"一只蝴蝶在巴西轻拍翅膀，可以导致一个月后得克萨斯州的一场龙卷风"。它是指复杂混沌的系统无法精确预计和完全控制，虽然个人不具有传统意义上控制者的力量，但都是拥有微妙影响的蝴蝶力量，即"无力者的力量"[②]。有学者提出，网络舆论中的"蝴蝶效应"，

[①] 谭伟：《网络舆论概念及特征》，《湖南社会科学》2003年5期，第188页。
[②] 捷克作家哈韦尔提出了"无力者的力量"一词。转引自《混沌七鉴》，上海世纪出版集团2008年版。

是在网络舆论初始条件不确定的情况下进行意见表达时形成的非线性不规则的一种混沌现象[①]。这个定义强调了蝴蝶效应中网络意见表达的"非线性不规则"性及"混沌性",但将网络舆论初始条件的细微性及引起结果的不确定性省略为"网络舆论初始条件的不确定性",忽视了蝴蝶扇动翅膀的本来含义及风暴产生的可能性。也有研究者提出,蝴蝶效应是指日常生活中的"平常小事",在网络作用场中产生巨大的连锁反应,引起文化界、思想界乃至政界的普遍反响。[②] 这种提法实质是强调"小事"可以演变成舆论"龙卷风"或产生"轰动效应",注意到了蝴蝶效应的中立性,但作为定义则较为宽泛,缺乏对演变过程的分析。

我们认为,网络舆论蝴蝶效应是指微内容经过舆论压力集团——网民对信息的细化与叠加,引发网络媒体与传统媒体的协同效应,经实体社会的相关方反馈后,最终形成舆论的倍增效应。

在这个概念中,首先强调网络舆论产生的初始条件具有敏感性;其次强调蝴蝶扇动翅膀产生的效应并非突然之间的风暴,而是有着自相似性;其三,初始条件经过演变产生的结果具有不确定性,而非必然的破坏性;其四,蝴蝶效应发生的过程具有混沌性,在无序中见到有序,分形和迭代即为其秩序。

2. 网络舆论蝴蝶效应的要素及特点

在网络舆论蝴蝶效应演变中,网民通过对网络事件细节的细化与叠加,形成信息的树状结构。对于某些热点事件,受众会把知识和认知范围内的情绪和倾向作为增效剂,利用普通网页、新闻通道、论坛通道、博客通道、跟帖、回帖等多种通道,混合放大成新的信息,形成新的舆论。同时自身身份出现转变,单纯的信息接收者兼具信息发现者、传送者角色,在反馈的同时向网络中不同方向、不同群体进行信息反馈,诱发大范围、多层次受众的思想和行为"共振"。借助网络独特的双向互动、多向互动作用,"共振"循环往复,产生叠加效应,[③] 不断扩展"共振"区域,扩大"共振"幅度,以几何倍数的扩散速度呈现爆发式影响力,最后产生"雪崩"效应,舆论风暴就此形成并不断推进,社会动员功能不断增强。

可见,网络舆论蝴蝶效应的发生有三个要素:微内容的发布、网络媒体与传统媒体的协同反应、利益相关者的反馈。

---

① 李若冰:《混沌理论视野下的网络舆论监督特点与管理初探》,人民网。
② 王益富、申可君:《网络社会角色心理现象与分析》,《淮阴师范学院学报(哲学社会科学版)》2009年第3期,第397页。
③ 任贤良:《舆论引导艺术:领导干部如何面对媒体》,新华出版社2010年版。

网络舆论蝴蝶效应的舆论倍增、指数级放大效果，主要体现在以下几个方面：一是微内容发布者与事件相关者拥有社会资源的对比，体现的是弱者之力；二是初始内容之"微"与舆论风暴引起的物质、信息、能量等的变动之大；三是舆论压力集团人数之巨，观点触角之深。

网络舆论蝴蝶效应包括社会事件，其特点是以新闻人物为主体，以媒体尤其是网络媒体为实施权利救济的主要渠道等；也包括文化事件，其特点是以某个人物作为某种文化的代表，大众追捧某种异质文化，形成社会舆论。本书重点讨论网络舆论蝴蝶效应中的社会事件。

二、新媒体舆论演化的模型与变量

1. 模型概述

为解释网络传播发生社会影响的演变路径，需要构建一个网络传播蝴蝶效应的演变模型，将看似繁杂的网络传播过程按照信息源、传播主体、反馈主体、反馈指数等要素进行模式化处理。然而，"适用于一切目的和一切分析层次的模式是不存在的"，任何模型都有适用性和局限性。此外，鉴于某些数据的有限性及现阶段研究的限制，本书所构建的模型也只能是一次有益的尝试。

网络舆论蝴蝶效应是非线性系统。在非线性方程中，一个变量的微小变化可能会对其他变量有不成比例的、甚至倾覆性的影响。各要素之间的相关性可以在很大范围内保持相对不变，但在某些临界点会发生分裂，系统进入新的状态。同样，在舆论演进的不同阶段，某个变量的微小变化会对其他变量产生影响，造成舆论传播效果指数级放大，模型的设立具有一定难度。

同时，模型不仅要反映网络与外部世界的复杂联系，还要重现其网络传播过程中各种因素在各个阶段的作用及相互影响，将整体与局部、要素与因素、内在结构与外在关系等有机结合起来。最重要的是，网络与外界环境进行交流的方式是复合式的，是点对点的、多对多的、双向的、水平散布的网状模式。在这种网络模式中，哪些因素居于中心位置，需要大量数据和实验才能明确把握。

本书构建的模式既有结构性模式特点，侧重于描述网络舆论蝴蝶效应发生的结构图，又有功能性模式特点，从传播功能、能量、信息流向等角度，描述传播系统及传播要素间的关系及相互影响（见图8-2）。

需要指出的是，网络舆论蝴蝶效应的发生概率与信息本身的重要程度并没有必然联系。一些重要而敏感的事件可能不会进入蝴蝶效应发生轨道，因为传统媒体已经注入了足够的注意力。同样重要的事件，由于发布平台和解读机制不同，会出现截然不同的效果，因此，网络舆论蝴蝶效应演变模型的一个重要问题是，同等重要和敏感的事件，哪些因素解释网络舆论的倍增效应？本书提出了一个简单公式，即：

网络舆论蝴蝶效应＝网络参与度×传统媒体参与度/相关方正反馈度

可以看出，这个模型包括以下几个要素：

一是传者。在网络舆论蝴蝶效应中，传者具有多元化特点，包括网民、网络媒体、传统媒体、公共机构、网络推手。每种传者，包括网民在内都具有自我议程设置功能，摆脱了原来纸质媒体的权威地位，摆脱了失语状态。在网络舆论蝴蝶效应中，传者同样可以决定传播的时间、内容和形式，但少了信息的把关和过滤。

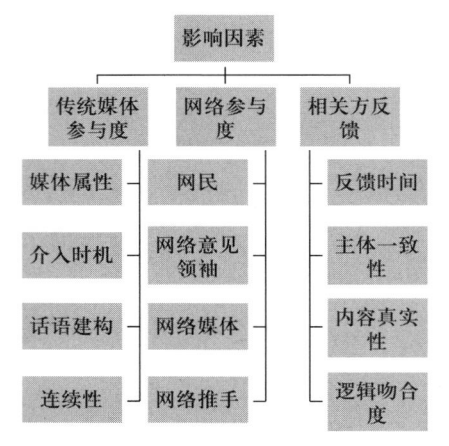

图 8-2 网络舆论影响因素

二是受众。受众是传播过程中信息的接收者，是传播的对象或"目的地"，同时又是积极主动的反馈者。传统意义的受众具有以下特点：人数众多、广泛多样、复杂、分散、无组织、不固定、不确定并具有隐匿性。在网络传播中，受众（网络用户）由隐匿走向公开，由接收者变为发布者。

三是传播媒介。随着技术的进步，媒介大规模融合，不仅融合了传统媒体和网络媒体，而且在网络媒体内部，又出现微博、博客、流媒体等新形式。值得关注的是，突发性新闻事件，可能直接从发酵和媒体介入开始，直接发展到爆发阶段；也有一些热点事件，由于事态不断变化，线索不断出现，而形成一波一波的舆论热点。随着便携式终端的发展，网络舆情不再局限于互联网，移动互联网也将成为值得关注的领域。

四是传播内容。通常而言，在蝴蝶效应发生过程中，不仅包括原创微内容，也包括纸媒内容，二者交替出现，呈现乘数效应。从数量上看，原创微内容具有小体积、大容量的特点，在短期内集中出现，并且在信息和观点交换的过程中碰撞出新的观点，提供信息的新线索，增长速度惊人。纸媒内容则与前者有交叉现象，其出现速率与前者成正比。从质量上看，原创微内容由于缺乏传统把关人对信息的过滤筛选机制，质量上良莠不齐。而纸媒内容虽然在出现时间点上少有时滞，但由于较为严谨的工作流程及现实社会的诸多约束，对观点的平衡和客观性要求更高。二者皆具有井喷和发酵特点。

五是传播方向。网络舆论蝴蝶效应的传播方向最为明显的特点便是多向互动性。网络媒体与传统媒体之间，网民与网民之间，普通网民与意见领袖之间，网络虚拟世界与线下实体社会之间，时刻保持着活跃的互动状态。由于网络媒体互动性、即时性、多媒体性等特点，信息传播方向在网络共同体的小范围中有明确指向，而在大范围内则呈网状发散。

六是传播效果。网络舆论蝴蝶效应传播效果最大的特点是指数级放大，突出体现在初始条件与最后结果之间在等级、数量、影响范围等方面的巨大反差，也体现在影响人群数量之庞大，观点冲击力之强等方面。蝴蝶效应中信息传播呈现短期集中爆发的特点，信息噪音突出。信息噪音的处理过程也是传者与受众、线上与线下、网络媒体与传统媒体交相互动的过程。传统媒体的介入、实体社会的反馈皆扩大了传播效果。

2. 网络参与度

2009年中国互联网络信息中心（CNNIC）首次提出"互动参与指数"这一概念，来反映网民的社会参与程度。报告显示，我国网民2009年的互动参与指数为49.0，高于2008年的47.0，也高于美国的45.8。[①] 这一特征在各种突发公共事件中突出表现为公众参与程度的提高。

（1）网民的内部协同

网民作为一种自媒体，在起源于微内容的网络热点事件发展过程中扮演了重要角色，具有一系列协同优势。

其一，庞大的用户群＋瞬时传播造就"压力集团"。网络传播由线性传播进化为非线性传播，受众由"聆听者"和"被教育者"演进为拥有几乎与媒体同样话语权的信息发布者，由传统媒体一人布道式的"教堂式传播"，变为众人喧哗的"大集市式传播"。庞大的用户基础将网络媒体推上了主流媒介的位置，这种靠体制外监督产生的体制内监督，在当今我国特殊的管理体制下，有着巨大的影响力。

其二，自我赋权意识强烈。赋权一般被定义成"给予权力或权威；给予能力；使能，给机会"。哈佛大学著名管理学家奎因·米勒指出，赋权是指发展积极的自我能力意识，对周围的社会政治环境有批判性的、分析性的理解和认识，同时可以增强个人和集体的资源。网络社群因观点而结成暂时的联盟，对意见的发布和社会动员进行自我赋权。这种赋权不是与政府权力和既有权威部门的简单交接，而是各种力量错综交织、此消彼长的长期博弈过程。

其三，信任度与约束感强。网络舆论这种复杂自适应系统具有约束力。一是意见的约束。新的媒介技术赋予人们愈来愈强的信息"过滤"以及"自我选择"

---

① 《第25次中国互联网络发展状况统计报告》。来源：中国互联网络信息中心网站。

的能力，也使网络公共空间分化的问题凸显。随着舆论的不断推进，网络舆论会自动区分为针锋相对的两种意见，其他零散的意见会被逐渐排挤出公众视野。这种约束呈现出网络舆论主体的分化倾向，使得舆论主体同质化特点更加明显。二是对未来行动的约束。舆论主体不仅会对事件本身发表看法，而且会对如何发挥网络的社会动员功能提出计划和步骤。两种约束机制发挥何种效力，取决于网络意见领袖的组织力和凝聚力。

其四，共享偏好度高。网络舆论蝴蝶效应发生过程中的网民具有较高的共享偏好，乐于将自己的目标、技术和信息与他人分享。克劳科认为，即使缺乏直接的收益，信息也得到广泛共享，这是由于在线互动的某些特征以及互联网参与者的文化所致。与物理社区的交换文化不同，网络中严格的、双向的、实时的互惠并非必需。对于贡献者而言，提供信息的成本远远低于其能获得的潜在回报，但这提供使其在网络世界中被奉为信息灵通人士，提高了自我成就感，且由于接受者众多形成了规模经济，创造了积极的外在效应。

其五，网络的数据库功能。信息数字化带来的数据库功能和记忆特性为搜索引擎、技术的更广泛应用及网民自我满足信息需求提供了可能。网络记录的个人言行，尽管权威性难以保证，但容量在不断更新和扩大，经过相互之间印证后也具有了某种权威性。同时，数据库还具有公开性，任何人只要进行简单注册，就可以从时间和空间两个层面接近信息。网络事件中，越是经过数据挖掘得到的信息，越具有吸引力；越是被作为他者客观记录的内容，越被视为权威资料。对这些细节进行反思性解读，在许多事件中具有"敲门砖"的功能。

其六，隐性议题的发掘。信息需求具有立体性，既有与事件本身高度相关的细枝末节，又有其发生背景、前因后果等制度性反思。这就使得一个网络事件的"信息树"格外庞大，许多隐性议题得到发掘。

（2）网民内部协同效果影响因素分析

首先是自我议程设置效果。在网络舆论蝴蝶效应发生后，网民通过论坛、博客、新闻点击、新闻留言等方式，对某些重要问题进行反馈、讨论、传播，实现自我设置议题，促使传统媒体、权力部门来关注热点事件，引导热点事件的解决。议程设置主体变化后，议程设置的力度并没有减弱，而是在和传统媒体的交互性设置中，议程主题传播的范围更广，影响更大。传统媒体中，议程设置沿着议程设置者→媒体→受众的单线程流动，网络媒体则是网民↔网络媒体↔传统媒体议程设置者↔传统媒体的环形立体流动。[①] 不容忽视的另一面是，议程设置主体的更迭，在依靠意见的自由市场难以掌握充分的信息时，也会滋生流言，在网

---

① 焦德武：《网络议程设置与网民自我赋权》，《淮南师范学院学报》2009年第6期，第60—62页。

络媒体和传统媒体的交互推波助澜中，导致网络暴力肆意横行。

其次是议题转换次数。互联网凭借技术特性在信息扩散和动员方面具有无与伦比的优势，其能否建构有效的公众舆论，则取决于网络舆论的分割程度。一方面，网民态度的极化降低了这种分割程度。舆论形成初期，网民意见的极化程度越高，越容易形成具有影响力的舆论，从而进入传统媒体的选择体系。另一方面，在舆论形成后期，网络舆论是否具有一致性和持久性，则取决于隐性议题的发掘。网络舆论具有共同目标，运用一定的网络技术完成这个虚拟目标，甚至进行线下行动时，这种分割程度也会在共同行动目标、统一步调中得以弥合。这在一定程度上弥补了网上公共行动风险带来的冲击。

第三，舆论—信息树的立体化程度。在网络事件发生之始，信息需求会呈现井喷趋势。众多网民通过微内容集聚，思维方式呈树状。网络舆论总是从一个中心点开始的，每个关键词都成为一个子中心或者联想点，合起来以一种无穷无尽的分支链的形式向四周放射，或者归于一个共同的中心。

第四，与网络历史事件的关联度。网络事件在经过一定时间的发酵之后形成一个热点，之后由于缺乏新近信息的刺激会处于冷冻状态，即网友既未完全忘却，也由于没有新的刺激而无从再次"冲高"。在这个新闻节点上，如果有类似事件发生，也会发挥联想机制的作用，再次形成新闻热点。

联想机制发挥作用带来的另一结果是跻身网络事件的门槛不断提高。换句话说，发生网络舆论蝴蝶效应的阈值不断提升。随着社会极端事件的不断发生，新闻媒体对某些曾经敏感的新闻产生了钝感。同样的，网民的新闻敏感性和社会同情心及责任感也在日益发生的网络事件的门槛前钝化。

(3) 网络意见领袖

网络意见领袖是指以互联网为平台，经常为网民提供信息、观点或建议并对网民施加个人影响的人物。Burson-Marsteller 研究小组（2005）调查发现，网络上有一批"e-influentials"，意即网络意见领袖。他们通过在聊天室、论坛、公司网站和博客上进行信息传播而创造或改变舆论、建构潮流、引领时尚。

网络舆论蝴蝶效应中的舆论领袖是指能够敏锐感知和判断网络舆论微内容发布的重要性，能对事件形成自身鲜明观点，影响其他网民持久关注，实现信息落地，从虚拟世界走向现实参与的人群。权力分散到个人之后，最重要的资产不再是原有的金钱、地位，还包括想象力、人格特性和决策力。

① 网络意见领袖三要素

意见领袖是指在人际传播网络中经常为他人提供信息，同时对他人施加影响的"活跃分子"，他们在大众传播效果的形成过程中起着重要的中介或过滤作用，由他们将信息扩散给受众，形成信息传递的两级传播。与传统意见领袖相比，网络意见领袖面临的环境更加复杂，信息接收量更大，意见形成和传播的门槛也更高，就像一场没有终点的信息竞赛。传统媒体中意见领袖与三个因素有关：一是体现了某些价值观，对于追随者具有吸引力；二是获知大量信息的能力；三是社会联系，即该人认识谁。加州大学伯克利分校萧强教授认为，网络活动中的"代表性人物"或者"发言人"应该具备以下几种要素：拥有发言平台，言说可以形成"身份认同，身体力行，某方面的专家以及私人品行可靠。换句话说，"基于对公共领域关注的价值观"，"认知、判断和行动力具备优势"及"社会联系的广泛性"是网络舆论领袖的三大要素。

首先，价值观具有草根性。与以往社会资本较为丰富、社会地位较高、拥有精英式价值观的传统意见领袖相比，网络舆论意见领袖产生范围更广、草根性更强。从产生途径看，是通过非政治制度渠道，如网络发帖数、点击率、影响力等文化、心理因素自然选择的结果，而不是由正式制度安排——组织任命或选举产生的。此外，已有网络舆论意见领袖评选结果也证明，具有草根性价值观是网络舆论意见领袖的重要条件之一。当然，我们并不是否定官员身份无法代表公共利益，而是强调在当前社会条件下，基于公共理性，关注公共领域的草根意见领袖更能获得响应。

其二，对网络信息具有认知力，对网络事件具有判断力和行动力，在认知—态度—行动三个层面具有权威性和可靠性。在认知方面，主要强调对信息的高度熟悉和准确运用。在态度方面，目标是赢得更多人的关注，扩大自身的影响力，并设置议题，改变舆论进程。在行动方面，重点在于身体力行，勇于承担责任和压力。

其三，"社会联系的广泛性"。网络意见领袖的身份在某些网络舆论蝴蝶效应中与现实社会的职业、兴趣和爱好可能重合，这有利于他们更好地发挥自身所拥有的知识、技能、经验和人脉资源，进一步影响网络舆论。

根据以上三个要素，现阶段网络舆论中的"意见领袖"的来源大致可以分为三类。第一类是传统意见领袖在网络舆论世界的迁徙，这部分人群包括作家、学者、艺术家及传统媒体记者。第二类是其他行业的业余观察家和自由撰稿人。他们在实体社会中也是某个行业的专家，只不过不属于传统的文化圈，在网络舆论中摆脱了行业局限，利用自身的知识资源发挥影响力。第三类是自由职业者，甚至无业游民。这部分人群的草根性最强。

② 网络意见领袖的行为动机

分析网络舆论意见领袖的行为动机，一个重要视角是知识权力的新特征。网络社会的权力呈现出知识化、扁平化和分散化三个特征。权力知识化的第一个表现是权力来源的知识化，它是一种非强制的权力，是一种"软权力"。托夫勒曾经说过,在支撑权力的支柱——暴力、财富和知识之中,知识产生高质量的权力,不仅用于惩罚、奖赏、劝说,甚至用于转化,具有更大的灵活性。只是权力的凸显不仅改变了权力的形式,也改变了权力的运用方式,具有全新的劝诱性、共享性特征。运用知识权力可以努力控制信息的生产和流动,还可以推销自己的价值观念,争夺对"博弈"规则的支配权。因此,分析网络事件中网络意见领袖的行为动机,主要有以下两个角度:

首先是作为虚拟社会资本的网络威望。网络意见领袖的威望是通过他在网络事件中对蝴蝶效应的催生和推动来发挥作用的,而网络威望也是他在事件中耗费心力和体力后的最大收益。网络威望的获得能够满足他在潜意识中对成为权威和英雄的需求,虽然这可能对现实生活并没有实际的改变,甚至有时会带来负面影响。虚拟社会资本的一个典型例子是,人们觉得通过扶持有意义的事业会提升自尊,做一些有助于他人的事情会令自己的心情更好。

其次是作为社会实体资本的商业利益。有些网络意见领袖会被商业利益所诱惑,如许多论坛编辑都与网络推手有较为稳定的合作关系。网络推手常常出于私利或是某个企业或组织的利益而制造舆论,知名论坛的个别编辑一方面为了满足制造网络热点的工作需要,一方面也为了获取网络推手的商业利益,充当了重大网络舆论连锁反应的孵化器和推动者,同时也在许多网络文化事件中助长了低俗文化的泛滥和推广。

③ 网络意见领袖的影响因素

根据我国互联网络信息中心 2013 年第 32 次统计报告,我国网民的主体是 30 岁及以下的年轻人,占到网民总数的 54.0%;从文化程度看,初中学历比例最大,占到 36.3%。[①] 网民在舆论酝酿和发酵过程中,容易受到权威暗示效应的影响,成为民间"意见领袖"的追随者。在网络舆论发生连锁反应过程中,网络意见领袖发挥效应的决定因素包括以下几点:

事实的模糊度与网络意见领袖在舆论蝴蝶效应中的作为呈正相关。网络事件发生后,实际上是网民在网络意见领袖的带领下,力图打破信息不对称,实现网络信息链的供求平衡的一场博弈。一方是将网络视作社会资本的有机组成,争取网络权利的完整运用,对有关事件的信息要求知情权和参与权,提出了诸多信息需求;另一方是把持传统信息资源,将信息看做是既有权力一部分的信息供应方。双方的力量越不均衡,网络意见领袖的用武之地也就越大。有争议的新闻在事实不清晰的情况下,网络意见领袖便会形成独立判断,发布可能含有合理想象、偏见与成见等因素的见解,并在网民中引发共鸣,使得网络舆论与实体社会

---

① CNNIC:2013 年第 32 次中国互联网发展状况统计报告。

的互动走出虚拟世界，造成事态的扩大。

网络技术的发展与发达与网络意见领袖发挥作用的大小呈正相关。日新月异的通信技术成为网络意见领袖预言他们命运的一大利器。意见领袖常常对网络技术先知先觉，并能利用其增加自身权威性。搜索引擎等技术的出现大大增强了信息的透明度，尽管难免出现侵犯个人隐私等负面行为，但搜索引擎等技术使得个人的任何行径几乎无法逃出网络的范围，增强了意见领袖的行动能力。

网络意见领袖的稳定性与网络舆论蝴蝶效应呈正相关。网络意见领袖在网络舆论蝴蝶效应中的表现具有稳定性。某些人群重点关注某一类议题。尤其是具有公共性的社会议题出现时，他们会在最短的时间内利用网络搜索引擎等技术，掌握尽可能多的新闻细节，整合多方网友意见，对事件发出具有影响力和推动力的评论，并对下一步的行动提出计划和建议。在对网络舆论发挥社会动员能力方面，网络意见领袖占有十分重要的分量。

网络舆论意见领袖的创新度与网络舆论蝴蝶效应呈正相关。网络意见领袖是网络创新的引领者和实践者。其在网络热点话题中的创新越多，蝴蝶效应发生的几率越大。

网络意见领袖的知名度与显性化程度与网络舆论蝴蝶效应呈正相关。网络意见领袖知名度来源有两种。第一种是现实知名度直接转化为网络影响力，第二种是网络知名度。许多意见领袖尽管是匿名存在，但其网名已经具有名人效应和品牌效应，其关注点和言论具有信息价值。

网络意见领袖社会联系的广度与网络舆论蝴蝶效应呈正相关。虚拟世界和现实世界之间存在一种有趣的张力，一些虚拟关系会发展为现实生活中的参与行动。事实上，在参与网络舆论蝴蝶效应过程中，网络意见领袖经常能找到重要的他人，增进了解，激发认同。网络舆论蝴蝶效应伴随着网络意见领袖的崛起而产生，这种崛起通常是与意见领袖与传统媒体的串联相伴而生。在网络舆论蝴蝶效应触发之后，网络意见领袖与传统媒体之间的合作机制现出雏形——协商选择话题，共同验证真实性，质疑公权力机构，实施救济等。这种资源互补、优势合作的方式大大提升了网络舆论的社会影响，这种方式也形成了网络媒体与传统媒体的协作效应。

（4）网络媒体

"网络（论坛）载发—版主推荐—网民关注—传统媒体记者介入"已经成为网络舆论蝴蝶效应发生的基本路径。"2010复旦—慧科社会舆情热点事件分析报告"指出，网络媒体显示出类似"公共领域"的作用。网友与论坛及博客等媒体之间形成了舆论热点—事件发展的循环互动，打造出网络公共领域。

网络媒体对网络舆论蝴蝶效应的影响因素包括网络媒体的知名度、网络媒体与传统媒体的结盟程度及网络把关人的新闻敏感性等。

首先，网络媒体的知名度与网络舆论蝴蝶效应高度相关。互联网实验室发布研究报告，全球网站 500 强中有 60 家中国大陆网站，天涯社区是唯一上榜的综合社区类网站。如果事件能被天涯置顶、加精，则意味着会形成网民人数的指数级增长、观点涌现与网络意见领袖的集结。

其次，网络媒体与传统媒体的结盟程度与网络舆论蝴蝶效应存在相关性。我国特有的媒体管理制度决定了二者实行资源共享后能取得效益最大化。传统媒体拥有采访权，但有许多限制，而网络媒体则拥有众多新闻线索等待落地。网络舆论介入使得地方性媒体的报道也可能成为全国关注的焦点，这大大刺激了传统媒体与网络编辑"结盟"的热情。这种结盟，即资源共享，使得二者在市场竞争中取得"双赢"，"结盟"也逐渐成为网络舆论蝴蝶效应发生的动因之一。

再次，网络舆论蝴蝶效应与网络编辑生产和发掘热点事件的能力有关。而天涯、猫扑、凯迪网、西祠胡同这些有影响力的论坛在网络舆论蝴蝶效应中的作用在很大程度上取决于网络编辑的表现。

值得注意的一个问题是，随着网络舆论蝴蝶效应产生的知名度和美誉度的提高，网络的垄断程度也在不断提高。尽管品牌化、特色化是网络发展的一个正确方向，但少数几个网站掌握话语权，充当网络把关人角色的作用越来越明显。网络话语权资源过于集中，网络垄断的苗头逐渐显现。网络垄断可能存在的危害包括：滥用话语权，代表伪民意，与其他媒体达成共谋，出卖民众话语权，商业化倾向严重等。

（5）网络推手：一个辅助变量

网络舆论作为公共物品总是面临被个体消耗或过度开采的危险。在网络信息爆发和网络声音传播过程中，拥有众多网络关系的网站或网络公司，有能力借助于其在用户拥有量、信息服务技术和资源集中等方面的优势地位，操控民意，造成"舆论垄断"，形成爆料—收费—消除负面影响的恶性循环。而这种"舆论垄断"效应，如果从企业之间的不正当竞争行为逐渐拓展到行政权力和公共利益领域，使得网络舆论被人为操控，就有可能丧失作为公共话语平台的意义。

有无网络推手的幕后操作也是决定网络舆论蝴蝶效应能否发生，发生效果如何的辅助变量。随着网络的普及与影响力日增，网络推手从娱乐和商业策划，逐步深入到社会问题、公共事件策划，涉及范围更广。

网络推手、网络黑手与网络水军都反映了一种伪民意。

网络推手、网络黑手与网络水军是网络高度发达、网络传播效果影响力日益扩大的产物，建立在多元文化的发展需要基础之上。三者的区别在于手段有所不同。网络推手利用正当的吸引网民注意的策划手段实现对公共事件走向的控制；网络黑手则是利用散布谣言等不正当手段实现商业利益；网络水军则是出卖自身话语权，利用发帖行为进行赢利。

在利益的驱动下，媒体间的合作在默契中形成，这也解释了为什么网络推手只制造网络事件的原点，而操作性网络营销事件却能够此起彼伏。有鉴于此，有学者提出，网络热点事件中，传统媒体已从传统的把关人角色陷入被渠道化的危险之中。

三、传统媒体参与度

一种流行的观点认为，网络媒体利用其技术优势，形成巨大的舆论合力，甚至通过网络围观，就可以对传统媒体形成压力，为其进行议程设置。我们认为，这种观点对于网络舆论议程设置功能过于乐观。原因在于，网民本身的草根特性，决定了其所设置的议程都与自身利益高度相关。而这种议程设置只是弱势群体寻求自身利益表达的一种尝试。网络媒体尽管通常都能成为新闻的第一落点，但真正使新闻落地，发挥社会动员功能，必须进入传统媒体的视野才行。这形成了一种事实上的二次把关。没有传统媒体的接力，网络媒体只能是纸上谈兵。

1. 传统媒体的协同动机

传统媒体的参与度与网络舆论蝴蝶效应的发生生态呈正相关关系。通常，在网络热点形成之后，传统媒体开始跟进，将其按照传统媒体的把关要求进行处理后搬上报纸版面或电视屏幕。网络舆论一旦通过潜伏期进入发展期，即开始改变网络竞争生态，传统媒体与网络媒体争夺新闻的报道和解释权，成为媒介公信力的隐形收益和获取商业利益显性收益的契机。具体而言，传统媒体的协同动机包括以下四点。

①"充满机会"的"共生舆论生态系统"。一个网络热点事件通过网络意见领袖的"预把关"实现了平台转换之后，舆论系统便成为"充满机会"的社会环境。这种"机会"既有助于媒体作为社会瞭望者和功能监测器等公共职能的实现，也有助于产生眼球经济下的注意力效益。这种"充满机会"的舆论生态对于既讲究社会效益又不愿放弃经济收益的传统媒体而言是有利的，也是有吸引力的。由于网络舆论的积极介入，传统媒体才可能进一步开展评论与报道，以推动事态向积极方向发展。

而对网络媒体而言，尽管在网络世界栽种了"种子"，但若想进一步扩大舆论的传播效果，真正改变实体世界，离不开传统媒体权威而成熟的媒体运作机制，来弥补自身信息芜杂、公信力差等缺陷。在这个意义上，在网络舆论这种复杂自适应系统中，网络媒体和传统媒体寻找到了最佳的合作时机和合作途径，形成了"共生的舆论生态系统"。

② 媒介竞争中的"沉默的螺旋"。对新闻热点的追逐在重大事件中的表现是媒体地位的决定因素。冯·诺依曼提出，大众对于意见的孤立有一种心理恐慌，即如果发现自己的意见不同于大多数意见时，会刻意隐藏自己的观点，从而导致多数意见更加响亮，而少数人的意见越来越沉默。大众媒体在媒介竞争中也有类似的心理，如果发现众媒体都在跟进一个新闻热点时，尤其是都市化报纸就会害怕自己在新闻热点的追逐中落伍，在热点事件中缺位从而导致媒体公信力的丧失和舆论引导机会的丧失。因此，在媒介竞争中会出现一种媒体的集聚效应，即大量媒体被同一新闻议题吸引，大量注意力和报道都集中在某个新闻人物或新闻舆论上，使得新闻报道，包括网络舆论呈现出同质性。当然，不能否认，没有这种集中火力和群策群力的报道就无法形成协同效应和社会动员能力，但如何合理分配媒体资源，尽量避免集聚效应的负面性，也是值得学者研究的重大课题。

③ 商业利益诱惑。网络生活由虚拟走向实体，由线上走到线下，其巨大的商业潜力与市场机会正在逐步释放。网民对公共事务的讨论热情越高，网站所能收获的"注意力资源"越富饶，能够换取的利润回报就越丰厚。网络媒介会通过统合资源丰富公众讨论议程，还会通过对新闻跟帖的内容加工为公共讨论确立价值体系，这其中商业驱动力的影响不可小视[①]。2009—2010年，我国广告产业一直维持15%~20%的增长率。艾瑞咨询提供的数据表明，2010年，中国互联网广告收入达到356亿元，较2009年全年216.9亿元的数额增长了64%。而美国互联网广告收入总额同期可达258亿美元，且首次超过报纸广告。如何应对来自新媒体的严峻挑战，既是广大传统媒体从业者不得不思考的问题，也是其在重大网络事件中努力为之的原因所在。

④ "破窗效应"下的媒体责任意识。社会学提出了"破窗理论"，即如果窗户打破了没有人问津，则会产生一种示范效应。鉴于网络媒体不断崛起的态势与网络新闻不断扩大的影响力，为传统媒体新闻报道的新闻源和报道角度等方面提供了参考。另外，媒介社会责任说也为传统媒体关注网络舆论蝴蝶效应提供了解释。

---

① 胡菡菡：《媒介建构与公共领域生成——对网易"新闻跟帖"业务的研究》，《新闻记者》2010年第3期，第66页。

2. 传统媒体的协同优势

首先，新闻史发展过程中累积的公信力资源丰厚。1999年黄晓芳在《公信力与媒介的权威性》中将公信力定义为"媒介在长期的发展中日积月累而形成，在社会中有广泛的权威性和信誉度，在受众中有深远影响的媒介自身魅力"。媒介公信力分为相对公信力和绝对公信力两个纬度。相对公信力指在几个媒介中最让人相信的一个媒介，绝对公信力指所调查媒介各自所获得公众的信任程度。

其次，规范的新闻流程保证了信息的权威性。流程管理关乎新闻生产力。传统媒体的新闻传播要经过媒体总编、责任编辑、记者层层把关。网上信息虽然生产流程简单，更新速度快，但存在信息虚假和信息冗余问题。传统媒体通过网络通讯社，遵循自身严格的新闻流程，对网络信息可起到证实与证伪的作用。当然，不能否认，网络无处不在地渗透到了传统媒体采编流程的每个环节并起到优化的作用，从信息获取到新闻判断，从事实把关调查到版面安排，无一不受到网络媒体的影响。但总体而言，作为专业新闻生产和发布组织的传统媒体，其较为严密和不断优化的新闻流程保证了比一个人传播为主体的网络传播更具有可信度。

再次，深度报道方式更能追踪新闻事件的深度和广度。在文体上，传统媒体的深度报道所使用的公关传播语言更为正式、规范，而且呈现新闻的方式是以"多客观少主观""多事实少评论"为原则，通过新闻事实本身来体现作者的立场与观点，只有新闻价值越大才越容易引起关注与转载。[①]

最后，传统媒体与网络媒体的日益融合。传统媒体的大胆改革，也是网络舆论蝴蝶效应能否发生的必要条件之一。传统媒体与网络的"亲密接触"已经从单纯的内容上网的简单复制阶段，发展到全面数字化的融合参与阶段。最优质的网络信息资源仍然来自传统媒体；传统媒体在技术汇流和媒体融合的大背景下，积极融入到通信运营商、内容提供商、服务提供商的"全媒体"角色竞争中，而不再存在单纯意义上的报纸或电视。

3. 传统媒体协同效果影响因素

（1）媒体属性。"媒介即内容"，传媒本身即信息，是否参与报道即为关键因素，报道的长度、形式等则在其次。在现阶段我国传媒生态下，传媒性质与媒体类型、资金来源、所在立场等相关，其在网络舆论蝴蝶效应中的推动作用也与此高度相关。网络打破了信息竞争格局，但不同性质的媒体仍然在抢占舆情高地。就传播功能而言，中央级网络媒体改变了以往传统媒体信息发布的滞后状态，新

---

① 易圣华：《传统媒体与网络媒体的传播共振》，《国际公关》2010年第2期，第72—73页。

华网、人民网等网站成为新闻的重要发源地。《人民日报》、新华社、中央电视台等中央级传统媒体，虽然在热点舆情的关注时效性上相对落后，关注面比较窄，一般只遴选在全国有影响的已经充分发酵的重大热点事件予以报道，但权威性和报道深度都很高，在网民中的影响力较大。

（2）介入时机。网络媒体时代，传统媒体为了应对日益激烈的新闻竞争，也加入媒介融合的进程之中，形成了多层次、立体化的媒介地图，逐渐呈现出梯度传播和发言的格局，以时秒为传播刻度的互联网体系，以日为传播时间表的平面纸媒，以影像和声音作为立体语言的广电体系，以周为传播周期的杂志和周报体系。这种格局，可以在时间落点上互补。在网络舆论蝴蝶效应发酵升级时，传统媒体利用自身的资源优势，选取合适的时机参与到事件的报道和动员中来。

（3）话语建构。传统媒体话语建构的方式影响网络舆论蝴蝶效应的发生效果。传统媒体的话语体系与民间舆论场吻合度越高，网络舆论的倍增效应就越明显。有研究表明，现阶段传统媒体的议题选择和网络舆论高度吻合。在微观层面上，传统媒体使用的话语体系越接近民间话语，越有助于网络舆论的连锁反应持续进行。特别是那些社会公认的主流价值观或者抗议"主框架"，经由媒体扩散之后，降低了运动动员的成本。① 从这个意义上说，媒体策略就是"议题建构"和"共意动员"的工具。

（4）连续性。由于某一事件本身的敏感性，媒体第一次报道后，可能会停止继续报道。这种情况可能会产生一种报复性动员，即原来的事件不足以引起动员规模，经由中断后恢复，使得能量更加巨大，舆论倍增效应更加明显。

（5）层次化：网络舆论格局"新地图"的建构。要重新建构网络舆论格局的"新地图"，首先应该承认网络舆论层次化的重要特点，即网络舆论的"新地图"并不以行政归属和地理界线为分水岭，甚至原有的平面化特征也已经被打破，网络舆论的层次化、立体化特征日趋明显。具体表现在：网络舆论引导的主题不再依靠行政命令，进行网络舆论引导的方式不再只以正面报道为主，试图加重典型报道分量已经力不从心。网络舆论的层次化还表现在网络舆论的多元化并非无逻辑可循，它是随着新闻事实的丰富化和细节化逐步分化的，继而形成对传统媒体的三种互动模式，即网络民意与媒介报道的共鸣、网络民意对媒介报道的修正以及网络民意经由传统媒介报道实施社会动员。尽管网络民意与传统媒体报道之间的"共鸣"只产生于关涉国家利益的事件，或是自然灾害发生的初期，但这种"共鸣"下蕴涵的巨大的爱国

---

① 高恩新：《互联网公共事件的议题建构与共意动员》，《公共管理学报》2009年第4期，第98页。

热情与国家道义，使得民意与政府的合力对民族特性和传统文化的影响更加深远，在对外传播中扮演着民间力量的重要角色。而在传统媒体中或由于行政隶属而产生的角色限制，或是在商业利益诱惑下的有违新闻专业主义之举，会在网络民意微内容的聚涌效应下加以补充和修正，这种修正效果有助于构建更加理性的社会和具有更高媒介素养的网民群体。而对政府与传统媒体形成尖锐挑战的网络民意所发挥的传统媒体分化和社会动员作用，则是对整个社会的全面考验。

4. 善用网络民意的最终途径：社会的全面动员

在日渐复杂的舆论地图面前，单纯依靠主流媒体的正面宣传引导已不能达成既定的传播效果。真正有效的网络舆论引导，应该是社会的全面动员。其中包括政府透明度、公信力和效率的提高，传统媒体权威性、公信力、影响力的提升和社会法律制度的日趋完善。对政府而言，意味着须加深对网络信息流变规律的认识，加强自身的媒介素养，全面提高执政能力；对媒体而言，则意味着对新闻事实更全面客观的报道，对新闻意义的更深追问，对新闻细节的更真实呈现。如此，才能在传统媒体作为网络民意"把关人"的现实下改善传播效果。而对网民而言，则意味着自身媒介素养的提高，网络理性规则的逐步形成；对学界而言，则是要加强对网络议题及网络信息流变化规律的研究，增强舆论引导的科学性和针对性。

四、相关方反馈

1. 相关方反馈的含义

反馈是系统科学理论最核心的概念之一，指的是输入部分作用于被控系统后，输出部分通过适当的装置返送回来，对系统的再输入与再输出产生影响的过程。负反馈是抑制或减弱最初发生变化的那部分的变化趋势，它是趋向目的的行为，使系统的输入对输出的影响增大，其作用是使生态系统达到或保持平衡或稳定。正反馈则与之相反。

可以看到，网络作为意见集散地，由于把关人的缺失和信息容量的倍增，多元声音以碎片化状态快速重复、细化。网络舆论、传统媒体舆论、公权力机关都作为变量发挥着反馈环的作用。他们做出的反馈也可以分为正反馈和负反馈两种。负反馈为调节，正反馈为放大。正反馈越多，舆论风暴发生的可能性越大，蝴蝶效应引爆的可能也就越大。负反馈越多，则网络舆论蝴蝶效应发生的可能性越小，发生的时间越长，负面影响越小。这些反馈环之间充分碰撞，相互改变，此消彼长，能量相互叠加。当正反馈能量急剧增加时，舆论的规模和强度便发生指数级增长，导致"蝴蝶效应"的发生。它是系统经历混沌达到的有序状态，也是系统在适应了新环境条件后而进化出的新结构。而蝴蝶效应的消解,则依赖于负反馈能量的递增。

2. 相关方反馈的影响因素

(1) 回应时间。回应时间与网络舆论蝴蝶效应成比例。及时性是危机处理的第一位原则,信息的公布应随着事件进程展开,不能在全部事实查清后再统一公布,否则只能造成政府危机公关的被动。因此,在传统危机传播理论中,有专家提出"黄金 24 小时"之说,意指在热点形成后的 24 小时是应对危机成败的关键时间点。在网络传播时代,其瞬间传播、快速扩散、立体思维、交互影响的特性,决定了 24 小时已经不足以阻止危机的扩散。人民网舆情研究专家进而提出了黄金 4 小时之说,强调的正是新闻发布的及时性。回应时间滞后,关键时刻失语,就会失去最佳信息发布时机,致使传言和谣言在信息模糊阶段应运而生,并以最快速度占领"意见的自由市场"。

(2) 逻辑吻合度。以权利救济为旨归的网络舆论蝴蝶效应发生过程中,相关方正反馈之一就是回应逻辑与媒体及网民的逻辑吻合度。危机事件牵涉多层主体,但其中必然有某一个核心主体对事件的兴起、发展或转折起到关键作用。相关方反馈应考虑对方的思维逻辑和权利要求,否则,一旦陷入推责—警告—辩解的行为模式中,就会涌现更多极化民意,引发更深的不信任危机,要求更多的权利补偿。在网络舆论蝴蝶效应之中,若想达到二者之间思维和行为逻辑的吻合,根本上还是要设立正式制度,将制止夺民之利行为纳入制度的轨道中。

(3) 主体一致性。信息反馈主体数量与网络舆论蝴蝶效应成比例。信息发布主体越多,网络舆论蝴蝶效应发生的几率越大。信息发布,讲究一言九鼎,但如果话出多头,就难免前后自相矛盾,降低权威性,同时也会造成事态扩大,更多人围观。

(4) 内容真实性。信息发布内容的真实性与网络舆论蝴蝶效应成比例。仓促发布结论,转移舆论焦点也会对网络事件的传播形成刺激,带来放大效应。这种做法不仅不利于舆情引导,还会引起网民的更多质疑和不满,进而在网络聚涌效应的作用下成为网上舆论攻击对象。

第三节 网络舆论蝴蝶效应的生命周期理论模型

哈佛大学教授 R. G. 费农提出产品生命周期(Product Life Cycle,PLC)理论,认为产品生命具有周期性,形成、成长、成熟、衰退是其生命周期中的四个阶段。之后,组织生命周期理论和危机生命周期理论相继被提出。网络舆论蝴蝶效应的生命周期理论对于理解网络舆论的构成要素及内部结构等具有重要意义（见图 8-3）。

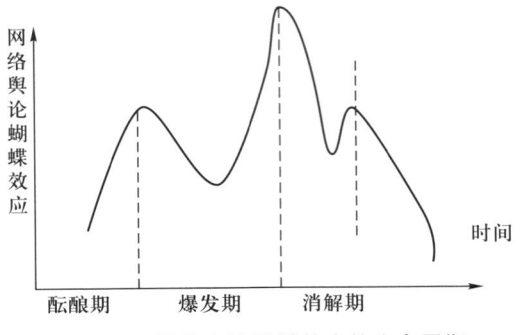

图 8-3　网络舆论蝴蝶效应的生命周期

一、网络舆论蝴蝶效应生命周期的特殊性

网络舆论的生命周期具有普遍性，也具有特殊性。其普遍性体现在，网络舆论蝴蝶效应的发生也有周期性，就其特殊性而言，主要有以下表现：

首先，各个生命阶段具有不均衡性。即舆论形成期较短，舆论成长期和舆论成熟期持续时间较长，而舆论衰退期具有暂时性。新闻事件在传播过程中需要有新的变动的信息补充进来，连锁反应才能持续下去。每当新的信息进入，信息刺激强度就会增大，事件的传播暂时达到峰值，随后又会缓缓滑落；若没有新的信息弥补进来，则会渐渐走向衰变。网络事件在传播中经历了开始、高潮到衰变的过程，是一个变更发展的进程，而且持续时间通常为 1 至 3 个月。平均每个网络舆情热点议题存活时间为 16.8 天，大多数集中在两周以内。这说明网络上更多的是喧嚣，网民对一个变化不大的议题专一度不高，议题对网民来说"保鲜期"不长，除非该议题信息系统中又有新的变量和元素介入。持续一个月以内的议题占到总体的 85%，但还需要注意，60 天以上的超长议题还是存在的，占到总体的 3.1%。[①]

其次，网络舆论的生命周期具有联动性。新的舆论热点不断产生，会与旧的舆论热点形成竞争。新议题的出现会促成旧议题衰变。网络信息的海量性致使新的热点不断出现，必定转移人们的视线，对旧话题的关注度因此衰减。如果缺乏新的信息分解，则舆论热点之间会显示出平衡性，网络舆论热点的总数会维持在一定数量之内，因为网民的注意力和网络媒体及传统媒体的注意力总

---

① 喻国明：《中国社会舆情年度报告（2010）》，人民日报出版社 2010 年版。

是有限的。

再次，谣言作为网络舆论蝴蝶效应中的要素，其生命周期也具有某些特殊性。谣言在网络舆论蝴蝶效应中的生命周期问题是一个悖论。一方面，由于信源增加，把关人弱化，网状拓扑式结构为谣言的传播准备了通道。另一方面，虚假信息的生产和传播成本降低，传播效率提高，各种主观臆断、猜想的信息都可以不经过审查而出现在公共舆论中。这直接导致了网络舆论蝴蝶效应中的谣言形成一个循环链。

总之，将生命周期理论引入网络舆论蝴蝶效应具有特殊指导意义，蝴蝶效应理论的连锁反应概念也为解释其演化过程提供了可行视角。

二、网络舆论蝴蝶效应的酝酿期——"蝴蝶扇动羽翼"

网络事件议题来源有两大渠道，即网络与传统媒体。具体而言，一是舆论原发在网络，传统媒体进行接力和共鸣；二是传统媒体首先报道，后在网络上引爆。两种不同的信息—舆论来源，有着殊途同归的演变过程。

网络舆论蝴蝶效应的酝酿期，遵循媒体政治的运行规则（信息简单化、用图像表达、政治人格化、叙事模式）和网民的媒体消费习惯（重图片、轻文字、重直观、轻抽象）。具体而言，通过政治—技术—社会心理的三维震荡，信息上升为舆论，并开始发酵；敏感因素被触动，议题性质开始发挥选择作用；同时，发布平台的选择和解码机制也构成了网络舆论倍增效应的遴选机制。完成遴选机制后，被选择的个人议题进入公众视野，网络媒体与传统媒体开始协同运作，进入公共议题阶段。

网络舆论风暴产生时，最明显的特征就是信息流的明显变化，表现为一定时间内的信息流量急剧增加，信息主体增加，信息流速减慢，信息内容的分散化加剧。

在网络中，信息的流动通常呈网状渗透型结构。它沿着网络的物理结构渗透，在这个渗透过程，信息本身不断复制繁殖，形成分流，最终呈几何级数增长。而复制是在进入新一轮的发布过程时完成的，即以直线式、队列式和层次式等方式进行再次发布，开始信息的下一个生命周期。因此，信息的发布结构会不断地对信息的流动起作用。

在网络世界，由于网络具有匿名性、及时性、互动性等特点，网民可以更加自由、开放地讨论，由此也产生更高的信息诉求。当一个新闻事件发生后，无论是经由传统媒体还是网络媒体首先曝光，都会引发网民对信息公开，即信息共享的需求。这种需求如果无法及时得到回应，就会经由中介放大扭曲，从而引发更加强烈、更加深入、更加频繁的信息共享。信息流从最终客户端向原始供应商端传递时，无法有效地实现信息的共享，会使得信息扭曲而逐级放大，导致需求信息出现越来越大的波动。

三、网络舆论蝴蝶效应的爆发期——舆论风暴形成

网络舆论经过酝酿期对议题、平台的选择及解码后，开始进入自我评价—自我假设—自我验证的自循环状态，伴随着信息的快速细化和叠加，最终形成网络热点。此时，蝴蝶扇动羽翼已经改变了网络生态，也改变了新闻竞争的微生态，蕴含巨大能量的连锁反应被引爆，湍流状态出现。其典型特征就是整合传播模式的运行和多元化、多样态、多层次的传播内容全部迸发，在网络舆论从表象到本质，从片面到全面，从假象到真相的追问过程中，信息共享的范围不断扩大，事件很可能因此演变为全国性事件。在舆论的支持下，媒体作为民众利益的代言人，与公权力机构之间形成博弈，博弈过程中舆论规模进一步扩大，媒体在行使话语权的同时实施了权利救济，也提高了自身的社会资本。从遍撒"种子帖"，即蝴蝶扇动翅膀到一场舆论风暴，往往在几天之内发生，网络舆论的发展和爆发期也难以明确分离。

在当前我国以权利救济为旨归的网络舆论蝴蝶效应中，能够激起舆论，聚集更多受众的，还是公权力机构中的代表。他们对舆论的回应，尤其是不当回应，阻碍了信息的流动速度，降低了信息透明度，更容易形成舆论突变，造成更多人群的集聚，事态更加扩大以及更多的信息需求和现实要求。引入事件相关方反馈这样一个重要主体，可以更客观地认识网络舆论蝴蝶效应发展和爆发期的演变规律。

通过集聚、协同与反馈，网络舆论由微内容发展为舆论风暴，爆发出超强的影响力与变革力（见图8-4）。

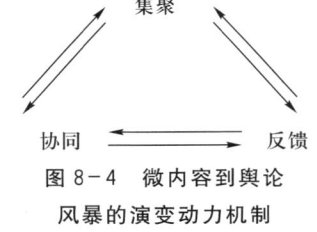

图8-4 微内容到舆论风暴的演变动力机制

四、网络舆论蝴蝶效应消解期

网络舆论蝴蝶效应的消解原因在于实现了参与者的愿望和需要。当消费者、媒体等舆情主体消耗掉全部社会资源和情感，或者事件得到了有效控制，事件关注度便会逐渐衰减。

网络舆论蝴蝶效应的衰解与信息公开程度和速度成正比。如果信息主体能够满足网民的信息需求，甚至主动引导议题的走向，网络舆论蝴蝶效应就会具有瞬间特征。在一些网络事件中，短期内集聚了大量人气，事件本身的冲突性引发了众多质疑，但如果信息主体对其进行及时回应，则会产生舆论哗变，网民内部会迅速发生倒戈，舆论快速消散。

反之，如果信息主体不能适应网络舆论蝴蝶效应，在经历媒体互动的议程设置、多元传播方式的协同作业及议题转换的深度挖掘之后才部分满足网民的信息需求，则会使网民从根本上怀疑信息发布方的公信力。即使事件结束，舆论也会持续一段时间，并不会马上消解。这种情形下，需要信息主体额外提供有效信息，进行信息补偿，才能重新赢得信任，在舆论上反败为胜。

另外，如果同类事件发生，舆论具有记忆功能，对该类事件保持敏感，舆论会迅速集聚。即网络舆论蝴蝶效应的衰解期除了具有长尾效应外，还具有复燃性，如果上一次舆论风暴未能成功实施社会动员，会在事件发生地留下严重的民意创伤。在特定条件下，沉淀后复燃的燃点更低。

五、网络议题出现、议题存活、舆论整合与消散模型

详细分析近几年国内发生的网络舆论事件，可以发现，网络舆论的兴起、聚合和最终消散与美国传播学者戴维森和鲍尔描述的舆论形成阶段理论非常契合：议题出现→引发讨论→个体意见表达受到多方影响→个体意见表达开始聚集→引发社会讨论并产生社会影响→议题涉及问题结束→新的议题出现，之后重复此过程，循环往复。与社会主流道德、价值观密切相连，有预期影响力的公共利益事件和问题往往会引起人们的关注。任何舆论都发端于个人意见，个人对某事件的观点或意见是舆论形成的起点。如果这些意见得到多数人的赞同与共鸣，就会出现社会讨论。当由个人意见引发的舆论经过网民的不断发帖、转载、评论和传统媒体的跟进报道及意见领袖的传播后，这种舆论便有了进一步升级的可能性，随后相互对立的意见去伪存真，获得多数人认可的个人意见占据上风，形成一定的舆论定论。这时传统媒体继续跟进报道，网民转帖，当舆论沿着原途径升级的时候，其影响继续扩大，各方意见进一步整合，形成强大的舆论风潮。当大规模的网络舆论出现时，官方立即介入或媒体重新设置议事日程，这就使舆论的方向发生了转变，政府的干预使得事件得到解决，至此，网络舆论消失。

因此，综合舆论形成的相关理论和网络舆论事件的实际发展情况，我们采用纵向分析法将网络舆论的形成、演变过程分为四个阶段：(1) 议题出现期，(2) 网络舆论存活期，(3) 网络舆论归纳整合期，(4) 网络舆论消散期。据此建立以议题出现、网络舆论存活、网络舆论整合、网络舆论消散为主要内容的四阶段理论模型，我们称之为"网络舆论的议题出现、存活、整合、消散模型"（见图 8-5）。

网络舆论的议题出现、议题存活、舆论整合与消散四个阶段在时间上概括了

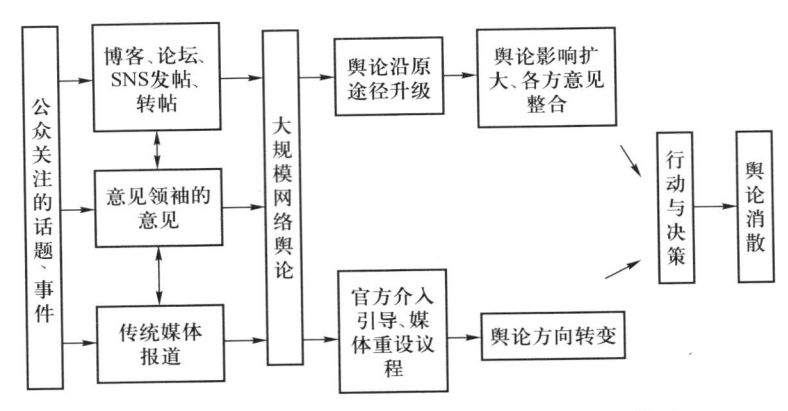

图 8-5　议题出现、议题存活、舆论整合与消散模型

网络舆论形成的整个过程，以下具体分析每个时期的形成特点及影响因素。

1. 议题出现期

一个议题在网络上出现，必然是社会公众所关注的话题或事件，那么什么样的话题和事件能够引起网民的关注呢？以 2011 年的网络舆论事件为例："7·23"动车追尾、佛山小悦悦事件、郭美美事件、抢盐风波、钱云会案、故宫失窃系列事件……分析这些网民曾经热烈讨论的事件，我们会发现议题本身的性质和议题的来源是影响议题被关注的两个重要原因。

网络媒体时代，信息的公开性和透明性得到前所未有的增强，传受地位彻底被改变，网民不再只是信息的接受者，同时也是信息的发布者，"把关人"的地位被弱化了，网络监管的范围较传统媒体更为宽松。因此，网络舆论的兴起在很大程度上具有自发性，也就是说网友对议题的自发讨论以及在此基础上的意见集中成为主要的舆论兴起模式。在这种情况下，议题本身的性质及特点就成了网络舆论议题出现期的重要影响因素。这里我们结合近年来的网络热点事件，对容易引发网络热议的议题进行分析。

一是触及各类社会矛盾的议题。目前，中国正处在社会政治、经济体制改革的转型期。经济体制的深刻变革、社会结构的深刻变动，以及由此引发的人们思想观念的深刻变化，在带来改革活力的同时，也带来了一系列的社会矛盾和问题：仇富仇官心理、教育改革、腐败问题、房价问题等纷纷进入人们的视野。这类议题成为全国人民关注的焦点问题，更是网络上的敏感问题。"逢官必炒""逢腐必究"是近年来网络舆论的重要现象之一。在"7·23"甬温动车事故中，由于涉及的责任主体是铁道部，既是与人民群众日常生活息息相关的部门，又是国家重要的部门，所以舆论在很短的时间内就走向"沸腾"。此外，一系列轿车撞人案因为与"宝马"等代表富裕阶层的符号化词语相关而被推到了舆论的风口浪尖。

二是涉及社会"公平正义"的议题。随着人们公民意识的不断提高，对民主权利和自身利益的维护意识也在不断加强，人们对公平与正义的要求更为强烈，而网络为信息、意见提供的高度自由的交流空间为这种需求提供了现实的表达平台。比如2003年的"刘涌案"，有关媒体报道了黑老大刘涌二审被判死刑，缓期两年执行，其团伙成员宋健飞被核准死刑并被押赴刑场执行死刑的消息，即刻引起了众多网民的关注。普通网民纷纷撰文抨击司法黑暗，间接促使我国最高人民法院50年来第一次提审普通刑事案件，并罕见地推翻沈阳高法的判决，对刘涌改判死刑，立即执行。

三是涉及伦理道德的问题。由于当前中国传统文化出现断层，"礼崩乐坏""物欲横流"成为网民最为担忧的现象，因而他们对于一些有悖社会基本道德和伦理的事件往往深恶痛绝，大加挞伐。互联网时代，网民成为信息的发布者和直接的评论者，新闻跟帖、论坛发帖、微博转发等为网民提供了完整的意见表达空间，因此，该类事件几乎每一次都是首先出现在网络上，继而引起社会范围内的意见声援或批判。比如2011年10月发生的"小悦悦"事件，网络舆论焦点由最初的交通肇事转向社会道德的大讨论；再如，铜须门事件、3377事件、死亡博客事件等都是因网友对家庭生活中的"第三者"现象的厌恶和鞭挞而引发舆论的高潮。

四是涉及公共安全、重大事故、自然灾害、环境污染等重大突发事件的议题。近年来，重大的突发性事件频发，除了在现实社会中引起广泛关注外，在互联网上也成为网民讨论的焦点。如"5·12"汶川地震、松花江水污染事件、南丹矿难事故等。

在议题出现期，能够在最初就引起网民更多关注和议论的第二个因素是议题的来源。纵观近年来发生的一系列网络舆论事件，最初引起网民关注的渠道更多的是国内的各大论坛，形式分别为：网友在论坛中直接转帖网络媒体的新闻报道，网友直接转帖新闻报道并配以自己的评论，网友就传统媒体或网络媒体报道的事件直接发帖发表自己的意见，网友以当事人的身份在论坛上直接发帖。这四种形式构成了网络舆论事件兴起的主要议题来源。正是在这些来源中，网友集中对新闻事件公开发表自己的个人意见，网络成为人们获知信息的重要渠道。

2. 议题存活期

一个议题能否在网络上存活，取决于相关事件能否受到论坛成员的持续关注，在发贴上便表现为持续出现相关事件的新帖或者跟帖。任何议题要想受到持续关注，必须积累足够的浏览量和回帖率，浏览量和回帖率越高，帖子越靠前，受关注度就越高。因此，一个议题能否引起网民的注意，并在此基础上形成网络舆论，保证议题不在论坛上"沉"下去是一个必要且重要的因素。近年来发生的网络舆论事件曾经都是各大论坛的热帖，浏览量几乎超过百万，甚至达到上千万。一个帖子一旦在论坛中存活下来，之后网民持续不断地浏览、回复，或者就同样议题的重新发帖，便构建了意见表达的平台，大规模的网络舆论逐渐形成。

在议题的存活期，意见领袖也起到了非常重要的作用。"意见领袖"来源于拉扎斯菲尔德提出的"两级传播理论"。意见领袖是指活跃在人际网络中，能够对他人的意见、观点产生影响的人。正是意见领袖的出现，大众传播的过程也从"大众媒介→受众"的模式转变为"大众媒介→意见领袖→受众"的模式，二级传播因此产生。在传统媒介时代，意见领袖在传播的过程中充当"把关人"的角色，对受众的信息认知与接受、态度甚至行为的改变有着直接的影响。

在网络媒体时代，信息的传播特征使得媒介和受众之间的关系发生了根本性变化，网民的信息接受能力更强，同时具有了信息发布的能力。就网络论坛来说，国内的网络论坛已经发展到相当规模，根据 CNNIC 第 28 次报告，截至 2011 年 6 月 30 日，论坛的使用率已经达到 29.7%，用户规模达到 14 405 万人，在网络应用中排名第 15。除了专门的网络论坛，国内几乎所有的门户网站都开设了 BBS 论坛，几乎所有新闻后面都开设了跟帖功能，网民可以随时在感兴趣的新闻后面发表自己的观点。在这种情况下，网络中的意见领袖又有了新的特点。

国内开始从实证的角度对网络意见领袖的特征进行考察，人民网强国论坛的"十大网友"研究运用内容分析法总结出十位意见领袖的共同特征："加盟强国论坛的时间不一定很早，但毫无疑问，他们发帖回帖非常积极；虽然这十大网友都没有公布自己的个人信息，但从他们的帖文内容推测，绝大多数是中年男性，仅有一位肯定是女性；十大网友普遍具有深切的社会关怀，针砭时弊，疾恶如仇。"由于强国论坛的特殊性和代表性，这个结果较为准确地概括了政治性论坛意见领袖的典型特征。

另外，有网友以西祠胡同 31 名版主的问卷调查为基础，总结了网络意见领袖的基本特征：(1) 年轻未婚；(2) 学历较高；(3) 收入不高，但较为稳定，足以维持生活；(4) 处在经济发展水平较高的大中城市；(5) 有充足的上网时间，网络经验丰富；(6) 有稳定且容易接触网络的工作。此研究从人口统计学的角度勾勒出了普遍意义上的意见领袖特征。

结合调查研究，我们认为衡量网络意见领袖影响力的指标主要有三个：一是主动发帖是否能得到大量网民的浏览和回复，这是帖子能够存活的必要条件；二是帖子能否被置顶，推到网站或论坛的首页，这直接决定了一个帖子能否在论坛中存在并持续出现；三是帖子能否进一步被其他论坛或网站转载甚至被传统媒体报道，这保证了帖子的持续生命力和广泛的传播效果。

近年来的网络舆论事件正好体现了以上三个指标。网友"连岳"的连续网络炮轰，使得厦门的"PX项目事件"成为全国关注的热点，舆论的强烈抗议甚至使得厦门市政府决定暂时缓建PX项目。在"华南虎照片事件"中，网络意见领袖最先在论坛中形成"真虎派"和"假虎派"两个阵营，分别带领一派网友展开针锋相对的争论，但在追求事实的宗旨下，两派最后达成共识，一致将矛头对准了陕西省地方政府部门，并最终迫使政府及权威承认并纠正了错误。

3. 舆论的整合期

议题一旦存活下来，就好像龙卷风已经初步成了"气候"，其后的发展，便取决于网民的态度和行为以及网络媒体环境的变化等一系列因素的制衡和相互博弈的结果。一方面是网络舆论天生所具有的动荡不安的特性，这种动荡不安源自网民自我个性和价值、道德取向的张扬和释放；另一方面，当议题一旦存活下来变成具有一定规模和"气候"的舆论，从而受到众多网民甚至社会公众和大众媒体的关注，社会道德规范甚至法律法规就会介入到舆论的运行过程中，成为网络舆论走向的重要制约或引导因素。

在媒体持续报道、转载和大量网民讨论、跟帖、转帖的过程中，网络舆论朝两个方向发展，即一方面舆论沿原有路径继续升级。此间，官方意见、网民观点、媒体报道相互交融，促使舆论影响进一步扩大。另一方面，由于受到官方的有意引导、关于事件最新信息的补充和媒体设置新议题的影响，舆论开始偏离事件本身。对于这一转变，最典型的例子就是前文提到的"小悦悦"事件。此外，官方声音的表达在这一阶段得以凸显。

各方意见与评论性言论的整合，以及对事件本身持不同态度的各方经过一段时间的网上讨论、交流后开始出现分化，分为明显的支持一方和反对一方。在此期间双方网络舆论讨论也进入白热化的状态。在这个阶段，网络舆论意见被集中、凸显和强化，是网民集中发言、表达自己意见的重要环节。

4. 舆论的消散期

经过前期网民意见的集中表达，已经形成的网络舆论对事件的发展产生了意见压力，造成了不同程度的影响。网络舆论经过了整合期意见的表达，随着时间的推移和事件处理过程的发展，网民参与讨论的次数逐渐减少，意见表达的强度也随之减弱。于是，网络舆论进入了消散期。

从时间上说，网络舆论声势的消减往往伴随着事件的最终解决或阶段性的解决。主要表现为和事件相关的帖子浏览率不再大幅增长，回复跟帖的数量明显减少，转发事件进展的新帖数量也明显减少，帖子在论坛中的位置也在不断下沉，网民的关注度越来越少。随着帖子浏览率和回复率的下降，针对特定议题的帖子最终被新发表的帖子代替，网民就该议题的集中意见表达也相应减少，直至消失。

网络议题生命周期模型案例——合肥少女被毁容事件

1. "合肥少女被毁容"事件简述

2011年9月17日下午6点左右，因追求受害人周岩不成，犯罪嫌疑人陶某携带一瓶打火机油来到周岩家，趁周岩不备，拿出准备好的打火机油浇到受害人头上并点着，不停叫嚣"去死吧"。事发后周岩被迅速送往医院，在安徽医科大学附属医院重症病房经过7天7夜的抢救治疗才脱离生命危险，但伤势极为严重，其头部、面部、颈部、胸部等严重烧伤，一只耳朵也烧掉了，烧伤面积超过30%，烧伤深度达二度、三度，整个人面目全非。后周岩的父母拒绝在陶某父母拿出的写有陶某当天积极救治和自首的材料上签字，陶某父母拒绝支付医疗费，周岩因无力支付医药费，拖欠医院近十多万元治疗费用，不得不出院。

2. 网络舆论的传播路径分析

（1）扩散过程

2012年2月22日上午9点多，网友"心碎了895"以"安徽'官二代'子女横行霸道，恋爱不成将少女毁容！"为题，在"万家论坛"将此事曝光，随即引来大量网友围观，短短几天网络上关于这一事件的舆论就迅速兴起。

2012年2月22日晚22点02分，周岩的母亲在天涯论坛"实话实说"板块以"求助04315"的网名发表了一篇题为"'官二代'横行霸道 恋爱不成毁容少女"的帖子，引起网友广泛关注。

2月22日晚22点25分，周岩母亲在其腾讯微博上发了题为"'官二代'横行霸道 恋爱不成毁容少女"的广播。

2月22日晚22点50分，周岩母亲再次在天涯论坛"天涯杂谈"板块以"求助04315"的网名发表了题为"'官二代'横行霸道 恋爱不成毁容少女"的帖子。

2月24日11点07分，新浪网友"安徽瓜蛋合肥"，在其微博中发布了题为"网曝安徽审计厅'官二代'横行霸道，恋爱不成将少女毁容"的广播，引来大量网友评论转播。

2月24日晚21点46分，安徽公安在线在其微博中接受安徽省审计厅的委托，公布了安徽省审计厅关于"官二代"毁容少女一案中陶某父母非安徽审计厅

职工的情况申明。（第一次官方回应）

2月25日4点41分，肇事者陶某的父亲在新浪开通微博，并发微博表示道歉。

2月25日5点31分，《中国日报》以"90后少年求爱未遂烧伤毁容17岁少女"为题进行了报道。2月25日，《羊城晚报》以"求爱不成　恶男火烧花季少女"为题报道了这次事件。（传统媒体介入）

同一天10点左右，人民网、新华网以"恶男求爱不成火烧花季少女　一只耳朵被烧掉"为题，转载《羊城晚报》的新闻。

2月25日11点左右，合肥警方在其微博上对这起事件发表声明。（官方介入）

2月27日，合肥市公安局在合肥警务网上发布了"女学生周某被故意伤害一案有关情况的通报"。

2012年2月28日下午5点，合肥警方瑶海分局责任区刑警一队就合肥少女毁容门一事召开新闻发布会，通报案情情况。

2012年5月10日合肥市包河区人民法院以故意伤害罪，一审判处陶某有期徒刑12年零1个月。

（2）舆论扩散的总路径及关注度走势

网友爆料—网民关注—媒体进入—陶某父母回应—网友再议—官方回应—网友再议—媒体跟踪—官方介入—网友持续关注—部分媒体跟踪报道（见图8-6）。

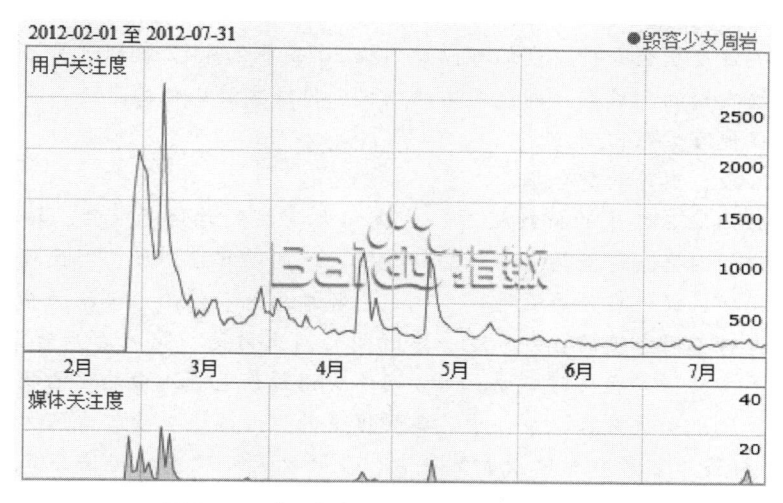

图8-6　"毁容少女周岩"关注度指数变化

（3）网络舆论形成与演变分析

自2012年2月22日周岩母亲发布原网帖，到24日话题引起广泛关注，成为全国瞩目的热点话题,只用了两天时间。此案在新浪微博形成"微话题",一周时间,相关微博超过了500万条。关于此案的报道和讨论,也从论坛网帖到网站新闻及微博,一直蔓延到各传统主流媒体。我们可以通过对这起事件前后网络舆论走势的分析,并结合"毁容少女周岩"关注度指数,具体分析一下网络舆论的形成演变机制。

第一阶段:议题出现期。

在这一阶段,一些普遍为社会关注的现象或敏感事件通过网民的上传、发帖以及媒体的报道进入网民的视野,并被一些网民关注,开始有网民在论坛、贴吧、网络社区表达对相关事件的看法或态度,形成初步的小范围网络舆论。

在"合肥少女被毁容"事件中,最为敏感的一个因素就是"官二代",透过近年发生的一系列事件,我们可以看到,只要是涉及"官二代""富二代"的事件,无一不会引起网络舆论的哗然。

第二阶段:议题存活期。

即由初步的网络舆论发展为广受关注的热门网络舆论阶段。在这一阶段,经由大量网络媒体和传统媒体的介入,相关事件得以在更大范围内被报道、转载,引起众多网民的持续关注,于是大量的网民跟帖、转帖出现,大规模的网络舆论逐渐形成。在这个事件中,纵火者陶某首先被贴上"官二代"的标签,以网媒为信息"原点",迅速引爆公众关注,在网络上形成热议,继而引发传统媒体的全面跟进,公众关注度进一步提高。

通过关注度指数分析,我们可以看到从2012年2月22日到3月6日正是大规模的网络舆论的形成期,网民的关注热议、传统主流媒体的跟进、各大网站的相继转载促使官方做出回应。

第三阶段:舆论的整合期。

这一时期,在媒体的持续报道、转载和大量网民讨论、跟帖、转帖的推动下,大规模的网络舆论沿原有路径继续升级。此间,官方态度、网民观点、媒体报道相互交融,促使舆论影响进一步扩大。各方意见及评论性言论的整合,以及对事件本身持不同态度的各方经过一段时间的网上讨论、交流后开始出现分化,分为明显的支持一方和反对一方。双方网络舆论讨论也进入白热化的状态。

在"合肥少女被毁容"事件中,各种报道的信源均来自受害者一方,网民在"官二代"标签下言辞激烈地指责肇事者、质疑此案处理中的司法公正性;后来随着关注度的进一步提升,关于肇事方在案件发生前后态度嚣张、肇事方亲属利用权势妨碍司法公正的流言四起。后随着传统媒体的跟进报道和各方对案件信息的公布,流言得到了澄清,如陶家只是科级干部,并非网传的"高干";迟迟未做伤情鉴定是因为技术原因,而非司法公正受到干扰等。在网民激烈的讨论中,意见进入表达与整合的过程，并开始还原事件的真相，继而引发了对学校教育和家庭教育的讨论。

第四阶段：舆论的消散期。

随着事件的最终解决，网络舆论风潮逐渐消散，并进入整个事件的反思阶段。从关注度指数的分析来看，随着5月10日合肥市包河区人民法院以故意伤害罪一审对陶某判处有期徒刑12年零1个月，网络舆论开始消散，"合肥少女被毁容"事件也渐渐平息。之后，部分媒体对这一事件进行了反思性的报道，并对周岩的伤势及治疗情况作出进一步的跟踪报道。

思考题

1. 请分析新媒体舆论的特性与功能。
2. 请结合蝴蝶效应分析近期的网络舆论事件。

第九章

新媒体谣言研究

第一节 谣言的演变

一、谣言的概念研究

有人类历史以来,就有了谣言。古希腊和古罗马人视谣言为"神谕",通过有形的建筑与无形的文学对谣言女神(法玛,拉丁语 Fama)顶礼膜拜。

谣,在中国古代是指徒歌,所谓"曲合乐曰歌,徒歌曰谣"(《毛诗故训传》),配上乐曲的韵语是"歌",而不配乐曲的韵语是"谣"。随后由名词"谣",衍生出动词"造谣""传谣"等说法,总体来说是中性的。

但经过两千年的演变,在现代汉语中,谣言几乎等同于"恶意"制造与传播的"谎言"。换言之,在现代中文语境下,谣言并没有继承下徒歌的意思,只是保留了"造谣、诽谤"之意。[①]

虽然谣言古已有之,但它被当做学术问题进行讨论和研究,从研究文献的角度看,西方学界早于我国。德国学者诺伊鲍尔(Hans-Joachim Neubauer)、美国社会学家纳普(Robert Knapp)、法国学者卡普费雷(Jean-Noel Kapferer)、美国学者奥尔波特(Gordon Allport)和波斯特曼(Leo Postman)等人从不同角度对谣言进行了大量的研究和探讨,下面就对中外研究者的研究情况进行介绍,以此厘清谣言研究的发展脉络。

1. 从史学角度

德国学者诺伊鲍尔认为:谣言是历史发展的产物。它绝不是凭空臆造出来的,也不完全是邪恶的化身,而是历史的一部分,并对人类文明的进程施加了不容忽视的影响。谣言"首先是人们所描述的那种随历史发展而变化的习俗,可以

---

① 金屏:《谣言:概念反思及其对现代社会的启示》,吉林大学硕士学位论文,2005年6月。

是截然不同的各种现象。另外，'谣言'还是在某一群体中以听传或类似的交际方式传播的信息。大家都说的还不是谣言，而是据说大家都在说的才是谣言。谣言是不完整的引言，谁引的不得而知，也没有人知道是谁说的"。[①] 这说明谣言无法确定谁是传播者，但可以确定谣言是通过人际传播扩散的。

2. 从社会心理学角度

《社会心理学词典》中将"谣言"解释为："没有事实根据的传闻，故意捏造的、口耳相传的消息。有一部分谣言属于诽谤性质的消息，有一部分属于夸大其词的传闻。"[②] 南京大学教授周晓虹在《传播的畸变——对"SARS"传言的一种心理学分析》中根据对 SARS 事件始末的分析，认为"无论是在传统社会还是现代社会，谣言都是一种常见的社会心理现象，或是说一种以信息传播为特征的集群行为"。法国学者勒莫认为，"一则谣言的历史，首先应该是某一群体有能力互相交流的历史，而集体记忆、实验的社会空间和机遇则是用不同方法促成谣言形成的工具。"[③] 也就是说，当社会稳定受到挑战，人民生命受到威胁时，谣言容易产生和传播，这是人类没有安全感的一种心理投射。

奥尔波特更是认为，谣言的产生源于人的需求，他认为，"任何人类需求都可能给谣言提供推动力。性兴趣是产生许多流言蜚语与大多数丑闻的原因；焦虑是我们常听到的恐怖威胁性谣言的动力；希望与渴望产生白日梦式的谣言；仇恨产生指责性的谣言与诽谤。"[④] 所以，每一种谣言的产生都有着深刻的社会心理原因。

3. 从社会舆论的角度

国内学者刘建明认为，谣言作为社会舆论出现，是没有任何根据的事实描述，并带有诽谤的意见指向，因此谣言不是中性的传闻，而是攻击性的负向舆论。[⑤] 而勒莫却认为，谣言与公众舆论之间的关系是复杂的。"从其有结构的整个方面看，舆论是极易用概念来表达的，而谣言却更加变化不定，它更容易流入形象或隐喻的模子中，这种模子可以被说成是一种变动中的概念或是一种预感的概念，那里正在加工出各种新概念或新表象。"[⑥]

同时他认为，"谣言是对失衡或社会不安状况的一种反应"[⑦]。对此国内学者

---

① （德）诺伊鲍尔著：《谣言女神》，顾牧译，中信出版社 2004 年版，第 10 页。
② 时蓉华：《社会心理学词典》，四川人民出版社 1988 年版，第 243 页。
③ （法）勒莫著：《黑寡妇——谣言的示意及传播》，唐家龙译，商务印书馆 1999 年版，第 125～126 页。
④ （美）奥尔波特等著：《谣言心理学》，刘水平等译，辽宁教育出版社 2003 年版，第 18 页。
⑤ 刘建明著：《社会舆论原理》，华夏出版社 2002 年版，第 211 页。
⑥ （法）勒莫著：《黑寡妇——谣言的示意及传播》，唐家龙译，商务印书馆 1999 年版，第 182 页。
⑦ （法）勒莫著：《黑寡妇——谣言的示意及传播》，唐家龙译，商务印书馆 1999 年版，第 125 页。

陈力丹也提出相类似的观点，"流言是公众应付社会生活的一种应激状态，是公众解决疑难问题的不得已形式"。① 勒莫和陈力丹都倾向于认为，谣言是特殊社会状态下的产物，强调它的社会性。

北京大学的胡泳则进一步强化了谣言的舆论性质，认为谣言是一种社会抗议。随着新媒体的不断涌现，任何一个群体都可以通过此发表言论，无不挑战着社会的神经。"在沉寂不动和激烈反抗之间还存在着一个广大的中间区域。谣言正是中间地带的抵抗中一种有力的手段，谣言武器在现代反抗者手中不像过往的革命者使用得那样强悍，但它又比斯科特曾经观察到的作为'弱者的武器'而发挥的功能更强大。"② 这一看法的依据是卡普费雷提出的"谣言既是社会现象，也是政治现象"。谣言与当局的一种关系："它揭露秘密，提出假设，迫使当局开口说话，同时，又对当局作为唯一权威性来源的地位提出异议。"所以，谣言构成了一种反权力，即对权力的某种制衡。③

二、谣言传播形式流变

随着信息技术的不断发展，科技改变了整个社会的运行方式，人类之间的交流也出现了新的形式。原来建立于人际传播的谣言，其传播形式也随之发生变化。与之前的网络谣言相比，微博谣言成为时代的"新宠"。搭乘互联网的先进技术和便携式终端的不断更新，谣言与人类进行着"赛跑"。传统谣言、网络谣言与微博谣言之间的联系和区别，需要我们进一步梳理，以此提高人们对新媒体条件下谣言传播的认识。

1. 传统谣言与网络谣言的关系

传统谣言与网络谣言是一对相对概念，传统谣言建立在人际传播的基础上，以口耳相传为其基本路径，在人与人之间进行传播，尤其是在熟人社会中传播广泛。由于传统谣言传播受到人所处的时空限制，所以对于不同地域的人来讲，在一方为谣言，而在另一方可能成为旧闻或者"新闻"。这时传统谣言呈现出信息的滞后性，这种滞后性又反过来制约着传统谣言所产生影响的广度和深度，人在传统谣言面前会变得无所适从，很难依靠个人力量判断谣言的真伪。

网络谣言是在计算机技术的基础上构建的网络传播，从一个 ID 用户向另一个或者多个 ID 用户传递，它摆脱了熟人社会的范围，可以在虚拟社会中跨时空自由传播。它几乎不受到地域和时间的限制，在一定时间发生的谣言，全世界都

---

① 陈力丹：《舆论学——舆论导向研究》，中国广播电视出版社 1999 年版，第 102 页。
② 转引自胡泳：《谣言作为一种社会抗议》，《传播与社会学刊》2009 年总第 9 期，第 75 页。
③ （法）卡普费雷著：《谣言》，郑若麟、边芹译，上海人民出版社 1991 年版，第 14 页。

会很快知晓，所以网络谣言又呈现出传播的及时性。为了使网民相信并掀起社会波澜，网络谣言往往呈现出细节的完整性：时间、地点、情节一般都——列出。同时在某些情况下，网民可以集群体之智慧，主动破解谣言，通过各自所掌握的相关知识从不同角度验证谣言。"周老虎事件"便是有力的证明。

2. 微博谣言与网络谣言的异同

微博兼具人际传播和大众传播的双重属性。微博是Web2.0的产物，Web2.0时代秉持"去中心化"的理念，强调用户建设、用户参与和用户主导，它从Web1.0时代被动接受信息转为主动创造互联网信息，它的标志性应用是博客、维基和论坛。微博是在博客的基础上衍生出来的。微博上的谣言也和网络社区上的谣言一样，同属于网络谣言。

3. 手机微博谣言与网络微博谣言

尽管微博同样可以在电脑上发布，但应用于手机上的微博谣言与网络中的微博谣言仍有不同之处：

基于手机的可移动性，手机微博谣言传播更加迅速，扩散速度更快；手机微博可以被关注（订阅）和转发，通过手机实现了信息的实时传播。二者的相同之处是，140字的字数限制不能完整提供可验证的情节。

总之，微博在赢得大众普遍欢迎的同时，也因其自身的传播特征使得谣言频频光顾。基于手机媒体的微博谣言以更快的速度实时向世界传递，这已经成为目前我们急需研究和解决的问题。

第二节 新媒体条件下谣言的传播与消解模型

2011年是中国网络谣言的高发年。3月的"谣盐"恐慌，6月的郭美美事件，紧随其后出现"7·23"动车追尾事故引发的谣言，在半年多时间里如此频繁地出现波及全国、影响巨大的谣言，微博作为新媒体在其中扮演的角色自然受到人们关注，如何管理微博、控制谣言的产生及传播成为热门话题。

中国互联网络信息中心发布第32次《中国互联网络发展状况统计报告》显示，截至2013年6月底，中国互联网网民人数达到5.91亿，微博在2012年底达到3.3亿，占总网民人数的56%。

尽管微博是目前广受欢迎的新兴媒体，但它与谣言并不存在本质上的联系，并非因微博而产生谣言，但是我们如何应对利用微博大肆传播的谣言，如何有效地消解谣言，就需要对谣言本身做进一步的思考与研究。

我们在分析前人谣言研究的基础上，认为事件的重要性、事件的模糊性和信息的不对称性是构成谣言传播的法则，并据此建立网络谣言传播、扩散及消解模型，以期为人类正确处理谣言提供思想支持和实践指导。

一、高尔顿·威拉德·奥尔波特模型

1947年，美国心理学家高尔顿·威拉德·奥尔波特（Gordon Willard Allport）认为谣言产生有两个基本条件：第一，故事的主题必须对传谣者和听谣者有某种重要性；第二，真实的事实必须有某种模糊性掩盖起来[①]。依据这两个基本条件，他们提出了谣言的基本法则（这里"法则"指的是规律）：事实的重要性和模糊性与谣言传播有关，并用公式 $R=i\times a$ 来表示。公式中，R＝谣言（rumor），i＝重要性（important），a＝模糊性（ambiguity）。R表示谣言流行的强度和广度，i表示事件对于某一群体人员的重要性，a表示该事件或证据的模糊性，当i与a这两个条件同时具备时，谣言方可产生。这说明：事件对于某群体越重要，事件的模糊程度越高，则谣言产生的可能性就越大，其传播的强度就越高、传播的范围就越广。

在此公式基础上，1953年克罗斯试图通过在公式中加入传播者即人的因素来进一步完善该公式：$R=i\times a\times 1/c$，这里的c（critical ability）表示的是"人的判断能力"。[②] 这个公式表明：谣言的传播同"人的判断能力"成反比，人的成熟能够成功抵挡谣言对个人的影响，甚至阻挡谣言的进一步扩散。谣言是漫天飞舞，还是尘埃落定，除了取决于事件的重要性和模糊性外，还取决于公众是否对该事件具有理性的认识和评价。虽然克罗斯注意到了人对谣言传播的重要影响，但也无形中为这一公式的成立增加了难度，即如何评价人的判断能力，依靠哪些标准进行确定。众所周知，人作为认识世界和改造世界的主体，影响人判断能力的因素很多，比如人的认识水平、社会背景、社会地位以及受他人影响的程度等，所以人的判断能力的衡量非常复杂，相应地，克罗斯的这一谣言公式也就缺乏实际操作性，为从本质上消解谣言增加了困难。

在前人研究的基础上，我们认为谣言法则可以通过增加信息的不对称性一项加以完善，谣言公式可以补充为：

$$R=i\times a\times ia$$

其中ia指信息的不对称性（information asymmetry），即谣言＝事件的重要性×事件的模糊性×信息的不对称性。信息不对称性越大，谣言传播越快；反过来，信息不对称性越小，谣言传播越慢，甚至不再传播。事件的重要性、模糊性与信息的不对称性与谣言传播成正比例关系，三者缺一不可。

[①] （美）奥尔波特等：《谣言心理学》，刘水平、梁元元、黄鹂译，辽宁教育出版社2003年版，第17页。
[②] 参见王灿发、何雯：《突发公共事件的谣言传播系统及过程分析》，《青年记者》，2009年第33期。

下面以 2011 年 "7·23" 甬温线特别重大铁路交通事故引发的谣言为例。

甬台温铁路列车追尾事故发生于当地时间 2011 年 7 月 23 日晚上 8 时 30 分 05 秒，由北京南站开往福州站的 D301 次列车由后方与杭州站开往福州南站的 D3115 次列车发生同向动车组列车追尾事故，造成 40 人死亡、172 人受伤。事故发生后，搜救行动是否过早结束、恢复通车是否过急、坠地的后车车头被迅速掩埋、政府控制媒体和司法系统以及越早签订赔偿协议得到更多赔偿等问题使中国铁道部遭到了中国社会各界的质疑。

首先，从事件的重要性来讲，我国高铁事业对经济建设、未来国家发展格局具有重大战略意义，当高铁出现重大事故时，高铁的安全性以及车上人员的性命安危自然得到了全国乃至全世界的关注。因为它不仅仅关乎着个体生命的存在与安全，更为重要的是它关乎着一个国家对全体公民生命的尊重和保障。

其次，从事件的模糊性来讲，7 月 23 日所发生的甬温线特大交通事故是完全真实的事实，不是人为虚构的、编造出来的事情。但是事件发生之后，铁道部没有及时对采取何种措施救援以及为什么采取这种措施等相关信息进行公布，致使事件的模糊性增强，公众猜测不断，于是微博上的谣言开始出现并乘势肆虐。在事故发生 26 小时之内，官方对于更多相关事故信息的公布一直处于空白，而微博上发布的"神秘手"图片引发了网上"掩埋活人"谣言，这一谣言瞬间引起了网友们乃至全国极大的反响，怀疑声、谴责声，一浪高过一浪。而随后铁道部召开的记者招待会，又因铁道部发言人王勇平的回答"至于你信不信（由你），我反正信了"，再次丧失了平息谣言传播的机会。这种傲慢、缺乏生命关怀的解释，不仅没有减少网民对救援工作的质疑，相反更激起了大众的愤怒，使得事件的模糊性一再加强，从而造成了谣言不能减少反而增多的混乱局面。

再次，为什么这次事故会连续不断引发出 8 大谣言？我们认为是信息的不对称性造成谣言的此起彼伏。信息不对称的主体是政府机构与公众。政府机构作为社会管理者，与被管理者的公众相比，所掌握的信息要多得多，而且往往掌握着第一手资料。通常情况下，如果政府机构不将所掌握的信息公之于众，那么作为被管理者的公众是没有途径知晓的，但是我国宪法规定公民有知情权，这种权利要求政府机构公开信息，当然，这种信息的公开不能危及国家安全。所以从这个角度来讲，政府机构与公众之间的信息不对称是可以消除的。在此次事故中，官方所掌握的事故情况、相关救援及处理措施等信息与大众所获知的信息是不对称的，政府所公开的信息无法满足公众了解事件真相的渴求。此外，这次交通事故所引发的一连串谣言，更深层的原因是公众对铁道部长久以来的不满甚至反感情绪的集中爆发，是对铁道部不信任的强烈表现。

二、网络谣言传播、扩散及消解模型

基于补充后的谣言法则以及上述对"7·23"甬温线特别重大铁路交通事故引发的谣言传播的个案分析,我们认为决定谣言的事件重要性(i)是无法减弱的,因为事件特别是重大事件的发生,往往关乎人类的生存问题,关乎社会的稳定问题,所以重要性在事件发生后是不会人为降低的,在一定时间里它几乎是恒定的。事件发生后,由于人们对事发原因及相关背景一时之间无法作出准确判断,所以事件存在模糊性(a)。从理论上讲,只有当人们对事件进行调查并深入其本质获得真实信息时,事件的模糊性才能降低。简单来讲,就是要依靠信息的不断注入来降低模糊性。但值得注意的是,如果人们所获得的信息引起更多的怀疑,那么事件的模糊性会不降反升,所以事件由模糊走向清晰是个比较复杂的过程。信息的不对称性(ia),是指政府机构和公众双方所掌握的信息不均衡,而这种不对称容易造成公众对事件的曲解和对政府机构的不信任,也容易滋生出更多的谣言。相反,如果政府机构和公众双方能够在信息掌握上实现对称,那么谣言将失去存在的可能。通过对谣言构成的三个因素的考察,我们可以得出结论:在事件重要性无法改变和事件模糊性难以确定的条件下,信息的不对称性(ia)是消解谣言的关键因素。因为微博所传播的谣言仍归属于网络谣言,据此,我们建立了以消除信息不对称性为主要因素的"网络谣言传播、扩散及消解模型"(如图 9-1)。

(1)"网络谣言传播、扩散及消解模型"说明了网络谣言的生成条件和传播、扩散路径。

谣言的产生是和人类追求自身安全紧密相关的。任何有关人类生命、生活安全的事情都有可能使人类产生疑问和困惑,例如地震、核辐射、交通事故等。好事者则将这种心理上的不安全感、猜测诉诸天下,共鸣者则奉为"良言"四处传播,于是谣言始成。由于人类对于生命的转瞬即逝怀有本能性的恐惧,以及对人身安全存在高度警惕心理,一旦遇到谣言影响,便会相信谣言中透露出的信息,无形中又促进了谣言传播。网络的出现恰好加速了谣言的扩散,这里的网络不仅仅指互联网、手机,而是有可能指向社会网络这一更大的范围,也包括微博等。

(2)该模型提出了依托网络消解谣言传播的三方力量,即政府机构、媒体和公众。

如前所述,信息不对称的主体是政府机构和公众,新闻媒体是政府机构和公众之间实现信息对称的桥梁,这三方力量能否在谣言传播过程中消除信息不对称是消解谣言的关键。如果三方合力能够消除信息的不对称性,那么公众不会相信谣言,不会迷失自我、盲目行动,相反他们会自觉地传播真实的信息,在真实信息的不断传播过程中消除谣言。

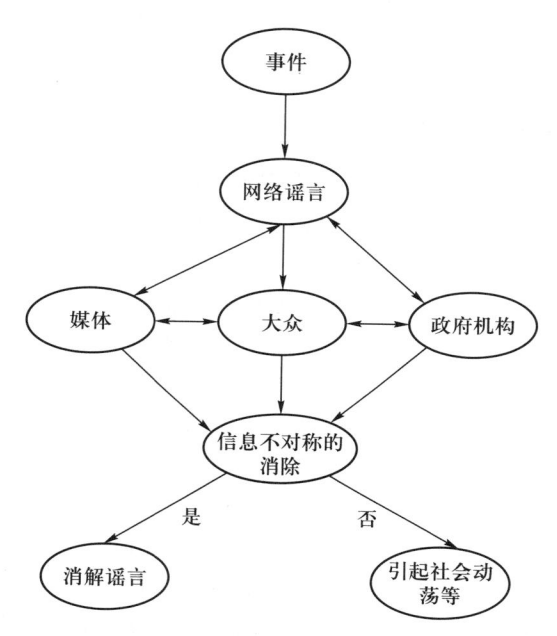

图 9-1　网络谣言传播、扩散及消解模型

（事件 → 网络谣言 → 媒体 / 大众 / 政府机构 → 信息不对称的消除 → 是：消解谣言；否：引起社会动荡等）

2011 年 3 月的"谣盐"恐慌，就是一起典型的由于信息不对称加快谣言传播的案例。2011 年 3 月，受日本核电站爆炸引发的"核泄漏"恐慌在我国蔓延，绍兴、宁波、福州等江浙沿海城市开始出现抢盐潮，不少居民纷纷奔走各大超市抢购盐。出现抢盐潮原因有二：一是传言吃碘盐可防辐射，二是谣传核泄漏污染了海盐。

其实，从科学与专业的角度看，食盐里碘的含量是很低的，市民就算吃很多盐，也起不到多大的防辐射效果。而且日本核电站泄露的放射性物质极少，再加上稀释作用，到中国沿海的影响几乎可以忽略不计，也就不存在污染海盐的问题。

但是，绝大多数民众缺乏核辐射方面的专业知识，这种专业信息的不对称在恐慌心理的催化下加快了谣言传播。

（3）该模型依托网络，以传播学中对信息系统及其规律的研究为根本，构建网络谣言的传播、扩散和消解模型。

与传统模型不同之处在于，该模型在充分尊重网络世界自由、平等精神的基础上，强调消解谣言的疏导，并没有设立如何预防虚假信息传播的渠道或者变量。我们认为在网络中，信息的自由流动是其他力量难以阻碍的，阻碍只能带来更多问题,产生更可怕的效应。网民在面对"横行"的谣言时都有自己的判断能力,即便一时受其误导,但在信息几乎实时传播的情况下,真相也会通过各种渠道瞬时被揭晓。

三、基于"网络谣言传播、扩散及消解模型"的网络谣言消解对策

1. 政府机构应增强公信力,实事求是地公开信息,奠定消解谣言的基础

目前,我国社会处于重要的转型阶段,尽管经济取得了高速发展,但同时社会矛盾也呈增长之势。贫富差距加大、农民土地问题、官员腐败问题、资源享有的不平等问题,等等,无疑不在挑战着政府的公信力。在这种情势下,如果政府机构继续有选择地公开信息,那么将会变主动为被动,导致难以估量的后果,英国借助 Twitter 和黑莓手机等新媒体掀起的大规模骚乱就是最好例证。所以,提升政府公信力,实事求是地公开信息是消解谣言的基础。在《论语·颜渊》中,子贡曾向孔子问如何治理政事,孔子认为有三个要素,即粮食、士兵和人民的信任。如果不得已去掉两项,孔子认为首先是士兵,其次是粮食。那么,人民的信任自然成为一个国家、一个政府治理政事的根本,没有人民的信任,国家、政府将无法建立、统治和存在。即便在和平稳定时期,如果政府得不到人民的信任,那无论怎样做都会受到人民的质疑和批评,陷入"塔西佗陷阱"难以自拔。此次"7·23"动车追尾事故引发的 8 大谣言,就表达了公众对铁道部的不信任。长期以来,铁道部一直被外界称为"铁老大",这种称呼也体现了公众对铁道部强势地位的不满情绪,加之公众对其服务质量长期低于合理水平感到无奈,所以铁道部发言人的言论激化了人们的不信任感,谣言的传播并没有因为记者招待会的召开而消解,反而产生了更多的谣言。因此,提升公众对政府机构的信任,是政府应对危机,消解谣言,稳定民心的基础。

而政府机构提高公信力的有效途径是应该在不危及国家安全的情况下,发挥自身掌控信息的优势,秉承实事求是的原则,公开、透明、及时地利用网络等媒体发布信息,争取在第一时间向百姓解释问题、说明问题,消解谣言产生的危机。

实事求是地公开信息,不只是政府机构简单发布某市某地发生了某重大事件,而是需要更多触及事情真相的答案,即不单单包括告知公众结果,而且还应该告知事件处理过程中的真实信息。也就是说,事件调查过程的真实与结果的真实同样重要,政府机构有义务将这两方面的信息公布于众。任何重大事件发生后,政府机构只满足于控制信息,以此息事宁人的做法是不可取的,在网络等新媒体不断涌现的今天,只有尽快地公开信息才是成功辟谣、维护稳定和提升公信力的正确方式。只有做到这一点,信息的不对称才能有效消解,否则它将再一次

为谣言的生长提供土壤。因此，从某种程度上讲，信息对称性的实现消除了事件的模糊性，增强了事件透明度，提高了政府机构的公信力，从而也降低了公众由于掌握信息不足而被谣言左右的可能性。

2. 注意"塔西佗陷阱"带来的影响

普布里乌斯·克奈里乌斯·塔西佗（Publius Cornelius Tacitus，约55—120）是古代罗马伟大的历史学家，他继承并发展了李维的史学传统和成就，在罗马史学上的地位犹如修昔底德在希腊史学上的地位。塔西佗曾出任过古罗马最高领导人——执政官，此外还先后担任过保民官、营造官、财务官、行政长官和外省总督等，他曾经这样谈论执政感受："当政府不受欢迎的时候，好的政策与坏的政策都会同样得罪人民"。这个卓越的见解后来成为西方政治学的定律之———"塔西佗陷阱"。所以，维护一个部门或一个政府的公信力是非常重要的。

3. 新媒体是成功消解谣言的重要平台

从信息的不对称性来讲，不对称的双方是政府机构与公众，但媒体作为政府机构与公众的沟通渠道，在实现双方信息对称过程中肩负着重要作用，它既是谣言产生、扩散的土壤，也可以成为辟谣的重要平台。微博作为当下时效性最强的媒体，自然成为谣言传播的聚居地。在微博上，一方面首先出现了对"7·23"特大交通事故救援工作的质疑，在公众没有得到准确解释的情况下，质疑变成漫天飞舞的谣言，从这一角度讲，微博客观上促进了谣言的扩散；但另一方面，微博也可以及时发布真实信息，消除信息不对称性，进而成为辟谣的重要平台。例如微博上流传"35人死亡上限论"，称"死亡超过36人市委书记将被撤职，所以一开始发生，就注定了死亡人数不会超过35"。微博上还发图列举了从1993年到2011年国内重大事故中死亡的人数，恰好都是35人，以此证明为降低事故级别，官方瞒报了死亡人数。就此，新浪微博虚假消息辟谣官方账号"微博辟谣"25日发表声明，经过网友查证，相关微博所列举的近年我国发生的事故或灾害死亡数字中，18个数字与事实不符。对此，发布该消息的12名用户已被新浪微博官方暂停发布和被关注功能一周①。尽管谣言借助微博，可以瞬间聚集网民抨击政府机构瞒报信息，但是媒体也可以在充分调查信息的基础上通过微博将谣言粉碎。

4. 公众对真相的不懈追求决定了公众是成功消解谣言的最终推动者

公众出于对生命的珍视，以及所掌握知识有限，使得自己易受谣言的影响，在信息不对称的前提下，他们可能是谣言的传播者。但从谣言传播、扩散到消解的整个过程来看，由于公众对科学的崇尚和对真理的追求产生了质疑谣言的诉

---

① 参见王灿发、何雯：《突发公共事件的谣言传播系统及过程分析》，《青年记者》，2009年第33期。

求，当政府机构及媒体不断提供公众所缺失的信息，公众会由谣言的传播者转变为拥护正确信息、消解谣言最终的推动者。

当政府机构通过媒体发布正确的信息以揭穿谣言的荒谬时，谣言并不会自行消亡，甚至造谣者会变本加厉地采取各种手段与政府机构对抗，但公众在接收到政府机构的持续不断的公开信息后，往往会进行自我说服，相信政府机构的判断，并传播权威信息。比如，2011年3月份我国政府机构及时有效地处理日本地震引发的网络谣"盐"问题，赢得了公众赞赏。广大网民不仅纷纷谴责造谣者，并且主动通过网络向公众传递政府机构发布的权威信息。公众的主动参与，将政府机构由上而下的传递信息转变为由下而上的辟谣过程，形成了消解谣言坚实的群众基础。

总之，通过对微博时代中谣言的传播和消解研究，我们发现：（1）影响谣言产生、传播的因素除了事件的重要性和事件的模糊性之外，信息的不对称性也是一个重要因素，用公式表示即谣言＝事件的重要性×事件的模糊性×信息的不对称性。（2）在事件的重要性无法改变和事件的模糊性难以确定的条件下，信息的不对称性是消解谣言的关键性因素，并以此建立网络谣言的传播、扩散和消解模型。不管是网络中的谣言，还是未来其他媒体产生的谣言，消除信息的不对称性，降低模糊性，增加透明度，提高政府机构的公信力，是政府机构、公众及媒体成功消解谣言的必然选择。

思考题

1. 你如何看待信息透明对抑制网络谣言传播的作用？
2. 你如何看待塔西佗陷阱？
3. 你认为谣言传播的变量还有哪些？

第十章

网络传播的宏观管理

伴随网络传播在全球的发展，几乎所有的国家都认识到，对于网络传播应该促进发展与进行管理并重。因此世界上绝大多数国家和地区先后颁布了相关的法律法规对网络传播进行管理和控制。

网络传播的优势是信息传递速度快、信息量大，并且可以与受众之间形成互动，这些都是报纸、广播、电视等无法比拟的。但是，互联网的迅速发展也带来许多垃圾，包括信息垃圾和政治垃圾。如果任由它们泛滥，就会扰乱社会秩序，破坏社会稳定，直接危害到国家安全和人民的根本利益，其危害也就会更大。因此，对网络传播必须进行必要的管理，不然将会形成信息漏洞，会对其他媒体的管理形成冲击。

由于网络具有隐蔽性，因此，对网络传播的控制比对大众传播的控制要困难得多。十几年工夫，因特网的技术突飞猛进，而规范管理却发展缓慢。于是，围绕着信息网络管理便引发了一系列的问题。

第一节 互联网管理的策略

一、互联网监管的难点

面对互联网上泥沙俱下、鱼龙混杂的信息流，必须通过技术、行政及法律手段正本清源。目前，网络已成为全球性的虚拟社会系统，它是整个社会的缩影，因而网络问题的存在具有全球化的色彩，这无疑加大了网络问题的诊治难度，对互联网进行监管存在不少难题。

1. 传播者身份的隐蔽性

在因特网上传播色情信息、恶意言论、计算机病毒等有害信息的人大多使用匿名或假名，他们可以通过一系列技术手段隐藏自己的 IP 地址，其身份在虚拟的赛博空间难以辨别和确认，这使网络内容服务提供者及管理部门寻找侵权主体非常之难。至今还没有高明的刑侦手段来解决这个问题。

很多有害信息都是从这些看似合法的个人主页上传播出去的,它们使有害信息具有千千万万个传播源,导致网络上的有害信息层出不穷。网络传播的这种特性,使得对网络不良信息的控制比对传统媒体上的不良信息的控制要困难得多。此外,网络用户可以自由地访问 BBS 并上载自己的文章。利用 BBS、微博所发布、传播的反动、色情及含有诽谤、侮辱他人内容的信息日渐增多,这也给网络有害信息的监管带来一定的难度。

2. 传播时间地点的不确定性

由于网络上的不良信息都是通过计算机随时发布的,大范围的信息横向整合与提供由系统自动提供,所有的终端、用户都有可能是信息发布主体,而不仅仅是单一的某一家网站。同时,传播者可以在瞬间完成传播信息的任务而不留痕迹,然后再换一台计算机或另外一个地方,这给有关部门的查证、侦破和审理带来很大困难。

3. 传播者自身具有较高的技术水平

因特网技术在突飞猛进的同时,从事网络非法和恶意传播活动的人所具备的计算机与网络技术水平也在不断提高。例如,一般的黑客都是计算机专家,其计算机技能不低于管理部门和执法机构工作人员的水平。所以,对于破坏互联网安全的黑客们,难以取得其犯罪的证据成为制裁他们的最大障碍,到目前为止还没有研制出足够有效的工具或产品来对付这些无处不在而又行踪不定的害群之马。

4. 跨国传播挑战司法管辖

网络传播是超越国界的。在网络信息的流动中,国界观念是模糊的,用户可以轻而易举地登录到世界上任何一个国家和地区的网站、BBS、聊天室中,使得网络用户呈现出地域上的极端分散性。网络上的违法犯罪活动影响到很多国家,然而在处理这些违法犯罪行为时,国界的观念是非常清晰的。一旦在一国的纠纷涉及其他国家或地区,即使发现了违法信息发布者的真实身份或拥有了一定的证据,但要把这些网络犯罪嫌疑人绳之以法,首先要解决如何判定起诉的地点,应该适用哪国法律,国与国之间或国家与地区之间的法律体系发生冲突时如何协调等管辖权方面的棘手问题。

5. 文化传统不一

本国认定有害的信息在他国并不认为有害。例如,在某国或地区可以在网上流通的图片,在其他国家或地区却认为是色情的,是绝对禁止的。可见,定义色情内容实际上是很难的。有人认为,色情信息只是潜在有害,而儿童色情才是非法的。甄别有害信息和非法信息的不同标准所认定的信息发布者的法律责任截然不同。文化、道德、法律观念所存在的巨大的差异,导致对信息内容不同的认定标准，这给网络信息内容管制带来巨大的挑战。

6. 政策法规滞后

法律往往落后于科技的发展，网络传播的飞速发展与相关政策法规管理的落后形成鲜明对比。同时，管理机构对于因特网这个全新的媒体暂时还缺乏管理经验，管理手段和方法更新的速度总是慢于网络信息交流新问题产生的速度。一方面是还没有对网络上某些不良信息内容制定管制措施，这种暂时滞后给人一种假象，似乎因特网是一个自由主义的乐园、法律的真空地带或从事违法犯罪活动的天国；另外一方面是，新出台的法律法规中的某些制度又缺乏现实可操作性，执行起来存在各种冲突或难以实现。

二、互联网信息流通中的政府控制

互联网在把无数信息展现在世人面前的同时，也可能使虚拟空间陷入混乱无序。依靠冲浪者们的自律和自我教育并没有想象中那样有效。网络出现后，一系列新的传播特点和尚未界定的网络传播权利使许多原有的法律束手无策。在互联网的发展中，政府的重要性是不容忽视的，它不仅是互联网的发起者和管理者，还应当是互联网发展的促进者。政府有责任净化网络内容，保障网络安全，增加民众上网机会，使这一新兴媒体得到蓬勃发展。

1. 政府作为互联网的发起者和管理者

在大众传播的发展历程中，政府始终扮演着重要的角色，互联网的出现和快速发展也不例外。最先出现的互联网是美国国防部在1968年开发的一个电脑网络，目的在于加强其遍布全球的基地之间的联系。但网络思潮深入人心还是从1992年克林顿—戈尔竞选活动开始，当时他们的关于"信息高速公路"的说辞逐渐进入公众的脑海。从1993年入主白宫开始，克林顿政府开始了一系列建设"国家信息基础设施"（NII）的努力，力图使全美的每个公民最终都能进入这一新的网络。英、德等发达国家争相效法，相继提出了发展本国信息高速公路的计划。生怕落后于日新月异的信息时代，世界各国的政府几乎都迅速行动起来，根据新的形势调整或制订发展策略。大量的人力物力投入建设宽带光纤和其他基础设施、培训专门人才和鼓励国民上网的努力中。

和其他许多国家一样，我国政府承担了建设我国主干计算机网的工作。我国政府在提供启动资金、制定全国性的条例和通用标准方面发挥着巨大作用。

互联网并非自由主义的乐园，权力组织缺乏管理经验并不意味着他们没有管理能力。互联网可能暂时削弱了控制力量，但硬性的控制将会以先进的科技手段实现。目前，上网公司有权切断用户的线路，软件的设置可以确保用户不接触网上广告，BBS也处在不断的监控之下。事实上，对互联网信息流通的控制是无所不在的，所不同的只是隐藏和明显、软性和硬性的区别罢了。一个明显的例子是，1999 年俄罗斯开始要求互联网服务商安装监控设备，这使安全部门现在不需要法庭命令就可以监督互联网通信。

美国学者萨斯曼根据调查指出，政府可以利用以下方式进行互联网的信息审查：制定详细的互联网执照颁发规定和管理规定，在网络上贯彻现有的限制印刷媒介和电子媒介的法律，通过控制服务器过滤互联网内容，或者在信息发布后审查其被认为是不可接受的电子内容。

根据萨斯曼的报告，全球 2/3 的国家在管理互联网时沿用已有的对印刷媒介和电子媒介的管理法规。萨斯曼引用一个法国监测机构的估计说，目前全球有 45 个国家和地区以保护公众免受颠覆思潮侵害或以威胁国家安全为理由限制不良信息进入互联网。美国 FBI 的探员已经开始在互联网上巡视、搜索。

2. 监控互联网的实践和争论

在网络出现之后，一系列新的传播特点和尚未界定的网络传播权利，使许多原有的法律束手无策。如何规范互联网在美国、德国、中国、新加坡、法国、澳大利亚等许多国家和地区引起热烈的争论。这场争论事实上是在言论自由的支持者和相信应当采取信息审查的人们之间展开，焦点逐渐集中在"引起反感的内容"，如淫秽。各国都开始立法管理互联网内容及其使用过程。

1995 年 9 月，美国知识产权工作组公布了一份题为《知识产权与国家信息基础设施》的报告。该报告提出修改版权法、扩大复制和发表的概念、将计算机内存中的暂存视为复制、确认可以有无物质载体或载体不转移的作品发行。报告中还建议扩大刑事制裁，对故意复制或发行作品、复制价值超过 5 000 美元的情况作为犯罪行为处理。

尽管是否应该监控互联网的争论还在继续，还有人反对管制互联网，但事实上无论哪个国家和地区，都对互联网进行了或明或暗的监管。

据新浪网报道，美国国会发布报告称，美国政府一直以来违背它自己的网络政策，暗中对政府网站访问者的网上行为进行跟踪。这份报告审查了 16 个政府代理机构，发现政府网站不顾对收集访问者个人信息的严格规定，竟然使用 Cookies 文件跟踪记录访问者的浏览和购物习惯。报告还列举了一些使用跟踪技术的为政府服务的网站，这些网站管理人员被政府赋予了特殊的访问权限。美参议院的政府事务委员会主席弗雷德·汤普森（Fred Thompson）声称，国会计划通过立法成立一个专门委员会来监督政府的这些行为。国会的调查表明有相当一部分政府网站使用了跟踪设施，其中包括能源部、交通部、教育部和内务部，国家航空航天局也在其中。而根据政府的政策，只有在有特殊需要和得到部门领导授权的情况下才能进行跟踪。报告称，交通部有 23 个网站（其中包括 3 个授权网站），总务管理局有 15 个，能源部有 11 个，财政部有 6 个，教育部有 4 个站点相同的网站违反规定收集个人信息。国家航空航天部承认有 3 个站点收集个人信息，但实际的数目可能更大。

在崇尚"自由与民主"的美国，许多网民和新闻媒体反对对互联网进行监管，而且抨击其他国家管制互联网的行为。然而，"9·11"事件在很大程度上改变了这种观点。"9·11"事件使美国人认为互联网不安全。

据美国有线新闻网（CNN）发表的文章说，在"9·11"事件之前，美国联邦政府所属机构大多认为互联网安全无虞，因此把它作为存储公共文件的图书馆以及彼此迅速联系的通信工具。但现在行政当局意识到，恐怖分子也在利用互联网，并掌握了同样的技术。据一项由皮尤互联网和美国生活项目（Pew Internet & American Life Project）所做的研究发现，69％的美国人认为，为了使资料不会落入恐怖分子之手，政府可以为所欲为，甚至公众将因此丧失自己所需的资料也没有关系。据这项研究，2/3 的美国人认为，政府应该被赋予广泛的权力，来决定应该把何种信息发布到网站上；如果是出于打击恐怖活动的需要，他们对美国政府审查互联网网站的做法并不担心。在遭受"9·11"恐怖袭击一年之后，美国政府和一些私人网站已将一些涉及化学工厂和化学制品、军事基地的信息和其他类似的敏感资料从互联网上删除。即使是那些在以前极力强调公众对政府信息有知情权的人士现在也认为，如果对打击恐怖主义活动有帮助的话，可以将某些信息从网上删除。

但公民自由团体和政府监督机构的人士争辩说，尽管他们理解一些资料应该从互联网上清除，但他们担忧这种"清除"无人监督，而且移除一些公共信息将使公众利益受损。争执双方其实并无根本分歧，问题的焦点是，如何在信息资料的公共使用和安全之间取得平衡。

美国人对允许官方限制某些网上信息的容忍度与允许当局窥探电子邮件活动的容忍度是不同的。不到半数的美国人认为，政府没有权力监视私人的电子邮件和互联网通信活动。如果当局打击恐怖主义的政策导致政府监视公民的网上活动的话，那么很多美国人会因此而非常担心。调查还发现，在对待网民的网上活动和网民可获悉何种网上信息方面，"9·11"事件所留下的创伤对人们的看法有着深远的影响。

3. 制定符合实际的传播控制策略

控制和自由如同一个硬币的正反面。这里所说的控制策略的制定，必须结合网络传播的实际情况，不能沿用对传统媒体的控制办法。

互联网的开放性、自由性、互动性和低成本化为网上"噪音"传播提供了技术上的可能，网络传播可以突破地域、时间、信息量等界限无疑是为网络传播的控制增加了难度。对于传统的大众媒体，国家可以通过制定法律、法规和政策控制媒体的立场，保证其为国家的主流意识形态和广大人民的利益服务。但对于网络媒体来说，这种有形的控制手段很难奏效。一方面，每天网络信息都在大规模地更新流动，另一方面，每天又会有大量的新网站出现，国家根本无法实现全面监控。而由于网络自身的特点，国家欲实施审批登记或经济控制的方法也不具有现实性。

目前对于网络传播主要有以下四个层面的控制策略。

(1) 加强网络传播的法律法规建设

这是一种硬性控制手段。目前，世界各国的计算机和网络立法才刚刚起步，总体上说来网络法律法规还缺乏经实践检验后修正完善的过程，而且立法的类型还很不全面。

立法毕竟只是形式上的问题，更大的难处在于执法的障碍重重。对因特网信息传播的监控，对违法事实的调查、取证，与国际法律的协调等都是执法部门的新课题。

法律是最昂贵的社会组织工具，它的作用常常产生在事后，这就使得法律失去了人们可以信赖的共同期望，人们不能指望有法律的存在就能随时杜绝违法行为的产生，就能使社会经济系统在运行过程中所耗费的大量成本用于法律之外的民间保障行为。而道德，正如亚当·斯密所说，是出自一种对光荣而又崇高的东西的爱，一种对伟大和尊严的爱，一种对自己品质中优点的爱。道德的实质就是同情心，就是对同胞的爱和对自我利益的克制，这是受个人利益支配的命令，它是主动的，而不是被迫的。因此，从这种意义上说，我们认为道德自律对媒介或对传播者的作用要大于法律的作用。因为有了道德，人类社会才丰富多彩，才会运转有序，才会始终保持积极向上的时代主旋律。

(2) 加强网络道德规范

虽然这只是一种软性的控制手段，但我们认为这也是一种相当有效的手段，毕竟控制的最高境界是防患于未然。道德与法律一起成为现代社会调节人与人之间关系、规范人的行为、维护社会安定的两大支柱。道德通过舆论、习俗、信念发挥作用，法律通过威慑和惩罚发挥作用。网络作为现代人生存的第二空间理应有自己的一套道德伦理体系。

应该指出的是，网络道德规范的建设与网络本身的内涵有着天然的契合。网络倡导平等、蔑视霸权，要求互助合作、追求公开公正，这一切为网络道德伦理体系的建设奠定了良好的基础。

(3) 技术监控

实践证明，技术监控是一种有效的管理互联网的方法，目前采用的措施主要有信息过滤与封堵。

（4）经济制约

经济制约策略指采用税收的增减、产业政策引导等经济手段，培植积极健康的网站，制约不良低俗网站的发展。

4. 互联网监控的效益/成本的思考

事物往往具有两面性，对互联网进行监控是要付出代价的，而且监控越是严格，成本就越是高昂。这里的成本是指广义的社会成本。

我国政府采取监控的决心是坚定的，措施是严格的。由于互联网是新经济的标志，我国投入了大量的资源发展相关硬件，积极成为"互联网大国"；对于作为言论自由新载体的互联网，我国政府也出台了一系列限制性法规，且建立了网络警察部队。在社会稳定与经济发展之间，我国政府选择了社会稳定，这种选择无疑是正确的。

不过，对互联网信息流通监控得过分严格要付出昂贵的代价。例如，2002年9月Google以及AltaVista被封锁的短短数日，遭到不少高校、研究机构、学术团体、外资企业的抱怨。由于缺少强大而快捷的搜索引擎，他们的商务或研究工作受到了影响。由此可见，我们需要在互联网监控的成本与效益之间求得平衡。

三、网络传播的法制管理

从20世纪末开始，网络传播在全球范围内迅速发展。网络传播具有传播速度快、范围广、信息量大、多媒体、交互性强、检索便捷等巨大的优越性，成为引人注目的第四媒体。但是网络传播中的信息在权威性、可信度、知识产权保护、信息安全性等方面却不如传统的传播方式。同时，在互联网络上还存有大量黄色的、反动的、虚假的信息垃圾。因此世界上绝大多数国家先后颁布了相关的法规对网络新闻传播进行管理和控制。

由于网络信息传播具有隐蔽性、连续性、无国界性，其中的有害信息带来了极坏的社会影响和破坏作用，直接危害国家的政治、经济、文化等各方面的正常秩序，所以运用法律手段来管理网络信息是有必要的。网络信息立法的几个重要领域包括：对计算机病毒传播者的处罚、非法利用他人私人信息和数据的法律责任、打击在互联网上建立淫秽网站网页的措施、对网络盗版与网络信息合理使用的界定等。可资借鉴的法律法规有：美国的《网上儿童隐私权保护法》（*Children's Online Privacy Protection Act*）、澳大利亚的《广播服务法案修正案（网络服务）》［*Broadcasting Services Amendment（Online Services）Act*］等。目前虽然已经有了相关方面的立法，但是总体来看，网络信息内容立法涵盖的范围仍很小，有的领域几乎是空白，对于现在已经发生的一些问题仍然没有可行的法律措施。所以还应该坚持不懈地努力加快对网络信息管理的立法步伐，以建立更加完善的网络内容管理立法体系，兴利除弊。

新加坡政府于1996年3月颁布了管理条例，要求提供联网服务的公司对进入网络的信息内容进行监督，以防止色情内容和容易引发宗教和政治动荡的信息传播。政府自己也对网络进行监管。东盟国家1996年3月初在新加坡举行部长级会议，讨论互联网络的管理问题。会议强调，既要利用信息新技术的积极面，又要限制其消极面，以维护本地区民族文化传统。会议决定召开专门研讨会，制订互联网络管理方案。

美国以及西欧一些发达国家和地区也在采取措施。据报道，美国1996年2月8日颁发的《通信道德条例》规定，不仅通过网络传播有害青少年的内容要受到惩罚，甚至知情者也要承担相关法律责任。德国于1997年制定了世界上第一部关于互联网的法律——《信息与通信服务法》（简称"多媒体法"），为互联网络的管理提供了法律框架。该法提出了网络服务提供者（在线服务商）责任三原则：（1）对自己提供的网上信息内容负全部责任。（2）对网上提供来自他人的内容只是在一定条件下才负有责任。这个条件就是知道有关内容违法，并且应该也有可能阻止其传播。（3）对于仅仅是提供了进入通道的网上信息不负责任。

我国政府已于1996年2月发出通知，要求进入互联网络的计算机用户进行登记，以便加强管理，成为率先采取措施的国家之一。为了促进我国互联网新闻传播事业的发展，保护互联网站从事登载新闻业务的合法权益，维护互联网新闻的真实性、准确性、合法性，我国制定了《互联网信息服务管理办法》《互联网站从事登载新闻业务管理暂行规定》《互联网电子公告服务管理规定》《计算机信息系统国际联网保密管理规定》和《互联网上网服务营业场所管理条例》等法律法规。在我国，互联网的发展为人们提供了较为充分、快捷的新闻信息，但由于缺乏必要的管理规范，一些互联网站登载新闻不与新闻单位签订协议，不注明来源，擅自转载新闻单位发布的新闻或冒用新闻单位名义发布新闻，侵犯了这些新闻单位的正当权益；一些互联网站将道听途说的消息编发上网，转发或引用虚假新闻和有害信息，误导公众，混淆视听，造成混乱，损害了当事人的合法权益和社会公众的利益。依法规范互联网站登载新闻的业务，使互联网站登载新闻能够对公众负责，对社会负责，这既是广大公众的要求，也有利于促进互联网在我国的健康发展。

四、网络中的道德伦理约束

网络带来的负效应不是仅仅靠法律和技术就能够解决的。提倡网络文明，加强网络道德建设,这是对网络信息实现有效管理的重要方面。原因之一是法律调整的范围是有限的,法律只是禁止和制裁不法行为,对于网络上形形色色的问题不可能一一解决。为此,网络伦理成为减少网络不良信息的一个重要途径。网络道德包括网络信息经营者的伦理守则(Codes of Ethics)或行为规范、网络用户的网络礼仪(Netiquette,由 network 和 etiquette 合成)。业界的信息伦理守则可以约束各个机构、组织、企业人员的信息行为。网络礼仪是对在网络上应该做什么和不应该做什么所作出的规范。网络道德在唤起网络用户的道德感,养成尊重知识产权以及他人隐私信息的习惯,规范用户的网络信息行为,维护网络信息秩序等方面,能够发挥明显作用,甚至在消除有害信息方面可以充当"准法律"的角色。

  越来越多的人认识到自律是管理网络信息的一个重要手段。由于因特网特有的自由度和开放性,过于严厉的管制手段反而会影响网络信息资源的正常开发与利用。与政府的直接干预比较,自律有其优势,是一个较适合的政策取向。防止有害和非法信息在网上传播还有待于网络用户本身素质的提高,只有每一个网民的自觉性和责任心切实提高了,才能最终消灭滥用因特网的行为。

  人性中有阴暗、虚弱的一面,受法律、道德等规范的约束,一般不会轻易表现出来,但是在缺乏法律和道德规范约束的条件下,它们会不同程度地显现出来。虚拟化及相对宽松自由是网络的重要特征,它一方面给网民在网上呈现真实的自我提供了屏障,另一方面也给非道德行为甚至是违法乱纪行为撑起了保护伞。

  人们生存和从事一切活动需要秩序,而道德是社会秩序的主要维护者。物理空间是人们长期生活在其中并熟悉的存在,是传统道德的基础。它的道德监督、规范大多是非强制性的,具有柔性特点,其评价主要是靠人们的是非观、传统习惯和社会舆论。网络中的交往则是虚拟的、符号化的、封闭式的,从传播范围和速度看,具有"时空压缩化"的特点,因此,其道德行为的监督和管理方式不同于物理空间,这就使物理空间中的传统道德监督和评价受到了网络道德与评价的冲击。

  应该看到,网络时代的传统教育方式的功能和道德传递效果相对减弱。随着现代通信技术及网络的发展,网民以极快的速度接受新的知识或信息,道德观念也随之变化。网络大大拓展了人们思维和行为的空间,同时也增强了道德行为的自由度和灵活性。因此,在现有的环境下如不加强道德责任感教育,由此产生的不良后果是非常严重的。网民是社会中最活跃、最有潜力、最有作为的群体,是社会发展最有生气的动力,他们的道德状况敏锐地反映着社会伦理的发展方向。尤其在网络社会,更应增强伦理意识和道德责任感,养成良好的道德习惯,而不能违背社会道德和亵渎文明。网民上国际互联网时应做到不偷号、不破坏网络系统等，遵守网络规范是这一时代赋予网民的道德责任。因此，加强网民的道德教育、心理调整和行为引导是十分必要的。

作为现代科学技术的成果，网络自身是中性的，它所带来的无论是良性作用，还是负面效应，都是参与其中的人"制造"的。网络可以改变人，人类也可以改变网络。我们不能因为网络存在种种弊端而因噎废食，视网络为洪水猛兽；相反，在人类历史跨入一个新的世纪后，应该认真总结和反思网络道德问题，充分利用网络的优势，在道德教育方式方面进行一场革命，借助现代科技手段，提高道德教育效果。目前网络教育已在发达国家普遍兴起，并日趋完善。要提高我国网民的道德水平，及时排除各种不利于网络社会发展的道德困惑，同样必须借助现代技术手段。

五、技术管理

有效地克服网络带来的负效应，除了加强政府对互联网的监管、对网络传播进行法制管理、倡导文明的网络道德外，还有技术措施，即以技术对抗技术，进一步加强技术控制。由于有害信息传播者具有一定的网络信息技术水平，解决这个问题还需要通过高新技术来实现。例如对于垃圾信息问题，可以通过开发技术控污产品，采用反垃圾过滤器来解决；对于计算机病毒问题，可以培养专门的计算机安全专家，研制病毒防范措施，增强反病毒技术的研究与开发，在病毒检测、病毒消除、病毒免疫和病毒预防等方面努力研制新产品；对于色情信息的防范，可以通过过滤软件和分级系统来实现。高新技术的使用在一定程度上可以把网络不良信息屏蔽在用户所能获取的范围之外。

世界各国正在积极研究开发信息控污技术、反病毒技术，积极防范信息污染，具体做法主要有：（1）研究确保网络信息真实性的控制技术，如使用口令、数字签名以及在工作站和网络服务器上使用用来鉴别用户的标号，对超界值的检验等，以预防信息的变形与失真。（2）对于网络上的淫秽信息和意识形态领域的越境信息采用以防火墙为主体的多重信息保护措施予以避免。（3）进一步研究反病毒技术，在病毒检测、病毒清除、病毒免疫和病毒预防等方面增强反病毒技术的开发，防止计算机病毒对信息的污染和破坏。

对互联网的管理，除了法规管理、技术管理、道德伦理约束之外，还可以通过税收、产业政策等经济手段进行管理。

网络传播管理是一项极其复杂、艰巨而又长期的任务。任何一种管理手段都只能起到一定的作用，而不能够全部解决网络有害信息传播的问题。不管是通过法律手段、技术产品还是道德教化和自我约束，不管是他律还是自律，它们各自都有一定的局限，都不是百分之百地奏效。所以，网络信息内容的监管应该是一种综合管理，在管理模式的选择上应该确立一个综合管理框架，综合法律、政策、技术、伦理等多种管理手段，使它们互相配合，互相协调，只有这样才能最终实现对因特网的有效管理，真正建立一个无污染、无噪音的赛博空间，也才能充分发挥因特网和网络信息资源的作用，带给人类社会一个健康、有序的网络信息交流环境。

第二节　发达国家对互联网的管理

互联网不仅仅是一个通信网络，更是一个现实社会的虚拟镜像。如何对互联网进行管理是摆在世界各国面前的一个重要问题。从国外的先进经验来看，互联网管理需要统筹运用立法、行政、行业自律等多种手段。

首先，立法是互联网管理的基础，发达国家政府看似很少对互联网实施监管，而事实上已利用法律对互联网上的行为作出了明确的规范。其次，行政是各国管理互联网的重要手段，比较常见的包括内容分级制、内容审查制、网站注册制、税收优惠制等。而行业自律则是互联网管理的必要补充，也是发达国家普遍采用的一种手段。下面分别从这几个角度介绍国际上互联网管理的情况。

一、立法

各国在互联网立法上主要有以下几个特点：

1. 互联网管理主要依靠现有法规

我们对世界 42 个国家的相关调查表明，大约 33% 的国家正在制定有关互联网的法规，而 70% 的国家在修改原有的法规以适应互联网的发展。其实从根本上说，网络所带来的绝大多数法律问题涉及各个法律部门，这些问题的解决最终还是要靠各部门法律自身的完善来完成，而没有必要建立一个独立的法律部门。例如，英国非常强调依靠现有的法规，如刑法、猥亵物出版法及公共秩序法等。英国电信管制的法律基础主要是 1984 年的《英国电信法》和 1998 年的《竞争法案》，这是两部基于市场准入和反垄断考量的法律。在此基础上，对互联网进行管理的法律，既有传统法规中的相关条文，如刑法中猥亵内容的相关立法以及种族主义内容的相关立法，又有专门的信息通信方面的法案，如《通信监控权法案》《调查权法案》等。

再如，法国管理互联网主要也是利用社会原有的法制基础。法国的民法和商法比较完备，有些只需移植或借用到互联网领域就可以了，而有些则要建立新法规。

2. 立法保证国家安全成为互联网管理的重中之重

最典型的例子是美国。前面我们提到美国对互联网内容的管制模式是最宽松的，但是当互联网触及国家安全时，政府将依法拥有"特殊"的权利。

"9·11"事件后，在反恐高于一切的方针下，被看做特殊时期互联网管理主要法律依据的，一是"9·11"事件发生6周后颁布的《爱国法》，二是布什总统于2002年11月签署的《国土安全法》。这两部法律都大大加强了对美国国内机构与个人的情报侦察，这在以前是不允许的。

政府和执法机构根据《爱国法》获得了很大授权。政府或执法机构调查人员可大范围地截取嫌疑人的电话通话内容或互联网通信内容，还可秘密要求网络和电信服务商提供客户详细信息。《国土安全法》对互联网的监控更为严密。法案增加了有关监控互联网和惩治黑客等条款，在此情形下，服务商信誉和客户机密只能让位于国家安全。

3. 一些国家对互联网内容实行强制管理

在打击不良信息方面，德国是全球第一个制定互联网成文法的国家。该政府于1997年提出《信息与通信服务法》，此法案为综合性的法案，用来解决经由互联网传输的违法内容，包括猥亵、色情、恶意言论、谣言、反犹太人等宣扬种族主义的言论，更严格规范了有关纳粹的言论思想与图片等相关信息。

新加坡是主张政府必须强制介入互联网内容管理的国家之一。新加坡根据《广播法》颁布了《互联网行为准则》（Internet Code of Practice）与产业标准，由信息通信发展局（IDA）管理，最初检查的重点是对青少年有害的色情信息。《互联网行为准则》明确规定："禁止那些与公众利益、公共道德、公共秩序、公共安全和国家团结相违背的内容。"同时，传统的《诽谤法》《煽动法》《维护宗教融合法案》等相关内容也适用于互联网管理，任何危害国家安全或防卫的内容都禁止在互联网上交流。另外，韩国、法国等也都设立了法律对互联网上的内容进行管制。

4. 反垃圾邮件受到越来越多国家的重视

面对垃圾邮件给全球经济带来越来越大的损失，各国也纷纷对反垃圾邮件进行立法，比如美国和日本都颁布了《反垃圾邮件法》；欧盟颁布了《隐私和电信指令》，重点打击垃圾信息；澳大利亚2003年颁布了《垃圾邮件法案》，均取得了较大的成效。

此外，各国普遍高度重视互联网上色情、暴力等不良内容对未成年人的侵害，几乎所有的国家都制定了专门的在线法律或采用保护未成年人的普遍性法律进行管制。

二、技术监控

1. 信息过滤与封堵政策

政府过滤的通常做法是制订一个封堵用户访问的"互联网网址清单"。如果某网站被列入该"清单",访问就会被禁止。从技术角度讲,过滤一般使用基于路由器的 IP 封堵、代理服务器以及 DNS 重新指向等技术。

许多国家实施了内容过滤政策,如:欧盟采取技术措施处理有害内容,增强过滤软件和服务的实际效果,确保用户对信息的选择接受权利。日本总务省与 NEC 共同开发过滤系统,此系统能够防堵有关犯罪、色情与暴力的网站,并研究如同美国的 V-chips 的晶片,称为"聪明晶片"开发,希望借此在电脑连接网络时,自动防止青少年与儿童接触不适宜内容。

美国的中小学如今都对学校的电脑实行联网管理。这样可以集中对那些影响儿童身心发育的网站进行屏蔽。华盛顿市所有公立中学的电脑都实现了联网,网络管理员就是华盛顿市教育委员会。该委员会随时可以监控所在辖区的儿童是否在学校的网络上接触到了不良内容。

新加坡等"严格限制媒体"的国家也公开列出一些网站和需要过滤的关键词,强行要求互联网服务提供商(ISP)进行封堵。

法国也越来越重视对于网络内容的过滤。2006 年 6 月,法国法律增加了"互联网服务供应商必须向用户介绍并推荐使用内容过滤软件"的条款。

2. 采取内容分级制

各国有专门的机构对内容(主要是色情)进行评估,按等级划分,以判定哪些内容可以在网络上传播,并帮助父母过滤掉对儿童不利的内容。例如,美国的娱乐软件业实行分级制度。该分级制度由美国的娱乐软件定级委员会(简称 ESRB)制定,分为两个部分:一个部分是位于游戏产品包装背面的内容描述,用特定的词组描述游戏画面所涉及的内容,如暴力、血腥以及游戏中人物对话是否粗俗等;另一个部分是位于游戏包装正面的等级标志,共分 7 个级别,基本按年龄划分,以游戏适合的年龄段英文首字母来命名,特定等级的游戏产品只能卖给特定年龄的消费者。

三、实行社会监督和举报机制

重视发挥社会监督的力量,促进互联网市场的健康发展,是各国综合推进产业发展,规范市场秩序的一个较为明显的趋势。与相关机构依职权进行的管理相比较,发挥社会监督的力量,以申请和投诉的方式开展查处比纠正的方式具有更强的针对性,效果要明显得多。目前各国基本都有相关的投诉举报机制,并通过多渠道方便各领域用户使用，大大提高了工作效率。

欧盟在打击非法内容方面的主要措施是建立市民热线。公众通过热线汇报非法内容，然后由热线网络将相关信息报告各主管部门。市民热线还通过构建专家中心，就何为非法内容等问题向 ISP 提供指导。现有的热线网络得到了欧盟的大力支持，并取得了显著成效。针对如何评估热线网络的成效问题，欧盟要求逐步建立健全指标体系，收集有关数据，如成员国节点数、空间覆盖率、接受的报告数、热线工作人相关数据、向 ISP 和主管部门提交的报告数量等。同时，欧盟要求各国要加快建立热线并融合到现有的热线网络中，实现资源数据的共享。各国都应把热线的建设融入国家战略计划中，对其提供资金支持，并区分热线与公共部门的职能。

此外，为确保热线发挥最大效能，欧盟将在每一个成员国和候选国中选取一个提高公众安全意识的节点组织或团体。节点组织的职责包括：负责告知居民有关过滤软件、市民热线及自律框架的有关信息；在充分借鉴别国先进经验的基础上，通过适当的渠道开展提高意识等活动；为选拔新的节点组织提供专业和技术指导等。指派网络节点，将促进欧盟范围内相关标准和指针出台，形成一套工作方法，解决各国法律对各自热线使用的限制。此外，在对付垃圾信息的举措方面，欧盟通过立法建议的形式提出通过电子邮件等多种方式建立投诉机制，并要求成员国就投诉机制的问题开展跨国合作等。

四、政府指导

1. 美国

美国政府敦促家长关注孩子的网上安全问题并给予指导。联邦调查局、教育部等有关部门发布指导手册，内容包括家长如何追寻孩子受到网上不法分子诱惑的蛛丝马迹，如何向有关执法部门报告等细则。政府还提供相关网址，并开设网上专页和电话专线，发布有关网上儿童色情活动的最新信息，让家长提高警觉。

为了保障未成年人健康上网，通过安全的途径在网上学习和娱乐，美国联邦政府专门开办了一个网站，域名为 KIDS.US。用布什总统的话说，这个网站"功能有如图书馆的儿童部，是家长可以放心让孩子学习、徜徉和探索的地方"。其所有网页内容均受到有关部门核查，不含任何色情内容，不开设聊天室和即时电邮服务，不链接到任何儿童不宜访问的网页等。

2. 英国

英国内政部 2001 年设立了儿童网络保护特别工作组，专门为在网上保护儿童安全出谋划策。内政部还开展了名为"如何在网上保护你的孩子"的宣传活动,向家长介绍网络的功能、潜在危险及其对儿童可能造成的危害,提供屏蔽危险信息和网站的途径,帮助家长教育孩子不要沉溺于网络。英国教育和技能培训部也设立了专门网站,向家长提供最新的网络安全信息。政府公布了24小时的儿童热线,家长和孩子可以随时就网络问题寻求帮助。

五、通过税收政策促使网站限制未成年人浏览不良信息

美国政府通过税收优惠的经济驱动促使商业色情网站采取限制未成年人浏览的措施。美国在1998年底通过的《网络免税法》规定,政府在两年内不对网络交易服务科征新税或歧视性捐税,但如果商业性色情网站对17岁以下未成年人提供裸体图像、实际或虚拟的性行为,缺乏严肃文学、艺术、政治、科学价值等成人导向的图像和文字,则不得享受网络免税的优惠。

六、行业自律

"少干预、重自律"是当前国际互联网管理的一个共同思路。各国越来越强调政府作为服务者的角色,承认政府管理的"有限性",着重发挥政府的服务和协调职能。在对互联网的监管方式问题上,这一管理原则也得到了较为充分的贯彻。当前各国的监管的一个重要特点就是以行业监管为主,政府强制为辅,实行政府与行业的协同监管。政府的职责主要集中在制定相关法规和政策导向上,具体的操作规范则由行业协会等组织来制定实施,比较而言,政府监管具有补充性。以行业为主的协同监管,具有较强的可操作性,同时还可以减少政府对行业的干预,减少管理成本。

下面以美国、欧盟、英国和日本为例介绍。

1. 美国

美国的网络行业组织在日益发挥重要作用,如美国电脑伦理协会制定了"十诫",美国互联网保健基金会的网站规定了八条准则,各大论坛和聊天室有服务规则与管理条例等。美国在1998年出台《网络免税法》,对自律较好的网络商给予两年免征新税的待遇。

另外,美国政府对数字内容市场实行有限监管,美国联邦通信委员会(FCC)的权限主要集中在内容的传播方面,更多的监管空间则由行业协会和民间组织来承担。其中重要的有软件和信息产业协会、美国唱片协会、美国电影协会等。行业协会对数字内容市场发展保护和监管并重。一方面,行业协会代表行业的利益,向政府争取尽可能多的权益,同其他行业及国外市场达成贸易协议,采取措施保证本行业的权益不受侵害。软件和信息产业协会以及美国唱片协会、美国电影协会近年来都不遗余力地与盗版行为做斗争,要求政府通过法律禁止盗

版行为，对侵权者发起诉讼。另一方面，行业协会作为政府和行业的沟通平台，也不断推动行业实施自律，以确保行业的行为符合国家法律规定和道德要求。对于"违规"者，行业协会代表整个行业向其施加压力，迫使其改正行为，甚至采取严厉措施使其失去发展机会。再者，行业协会也为行业内厂商提供了交流与合作的机会。

2. 欧盟

欧盟于2004年建立"安全互联网论坛"，广泛吸引了包括企业代表、法律强制机构、决策者以及用户群体代表在内的各界关注和参加，为各方提供了一个经验交流和借鉴以及共谋对策的平台，对希望建立自律机构的国家给予建议和支持等。

3. 英国

英国对互联网内容进行管理时贯彻"监督而非监控"的理念，主要通过英国网络服务商于1996年9月成立的行业自律组织网络观察基金会来实行。半官方性质的网络观察基金会在英国贸工部、内政部和英国城市警察署的支持下开展日常工作，主要解决互联网上日益增多的违法犯罪问题，如色情、性虐待、种族歧视等，尤其致力于解决儿童色情问题。为鼓励运营商自律，英国网络观察基金会（IWF）于1996年9月与网络提供者协会、伦敦网络协会两大ISP协会共同发表一份《安全网络：分级、检举、责任》（R3）文件，以此作为运营商自律的基础。之后由50家ISP运营商组成的协会（ISPA）联合草拟一项运营商行为守则，作为运营商自律的规范，其主要精神有：鼓励使用新科技、帮助家长与教师认识新科技、ISP有责任确保内容的合法性等。

4. 日本

日本总务省主管媒体的机关主动邀请ISP运营商、软件开发企业及消费者代表组成自律性组织，并引进分级管理制度，待组织成立并正常运作后，政府则退出该组织，完全由民间组织的力量，对互联网内容进行监督并实行行业自律。

第三节 我国网络媒体管理方式的创新

长期以来，我国形成了对于新闻出版业的严格管理制度，并且取得了大量的经验，可以说，我国目前对于网络媒体的管理沿袭了对于传统媒体新闻管理的思路。

一、我国网络媒体管理的现状及问题

1. 网络媒体管理制度的不足

由于网络媒体管理在全世界都是一个新生事物，在管理上存在困难。目前我国的网络媒体管理制度存在着不足。主要表现在：

（1）我国目前涉及网络媒体的行政法规、规章，内容不明确、不细化，存在着许多争议和盲点。一些政策法规可行性不强。

（2）一些规章的制定受部门利益的影响很大，不符合行政公平、公正原则，不利于打破垄断。

（3）存在多头执法的不规范管理模式。目前网络媒体行政管理的主体几乎遍及所有政府部门，信息产业部门、宣传部门、国务院新闻办、公安部门、工商行政管理部门、信息产业工业部门、新闻出版总署、国家版权局、科技部门、教育行政部门、国务院信息化工作领导小组、国家广播电影电视总局、国家保密局等。我国诸多行政管理部门多头管理，分散执法，缺乏必要的执法力度，难以应付网络媒体迅速发展中可能出现的各种违法、危害社会安全等行为。

虽然我国能够对网络媒体进行管理的部委不下 10 个，但主要是 4 个部门在管理网络媒体。网络报纸、手机报、门户网站的新闻内容由国务院新闻办负责，网络电视、网络视频、手机电视、网络出版、手机出版由国家新闻出版广播电影电视总局负责管理，内容涉及违法犯罪的由公安部门负责。

我国目前的网络媒体管理制度存在的问题，其产生的根源在于没有脱离传统行政手段和行政意识的桎梏，没有从促进产业发展的角度考虑，没有以侧重保护网络媒体的最终用户为出发点。这在一定程度上限制了网络媒体的新鲜活力及无限动力，束缚了新的媒体传播方式给新闻业带来的勃勃生机。

2. 网络媒体管理实践中的困惑

网络媒体作为高新技术的产物，是在行业的交叉地带发展起来的，横跨多个行业，产业链条复杂，其发展速度之快，带来的问题之复杂，超越了目前普遍的认知水平和管理水平，因此，在网络媒体管理中出现了管理责任不明、管理依据不足、管理力量薄弱等问题，也出现了行业发展受利益驱动明显，知识产权保护不力，产业生态环境恶化等问题。

（1）管理责任不明。网络媒体管理涉及不同行业和产业部门，在管理上存在很多不明确的地方。比如，是按媒体属性由意识形态主管部门来实施管理，还是按产业属性由信息产业部门来实施管理？这些问题都还没有准确答案，不少业务没有明确的管理主体，没有纳入管理视野。

（2）管理依据不足。以手机报纸、网络电视为例，具有什么样的资格可以开办手机报纸、网络电视？是否现有平面媒体都可以自动获得这种资格？能否允许新的主体运营？如何对网络媒体的内容进行把握和引导？网络媒体的版权问题如何保证？

（3）管理力量薄弱。一些新兴的网络媒体业务已发展到较大规模，但还没有纳入管理视野，形成管理真空地带。

（4）知识产权保护不力，侵权盗版严重。在网络媒体的知识产权保护中，最大的问题是侵权存有零成本、隐蔽性、迅速性、全球性以及罪证难以收集等特点。简言之，侵权非常容易，而维权却十分困难。

二、网络媒体管理的变革思路

网络媒体传播的信息数量庞大、内容繁杂、形式多样，信息的发布、传播、处理等具有隐蔽性、传播快、影响面广等特点，信息的发布者、传播者、接收者不容易掌握；参与网络媒体新闻传播业务的既有各类企业，又有新闻媒体，主体复杂。所有这些，都使网络媒体传播的内容管理更加复杂。

对网络媒体，应当坚持发展与管理并重，通过科学规范的管理促进健康有序的发展；应当坚持趋利避害、为我所用，充分发挥这一新兴传播载体的独特优势。

1. 明确网络媒体定位

目前，网络媒体缺乏作为一个真正意义上的媒体应该具备的丰富的原创内容、健全的采编体系、完善的运作机制、专业的从业队伍，也缺乏作为一个真正意义上的媒体应该具备的公信力和社会地位。应该看到，网络媒体开展跨界技术整合和内容整合是大势所趋，网络媒体将创造出一个巨大的媒体市场，从而应当将网络媒体作为一种独立的媒介加以对待。要从政策上加以明确，从发展上加以引导，从管理上加以规范，打破不同行业和产业的壁垒，在通信业务与传播媒体的互动、互补中找到新的合作和发展模式。

2. 推动新闻媒体拓展新的发展空间

网络媒体是一种全新的传媒形态，新闻媒体正面临着发展壮大新闻事业的良好机遇和广阔天地。当前整个互联网正从门户时代向服务时代过渡，从桌面互联网向掌上互联网转型，在移动互联网实现终端融合、业务融合和网络融合中，预示着互联网产业的重新洗牌，主流媒体完全可以有新的更大作为。主流媒体要努力适应形势的发展变化，熟悉和掌握科技发展的最新成果，积极运用先进的通信手段，充分发挥自己权威的传播地位、丰富的信息资源、良好的管理经验、过硬的人才队伍，以及稳定的受众群体等优势，转变观念，创新思路，实现传统媒体业务与新型传播手段的有效结合，拓展新的发展空间。

3. 学会运用网络媒体，打造新兴舆论阵地

合理运用新闻和信息，就必须遵循新闻传播原理，加强对各种媒体的科学掌控和运用。特别是面对现今时代多元化、即时性、多样性的舆论生态环境，必须积极运用网络媒体这一最新的传播载体，顺应新闻规律，提高传播技巧，主动设置议程，及时发布信息，努力占得舆论引导的先机，把握正确舆论导向。

要创新新闻宣传理念。网络媒体对传统新闻传播理念造成的冲击开始显现。网络媒体受终端显示屏、用户使用习惯等的制约，体现出自身独有的传播特点和规律。变革传播观念，探索传播技巧，关系到网络媒体新闻宣传的成效，关系到网络媒体竞争力的强弱。网络媒体与传统媒体在新闻宣传中要"求同"，也要"求异"，即在新闻宣传内容的政治方向、价值取向上必须一致，在新闻选择、话语结构、信息形态、传播方式方面则要体现出差异性。

要创新网络媒体内容。网络媒体要发展壮大、走向成熟，一定要有量体裁衣、适合自身传播的信息内容。要研究用户需求，丰富服务功能，针对用户群体的差异、接受心态和阅读习惯的变化，运用体现网络媒体特征的语言、内容和表达方式进行新闻传播，不能照搬照抄传统媒体的内容。

网络媒体相关业务发展很快，要密切关注发展态势，适时制定发展规划，着手打造主流网络媒体网站，建设无线互联网上权威的综合信息发布和服务平台；对网络媒体给予必要的政策支持，不失时机地占领新闻传播制高点；要坚决禁止违法和不良信息通过网络媒体传播，尊重和保护知识产权，维护公平竞争的环境。

4. 在注重发挥各个部门独立作用的同时，完善协调机制

目前，具有网络媒体管理职能的诸多职能部门，已经发挥了一定的作用。然而对于很多交叉问题，尤其是在联合管理时，沟通的渠道仍然不足。由于网络媒体本身具有开放性，涉及的相关组织必然很多，协调职能迫切需要加强。对网络媒体这一新兴事物，从理论到实践、从内容到技术都还处于探索之中，迫切需要加强相关领域研究，为行业发展提供指导帮助。

三、尊重网络媒体发展的特殊规律，创新网络媒体管理的原则

网络媒体有其特殊的产业发展规律与技术特点。在制定有关网络媒体的政策与法规时，要避免鸵鸟政策。

政策制定与立法原则应该是顺应和促进网络媒体产业发展，规范与发展并重。依据不同的标准分类，按照其与传统媒体的关系，网络媒体可以分为不依托传统媒体的网络媒体和依托传统媒体的网络媒体。前者管理难度大，但是代表了产业主流与方向。后者可以比照传统媒体的管理模式，管理难度小；但是从网络媒体发展走过的历程来看，后者受制于已有的管理模式、人员结构、思想观念、资金运作等因素，很难成为新兴产业的主体。我们的政策法规不应该制约前者的发展。

我国目前对网络媒体内容的管理存在一个严重问题，就是重"规范"轻发展。政策法规本应该是促进网络媒体产业的发展，而事实却是许多政策法规在制

约其发展。

经过多年的发展，以互联网为代表的网络媒体已自发形成了相对于现实社会独立的准则和行为规范，例如交流的自主权、网络语言的文明等。管理主体应当认识到这种已经存在的规范，去其糟粕，取其精华，倡导其中好的规范并加以引导，作为管理的辅助手段。

网络媒体传播是零门槛的传播方式，数以亿计的用户中的任何人都可能成为传播主体，因此，很难采用传统的审批制进行管理。鉴于网络媒体的特殊规律，建议采取"登记制＋追惩制"进行网络媒体的管理。

网络媒体是没有国界的，是世界的，可以借鉴目前成熟的、成功的国内外网络媒体政策与立法。网络媒体的管理者和缔造者一样需要富有创新精神。网络媒体需要监理，但不是传统意义上的政府管理。如果管理者用传统的管理方法管理新媒体，面临着的结果无非两条，要么是这产业一管就死，要么是管理规则因为操作性不强而形同虚设。

四、关于实名制的讨论

在互联网日益普及的今天，世界各国在享受互联网带来巨大益处的同时，也都面临网络带来的负效应：网络欺诈、网络毁谤、网络暴力等不法活动。毕竟互联网本身是一把"双刃剑"。为了克服网络负效应，加强对互联网的管理，有人提出了网络实名制，其出发点和动机是好的，但是问题在于可行性和中国的国情。

1. 韩国的做法是否符合中国国情

有人认为韩国在全国范围内强制实施互联网实名制。根据韩国信息通信部的解释，该举措的目的在于"打击网络犯罪"，采取的具体手段是用户必须在输入真实姓名和身份证号码并通过验证之后，才可以享有在互联网上发言的权利。不过，韩国的做法是否成功还有待观察。

其实，互联网实名制的政策立即在韩国境内遭到广泛抵制。以"参与联合会"和"进步网络"为首的15个市民团体在首尔举行了主题为"网络实名制能否解决根本问题"的记者会，批评政府推进网络实名制。他们认为，实名制将导致"言论自由的萎缩、个人信息的暴露"，是对"有良心的因特网公众"的不公平，更重要的是，会在韩国形成一个"恐怖的监视社会"。他们提出的对付网络暴力的有效措施是，网站负责对其网站内的网络犯罪行为采取措施，同时通过人权教育活动，提高韩国社会保护隐私的意识。

事实上，韩国的网络实名制也暴露出了不少问题，例如：近90万人的身份证号码在网上被公布了，不仅给公民的隐私权保护带来威胁，而且大大方便了黑客及心怀不轨者进行不法活动。其实，实行网络实名制会使网民的隐私更容易受到侵犯，在中国目前的国情下，根本就无法保证不泄露用户资料。退一步说，即使韩国网络实名制取得了成功，也不能说在中国也能成功。中国在人口数量、国土面积、发展不平衡程度、社会管理难度等方面与韩国大相径庭。此外，中国还有不少特殊问题，例如：由于我国户籍管理上存在着一些弊病，造成了我国有几百万人的身份证号码雷同。在造假技术日益炉火纯青的现实中，一个坏人能很容易钻实名的漏洞，实名制很容易变成"防君子而不防小人"。

2. 网络实名制是一把"双刃剑"

实名制与互联网一样，是一把"双刃剑"，实施网络实名制需要付出不少社会成本与风险。

首先，实名制的实施，需要一系列配套措施，尤其是监督措施，否则它就是一个稻草人。然而，监督实名制实施的成本是很高的。中国目前还难以找到一种迅速、便捷、有效地核对网民真实身份信息的方法。博客实名的信息确认与安全保障，需要耗费大量人力、财力及技术力量，这对网络运营商来讲也是个考验。

如果采用身份证注册的办法，那么后台的技术部门为核实博客身份的真实性，需要调用全国身份证数据库——每调查一次需支付5元，相对于数量庞大的博客群而言，这将是一笔巨资。这笔费用该由谁来支付？博客、网站，还是政府管理部门？实名制的实施，一定要有隐私保护的相关配套措施。中国网民数量太多，执行实名制难度太大。中国国情决定了实行网络实名制的社会总成本很高。

其次，实行网络实名制违背网络经济的发展规律，互联网本身的特点之一就是虚拟与匿名，实行网络实名制会降低网民、博客的增长速度，制约网络的发展。博客实名违背了互联网开放自由的内在精神，将产生更多"睡眠博客"。网络实名制并不会增加网民的社会责任感，两者之间没有必然的逻辑联系。

再次，在中国特有的国情下，实行网络实名制会阻碍舆论监督。博客实名制也许可以在一定程度上防止因匿名而产生过激言论，以及侵害他人名誉事件，但是，与网络自由发表言论的本质有一定的冲突。

最后，互联网本身具有全球性，即使在国内得以成功地实行实名制，谁又能管得了国内网民去国外注册匿名博客呢？谁又能有效制止内地网民去境外网站发表"高见"呢？中国的博客用户可能被迫"流浪"到境外网站。

实名制有不少失败的例子。实名制的实施只会增加盗用他人身份信息的不法行为。例如QQ群实名制度，曾经昙花一现。2005年7月，作为首批网络实名制试点单位，腾讯公司决定根据深圳市公安局相关规定进行"QQ群"创建者和管理员的实名登记，但这一计划遭到网民的强烈反对，并最终淡出视线。

2002年，北京蓝极速网吧的一场大火直接引发了全国网吧整顿行动。网吧经营者被要求检查客户的身份证明，否则不得接待。这项一直持续到今天的规定被认为是中国网吧管理体制中相对比较成功的一条。但事实上，在一些中小城市，由于并没有行之有效的措施彻底打击黑网吧，未成年人光顾网吧或使用虚假身份证明的情况依然非常普遍。

显然，实施"一刀切"的实名制，至少时机还不成熟。

3. 互联网的管理应该以技术管理为主

事实上，并没有实行网络实名制的必要，现有的网络跟踪技术已经能够解决网络犯罪问题。此外，从网民自己取的 ID 名、昵称中也能反映出网民诸多个性化信息。如果有人进行恶意毁谤、传播谣言、非法煽动等违法活动，完全可以对其进行惩治。美国即使是在"9·11"之后，也没有实行网络实名制；美国对互联网的监管以技术管理为主，收到了很好的效果。中美两国均是人口众多、国土辽阔的大国，美国互联网管理的做法对我国有借鉴作用。

互联网本身是高科技的产物，管理互联网也应该建立在技术发展的基础之上。此外，虚拟的互联网是现实社会的折射，只有让现实社会变得和谐，我们的网络社会才有和谐的可能。

思考题

1. 你如何看待斯诺登事件？
2. 你如何看待手机实名制？

第十一章

网络媒体的经营策略

作为网络媒体，实现赢利是生存与发展的基础。因此，网络媒体首先要选择恰当的赢利模式。

目前，网络媒体的赢利模式有两大类：

1. 免费＋广告模式

免费阅读与使用，靠广告收入来发展。其代表是雅虎、新浪、腾讯等门户网站，Google、百度等搜索引擎，及Youtube等视频网站。网络广告收入是其主要经济支柱。

2. 收费模式

收费模式可以分为收取阅读或服务费、电子商务等类型。

适当收取阅读费。这类网络媒体的读者对象往往是科技专业人士、商人、政府部门或军界，其信息具有权威性与不可替代性，代表是华尔街日报网站（www.wsj.com）、汉和情报评论（www.kanwa.com）等以及各类数据库，如中国知网、美国Dialog系统等。

免费与收费相结合。许多学术期刊的网络版把其部分内容（目录、摘要）放到网上，供读者免费浏览，但是要看全部内容则需要注册交费。有不少网络报纸对于用户在网上检索其资料，采取的是分级控制的方式：对阅读当天或1周内的新闻实行免费，检索以往新闻或其他数据库则收费。香港凤凰网则是对阅读文字新闻免费，对多媒体视频采取收费制。不少商业性门户网站对电子邮件实行收费与免费相结合，实行差别服务。

目前，传统媒体数字化转型面临的最大难题是尚没有解决新媒体环境下的赢利模式问题。随着纸质报纸发行量的下滑，几乎所有的报纸都建立了网络版，但是基于传统媒体的网络报纸赢利非常困难。收费模式会使得读者规模受到限制；而采取免费＋广告模式，基于传统媒体的网络报纸的访问量，与门户网站、搜索引擎、社会化媒体完全不在一个数量级，因此网络广告市场份额十分有限。从用户的阅读习惯看，网民更喜欢直接访问新闻内容集成的门户网站，而不是逐一访问报纸网站。在中国，由于网络版权保护力度尚没有达到发达国家水平，网络版报纸的内容被大量拷贝，加剧了网络报纸的赢利难度。

第一节 网络广告

一、何谓网络广告

根据美国著名传媒研究者霍金斯所下的定义，网络广告即电子广告，指通过电子信息服务传播给消费者的广告。但霍金斯的定义可能给人们造成一个错觉：电子显示屏也是网络广告。于是有人给网络广告重新定义。比如中国广告商情网就把网络广告定义为：在互联网上传播、发布的广告，它的广告形式、收费模式、广告特点等方面与传统广告有很大的差异。还有人认为，所谓网络广告，是指在互联网的站点上发布的以数字代码为载体的各种经营性广告。

其实，网络广告就是以互联网为媒体发布、传播的商业广告。或者说，网络广告指利用数字技术制作和表示的基于互联网的广告。

网络广告发轫于1994年的美国。当年10月14日，美国著名的Wired杂志推出了网络版的Hotwired（www.hotwired.com），其主页上开始有AT＆T等14个客户的旗帜广告（Banner）。这是广告史上里程碑式的标志。

从此之后，网络广告逐渐成为网络上的热点，世界网络广告发展可谓突飞猛进。目前，网络广告正在以惊人的速度增长，网络广告发挥的效用越来越重要。

美国互联网广告业界团体互动广告局（IAB）2013年6月3日公布了与普华永道共同实施的美国互联网广告市场调查结果。数据显示，2013年第一季度（1—3月），美国互联网广告市场的销售额比2012年同期的83亿美元增加了15.6％，达到96亿美元，刷新了第一季度的最高值。

此前IAB公布的2012年全年美国互联网广告销售额为366亿美元，比2011年的317亿美元增加了15％，也刷新了历史纪录。2012年销售额的详情如下：搜索广告为169亿美元，占市场整体的46％；显示广告（数字视频、条幅广告、赞助商广告、富媒体）为120亿美元，占市场整体的33％；移动广告为34亿美元，占市场整体的9％；分类广告（招聘及房产等介绍）为24亿美元，占市场整体的7％。

增长最快的是移动广告，与2011年的16亿美元相比增长了111％。随着以Apple为代表的智能手机的普及，美国基于手机媒体的移动广告增长迅速。据美国市场研究机构eMarketer2013年6月14日发布的报告预测，谷歌2013年移动广告营收将达到 88.5 亿美元，超过全球移动广告总营收的一半；Facebook 则占全球移动广告总营收的 10%，将达到 20 亿美元。Gartner 的研究报告显示，从 2013 年至 2016 年，全球移动广告市场将增长 400%。到 2016 年，全球移动广告收入将达到 245 亿美元。

根据美国互动广告局（IAB）发布的数据显示，2013 年美国网络广告收入首次超过广播电视，达到 428 亿美元，相较 2012 年的 366 亿美元上升 17%。2013 年电视广告收入则为 401 亿美元。

根据 eMarketer 对全球数字广告支出的估计，2014 年亚太地区网络广告支出将增长 17.9%，达到 410.7 亿美元。中国仍然保持该地区数字广告市场最大份额，达到 46.2%，这一趋势将持续到 2018 年。2014 年日本和澳大利亚数字广告支出总额排在第二和第三，分别是 91.9 亿美元和 45.2 亿美元。

日本电通公司 2013 年 2 月 21 日公布的数据显示，日本 2012 年度广告费总额为 58 913 亿日元，同比增长 3.2%，恢复至 2010 年水平。其中，网络广告费增幅最大，达 8 680 亿日元，同比增长 7.7%。

我国的网络广告起步较晚。中国的第一个商业性的网络广告出现在 1997 年 3 月，传播网站是 Chinabyte，广告主是 Intel，广告表现形式为 468×60 像素的动画旗帜广告。Intel 和 IBM 是国内最早在互联网上投放广告的广告主。中国网络广告一直到 1998 年初才稍有规模，1998 年中国 520 亿元广告收入总额中，网络广告仅占 2 000 万元左右。据统计，1999 年，中国的网络广告经营额已经接近 1 亿元人民币，比 1998 年翻了将近 5 番。2006 年，中国的网络广告收入已经增长到 49.8 亿元，比 2002 年增长了 10 倍。作为新兴产业，网络广告可谓发展迅猛。

根据艾瑞市场研究公司最新发布的 2012 年度中国互联网广告数据，2012 年度中国网络广告市场规模达到 753.1 亿元，较 2011 年增长 46.8%，增长略微放缓，网络广告市场进入相对平稳的增长期。

艾瑞发布的《2014 年中国网络广告用户行为研究报告》显示，2013 年，中国整体网络广告市场规模为 1100 亿元，同比增长 46.1%，达到新的量级。在广告关注方面，超过六成的网民关注过购物、搜索、门户、视频的广告，其中有 76.4% 的用户关注过购物类网站广告，占比最高。2013 年移动营销市场规模达到 155.2 亿元，同比翻一番，增长率达 105.0%，发展迅速。数据显示，移动营销的整体市场增速远远高于网络广告市场增速。而智能终端设备的普及、用户数量的不断增加以及移动广告平台的不断涌现是促进市场发展的动力。

艾瑞的数据还显示，2014 年第一季度，中国网络广告市场规模达到 295.3 亿元，同比增长 53.1%。2014 年第二季度中国网络广告市场规模达到 381.5 亿元,同比增长48.7%,环比增长29.2%。

需要指出的是,目前关于网络广告的市场规模,世界绝大多数国家并没有政府管理部门发布的权威数据。迄今为止,网络广告的数据主要来自数据调查公司。

二、网络广告的特点

网络广告作为一种全新的广告形式,之所以受到各个国家和地区企业的重视,是因为它与电视、广播、报纸、杂志等媒体的广告相比,具有以下特点:

1. 互动性与主动性

强互动性是网络媒体最大的优势,它不同于传统媒体的信息单向传播,而是信息互动传播,用户可以获取他们认为有用的信息,厂商也可以随时得到宝贵的用户反馈意见。在日本、美国等发达国家,网络广告被称为互动式广告。

网民在浏览网页时可以随心所欲地主动选择自己需要的(而不是被动接受)各类广告信息。如果他想知道某种商品或服务的详情,可以通过点击广告作进一步了解,或者利用电子邮件、网络电话、网络传真等与广告主进行交流,甚至可以直接实现在线购买。在与消费者实时沟通的过程中,厂商可以随时得到用户的反馈信息,直接与目标群进行互动式交流,可利用网络广告达到不同的行销目的,形成完整的客户资料。网络广告提供了消费者与厂商之间的一条互动、即时的交流渠道,可以帮助消费者提高对商品的认知,培养客户忠诚度,为广告主实施客户关系管理(CRM)增加了有力手段。

网络广告可以做到一对一的发布及一对一的信息回馈,对网络广告感兴趣的网民不再被动地接收广告,而是可以及时地做出反应。这种优势使网络广告可以与电子商务紧密结合,马上实现一个交易的过程。

通过在线调查等方式,厂商可以用较低的成本随时得到大量、快速的用户反馈信息,并且大大提高厂商后期整理、统计、归档等工作的效率。

2. 实时性

在传统广告媒体上,广告发版后很难改变,或者说改换广告版面的经济代价太大,因而难以实现。而在互联网上做广告则能按照需要及时变更广告内容,包括改错。例如,一则有关电视机促销广告的电视机销售价格变动了,更改其价格只需要一两分钟,更改成本则可以忽略不计。这样就可以很容易做到经营决策变化与广告变化之间的无延迟。

3. 无时间、地域限制,传播范围极大

网络广告的传播范围广泛,可以通过互联网把广告信息全天候(无论刮风下

雨都不影响效果）、24小时不间断地传播到世界各地。网民可以在世界上任何地方的互联网上随时随意浏览广告信息。这些效果，传统媒体是无法达到的。

4. 受众数量可准确统计

网络广告的突出特点是可测量性和智能化。通过第三方服务器不仅可以精确统计出网站的访客人数、广告的曝光和被点击次数，还能记录网民上网的时间分布和地域分布情况，乃至网民的个人爱好和上网习惯，从而具备了精确定向的可能。广告主可借助于精确统计出来的数据评价广告效果，进一步审定广告投放策略，并利用互联网的互动和实时特点，按照需要及时变更广告的形式和内容。基于互联网的这些技术优势，广告主可以从基础层面确立网络广告的经济价值，节省广告投入，增强广告实际效果，改变传统媒体广告"知道有一半的钱白花了，但不知道白花在哪里"的固有缺陷。

比较而言，利用传统媒体做广告，很难准确地知道有多少人接收到广告信息。以报纸为例，虽然报纸的读者是可以统计的，但是刊登在报纸上的广告有多少人阅读过却只能估计推测而不能精确统计。至于电视、广播和路牌等广告的受众人数就更难统计。

利用先进的信息技术，广告客户还可以通过网络即时获得数据、报告，做到即时效果监测。这对及时调整广告策略意义非常重大。而这在传统媒体是不可能实现的。比如，你同时在几家报刊上做广告，但每家的效果怎么样，不可能及时得到反馈，只能凭事后的感觉或调查来推断。

5. 针对性

网络广告受众群体特征明显。分析结果显示：网络广告的受众是最年轻、最具活力、受教育程度最高、购买力最强的群体，网络广告可以帮广告主直接命中最有可能的潜在用户。

利用软件技术，广告主可以指定某一类专门人群作为广告播放对象，而不必为与此广告无关的人付广告费。比如，如果广告主在上海举办一个新品展卖会，他可以要求网站只向由上海登录的网民播放广告，网站可以通过监测IP地址做到这点。通过提供众多的免费服务，网站一般都能建立完整的用户数据库，包括用户的地域分布、年龄、性别、收入、职业、婚姻状况、爱好等。此外，不同类型的网站有不同类型的用户集团。这些资料可帮助广告主分析市场与受众，根据广告目标受众的特点，有针对性地投放广告，并根据用户特点作定点投放和跟踪分析，对广告效果作出客观准确的评价。

6. 形式多样，多媒体广告日益增多

网络广告的表现形式包括动态影像、文字、声音、图像、表格、动画、三维空间、虚拟现实等，可以根据广告创意需要进行任意的组合，从而有助于最大限度地调动各种艺术表现手段，制作出形式多样、生动活泼，能够激发消费者购买欲望的广告（见表11-1）。

表 11-1　互联网广告与传统广告的比较

传播范围	时效性	观众选择性	资讯类型	普及程度
网络	全世界	实时	丰富互动多媒体	中
平面媒体	区域性	滞后	文字	高
广播	区域性	实时	声音	高
电视	区域性	实时	文字，图片，声音，影像	高

类别/项目	传播速度	用户接受方式	价格	注意度	更新速度	互动性
网络	快	被动+主动	低	高	即时	高
平面媒体	慢	被动	中	高	慢	低
广播	快	被动	高	中	慢	中
电视	快	被动	高	中	慢	中

当然，网络广告也有其不足。目前最大的不足在于网络在许多国家尚不普及，制约了网络广告的效果。此外，网络传播的主动性使得许多网民对网络广告"视而不见"，根本就不点击。

三、网络广告效果评估

说起网络广告的效果评估，大家首先想到的就是广告的网上点击率。的确，直接从广告播发系统中可以即时查到的网上点击率确实是一个非常重要的广告效果评估指标，但这并不是全部。广告效果，即广告作品发布后所产生的经济作用、心理作用和社会作用。所以广告效果可以分为广告的经济效果、广告的心理效果和广告的社会效果。同样，网络广告效果，即广告通过网络媒体发布后所产生的作用。网络广告效果测定主要是测定上网者对网络广告所产生的反应。比如对于通栏广告来说，上网者有如下三种选择：没注意、浏览但不点击、点击。网络广告效果监测在收集以上数据的基础上，再综合上网者的其他变量，从而得出一系列指标，作为衡量网络广告效果好坏的标准。

1. 网络广告效果测定的标准

（1）被动浏览。主要是以浏览者进入广告页面的次数为标准。

（2）主动点击。这种效果评估标准是指网络广告效果的好坏关键要看浏览者是否点击了该广告，点击的次数有多少。

（3）互动性。互动是网络媒体与传统媒体的又一重要区别，网络广告很好地体现了互动这一特点。浏览者在浏览广告的同时还要与广告赞助商形成信息的交流，这样的网络广告才是有效的。该指标评价广告效果的好坏就主要看目标受众主动与广告赞助商联系次数的多少。

（4）销售收入。广告如果能引来销售收入，那么广告当然是有效的。问题在于销售收入在多大程度上要依赖于网络广告。因为影响销售的因素是很多的，包括促销、公关、产品、价格、销售渠道、消费者的消费行为特性等。所以，用销售效果为标准来衡量网络广告效果是困难的。

一般来说，达到四种衡量标准的难易程度与广告衡量的准确程度是正相关的，即衡量广告效果的标准越易达到，这种衡量的准确程度就越低。所谓衡量效果的准确与否都是相对的概念，对于不同类型、不同目的的广告要选择不同的测量方法，如衡量企业形象广告效果，就应该用浏览率或点击率作为标准，采用销售效果为标准就不太适合。每种效果测定的标准都要通过具体的试验以及实践的经验来最终确定。试验是尤其重要的手段。比如，对于横幅广告来说，研究点击率和广告的面积、文件类型、广告与页面内容的相关性的关系是非常有意义的。

2. 网络广告效果测定的方法

点击率＝看到广告并点击的数量/页面浏览量

互动率＝点击该广告并进一步与广告赞助商联系的数量/页面浏览量

3. 与网络广告的评估相密切关联的是网络广告的计价模式

（1）CPM（Cost Per Mille）。含义是广告显示1 000次所应付的费用。它所反映的定价原则是，按显示次数给广告定价，这种定价思路与传统广告中定价思路源出一脉。

（2）CPC（Cost Per Click）。其含义是按照用户每点击一次计费。在这种模式下，广告主仅为用户点击广告的行为付费，而不再为广告的显示次数付费。

（3）CPA（每行动成本，Cost Per Action）。含义是按照用户的每一次交互行为收费。

（4）按位置、时段和广告形式综合计费。目前中国互联网广告的主要计价模式。它以广告在网站中出现的位置、时间段和广告形式为基础对广告主征收固定费用。这种计费模式是与广告发布位置、时间和广告形式挂钩的，而不是与显示次数和访客行为挂钩。在这一模式下，发布商是按照自己所需来制定广告收费标准的。

4. 几个重要的术语解释

Pageview：页面浏览量，是指一个网页被显示的次数。

Session：一个人在网站上一次活动的过程。

Unique Visitor：唯一访客，就是在一段时间内访问网站的"人数"，而不是"人次"。

Impressions：广告被完全下载的次数。

四、网络广告的监管

1. 网络广告监管的必要性

由于在互联网上，人人都可以发布广告，互联网上同样会出现虚假广告和广告欺诈，且更加不易识别。因此，对网络广告实施监管就很有必要。

许多人都深受电子邮件广告的骚扰。只要你的电子信箱地址被广告发布者知晓，你就无法拒绝。电子邮件广告以 Mailing list 的形式，在理论上可以轻而易举地从一到无限大，个体可以向无数的信箱发布广告邮件。

对于传统媒体广告，许多国家和地区已经制定了一整套的法律、法规和各种规范性文件。但网络是一种新媒体，网络广告出现只有几年时间，目前许多国家和地区在这方面的立法还是空白，监管上存在许多困难和问题。有些网站发布虚假广告，欺骗消费者；有的网站发布法律、法规禁止或限制发布的商品或服务的广告；有些特殊商品广告发布前未经有关部门审查，内容存在着严重的问题；一些网站在广告经营中存在着不正当竞争行为；等等，凡此种种现象都严重制约着网络广告这一新生事物朝着健康、有序的方向发展。规范化和法制化是网络广告发展的必由之路。

在网络广告活动中，作弊现象很多。点击人次、浏览人次等资料可以被操控，甚至作假，比如可以开发一个程序提高来访的人次，或采取虚假的计数方式。于是网络广告媒体与广告主及代理商开始寻找独立的监察、统计组织，由一个客观的第三方角色监督网络媒体的效益，确保在网络广告上的投入用有所值。

当前互联网络已趋向由独立公正的第三方权威机构公开评估统计访客流量。美国的市场调查机构 A.C.尼尔森公司（A.C. Neilsen）成为监测网络广告的领导者，它统计着在网络上 85% 热门网站的流量资料。在我国，开始有网络媒体委托权威机构对其网站进行公正的访客流量测定。资料的准确公正，有助于广告主及时调整产品发展方向及行销方针，使得网络广告的效益得到极大的保障。

总之，网络广告市场的快速膨胀，使得网上广告鱼目混珠现象严重。网络广告的监管，已经具有很强的紧迫性。

2. 网络广告监管的难点

对网络广告的监管，有其自身特点，尤其与传统广告相比，具有一定的难点。

一是因新而难。媒体新、运作模式新、表现形式新、计价方法新等，使广告管理机构对网络广告有一种陌生感，因为生疏而不知管理应从哪里入手。二是网络广告无地界、国界，确定管辖难、适用法律难、调查取证难、追究责任难。例如一个违法广告的发布，受害者很可能涉及不同国家或地区，甚至分布在全世界，如何认定其构成违法？如何定性？适用哪个国家或者地区的法律？怎样追究违法当事人的法律责任？其民事责任应该如何承担等等问题，都让人挠头，甚至无所适从。三是网络广告经营主体的市场准入授权难。由于它们跨地区甚至是跨国家，该由哪一级广告管理机构为其核发许可证和执照？它们是否适用传统的资质等级标准？怎样确立其资质？都没有现成的依据可循。四是界定网络广告难。互联网上的信息交叉性突出，区分起来较传统广告媒体困难。五是广告管理机构一时难以适应。首先是人员素质不适应，其次是管理装备不适应。六是寻找法律依据难。除了以上提到的跨国主体适用法律难确定的问题外，我国到目前为止，还没有专门针对网络广告的法律法规，甚至连全国性的行政规章都还没有。

3. 网络广告的监管之道

目前来说，网络广告的监管已有这样的趋势：管理从无序状态趋于有序的状态，就是说管理更加规范化。这有两方面的因素来推动：第一是国家对网络广告管理的重视，比如说国家工商总局已经颁布了一些试行的规范和要求，从中也可以看出政府有关部门对网络广告经营的重视。第二，许多网站从本身形象与利益出发，也在将网络广告管理带向规范化管理的道路。在网站建立的初级阶段，网站的人员素质、管理经验都存在一些薄弱的环节，而现在网络公司已经逐渐成熟了，管理也进一步加强了。

网络广告存在自身的行业特点，与电视和报纸等传统媒体相比具有不同的特性。一个广告链接本身可能没有违反广告法，但它指向的站点却可能存在问题，这样的情况也必须有一个妥善的管理方法。所以，网络广告规范是必须要制定的，不管是什么媒体广告，内容规范必须一视同仁，网络广告的经营活动和网上发布的广告内容，都应当明确纳入广告监管的范围。总的来说，在网络广告的管理上，必须遵守国家广告法。网络广告是个全新的领域，规范和完善需要时间，如同其他已经发展成熟的行业一样，网络广告也要遵循先发展再规范的规律，不能操之过急。但是，另一方面，国内网络广告发展的速度很快，又必须尽快地进行规范。网络广告不能盲目发展，完全放开。没有资格认证，也不进行审批的现状必须尽快改变，而且这也不利于网络广告业的健康发展。现在有许多专业网络公司和企业的网站在网上自行发布与经营广告，对他们如何进行管理是亟待解决的问题。能不能经营网络广告，首先要有一个资格认证问题，要确立一个经营网络广告的市场准入条件，再按照有关规定严格规范网络广告的内容。

目前我国的网络广告监管现状是：国家工商局广告监管司是全国广告主管机

关。从 1999 年开始，广告监管司专门派出一些人员到有关单位学习、了解网络广告整个运作状况，通过对各方面情况的了解，到 1999 年底，广告监管司对网络广告的监管运作有了初步发展，对于制定网络广告的市场准入条件，还有在规范网络广告内容方面都有了一些试行规范。国家工商局正积极探索互联网广告的有效监管方式，为制定互联网广告法规做准备。

在美国，美国联邦贸易委员会不久前对网上广告提出了进一步的要求。他们认为，互联网广告同印刷广告、电视广告、广播广告相同，都应该处于严格的管理之下，目前网上的许多广告都必须加以规范。其互联网广告实施细则中强调，在任何媒体上，欺诈行为都是违法的，网上广告的浮夸和欺诈不但会损害消费者利益，也将损害电子商务自身的形象。联邦贸易委员会已经开始通过对广告用语、营销以及促销行为等加以监督的方式，对在线消费者进行保护，使他们不受虚假广告的误导。对广告商的要求是：广告商必须确保广告内容的清晰和准确，如果广告内容中存在容易误导消费者的地方，广告商必须加以声明，声明出现的位置必须醒目，声明的语言必须清楚易懂。针对网络广告中存在的诸多问题，我国应该尽快制定和实施切实有效的措施，才能对网络广告中的违规行为实施有效管理。

首先，应借鉴国外成功的立法经验，尽快出台有关的法律法规。以目前争议颇多的"电子邮件垃圾"为例。由于电子邮件的应用非常普遍，很多用户有强烈反映。如果经常收到大量广告性电子邮件，由于不知道其内容，不得不打开查看，既占用了有限的物理空间，又浪费了时间和金钱。对于这种行为如何规范、管理，国内目前尚无明确、细致的规定。美国在这个方面做得较好。1997 年，美国内华达州出台了一部法律，对以电子邮件形式滥发广告的行为实施监督管理，成为全美第一个对此类行为做出明确规定的州。在 1998 年 4 月，美国两个州的法院分别对乱发"电子邮件垃圾"的案件做出巨额罚款的判决。同年，美国华盛顿州通过了《反垃圾邮件法》，其中规定使用假回邮地址或故意隐瞒回邮地址的行为均属违法，法院可以依法判决。

在这个方面，我们可以借鉴国外的成功经验，制定出细致而明确的法律法规，以规范网络广告中的违规操作行为。在立法过程中，也应该注意到不能影响 ISP 的正常发展。

其次，应加强宣传，提高消费者的自我保护意识。美国联邦贸易委员会与美国消费者联盟曾共同发表了一个声明，提醒消费者如何辨别网络虚假广告，警惕广告陷阱，减少不必要的损失。我国有关消费者保护的权威组织是中国消费者协会（简称消协）。消协作为消费者的"保护神"，应该顺应时代潮流，在工作中重视虚假网络广告对消费者权益的侵害，提醒消费者警惕网络广告陷阱，避免纠纷的发生。

最后，应该加强 ISP 的法律观念，实施行业自律。广告发布者行业自律早已有之，新中国成立前有些报馆就规定"有伤风化及损害他人名誉、或近欺骗者，概难照登"。改革开放后，中央电视台也制定了《中央电视台商品广告若干规定》，对发布广告进行自律。

ISP 虽不同于上述媒体，但与其有相似之处，故亦应制定相应自律条文，从自身做起，尽量避免虚假广告在网上发布，防患于未然，保护网民的权益。

总之，面对飞速发展的网络，我们应积极应对，制定相关的法律法规，保护众多网络消费者的合法权益。只有这样，才能使网络广告向着健康的方向发展，起到它应该有的作用，不至于成为虚假信息发布的策源地。

五、网络广告的发展之道

1. 网络广告要有创意

网络广告数不胜数，有创意者才能让人留下深刻印象，也才能引起受众的购买欲望，激发他们的消费需求。比如提供让受众参与的广告，使受众觉得开心而又无法拒绝你的产品，这才是网络广告真正的迷人之处。要突破已有的广告类型，寻求广告形式的创新，如创作寓于游戏之中的网络广告、多媒体广告、Flash 广告等。

2. 网络广告内容要具体、真实

网络广告不能提供虚假的信息，如在网络上刊登产品目录，让客户进行"线上订货"；实现直接销售时，应提供具体、真实的产品目录，并对每一种产品作一简单的介绍，使客户对产品有基本的了解。如果是能够在线试用的（软件、音乐、书籍等），可适当提供一些产品免费试用。

3. 利用传统媒体进行广告站点的宣传

如在报纸、电视上刊登广告以使更多的受众了解和熟悉广告站点。通过传统媒介的宣传，以提高广告站点或公司站点的知名度。传统媒体与互联网的结合，将进一步促进网络广告的发展，使更多的潜在消费者了解产品的信息。

网络广告与传统媒体广告最明显的不同之处在于它的互动性和大容量，消费者可以随心所欲地选择自己需要的广告信息。网络广告所具有的向巨大范围内受众提供各自所需信息的优势，将被用来进行销售反馈、客户服务、网上交易等活动，还将被用在其他传统媒体尚未发现的多个领域。

4. 制定有关网络广告的法规，引导网络广告正常健康发展

我国自 1995 年 2 月 1 日起施行《中华人民共和国广告法》以来，陆续颁布了一系列"审查标准""管理办法"等补充法令，但至今尚未制定有关网络广告的法规。长此以往，诸如"邮件炸弹"、不良意识或恶意诋毁等内容的广告将可能影响网络广告的健康发展。因此，要加快制定相关法律法规的步伐。

5. 加快建立网络广告有效性的衡量标准

作为一种新兴的广告形式，网络广告将来如何发展，很大程度将取决于其衡量标准的开发能力。互联网广告业的国际性组织——互联网广告局，曾经就网站条幅广告向业界提出了有关行业指南，但目前还没有形成公认的网络广告效果衡量标准。我国网络广告业刚刚起步，借鉴国外一些相对成熟的做法，初步建立一套自己的统一标准，是解决当前业界混乱状况的关键。互联网广告有效性的衡量标准一旦确立，广告的计费方式和第三方审计方法就很容易统一，行业面临的主要障碍也将不复存在，网络广告会驶入发展的快车道。

6. 立法与行业自律并重

在美国，有专门的网络广告标准联盟提出行业总的指导性政策、规范，特别是行业自律的措施。我国北京、上海等地相继出台了网络广告管理办法，全国性的立法也正在拟订之中。法制的逐步完善为行业的发展营造了良好的外部环境。然而，法律终究不能解决所有矛盾，诸如如何保护网民隐私权之类的问题最终要依靠业界的合作与协同。法制和业界自律二者不可偏废，其他行业如此，新兴的网络广告业更须如此。

7. 注重技术和营销方式的创新

我国互联网基础设施的落后是网络广告制作水平不高的重要制约因素。今后，我国将大量开放带宽，从而大大改善目前上网速度缓慢的问题。上网速度的提升为丰富网络广告的表现形式提供了一个更广阔的平台。我国网络广告业应多多吸收国外的先进技术与运作经验，从制作和营销两方面提高水平，加快与国际的接轨。

网络广告的发展还有一个前提，就是社会尤其是网民、广告主的认可。网络广告能否进一步得到网民的认可，还需要进一步研究网民对广告的心理，创新网络广告的形式。中国互联网信息中心、日本电通公司、美国 Jupiter Media Metrix 公司的调查都显示，绝大多数网民讨厌"弹出式"广告，甚至下载相关的软件自动"关闭"掉弹出式广告。尽管网上的背后弹出式（Pop Under）广告获得了很高的到达率（Reach），但对消费者而言并没有吸引力。从调查结果看反而会令人敬而远之。所谓的弹出式广告就是当用户打开某特定的 WWW 网页时，该站点的伙伴企业的宣传广告就会同时在该页面的背后弹出。当用户关闭自己打开的网页时，早已在背后弹出的窗口就会突然出现在屏幕上。营销的最终目的不应该只是为了获得 WWW 站点的流量，在线营销首先应该充分尊重消费者按自己的意志收视 WWW 站点的自由乃至权利。在此基础上提供锁定用户对象的广告和用户需要的信息，将成为决定在线营销成功与否的关键。正因为一些网络广告使网民反感，一些软件公司开发了阻止网络广告的软件。

要立法治理垃圾邮件。在中国，垃圾邮件甚至超过了正常电子邮件的数量。垃圾邮件的数量已经达到了不可接受的程度，这对电子邮件的发展构成了严重威胁，而且垃圾邮件的广告内容大多具有误导和欺诈的成分。

美国弗吉尼亚州 2003 年 4 月通过了一项异常严厉的《反垃圾邮件法》，每天发送垃圾邮件数量超过 1 万封的人将面临高额经济赔偿、个人财产被没收甚至是坐牢的风险。虽然全美大约一半的州都颁布有反垃圾邮件法，但其他各州都没有像弗吉尼亚州这样下令没收违法者的个人财产以及最多判处其 5 年有期徒刑。垃圾邮件过滤技术和相关装置以及一般性的民法不足以遏制垃圾邮件发送者，对垃圾邮件发送者进行严厉的处罚是为了将发送垃圾邮件的行为归为一项重罪，违法者的个人资产，包括汽车、私人飞机以及别墅等都在被没收之列。美国已经有 18 个州制定了反垃圾邮件法规。

第二节 电子商务基础问题

虽然电子商务产生于 20 世纪 60 年代，但是大发展于 20 世纪 90 年代互联网普及的时代。其产生和发展的重要条件是：计算机的广泛应用、网络的普及和成熟、信用卡的普及应用、电子安全交易协议的制定、政府的支持与推动。

从 CNNIC 历次的调查数据我们可以看出，网民对电子商务经历了一个从陌生到了解和参与的过程。网民进行网络购物的原因主要有节省时间、节约费用、操作方便、寻找稀有商品、出于好奇、有趣。更多的网民希望采用货到付款（现金结算）、网上支付（信用卡或储蓄卡）、邮局汇款的方式进行网络购物。网民一般希望选择普通邮寄与送货上门的送货方式。网民认为目前网上交易存在的最大问题是产品质量、售后服务、厂商信用及安全保障。

实践表明，突发事件能促使网上购物的增加。据凤凰网的报道，在"9·11"事件之后，越来越多的美国人出于安全的考虑，更愿意进行网上购物。在中国爆发 SARS 后，人们为避免感染，在家进行网上购物的数量亦迅速增长。

在美国，通过互联网进行交易已经成为人们日常生活的一部分。网民在互联网上购物可以免除 8.25% 的消费税，从而极大地促进了电子商务的发展。

美国市场研究公司 eMarketer 2014 年 8 月公布的数据显示，2014 年 B2C 电子商务全球销售额达到 14 710 亿美元，增长近 20%，2018 年销售额达到 23 560 亿美元。

中国电子商务研究中心数据显示，2013 年美国网络零售额达 2 620 亿美元，目前我国已超过美国，成为全球最大的网络交易市场。2013 年，我国网络购物用户规模达到 3.02 亿人，同比增长了 24.7%；我国电子商务交易额突破 10 万亿元，同比增长 26.8%。其中，网络零售市场交易额规模超过 1.85 万亿元，同比增长 41.2%，占社会消费品零售总额的比重达到 7.8%。

一、电子商务的发展

目前，网络媒体开展电子商务的主要形式是网络直销与网上拍卖。但是，这并非电子商务的全部内容。

电子商务可以简明地定义为：买卖双方利用现代信息技术手段进行的商务活动。目前，电子商务是指在因特网上进行广告、订货、销售、付款、客户服务等商务活动。电子商务狭义称为电子交易（E-Commerce），广义称为电子商业（E-Business）。

电子商务的发展可以划分为两个阶段。

1. 20 世纪 60 年代—20 世纪 90 年代：基于 EDI（Electronic Data Interchange）的电子商务

EDI 在 20 世纪 60 年代末期产生于美国。当时的贸易商们在使用计算机处理各类商务文件的时候发现，由人工输入到一台计算机中的数据 70% 来源于另一台计算机输出的文件。由于过多的人为因素，影响了数据的准确性和工作效率的提高，人们开始尝试使贸易伙伴之间的计算机上的数据能够自动交换，EDI 应运而生。

EDI 是将业务文件按一个公认的标准从一台计算机传输到另一台计算机上的电子传输方法。由于 EDI 大大减少了纸张票据，因此，人们也形象地称之为"无纸贸易"或"无纸交易"。

从硬件方面讲，20 世纪 90 年代之前的大多数 EDI 都不通过因特网，而是通过租用的电脑线在专用网络上实现，这类专用的网络被称为 VAN（Value-Addled Network，增值网），这样做的目的主要是为了保证安全。

2. 20 世纪 90 年代以来：基于国际互联网的电子商务

由于使用 VAN 的费用很高，仅大型企业才能使用，因此限制了基于 EDI 的电子商务应用范围的扩大。20 世纪 90 年代中期后，国际互联网（因特网）迅速普及，使基于互联网的电子商务很快发展起来。这种电子商务的优越性在于费用低廉；信息处理和传递的速度明显提高，从而使商务活动的节奏明显加快；信息传播的范围扩大，覆盖面广；使用更灵活方便，功能更全面。

二、电子商务的特点

电子商务活动有两个基本特点：一是利用了现代信息技术（特别是使用各种

形式的网络），二是与商品和服务的买卖有关，是一种商贸活动。电子商务大大简化了商品流通环节，提高了交易效率；电子商务是实现跨地区跨国界交易更为有效的途径；电子商务降低了交易成本。但是，目前电子商务还存在难以控制和易被不法之徒利用，安全保障和保护隐私等问题没得到根本解决等不足。

首先，电子商务大大简化了商品流通环节，提高了交易效率。电子商务利用电脑网络快捷、便利的通信手段，在更广阔的时空里实现了商品流通信息的咨询、交换，以至直接开展网上贸易。在这里，因特网用一条前所未有的纽带把全世界的商品供需双方联系在一起，客户在不与商家碰面的情况下即可完成意向洽谈、看样订货、实际购买和支付货款的交易全过程。电子商务模式的出现，取代了商品流通中大量的中间行为。商品代理制、分销商、层层叠叠的批发，以及展览会、展销会等都有可能随着电子商务这种新型销售方式的崛起而变得不再那么重要。

其次，电子商务是实现跨地区跨国界交易更为有效的途径。利用多媒体及与此相应的软件编程技术，商家能够在网络上构筑销售其产品的"虚拟展厅"，以生动逼真的视频图像、动画技术，辅以文字、声音等附加信息，对产品进行全方位的描述和介绍，使用户或消费者远在万里之遥也同样能收到身临其境的现场效果，足不出户便可实现消费意愿。在网络构筑的"世界大展厅"里，人们还能"货比三家"，择其所爱。与目前流行的电视直销相比，基于网络的电子商务更具优越性。

换言之，电子商务具有方便性。在电子商务环境中，人们不再受地域的限制，客户能以非常简捷的方式完成过去较为繁杂的商务活动，如通过网络银行能够全天候地存取资金、查询信息等，同时使得企业对客户的服务质量可以大大提高。

最后，电子商务降低了交易成本。电子商务提供企业虚拟的全球性贸易环境，大大提高了商务活动的水平和服务质量，节省了许多潜在的开支。据调查，使用因特网的商家基础设施投资回报率达到21%到68%。银行每笔交易通过因特网付费只有13美分，通过文传付费是26美分，通过电话付费是54美分，按照传统方式到银行柜台当面交易付费最高为1.08美元。目前美国机场售票有1/3通过因特网操作，每卖一张票收手续费1美元，而传统订票每张收取手续费8美元。北美汽车商通过因特网推销汽车，每辆汽车节省销售成本71美元，一年合计节约10亿美元。同时电子商务降低了传统售后服务的大量人力财力，实现高效率和低成本。惠普公司几年前就在Web站点上建立了电子支持中心，节约了近90%的服务开支，用户还能24小时享受实时服务。

因此，电子商务的出现和发展，给全球的企业和消费者带来了商业活动的极大自由，它是信息时代社会生产与社会消费之间发生的一次革命。它不仅限于商场、顾客和银行之间，而是渗透到一个国家的各行各业和经济的各个环节中。它突破了传统经济活动中时间、空间的限制，从而使生产、贸易和消费活动实现了全球化。它将极大地促进经济活动，促进结构调整和生产关系的重组，并能提高效益和生产效率，大幅度降低企业的成本，减少商品流通的中间环节，帮助企业以最小的投资取得最大的效果，从而提高企业的国际竞争力。同时，它也将引起人们的工作方式和生活方式、社会结构等一系列的变革。

电子商务有明显的优点，但也有难以控制和易被不法之徒利用的缺点。从技术上说，还有安全保障和保护隐私等问题没得到根本解决。在尚无严格的国际司法保障的因特网上开展业务，交易能否在双方均无后顾之忧的情况下顺利完成，是电子商务业务能否迅速普及的关键所在。

三、电子商务的类型

电子商务涵盖的业务很广，主要包括 EDI、信息交换、售前售后服务（提供产品和服务的详细说明、产品使用技术指南、回答顾客意见和要求）、进行销售、电子支付（使用电子资金转账、电子信用卡、电子支票、电子现金）、运输（包括商品的包装、发送管理和运输跟踪）、组建虚拟商店和虚拟企业（组建一个物理上不存在的企业，集中一批独立的中小公司的权限，提供比任何单独公司多得多的产品和服务）、公司与贸易伙伴共享商业运作方法等。

电子商务的类型可以按照不同的标准进行分类。

1. 按照交易对象分类，电子商务可以分为三种类型。

第一种类型是企业与消费者之间的电子商务。类似于联机服务中进行的商品买卖，它是利用计算机网络使消费者直接参与经济活动的高级形式。

第二种类型是企业间的电子商务。它又包括：非特定企业间的电子商务，它是在开放的网络中为每笔交易寻找最佳伙伴，并与伙伴进行从订购到结算的全部交易行为；特定企业间的电子商务，它是在过去一直有交易关系或者今后一定要继续进行交易的企业间，为了相同的经济利益，共同进行的设计开发。

第三种类型是企业与政府之间的电子商务。这种商务活动覆盖企业与政府组织间的各项事务。

2. 按照商务活动的内容分类，电子商务主要包括两类商业活动。

一是间接电子商务——有形货物的电子订货和付款，它仍然需要利用传统渠道如邮政服务和商业快递车送货；二是直接电子商务——无形货物和服务，如某些计算机软件、娱乐产品的联机订购、付款和交付，或者是全球规模的信息服务。直接和间接电子商务均提供特有的机会，同一公司往往二者兼营。间接电子商务要依靠一些外部要素，如运输系统等。直接电子商务能使双方越过地理界限直接进行交易，充分挖掘全球市场的潜力。

3. 按照使用网络的类型分类，电子商务目前主要有三种形式。

第一种形式是 EDI，第二种形式是因特网，第三种形式是 Intranet。EDI 主要应用于企业与企业、企业与批发商、批发商与零售商之间的批发业务。相对于传统的订货和付款方式，传统贸易所使用的各种单据、票证全部被计算机网络的数据交换取代。EDI 系统的大范围使用，可以减少数据处理费用和数据重复录入费用，并大大缩短交易时间。因特网商业是国际现代商业的最新形式。它以计算机、通信、多媒体、数据库技术为基础，通过因特网，在网上实现营销、购物服务。它突破了传统商业生产、批发、零售及进、销、存、调的流转程序与营销模式，真正实现了少投入、低成本、零库存、高效率，避免了商品的无效搬运，从而实现了社会资源的高效运转和最大节余。消费者可以不受时间、空间、厂商的限制，广泛浏览，充分比较，方便使用，以最低的价格获得最为满意的商品和服务。Intranet 是指运用因特网技术于企业内部网络。Intranet 以企业内部网络为基础，以国际统一标准的 WWW 为界面，提供了良好的用户接口，可使用任何一种 Web 浏览器在网络的任一节点方便地得到所需的信息。

4. 按照服务的地理范围分类，电子商务可以分为三种类型：本地电子商务、远程国内电子商务和全球电子商务。

四、我国电子商务发展中存在的主要问题

1. 金融体系支撑不足

电子商务的进行需要支付与结算的手段。美国的经验表明，信用卡是最理想的网上支付工具。因此需要有高质、高效的金融服务及其电子化的配合。目前我国金融服务的水平和电子化程度不高，网上支付的落后很大程度上阻碍了我国电子商务发展的进程。中国金融业亟须适应全球化进程并加快变革步伐。在相当多的电子商务应用案例中，绝大多数的买家和卖家只在网上发布和浏览信息，其他商务活动如交割、结算等，大都按照传统方式进行，是所谓"在线浏览、离线交易"。就一个完整的电子商务应用而言，"网上支付"应该是必不可少的组成部分，但是从某种意义上说，"网上支付"已经成了中国电子商务成功"木桶"上最短的一块木板了。在这方面，虽然已经有中国银行、招商银行等先行者，但距离全面的电子商务应用，特别是企业与企业之间安全资金结算的要求尚有一段距离。改变现有的支付方式，实现真正的网上支付，不仅是我国电子商务发展的关键，也是市场的迫切需求。

2. 政策法规、规划和体制问题

电子商务这种崭新的商务活动方式，不可避免地会带来一系列法律问题，比

如电子合同、数字签名的法律效力问题，网上交易的经济纠纷问题，计算机犯罪问题，等等。电子商务的发展是一个庞大的系统工程，需要信息产业、流通行业和金融业等方方面面的协同配合，这需要由政府权威部门统一协调，制定近期、中期和长期的电子商务发展规划，从战略上推动电子商务的健康发展。我国电子商务还需解决宏观和微观的配套体制问题，从宏观上讲，要有一个利于电子商务发展的大环境；从微观上讲，更多的是要强调政策的服务性与指导性，制定符合中国国情的电子商务发展策略和模式，以便使之有秩序地良性发展。

3. 社会化信用体系不健全

目前中国的市场还很不成熟，社会化信用体系很不健全。市场上假冒伪劣商品屡禁不止，坑蒙拐骗时有发生，交易行为缺乏必要的自律和严厉的社会监督。在一个商业信用普遍低下、相互拖欠货物和货款屡见不鲜的社会里，当面交易尚有不安全之感，在一个无形的市场里，跟一个无形的商家或客户做生意，又如何能够放心呢？中国电子商务应用的全面普及，必然要求一个全面的社会化信用体系的形成和完善。要发展电子商务，必须加速培育市场，创造比较成熟和规范的社会信用环境，以利于传统商务向电子商务的顺利转变。

4. 商业流通领域的现代化问题

除了少数无形或媒体类商品外，绝大多数商品和服务都必须解决交割问题，解决与电子商务应用方式相称的速度、质量和成本问题，解决安全可靠地把货物从甲地送到乙地的问题。这要求要有与之配套的商业自动化、商业信息化和物流现代化，否则只能是"网上谈兵"。此外，我国辽阔的地域和经济发展的不均衡决定了商品配送的巨大困难。很多城市到目前为止仍没有专业的配送企业，单件商品的长途运输或者邮递的巨大成本以及时间上的延迟，足以使消费者对电子商务望而却步。

正因为存在以上问题，在我国，电子商务的优越性和经济效益还没有得到充分的体现，电子商务也没有被广大企业和消费者接受。多数从事电子商务的企业还面临着许多困难，真正全面融合商流、物流、资金流和信息流的完整的电子商务应用几乎还没有。目前，网上商品交易中心基本上都只是在网上完成了电子商务的部分过程，而没有完成从寻找信息到电子支付的全过程。

五、电子商务的安全性

电子商务系统是一个计算机系统，其安全性是一个系统的概念，不仅与计算机系统结构有关，还与电子商务应用的环境、人员素质和社会因素有关。它包括电子商务系统的硬件安全、软件安全、运行安全、电子商务安全立法。

1. 电子商务的安全要素

在电子商务的使用过程中，涉及以下六个方面有关安全的因素。

（1）信息的保密性。指信息在传输或存储过程中不被他人窃取。在利用网络进行的交易中，必须保证发送者和接收者之间交换的信息的保密性。电子商务作为一种贸易的手段，其信息直接代表着个人、企业或国家的商业机密；而电子商务系统是建立在一个较为开放的网络环境上的，维护商业机密是电子商务全面推广应用的重要保障。因此，要预防信息大量传输过程中被非法窃取，必须确保只有合法用户才能看到数据，防止信息被窃看。

（2）信息的完整性。由于数据输入时的意外差错或欺诈行为，可能导致贸易各方信息的差异；此外，数据传输过程中的信息丢失、信息重复或信息传送顺序差异也会导致贸易各方信息的不同。贸易各方信息的完整性将影响到贸易各方的交易和经营策略。

信息的完整性包括：①数据传输的完整性。在网络传输所使用的协议中，应具有信息投递的确认与通知功能，具有查错、纠错的功能，以保证数据传送无误，即数据的完整性。②整性检查（上下文检查）。对接收的电子商务报文数据进行扫描，按电子商务所规定的语法规则进行上下文检查，不符合语法规则的非法字符将从数据流中移走。

（3）信息的有效性。电子商务信息的有效性将直接关系到个人、企业或国家的经济利益和声誉，交易的有效性在其价格、期限、数量作为协议的一部分时尤为重要。信息接收方可以证实所接收的数据是原发方发出的，而原发方也可以证实只有指定的接收方才能接收。

（4）信息的不可抵赖性。在无纸化的电子商务方式下，通过手写签名或印章进行贸易各方的鉴别已经不可能了。因此，要求在交易信息的传递过程中为参与交易的个人、企业或国家提供可靠的标识，使原发方在发送数据后不能抵赖，接收方在接收数据后也不能抵赖。

（5）交易身份的真实性。指交易各方确实存在，不是假冒、虚拟的。网上交易的各方相隔很远、互不了解，要使交易成功，必须互相信任，确认对方是真实的。商家要考虑客户是不是骗子，客户要考虑商店是不是黑店、是否有信誉。

（6）系统的可靠性。电子商务系统是计算机系统，其可靠性是指：防止由于计算机失效、程序错误、传输错误、硬件故障、系统软件错误、计算机病毒和自然灾害等所产生的潜在威胁，并加以控制和预防，确保系统安全可靠性。

2. 安全技术分级要求

安全技术主要包括：安全管理、防火墙、安全审计、防病毒系统、加密系统、认证鉴别系统、物理安全、入侵检测、脆弱性分析、应急响应、备份与恢复等。各种安全技术的安全等级均可分为三级（其中第三级的安全保障级别最高），其分级要求见表11-2：

表 11-2　安全技术的安全等级

技术 \ 分级	第一级（SPL1）	第二级（SPL2）	第三级（SPL3）
安全管理	用户自主保护级	系统审计保护级	安全标记保护级
防火墙 代理服务器 路由器	包过滤、防火墙	屏蔽主机	屏蔽子网
安全审计	用户自主选择	生成实时报警信息	实时报警、进程终止、取消当前服务
防病毒系统	先杀毒、后使用，病毒扫描、拦截，使用合格防病毒产品	在第一级基础上进行整体防御	在第二级基础上进行防管结合、多层防御
加密系统	一级密码配置，密码支持系统	二级密码配置	三级密码配置
认证鉴别系统	同步标识、同步鉴别、同步失败处理、用户—主体绑定	动作前标识、鉴别	在第二级基础上进行基本数据鉴别、不可伪造鉴别、一次使用鉴别
物理安全 a. 环境安全 b. 设备安全	符合机房场地 GB2887—2011 标准 C 级	符合机房场地 GB2887—2011 标准 B 级	符合机房场地 GB2887—2011 标准 A 级
	设备部件标记、机房防盗报警、安全可用、故障恢复能力	在第一级基础上加强机房外部网络安全、故障容错能力	在第二级基础上支持不间断运行
入侵检测	用户自主选择	应急响应、潜在侵害分析、升级	自动升级、简单攻击探测
脆弱性分析	用户自主选择	定期进行潜在侵害分析	基于异常检测进行简单攻击探测
应急响应	用户自主选择	具有各种安全措施、备份机制、被动响应系统	具有安全管理机制、主动响应系统
备份与恢复	自我备份、手动恢复	设备备份、手动恢复	热备份、自动备份（服务中断）

3. 电子商务中的主要安全技术

（1）防火墙（Firewall）技术。防火墙是指一个由软件系统和硬件设备组合而成的、在企业内部网（Intranet）与外部网（Internet）之间的界面上构成的保护屏障，以此进行检查和连接。只有被授权的信息才能通过此保护层，从而使内部网与外部网在一定意义上隔离，防止非法入侵、非法使用系统资源，执行安全管制措施，记录所有可疑事件。

（2）加密技术。加密技术是实现信息保密性的一种重要手段，目的是为了防止合法接收者之外的人获取信息系统中的机密信息。所谓信息加密技术，就是采用数字方法对原始信息（通常称为"明文"）进行再组织，使加密后在网络上公开传输的内容对于非法接收者来说成为毫无意义的文字（加密后的信息通常称为"密文"）。而对于合法的接收者，因为其掌握了正确的密钥，可以通过解密过程得到原始数据（即"明文"）。

根据密钥产生和使用的方式不同，可以将加密技术分为"私钥加密法"和"公钥加密法"。私钥加密法又称"单钥或对称加密法"，是指在对信息的加密和解密过程中使用相同的密钥，即一把钥匙开一把锁。其典型代表是美国的数据加密标准 DES（Data Encryption Standard）。其优点是具有很高的保密强度，但它的密钥必须按照安全途径传递，密钥管理成为影响系统安全的关键性因素，难以满足开放式计算机网络的需求。

公钥加密法又称"双钥或非对称加密法"。在这种系统中，密钥被分解为一对（一把公用密钥作为加密密钥，一把专用密钥作为解密密钥）。一把公用密钥通过非保密方式向他人公开，而另一把作为私人密钥加以保存。公钥加密法的关键在于人们不能从公用密钥来推导得出私人密钥，也不能从私人密钥推导得出公用密钥，因此其保密性比较好，消除了最终用户交换密钥的需要，但加密和解密花费时间较长。

（3）认证技术。信息认证是安全性的一个很重要的方面，其目的有两个：
一是确认信息发送者的身份。
二是验证信息的完整性，即确认信息在传送或存储过程中未被篡改过。认证是防止他人对系统进行主动攻击的一种重要技术。与认证有关的技术包括数字签名技术、身份识别技术、信息完整性校验技术等。

（4）安全协议。安全协议的建立和完善是电子商务系统走上规范化、标准化道路的基本因素。目前，Internet 上有几种安全协议在使用，对应 OSI 七层网络模型的每一层都已提出了相应的协议，如对应用层有 SET 协议，对会话层有 SSL 协议等等。在所有的协议中，SSL、SET 协议与电子商务的关系最为密切。

第三节　网络媒体开展电子商务的模式

一、网络媒体开展电子商务的代表性模式

1. 淘宝模式

淘宝网是亚太地区较大的网络零售商圈，由阿里巴巴集团在 2003 年 5 月 10

日投资创立。目前,淘宝网业务跨越 C2C(个人对个人)、B2C(商家对个人)两大领域(见图 11-1)。

图 11-1　淘宝网首页(www.taobao.com)

目前,淘宝网注册会员近 5 亿人,占中国网购市场 80% 的份额。每天有超过 6 000 万的固定访客,在线商品数已经超过了 8 亿件,平均每分钟售出 4.8 万件商品。

2013 年 10 月 31 日,淘宝网拿到了证监会颁发的基金第三方电子商务平台经营资质。

2009 年,淘宝首创"双十一"(俗称光棍节)购物节。2012 年 1 月 11 日,淘宝商城正式宣布更名为"天猫"。2012 年 11 月 11 日,天猫借光棍节大赚一笔,宣称 13 小时卖 100 亿元,创世界纪录。

2013 年 11 月 11 日零点,"双十一"电商大战又一次开场。来自天猫的数据显示,55 秒成交额即突破亿元。天猫"双十一"全天交易额达 350.185 亿元,相当于 2013 年 9 月份中国日均社会零售总额的一半。当天,参与网购的中国网民人数超过 4 亿,相当于整个南美洲国家的全部人口。当天支付宝实现成功支付 1.88 亿笔,再次刷新了 2012 年同期 1 亿零 580 万笔的全球纪录,最高每分钟支付 79 万笔。在这过程当中,各店铺的交易额亦不断刷新。国华人寿、海尔、优衣库、生命人寿官方旗舰店、jackjones、罗莱、易方达基金、小米旗舰店等 17 家店铺交易额破亿元。43 家店铺销售过 5 000 万元,破千万元的店铺有 443 家。2013 年"双十一",手机购物成为最大的亮点。数据显示,手机淘宝整体支付宝成交额达到 53.5 亿元,是 2012 年的 5.6 倍(2012 年全天成交 9.6 亿元)。

2. Yahoo Shopping 模式

该模式是借助于门户网站 Yahoo 的知名度、高访问量,为大大小小的商家提供一个虚拟的"摊位",Yahoo 收取手续费和提成(见图 11-2)。

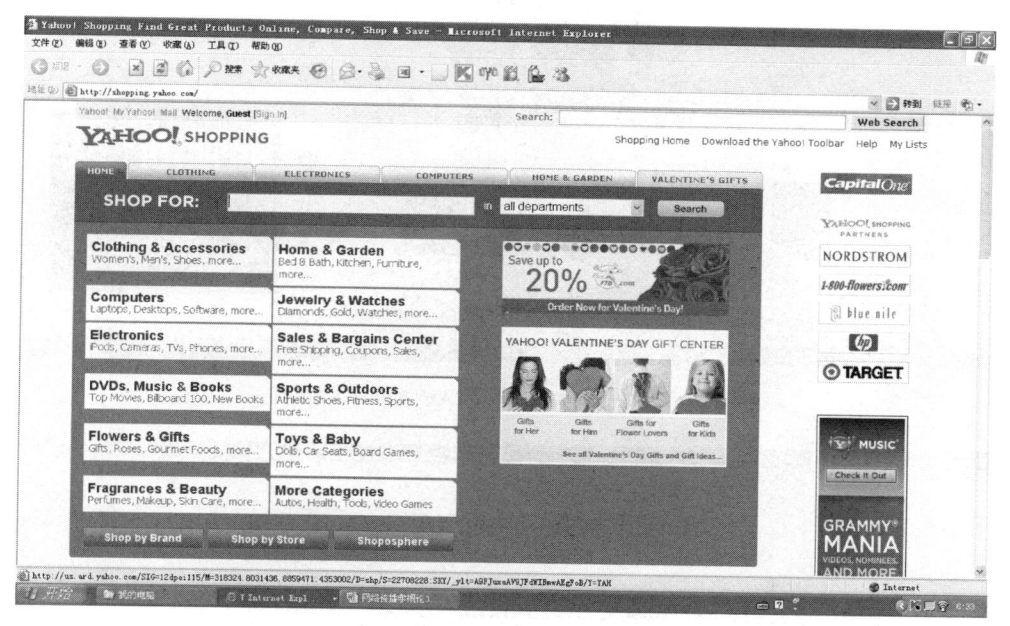

图 11-2　Yahoo Shopping 首页(http://shopping.yahoo.com)

3. Amazon 模式

该模式是亚马逊(Amazon)网站自身在网络上销售图书、电脑等各种商品,同时也为商家提供一个虚拟的"摊位",Amazon 收取手续费和提成(见图 11-3)。在中国,当当网是该模式的典型代表。

4. Walmart(沃尔玛)模式

该模式是商家自身有成熟的传统店铺,借助互联网扩大营业额(见图 11-4)。在中国,国美公司运用该模式比较成功。

5. Dell(戴尔)模式

该模式是知名生产企业借助互联网进行直销,以减少流通环节、降低销售成本(见图 11-5)。国内,海尔(Haier)公司运用该模式比较成功。

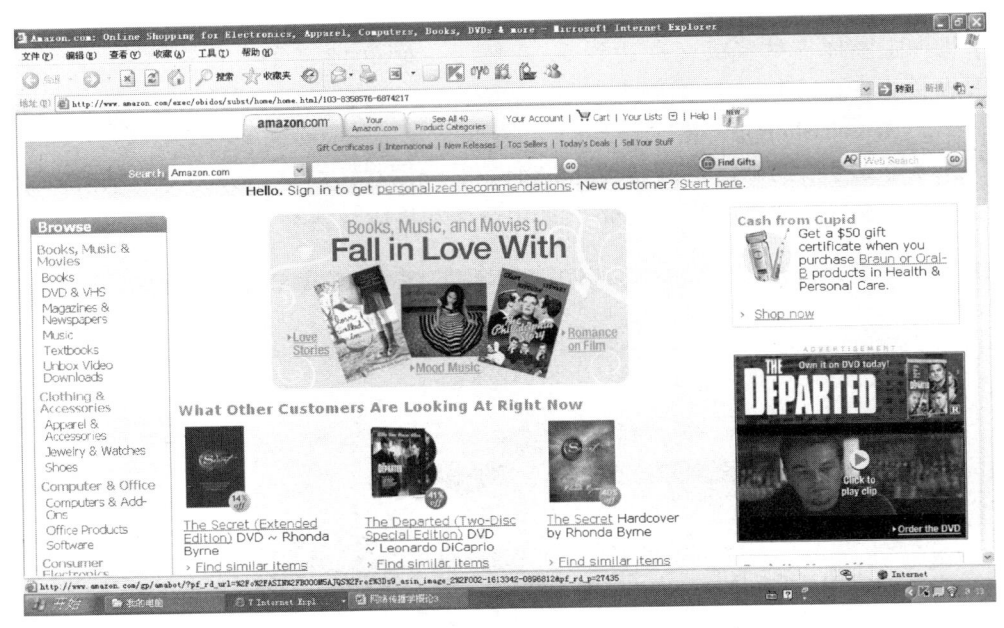

图 11-3　Amazon 首页（www.amazon.com）

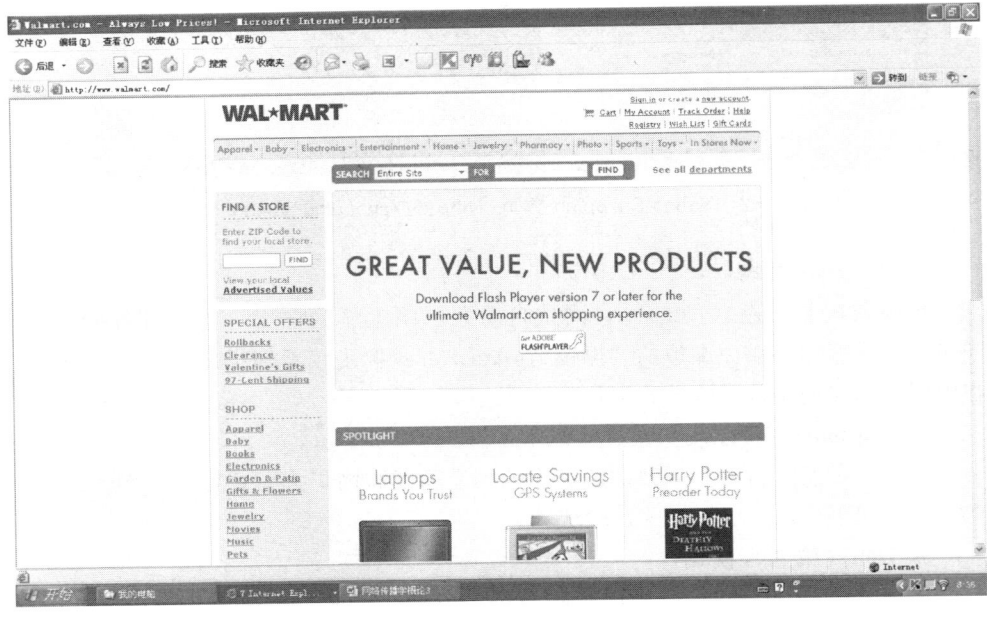

图 11-4　Walmart 网站首页（www.walmart.com）

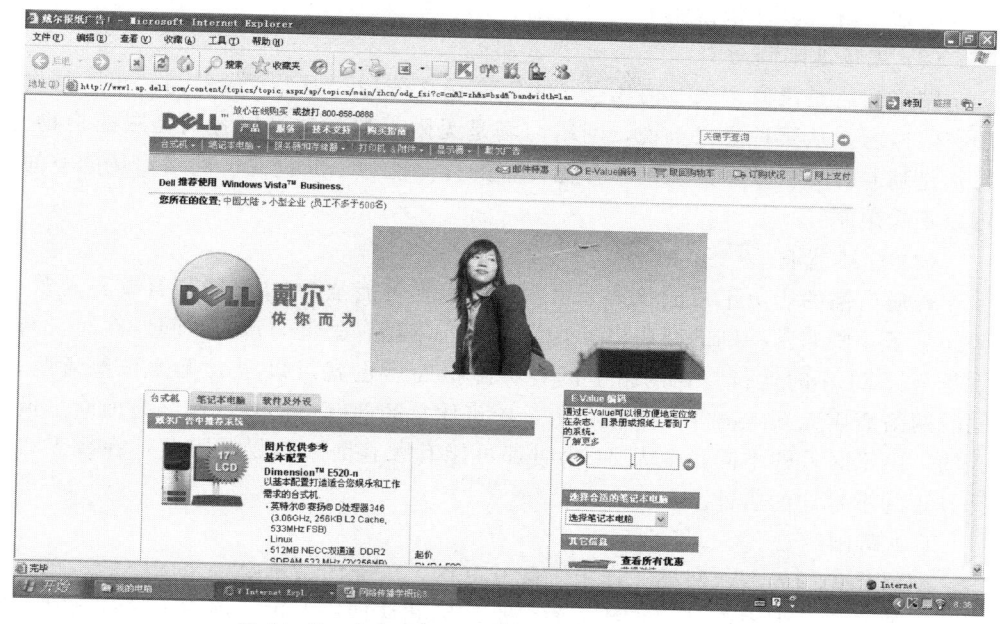

图 11-5 中文 Dell 网站首页（www.dell.com.cn）

二、网络商店的开发与经营

网络商店，又称虚拟商店，是指通过计算机网络而建立起来的零售组织。从业态的划分来看，网络商店属于无店铺零售中媒介直销的一种。由于它将商店建立在计算机网络上，没有实际的店铺，故而称为虚拟商店。网络商店的出现是零售业的又一次革命，它改变了传统的商业零售和消费购买方式，从而对整个社会经济生活产生重大影响。随着计算机网络的迅猛发展和广泛普及，网络商店将成为 21 世纪最具发展潜力的零售商业形式。

1. 网络商店的特点

与传统普通商店相比，网络商店更具有经济性和便利性，它一方面能够节约经营成本，提高经营效率，另一方面又方便顾客购物，增进消费者的利益。网络商店的特点主要表现在以下方面：

（1）成本低廉

网上开商店，其成本主要是涉及网站的建设成本，包括软件费用、硬件购置费、网络使用费及网络维护费等。在线零售不仅集销售、展示、广告于一身，而且还不需店铺资金、店铺装修费用、仓储费用、营业费用甚至人员工资等，因而可以节省大笔费用。最简单的网络商店只要有一部计算机、一个调制解调器和一部电话,就可以开张营业了。

(2) 无场地限制

网络商店是没有"大"商场与"小"商场之分的,因为"大"与"小"是物理空间概念。从某种意义上说,网络商场是无限大的,它可以容纳无限的货物。特别是随着计算机技术的发展,存储设备的存储能力不断提高,网络商场的空间可以不受限制。

(3) 连续营业

普通店铺的店员不可能整天上班,商店也不可能全天 24 小时都有顾客光顾,因此除了一些非常特别的商店以外,一般的商店都有固定的营业时间。然而,网络是全天 24 小时运行,在网络上的各种虚拟商店也就可以全天无休止地营业;同时网络商店无须人值守,不存在店员轮班休息的问题。而且,网络是面向全世界的,由于时差的不同,全天 24 小时都可能有顾客前来购物。因此,在线零售是真正的不打烊的店铺。

(4) 跨国经营

网络是无国界的,只要一连上国际互联网,就无所谓是哪一个国家的、哪一个地区的商店,大家都是网络社会的成员。因此从理论上讲,网络上的商店都是国际性的,都是跨国经营的,网络商店的任何一种商品都是国际品牌。在这种意义上,在网络上开商店对于小企业尤其是一些新兴的小企业来说是一条捷径。通过网络商店,企业可以将其产品和服务,以最低的成本、最快的速度打入国际市场。

(5) 方便购物

网络商店也给网上消费者购物带来极大的便利。消费者可以足不出户,在家购物,可以在任何时间、任何地点购物。同时它可以提供更充分的信息,供消费者作出各种选择。甚至它还可以让消费者参与生产过程,如美国一家网上汽车销售商,它可以让顾客坐在自己家中的电脑屏幕前设计出一款世界上独一无二的"私家车",然后厂家再按顾客的设计进行生产。由此可见,网络商店更能满足现代消费者多样化、个性化的需求。

2. 开办网络商店应考虑的问题

在网上开店,与普通开店一样,需要事先进行策划,为商店的建立做好准备工作。这时主要考虑以下几方面的问题:

(1) 目标

在网上开店的最终目的都是为了获得利润,但对于不同的公司,在网上开设虚拟商店所追求的目标不尽相同:有的是为了通过网络来建立公司的知名度,而真正的利润还是通过常规渠道获得;有的则是为了开辟另一条销售渠道,在业务上做新的尝试；有的可能是想通过网络来密切与顾客的关系等。不管怎样，在网上开店之前，必须明确具体的经营目标，要有明确的市场定位。

（2）商品

在普通商店开业之前，经营者同样要考虑这个问题。但是网络商店有其独特的地方。在网络商店里除了可以销售实物商品之外，还可以销售数字化商品，也可以提供在线服务。经营的内容不同，其经营方式也有很大的不同。例如，如果决定在网络商店里出售实物商品，就必须考虑货源问题，要决定是出售自己生产的东西还是卖别人生产的东西，然后还要考虑怎样向用户送货，以及售后服务等问题。如果是决定销售数字化商品，那么有关送货的问题是不必考虑的。

（3）投入

同开普通商店一样，网络商店也需要进行投入，因而在网上开设商店同样也要做成本分析，这里主要包括广告成本、开办成本和经营成本。广告成本的投入与普通商店一样，是一项弹性很大的开支，要视具体情况而定。不同的是在网上开店除了可以在传统的报纸电视上做广告以外，还可以利用网络，在网上一些热门网站上做广告。网络商店的开办成本主要包括硬件设备、软件配备、网页设计费、ISP的申请费或租金和各种手续费用，如果以租用的形式开办虚拟商店，那么开办成本是以租金为主。经营成本主要包括网络通信费用（如专线月租、以通信量多少计算的通信费等）、设备维护费、售后服务开支、网页维护开支、商品退货成本、人员工资成本等。

（4）送货

如果是在网络商店里出售数字化商品和提供在线服务，这个问题是不需要考虑的。而对于出售实物商品的网络商店，怎样送货则是必须考虑的一个问题。在开办网络商店前，先要考虑是否具备送货条件，再就是确定送货方法。可以请专业的配送公司送货，也可以由各种快递公司送货，还可以交邮局代理。如果条件允许，商店也可以自己送货。

（5）收款

在在线零售里，由于见不到顾客，也就不太可能用传统的现金来付账，而是以非现金方式付款。目前在美国，在线零售的付款方式以信用卡居多，大约占80%。但是我国信用卡使用还不太普遍，在国内开办网络商店还必须采用其他付款方式，包括邮局汇款、银行支票、货到收款、第三者代收等，也可以采用一些折扣券、代用券、预付金等形式，采用会员制也是当前比较常见的一种方式。

（6）安全

网络商店是通过网站开展经营活动的，因而网络的安全问题十分重要。在与顾客的账务往来上，不能有丝毫的闪失。对于恶意的攻击，应有保护措施。网站的安全主要包括自己与顾客的资金安全、网站的运行安全以及内部资料与商业机密的安全。

3. 网络商店的建立

由于网络商店是建立在互联网络上的商店,因而建立网络商店的步骤及具体内容与普通商店大不相同。开设网络商店需要做好以下工作:

(1) 拟订计划

开创任何事业,都需事先做好策略规划,在拟订在线零售经营计划的过程中,可以依循SWOT(优势、劣势、机会、威胁)的逻辑来进行分析。所要考虑的问题包括市场机会、预估规模、竞争情况、进入障碍、先入者的优势大小、达到规模经济所需要耗费的资源、网友所构成的虚拟社团的大小及其动态等。在此基础上,拟订出网络商店的开发计划。

(2) 取好店名

在网上建立一家网络商店,首先要取一个好听的名字。一般来说要结合所经营商品的特点。例如,在网上开一家书店,书店的名字最好就要与书有关,像"南国书城""读者之家""书迷屋"等。如果是一家百货商场式的网络商店,则可以采用"廉价商品一条街""无限便利店""家庭主妇店"、"新贵族"等一类名字。

(3) 申请域名

在网上开办网络商店也需要办理各种手续。目前,对于网上开店尚没有建立相关的管理办法,在线零售的开办手续还是按普通商店的办法来办理,包括工商、税务等职能管理部门的审批。但如果办在线零售的公司是在常规经营范围内在网上经营,就不必重新办理职能部门的审批手续了。

与普通商店不一样的是,在线零售需要办理域名登记手续。域名对网上公司和个人来说,就相当于企业代码和个人身份证,是网上公司和个人的唯一标志,上网者只有通过域名才可能访问到每一家在线零售店。因此,开办网络商店,还必须向有关机构申请域名,建立自己的网站。

(4) 选定平台

在网络商店开办之前,还必须就技术平台的选择作出决策。可供选择的方案有两种:开放式的技术平台和封闭式的技术平台。开放式平台在市面上就可买到,它的优点是便宜、维修方便,同时有较多的选择性;而封闭式的平台则需要自行发展,它的优点是完全根据自己的需要来设计,能创建自己的竞争优势。

国际互联网上大部分的网站采用开放式的平台设计,尤其是在客户端(Client)。而在服务器端(Server),只要能创建竞争优势,一些大型的网站会考虑自行发展封闭式的软件。另外,由于自行发展系统需要时间,而国际互联网上的市场变化极快，有时为了抢得先入者优势，网站会倾向于采用开放式的架构。

（5）设计页面

设计网络商店的页面就是布置商店的店面。例如，在网上建立起名为"新贵族"的网络商店，主页的设计要体现自己的风格和特点，让访问者能留下深刻的印象。可以参考现实中常规商店的某些做法，将"新贵族"设计成一个卡通人物，作为该网络商店的商标，同时也是整个网络商店的标志性图案。在"新贵族"主页上，至少要有以下几项内容：一是"新贵族"的服务范围，可以以一张地图的形式来标明其服务区域。顾客来到"新贵族"时，只要轻轻点一下鼠标就知道"新贵族"能否为他提供服务。二是"新贵族"顾客申请表，因为要想在"新贵族"这家网络商店买到东西，顾客必须将自己的姓名和地址登记下来，然后每一个顾客拥有一个自己的密码，以后每次来到"新贵族"时只要输入密码就可以购物了。三是"新贵族"待售货物清单，上面列举"新贵族"销售的货物名称、品种、类别等，顾客可以浏览目录，对感兴趣的商品可以看看它的图片甚至是三维虚拟动画。

（6）完善系统

一个较完善的网络商店总是与一个相对先进的后台处理系统联系在一起。如果没有一个好的业务自动处理系统来处理诸如顾客订货、支付、配货、送货等业务，要开好一个网络商店是难以想象的。网络商店的大多数业务必须由计算机完成，因此在开办网络商店时要选择好有关软件，包括一些现成的商业软件。

一些特殊的业务或操作，也可以让专业的计算机软件公司设计。业务处理系统主要包括商品数据库管理系统、商品自动上柜系统、在线订购及订单管理系统、在线安全支付系统、会员管理系统等。

4. 网络商店的经营策略

由于网络商店所处的营销环境的特殊性和营销方式的独特性，因而在营销策略上也与普通商店有所不同，应采取一些特殊的方法和技巧。

（1）进入市场策略

有意要经营网上零售系统的公司，应早一步进入市场，并创建自己的品牌。先进入者由于缺乏竞争对手，可以用较低的成本来增加市场占有率。若等到市场成熟时，其他公司已经累积强有力的品牌实力、顾客忠诚度、规模经济，同时顾客也累积了相当多的知识，进入障碍就非常大，这时在线零售要争取市场占有率，就必须付出比较高的代价了。

在互联网上开设在线零售要愈早愈好的另一个原因是"人才"。经过初期网络上的一阵厮杀后，能存留下来的高手就变得非常有价值，成为众多网站竞相争取的人才。太晚进入网上市场的公司在争取人才这方面落后别人一步，往往需要付出昂贵的代价。

(2) 扩大规模策略

网络商店要想取得成功，必须使经营能够达到一定的规模，确保必要的销售额。为此，网络商店经营者必须运用一些网络技巧，来达到吸引消费者、增加在线交易量的目的。

① 构造虚拟社团。在国际互联网上为了避免顾客流失，除了需要强有力的品牌实力外，最有效的方法是创建网站的虚拟社团，在网站上开设电子公告牌、聊天室等消息流通渠道，让消费者之间可以互相交流，一方面增加参与感，一方面创建网友之间以及网友对网站的感情，这样才能更好地吸引消费者，留住消费者的心。

② 利用各种网络工具。网络商店常用的网络工具主要有：黄皮网页，相当于黄页电话号码簿，上面有许多消费品类别，例如运动用品、休闲用品、计算机软硬件等，每个类别下有许多网站，消费者进入黄皮网页后，先进入想购买物品的类别，再从中选择适当的在线零售店进入。网络商店街，它和黄皮网页非常类似，两者最大的差异是网络商店街还要处理交易的问题，甚至物流配送等业务。代理程序，这是国际互联网上最有趣的发明，它像是一位个人助理，会根据你的需求，到网络上为你收集相关的信息，再根据所得来的信息做成建议，提供给你当参考。

(3) 塑造品牌策略

就像是常规的零售渠道一样，网络商店的品牌非常重要。常规的零售店还可以靠地域性的商誉、人际关系等来影响消费者的购买行为，而国际互联网上的浏览者就只能靠过去购物经验的累积和网站的声誉，来决定要到哪一个网站购买，因此网络商店的品牌形象尤其重要。

对于新成立的网站而言，创建网络商店的声誉，首先要在其他知名网站刊登广告，利用电子邮件和网络论坛散发网站消息，或者是结合常规的大众传播媒体进行行销工作，以增加网络的浏览人数。顾客可以在浏览的过程中创建他们对网站的良好印象，以此形成网站的良好声誉。对于已经在常规零售渠道享有盛名的公司而言，除了上述在网上创建品牌的过程外，更可以设法将常规渠道的品牌延伸到国际互联网上。具体做法为，在常规渠道的广告中，强调公司已建有网站，且网络上的商店将保持着公司既有的形象，继续为消费者服务。

(4) 克服障碍策略

虽然网络商店刚开始的进入障碍很小，但市场成熟时，网络商店的进入障碍就变得很大，甚至由于竞争激烈的关系，网站必须花费浩大的资源以抢占市场份额，而消费者只会对几家大网站有印象。可以预期到最后，国际互联网上将形成少数几家大商店垄断的局面。

对此，网络商店的经营者应积极采取对策，克服经营的障碍。首先要争取尽早进入市场，加大前期创建品牌的投入，尽快确立自己的位置。同时可以采取市场差异化的策略，以独特的市场定位，来避开与先入者的直接竞争。已有较高知名度的公司，应充分利用已有的资源，实行品牌延伸策略，以缩短创建品牌的过程。当然，最重要的是要在服务上下工夫，通过提供方便、快捷、优质的服务，来提升自己的网络形象，巩固自己的市场地位。

5. 网上销售与在线电子支付系统

网络商店的销售给许多网络媒体带来了不少收入。在网上销售中，主要的三个要素是信息流、资金流和物质流。当客户完成在线选购商品后，必须支付相应的费用，然后由商家按时将货物送达客户手中，完成交易过程。因此，在线电子支付是完成网上交易的关键步骤。

在线电子支付不等同于电子支付。因为在电子商务出现之前，以信用卡为代表的电子支付手段早已实现。信用卡可在商场、饭店等许多场所使用，可采用刷卡记账、POS 终端结账、ATM 机提取现金等方式进行支付。而在线电子支付，又可称为网上支付、电子货币支付，从广义上来说，是指交易双方在网上发生的一种资金交换；它是以金融电子化网络为基础，以商用电子化机具和各类交易卡为媒介，以电子计算机技术和通信技术为手段，以电子数据（二进制数据）形式存储在银行的计算机系统中，并通过计算机网络系统以电子信息传递形式实现的流通和支付。电子支付系统是实现在线支付的基础，而在线支付则是电子支付系统发展的更高形式，它使得电子支付可随时随地通过 Internet 进行直接的转账、结算，形成电子商务环境。

在线电子支付系统多种多样，主要有网上银行卡支付系统、电子现金支付系统、电子钱包支付系统、电子支票支付系统等几种形式。

第四节　新媒体收费服务

新媒体进行收费服务，其提供的信息或服务必须具有权威性或不可替代性，或者对免费与收费用户实行差别服务。

一、新闻网站很难实现收费服务

默多克是世界上拥有报纸最多的人。他在英国拥有《泰晤士报》《太阳报》《世界新闻报》；在美国，他收购了《华尔街日报》；在他的家乡澳大利亚，他拥有《澳大利亚人》报。

2009年8月，默多克宣布其旗下所有的新闻网站都将在一年之内收费。但是，这一计划并未成功。

默多克把报纸的窘境归到内容免费上。他认为，数字时代的发展开启了许多新的而且便宜的分销渠道，但并没有把内容变为免费。默多克计划对所有的新闻收费。高质量的新闻并不便宜，如果新闻行业放弃了内容，就会削弱生产好报道的能力。

的确，原创的新闻报道成本高昂。在中国，平均每天原创新闻稿的采访成本不少于2 000元。

传统报业的经营模式是发行费+广告收入。但在互联网出现后，被称为是传统报业"黄金之河"的分类行业，已经被网络拿走了；报纸的发行量在下降，广告收入也在下降。虽然传统报纸也建立了网站，但网站带来的收入要么没有实现，要么还无法支撑起高质量的新闻生产。

事实证明，网络新闻收费，并没有为传统媒体闯出一条血路，只不过是无谓的挣扎。网络新闻都收费后，用户会大幅减少，网站的点击下降，减弱了对广告商的吸引力。这些网站的竞争对手会从中得利，乘机扩大地盘，抢占空出的市场。

2005年，《纽约时报》曾经开展TimeSelect计划，尝试对其部分栏目收费，但失败了，两年后，这些栏目又重新免费开放。《纽约时报》的错误在于，假定用户对《纽约时报》高品质的新闻很感兴趣，愿意花钱去获得更深刻的内容。但是，大部分互联网读者事实上只是浏览新闻。

2012年12月15日，曾被默多克寄予厚望的新闻集团旗下第一份iPad电子报The Daily不到两年就走到了尽头。许多世界性的媒体都把移动终端作为传统纸媒的未来，但这个"未来"的生存充满着挑战。

The Daily是2011年1月新闻集团与苹果公司合作开发的iPad付费新闻阅读产品，希望凭借iPad庞大的客户群赢得数字阅读时代的市场先机。开发方曾对The Daily寄予厚望。乔布斯曾称其为"iPad上最令人期待的新闻阅读产品"，默多克则称The Daily是"未来的发展潮流"，并想借此将自己的传媒帝国全面带入移动互联新时代。

默多克为此制定了宏大的战略规划。新闻集团一开始就花费了至少8 000万美元雇佣最顶尖的记者和设计师，希望把The Daily打造成一份精美高端的iPad新闻应用但最终没有成功。The Daily失败的原因在于以下几方面：

首先是内容独创性和吸引力不足。毫无吸引力和趣味性的新闻，现在读者大多可以通过免费渠道获得，何必要买一个付费的阅读应用程序？

其次是媒体竞争的激烈。在新媒体时代，《纽约时报》《华尔街日报》等市场主流媒体也纷纷推出可在各种品牌（苹果、HTC、黑莓等）、各种类型（手机、平板电脑和电脑）的移动终端阅读的电子版，并且在订阅电子版的同时附赠纸质版。在同样付费甚至是免费的前提下，多数消费者自然倾向于选择一份更熟悉、更权威的报纸，而不是一个全新陌生的新闻应用。默多克承认，在数字时代，这些已经建立起来的权威媒体或者报纸品牌更具有竞争优势。

再次是产品设计和市场战略的局限性。分析指出，$The\ Daily$ 最初只能在 iPad 上使用，这种局限已经使其丧失了市场前瞻性，将所有的"鸡蛋"都放在"苹果"这一个篮子里，一年多之后再推出的安卓应用已经无力挽回颓势。

在互联网上，如果想实行内容的收费制，就需要提供不可替代的信息或服务。在网络新闻领域，只有美国的《华尔街日报》、英国的《金融时报》的网络版收费模式取得了部分成功，原因在于其独家的报道、独特的思想、独到的观点和独有的分析。而这是绝大多数纸质媒体很难做到的。绝大部分报纸不能持续地提供差异化的、高质量的内容，读者很容易从其他报纸或网络等媒体得到相似的内容，这样的报纸是不太可能通过电子版阅读收费的。

二、苹果模式是目前最成功的收费服务

从 2010 年开始，苹果模式在全球取得了巨大成功。苹果在不到 4 年时间里，从被市场边缘化的电脑企业，一跃成为全球利润最高的手机企业和最大的平板电脑企业。

苹果模式的成功在于，用户在购买了苹果手机后，由于其苹果系统的封闭性和排他性，用户如果不想让其智能手机变成功能手机，唯一的选择就是上苹果商店付费下载各种手机应用软件。换言之，苹果商店提供的服务具有不可替代性。

1. 苹果模式的核心

苹果盈利模式的核心可以概括为：高价的硬件＋苹果网上商店。前者带来巨额的硬件销售利润；而后者通过信用卡支付、直接从苹果网上商店付费下载电子书、软件、游戏、视频等数字化信息，从而获得持续的利润。

在苹果模式的产业链中，低价出让土地给富士康等代工企业，中国只是获得微薄的劳动力收入，却把苹果产品生产过程的严重污染留给了中国。以苹果手机为例，参与生产零件的日本、德国和韩国分别能得到相当于批发价 34％、17％和 13％的分成，但负责组装的中国据称只能拿到 3.6％的分成。在现行的贸易统计方式下，整部手机的 178.96 美元批发价却因中国是最后组装国，而都记在中国出口的账目上，导致"统计在中国、利润在外国"的偏差。[①]

---

① 《中国组装苹果手机只分成 3.6％》，《人民日报》，2011 年 10 月 21 日。

此外，苹果的封闭系统造成了基于技术的市场垄断。诺基亚、摩托罗拉、谷歌、微软的网上商店无法获取高额的垄断利润，因为安卓、塞班、Windows Mobile 是开放系统。但是，封闭系统是双刃剑，当年 WPS 失败的深刻教训就在于 WPS 的排他策略。

今后，传统媒体将逐步演化为提供各种新闻信息的内容服务商。但是，在新媒体的产业链中，技术巨头如苹果、渠道之王如亚马逊、移动运营商如中国移动，始终是市场的强者，作为内容服务商的传统媒体始终是弱势群体。

以目前流行的彩信报为例，通行的做法是彩信报用户每月通过交通信费的方式缴纳 3 元钱，但是作为提供新闻内容的报社一般只能拿到 1 元钱。

苹果模式进一步掠夺传统新闻出版业日益微薄的利润，从而使得传统媒体及内容服务商的弱势地位更为严峻。在美国，苹果公司要拿走报社 30％ 的利润。2011 年 2 月 16 日，苹果推出订阅功能，就像 App store 里其他应用程序一样，苹果将收取 30％ 的费用。美国时代华纳公司因无法接受苹果 30％ 的分成，其刚推出的《体育画报》（*Sports Illustrated*）网络版没有包含 iPad 版或 iPhone 版。这 30％ 的提成无疑提高了媒体付费模式的风险并加大了成本，媒体不堪压力会将其中一部分转嫁给读者，使得本来就不愿付费的读者更快逃离。

国内受众有长时间的网络免费使用习惯，普通受众的支付意愿低，对收费存在抵触情绪；媒体本身内容同质化程度高，付费内容与免费之间的可替代性高，受众当然会选择免费；版权保护意识淡薄，盗版、转载是常态，"免费是理所当然的"思维模式相当普及，所以潜在用户较难转化为忠实用户。国内新闻业界公正、客观的职业素养和从业理念尚待加强，且资本实力抵抗不过苹果等巨头，所以可能会因实际利益而被资本操控。

2. 苹果成为最大电子出版社

苹果公司目前不仅是市值最高的电脑巨头，还击败诺基亚成为了全球销售额最大的手机制造龙头企业，同时也成为了全球最大的电子出版社。

电子图书由于可以节约印刷和发行成本，而且不需要考虑头疼的印刷数量问题，所以具有成本优势。一般作者将书稿给传统的出版社，作者的版税为 7％～10％；而将书稿给苹果公司，作者能够获得付费下载收入的 1/3。

在美国，一些为商业化写作的畅销书作家，已经开始直接将书稿给苹果、Amazon 等公司，以便他们直接将书稿制作成可在苹果网上商店下载的电子图书，或制作成 Kindle 格式，供 Amazon Kindle 阅读器阅读。在国内，也出现了畅销书作家直接将书稿给中国移动手机出版基地的苗头。

思考题

1. 网络广告有何优势与不足？
2. 如何对网络广告进行监管？
3. 电子商务的特征与类型有哪些？
4. 你如何看待苹果商店的成功？
5. 你认为网络新闻有可能收费阅读吗？
6. 2013年，天猫"双十一"全天交易额达350.185亿元，相当于2013年9月份中国日均社会零售总额的一半。请问此事实有何启示？

第十二章

网络传播中的著作权保护

《中华人民共和国著作权法》规定："中国公民、法人或者其他组织的作品，不论是否发表，依照本法享有著作权。"此中指的作品包括文学、艺术和自然科学、社会科学、工程技术等作品，是具有独创性并能以某种有形形式复制的智力创作成果。但是，该法律是基于传统的书籍、报纸、广播、电视等传统媒体而制定的，在其适用范围转化为互联网或其界定对象成为互联网中的知识产权时，由于立法时的基点问题，就产生法律与现实的脱节。根据我国知识产权法律的相关规定，知识产权具有严格的地域限制。除签有国家公约或双边互惠协定以外，知识产权没有域外效力，其他国家对这种权利没有保护的义务。任何人均可以在自己的国家内自由使用该知识产品，既无需取得权利人的同意，也不必向权利人支付报酬。由此可以看出知识产权有着极强的国家属性，其保护也受到极大的地域限制。但是，互联网是没有国界的，甚至它连地区、大洲的概念都很模糊。因此当发生跨国侵权案件时，合法的权利人要想主张自己的权利，惩罚侵权人，就会遇到诸如权利认定、国家间司法管辖等诸多问题，使得行使正当权利变得非常困难。

网络传播的出现，给著作权（版权）保护带来了崭新的课题。世界各国已对此予以相当的关注。1996年12月20日，世界知识产权组织（WIPO）关于版权与邻接权协商会议经历了18天艰苦讨论，最终通过了涉及网络传播著作权保护的世界公约——《世界知识产权组织版权公约》（WCT）和《世界知识产权组织表演与唱片公约》（WPPT）。它们对《伯尔尼公约》《罗马公约》作出进一步的完善，使得网络传播著作权保护不再是空白。《世界知识产权组织版权公约》明文规定：今后计算机网络中信息的存储、拷贝都必须经版权人许可，作品的内容、署名等不得任意改变；同时，对加密信息的擅自解密，及擅自生产解码设备，均是侵犯版权人的权利。在这两份条约中确认了《伯尔尼公约》中的"向公众传播权"这一概念中包含权利人在网上传播其作品的权利，明确规定著作权人有权许可他人以有线和无线方式向公众传播其作品。世界知识产权组织通过这一规定赋予了著作权人一项新的专有权利，即网络传播权。此后，世界主要发达国家纷纷对其国内法律进行修订，以加入上述两条约。美国、日本、欧盟分别采取了不同的立法模式，实施上述两项条约中对网络传播权的规定。受国际社会影响，2001年，我国在新修改的《著作权法》中设立了"信息网络传播权"这样一项专有权利。

第一节　网络传播中著作权保护面临的问题

一、互联网的特性造成侵权易、维权难

事实上，目前并不缺乏网络传播著作权保护的法规，但是，网络传播中的著作权保护形势依然十分严峻。在网络上，之所以侵犯知识产权屡见不鲜，一个重要原因是在网络上对知识产权的侵犯存在隐蔽性、迅速性、全球性以及罪证难以收集等特点。

一部网络传播作品一旦在虚拟的网络世界中被不法者侵权，被侵权人甚至难以发觉。但是，作品侵权后却能在瞬间传遍全世界。对网络传播作品的侵权，不法者只需要轻点鼠标，简单地进行下载、复制、粘贴，其侵权成本几乎为零。从技术上看，作为数字化作品，复制品与原件没有任何质量上的差别。但是，著作权人如果想要维护自己的合法权利，却要付出极大的风险与成本。传统的纸质作品被侵权，可以比较容易地找到有形的物证；而网络传播作品被侵权，不法者可以轻易地从计算机中删除被侵权作品，造成诉讼证据难以被有效收集的窘境。

从中国目前已有的网络作品著作权保护法规与司法实践来看，即使著作权人成功地赢得了版权诉讼，所获赔偿额往往过低，甚至不足以支付律师费等费用。这样既无法有效保护著作权人合法权益，对不法者也无法起到应有的打击与震慑作用。

二、关于网络服务商的法律责任问题

网络服务商，是指为个人计算机提供上网中介服务的服务提供者。根据提供服务内容的不同，网络服务商可以分为提供连线服务的网络服务商和提供内容服务的网络服务商，或者是具有这两种功能的网络服务商。网络侵权行为的实施离不开网络服务商提供的服务，因此必须规范网络服务商的行为，尽量明确网络服务商对著作权侵权的过错责任，既不使其轻易承担过重的责任，同时也对其行为作出约束。

涉及网络服务商侵权的案件，《著作权法》如没有直接规定，可适用《民法通则》有关规定：一是网络服务商通过网络参与他人的网络侵权或帮助、教唆他人网络侵权，适用《民法通则》第130条，行为人负连带责任。二是提供内容服务的网络服务商明知客户通过网络侵犯他人著作权或经著作权人提出警告后，仍不采取措施删除、移去侵权内容的，适用《民法通则》第118条和第130条，与行为人负连带责任。三是在著作权人提出警告后，提供内容服务的网络服务商在技术、经济许可的情况下，不得拒绝提供侵权人的通信信息。四是著作权人提出网络侵权警告时，要出示身份证明、著作权权属证明、侵权情况证明；如没正当理由不能出示的，视为没提供。如提出警告后，网络服务商没有停止侵权行为，著作权人可以请求司法机关先行裁定停止侵害、排除妨害、消除影响等诉讼保全措施。五是著作权人发出警告后，不能以此为据要求网络服务商承担民事责任。本条旨在限制申请人滥用诉权。

网络服务商通过网络参与他人著作权侵权行为，或通过网络教唆、帮助使用者实施著作权侵权行为，根据《民法通则》第130条的规定，属于共同侵权，应当与直接实施侵权行为的人承担连带责任。如果网络服务商通过网络自行实施侵犯他人著作权的行为，根据《民法通则》第106条第2款的规定，该侵权行为并不因网络服务商主体特殊而具有特殊性，应当等同于一般的网络使用者的侵权行为，承担侵权的法律责任。

提供内容服务且对网络传输内容可以控制、监督、做增删编辑的网络服务商，有采取措施停止侵权内容传播的义务。在著作权人发现其权利被侵害而告知网络服务商采取措施停止侵权，网络服务商仍不采取措施的，属于实施了不作为的侵权行为，根据《民法通则》第130条的规定应当承担连带侵权责任。有的观点认为，在这种情况下，网络服务商法律责任的确定，应适用过错责任原则，即使著作权人没有告知，如果网络服务商在主观状态上明知著作权人的权利正在被侵害，而不采取措施进行停止侵权，也应承担连带侵权责任。提供内容服务的网络服务商，有提供侵权人通信资料等有关证据的义务。在明知用户通过网络传输侵犯他人的著作权，或者在著作权人提出确有证据的侵权警告后，网络服务商在技术可能、经济许可的范围内拒绝提供侵权人的通信资料，拒绝移除侵权内容的，具有侵权的主观过错，实施了不作为的侵权行为，根据《民法通则》第106条的规定，应当承担侵权责任。

要求网络服务商承担不作为侵权法律责任，著作权人必须提交证明其权利人身份及权利被侵犯事实情况等有关证据。根据《民事诉讼法》第64条第1款的规定，著作权人发现网络上侵权内容向网络服务商提出警告时，应当出示权利人姓名、电话、电子邮件地址、通信处、著作权权属证明及侵权内容等有关资料，如无正当理由不出示上述资料的，不能追究网络服务商的法律责任。但网络服务商在著作权人提出上述资料后仍不采取措施的，著作权人可以在向人民法院提起诉讼时申请停止侵害、排除妨碍、消除影响的先行裁定。

网络服务商应著作权人的要求采取移除等措施制止侵权行为的，是维护著作权人合法权益的合法行为，不应承担违约责任。同时，因申请人申请网络服务商采取措施停止侵权内容的传播而造成的损失，应由申请人承担责任，不应由网络服务商承担。

仅提供连线服务的网络服务商，由于其只是为作品在网络上的传输提供信息通道，并未直接或间接参与使用他人作品，因此并未实施侵犯他人著作权的行为，根据《民法通则》第106条第2款的规定，该类服务商对于使用者通过网络传输侵犯他人著作权的行为，不应承担法律责任。该侵权的法律责任，应当由使用者本人承担。

三、多媒体网络传播作品的法律保护

在网络传播中，有越来越多的多媒体作品。多媒体作品凝聚了大量开发人员的创造性劳动，并能够以一定的物质形式固化。目前，将多媒体作品作为作品受《著作权法》保护在国内外法学界达成了共识，但关于多媒体产品的归属以及在多媒体开发过程中遇到了众多的法律问题。

1. 多媒体作品的法律归属

多媒体作品以其友好的交互方式区别于传统的作品，并且一项多媒体创作工作较为复杂，涉及的人员和范围都与传统作品的创作有很大的差异，所以一些人主张将其单独列为一项作品加以法律保护。而持另一种观点的人认为，多媒体实质上无非是载体的多样化和综合化，即将动画、声音、图像等采用一定的技术进行综合加工、处理，应视为汇编作品。我们认为，以文字、语言为主，集文字、声音、图像于一体的"多媒体"，如含人物活动形象、谈话录音的百科全书只读光盘，作为一种新的表现形式的作品，还是可以按汇编作品对待。从多媒体应用的角度看，将文本文件和图像、视频信息综合起来的多媒体数据库将成为其发展核心。因此，如果将多媒体作品单独列为一项作品加以法律保护，将使得多媒体数据库处于两难境地，产生新的矛盾。

2. 取得在先作品的授权问题

多媒体是文本、图像、声音、动画等多种媒体信息的综合，多媒体作品的创作不可避免地要利用到大量的在先作品。这些作品的权利人有可能多达上百个，也有可能分布在不同的国家，甚至无法确认权利人是谁。在这种情况下，如要求多媒体开发者逐一去取得在先作品权利人的许可，所花费的金钱和时间都是极为

可观的。这一点是现行多媒体开发者最难解决的问题之一，也是阻碍多媒体发展的主要障碍。显然，这对现行著作权的管理制度提出了挑战。现在国内外法学界多倾向建立一个非营利性的集体管理机制对著作权进行统一的管理。

四、与网络传播有关的传播权限制

网络传播的著作权问题应该受到应有的重视，否则版权人就不愿也不会冒险把自己的作品放在网络上传播。然而事物总是有其两面性的，赋予权利人一定权利的同时也必须加以适当的限制，否则，就会导致权利的滥用，同时也不利于网络传播。法律固然应该保护作品的创造者和所有者，但也应顾及任何一件作品的创作，都是个人的创造与社会的结合，一方面它蕴涵了创作者个人的辛勤劳动，另一方面，它也凝聚着对前人智力成果的继承，公有领域始终是我们进行智力创造的宝贵源泉。因此版权法制度无论如何进步都不可破坏私人利益与公众利益之间的平衡。

知识产权制度虽然是一种合法的垄断制度，但只有在它也是符合情理的垄断制度时，才能被人们普遍接受并自觉遵循。因此，读者必须在法律限制的条件下使用网络传播，才构成合理使用。

1. 网络传播著作权保护中的合理使用

(1) 合理使用的判断标准

《伯尔尼公约》第 9 条第 2 款规定："本联盟成员国可自行在立法中准许某些特殊情况下复制有关作品，只要这种复制与作品的正常利用不相冲突，也不致无故地损害作者的合法权益。"这为确定一个行为是否属于合理使用设定了可供参考的标准。

一般地，对合理使用的界定有两种方式，其一是在立法中明确规定认为合理的事项，其二是由法院根据确定的标准自行判断。立法时也必须以一定的标准为依据，因为当涉及纠纷时，管理机关也必然有一定的认定标准。

按照传统要求，只有不具有商业目的的使用才可构成合理使用，而对于网络传播的读者而言，其使用目的是很难判断的。因为合理使用必须限定在一定的范围内，以私人目的从网络上下载作品将成为网络传播发行的重要方式，例如欣赏、学习、研究等，不具有商业目的不应该再作为唯一的合理使用的理由。

当然，这都是相对于纸质图书而言的，纸质图书不经过销售便无法传播，而网络传播却可以通过网络进行下载。由于网络环境的特殊性，读者对网络传播即使属于合理使用，仍应附加一定的保护和限制措施以控制合理使用的范围。使用作品只能限于必需的情况，使用的作品部分必须是合理的，复制阅读的数量也不允许超出必要限度。总之，使用的范围不能大到足以影响作品在市场上的销售份额。若超过此范围，使用者就必须为此取得许可并支付合理的报酬了。

网络传播的形式及创作广度和深度都应成为其性质的重要考察方面。而网络传播性质的区分只能作为认定其合理使用的辅助手段而并非是依据。有否商业性质是保护程度高低的另一重要标准，专为商业用途开发的网络传播应受到更为严格的保护。

在我国，《著作权法》第22条规定了合理使用的范围，即在何种情况下可以不经著作权人许可，不向其支付报酬，但应当指明作者姓名、作品名称，并且不得侵犯著作权人依照本法享有的其他权利。其中有一些，如"为个人学习、研究或者欣赏，使用他人已经发表的作品；为介绍、评论某一作品或者说明某一问题，在作品中适当引用他人已经发表的作品；为报道时事新闻，在报纸、期刊、广播电台、电视台等媒体中不可避免地再现或者引用已经发表的作品；报纸、期刊、广播电台、电视台等媒体刊登或者播放其他报纸、期刊、广播电台、电视台等媒体已经发表的关于政治、经济、宗教问题的时事性文章，但作者声明不许刊登、播放的除外；为学校课堂教学或者科学研究，翻译或者少量复制已经发表的作品，供教学或者科研人员使用，但不得出版发行"等合理使用的情况可适用于网络传播。

美国《著作权法》为认定"合理使用"范围规定了4条标准：①要看有关使用行为的目的，即看是否为商业目的而使用。②要看被使用的作品性质。对不同类型作品的著作权利使用形式不同，划分是否合理的界限也不同。③在所使用的作品中，被使用部分与整个作品的比例关系。比例若失当则不能属于合理。④看使用行为对被用作品的潜在市场价值有无重大不利影响。如果有这种影响，则不属于合理使用。"合理使用"作为著作权法律制度的一项重要内容，肯定有长期稳定存在的必要。随着现代信息传播技术、传播手段日新月异的发展，人们通过网络获取知识更先进、更方便、更快捷。原本依法合理使用作品的方式，也会变得不合理。原本著作权人不必控制的使用方式，如不控制则会使著作权人的利益损失殆尽，因而违背了"合理使用"对著作权人的利益损害不大的原则。从现在我国著作权保护现状来看，"合理使用"也可以适用于网络。

但是，从多种他人享有版权的作品中取出需要的部分组合加工成一部新的作品，不能视为"合理使用"，而是复制他人作品的行为。如果事先不取得已有作品版权所有者的授权，又不注明被使用作品的作者姓名及作品出处，则可能构成剽窃行为。如果被使用的作品已经超过版权保护期（指财产权利），则不必取得版权所有者的授权。

（2）合理使用包含的内容

在世界各国的版权法中，关于合理使用所规定的内容各不相同，但涉及个人使用和图书馆使用，则是许多国家普遍承认的属于合理使用的范畴。另外，远程教育作为网络时代的新生事物对原有的合理使用制度也提出了挑战。我国是发展中国家，且是知识产品的消费国，对合理使用制度应坚持自己的立场，尽量维持较为宽泛的合理使用的范围。个人使用、图书馆使用和远程教育这三种合理使用方式是网络传播中合理使用的主要内容。

① 个人使用。著作权人对其作品的独占权不应成为再创造的障碍，所以各国法律多以"合理使用"等制度来保护后人的再创造权。当然个人欣赏应有一定的范围限制，个人使用他人已发表作品的方式绝大多数为对作品的复制，传统意义上的复制使用复印机、录音机、录像机等设备。到了网络时代，利用数字技术可以把绝大多数作品数字化并在网上传播，复制作品不再依赖传统的复制设备，数字技术条件下的私人复制要简单得多，但是版权人正在采取一系列的技术措施来防止他人对其作品进行复制。相对于传统的纸质图书，网络传播的个人合理使用的范围面临技术上的挑战，传统意义上的个人合理使用局限在对地点的界定上，如只限于家庭使用。而网络作品的传播是在互联网上，任何人都可以在几秒钟之内将其传送出去，哪怕是在家中。对此，如果缺乏法律的有效干预，必然导致著作权人的权利在网络环境下得到保护和扩张，而相应地挤压了公众合理使用的空间。

② 图书馆使用。在保护国家资源和传统文化方面，图书馆都发挥了其他机构不可替代的作用，因此图书馆的使用在各国版权法中都规定作合理使用。国外的许多图书馆都把网上书刊分为两部分：一部分是已超过版权保护期的作品，如莎士比亚等人的作品，可以全文上网供读者在线阅读；另一部分则是仍在版权保护期内尚未进入公有领域的作品，除书目、图书简介及相关书评可以上网供公众阅览外，读者想更多地了解图书内容或阅读作品全文，则需到图书馆按传统方法借阅。

《著作权法》第 22 条第 8 款规定，图书馆、档案馆、纪念馆、博物馆、美术馆为陈列或者保存版本的需要，复制本馆收藏的作品，可以不经著作权人许可，不向其支付报酬。对于网络传播而言，如果图书馆只是为了馆藏而将其复制，在本质上与传统环境下的馆藏作品的复制只存在方式的不同，而没有实质的差别，因此应包括在合理使用的范围之内。如果图书馆非营利地为公众提供网上阅读，也继续运用合理使用的规定的话，就会造成侵权。因为网络传播如果在网上开放，读者就能随意浏览，这完全与图书馆借书不一样，被阅读的概率要大得多，这样就影响了传统形式的书刊销售，造成了对著作权人的不合理损害。

随着网络传播技术的发展，"合理使用"的范围有缩小的趋势。在传统的印刷和传播途径下，高成本、长周期以及受较强地域性限制等因素使得个人的合理使用还不足以给著作权人的利益带来严重的影响。但在数字技术日益成熟、网络普遍应用的信息时代，任何人在任何地方只要拥有一台上网的计算机便可接收来自世界各地的包括网络作品在内的各种信息，并能快速、低廉地进行复制甚至修改后向世界发送。显然，网络传播的巨大覆盖率和广泛的公开性使传统的"合理使用"变得不那么合理了。

2. 法定许可

法定许可，在网络环境下主要表现为转载。《著作权法》第 33 条第 2 款规定："作品刊登后，除著作权人声明不得转载、摘编的外，其他报刊可以转载或者作为文摘、资料刊登，但应当按照规定向著作权人支付报酬。"

有人认为，目前，报刊、网站上的作品被相互转载的情况普遍存在。为了使网络上这种无序的违法使用作品行为得到及时、有效的控制，考虑到网站转载他人作品前确也难以找到著作权人取得许可并支付报酬的实际状况，以及促进、方便网络信息传播，平衡当事民事主体间的权益等，在有关法律对此作出明确规定之前，将《著作权法》第 32 条关于报刊转载的规定扩大解释于网络环境，不失为目前情况下一种可行的应急措施，这样至少可以使著作权人的获酬权得以保障。但在使用时必须把握两点：一是网络上允许转载作品的范围不得超过《著作权法》第 33 条规定的作品范围，二是应当注明出处。这种政策选择在法律未有明确规定和社会各界、当事人网络版权观念不强的情况下，可以防止侵权案件的大幅度增加，否则，法院一时不好承受，社会各界也一时不好适应。有的同志还提出，现在很多网站都没有专门的编辑力量和采访权，网络的特点就是信息传输、资源共享，如果限制网站的转载权，对网络的发展极为不利，并且执行起来十分困难。既然作品已经发表，就允许公开传播，如果在传播过程中侵犯了著作权人的其他权益，可以进行赔偿，但仅仅是扩大了传播范围的，应视为符合《著作权法》的规定。

还有人认为，法定许可不宜适用于网络。《著作权法》实施以来，该法第 33 条的规定执行得并不理想。目前，报刊的文摘版很多，绝大多数有文摘版的报刊转载时都不支付稿酬，著作权人因此而提起诉讼的很少。这一则是因为稿酬本身数额不大，诉讼标的小，二则是因为诉讼成本比较高，很可能是赢了官司输了钱。因此，虽然《著作权法》规定了著作权人的权利，但很多人放弃了这一权利。如果再把法定许可扩大到网络上，危害比较大，如果口子一开，再收就比较困难。况且报刊转载本身就与《伯尔尼公约》《与贸易有关的知识产权协议》等规定相悖，不能再将其扩大到网络环境下。此外，根据《世界知识产权组织版权公约》第 6 条对发行权所作的新规定，发行必须达到作品原件或复制件所有权的转移。

在这一点上，报刊和网络是不同的，网络中不存在发行问题。简单地将报刊转载的法定许可扩大于网络环境是有失妥当的。因此，此种观点认为，在网络上转载、摘编他人已经发表的作品应当取得著作权人的许可，并支付报酬。还有的观点认为，应由国家版权主管部门建立著作权集体管理组织，由该组织对作品的使用发放许可，并就使用报酬等有关事项进行统一管理。在与著作权人联系有困难的情况下，转载、摘编人可以通过著作权集体管理组织联系。这样可以解决网站无法与著作权人取得联系的实际困难，使得上述规定具有了可操作性。

第二节　网络传播著作权的法律保护

一、发达国家对网络传播著作权的保护情况

自20世纪90年代以来，数字技术已发展到网络技术阶段。网络技术的特殊性不仅对数字作品的保护产生一定的影响，而且涉及传统作品，也即网络作品的保护。网络作品是指计算机互联网上出现的符合《著作权法》规定的文字、艺术和科学作品。在网络空间里，著作权人的网络传输、作者身份的认定，甚至确定暂时复制性质等诸多问题，都不能仅仅通过对传统版权法的扩大解释予以解决。

但是，《伯尔尼公约》第9条规定的复制权及其所允许的情况例外，该条款完全适用于数字环境，尤其是以数字形式使用作品的情况。不言而喻，在电子媒体中以数字形式存储受保护的作品，构成《伯尔尼公约》第9条意义下的复制。

1996年的《世界知识产权组织版权公约》增加了计算机程序和数据汇编两种受著作权保护的客体，明确指出"计算机程序作为《伯尔尼公约》第2条意义下的文学作品受到保护，此种保护适用于各计算机程序，而无论其表达方式或表达形式如何"。"数据或其他资料的汇编，无论采用任何形式，只要由于其内容的选择或排列构成智力创作，其本身即受到保护。这种保护不延及数据或资料本身，亦不损害汇编中的数据或资料已存在的任何版权"。可见，《版权公约》保护各计算机程序和选择或排列具有智力创作的数据库产品；规定了网络传输权，即向公众传播的权利，"文学和艺术作品的作者应享有专有权，以授权将其作品以有线或无线的方式向公众传播，包括将其作品向公众提供，使公众中的成员在其个人选定的地点和时间可获得这些作品"。

《世界知识产权组织版权公约》还规定："文学、艺术作品，包括使公众中的个体成员，可在选择的地点和时间，独立接触该作品。"该条规定将《伯尔尼公约》中的"向公众传播"这个概念扩展到网络环境中。这项新权利名称虽然被定

为"公众传播权",但这项权利不仅仅指网络传播的权利,也包括其他传统的公众传播权利,这在该条约的第 8 条中规定得很清楚,这一条一方面规定了网络传播权明确的含义,另一方面也说明了网络传播权与传统权利并不交叉,也不得影响传统权利的实施。

互联网上的公众传播权,有别于广播、电视上的播放权,是对作者在互联网上权利的专门描述,指作者在互联网上自行传播作品和许可他人传播作品,禁止他人未经许可而传播其作品,包括禁止他人:未经许可对从互联网上得到的作品违法转载,或使他人违法转载,例如,复制他人作品刊登到自己的网站,或向其他网站投稿;未经许可对从互联网上得到的作品,在网下进行改编、翻译、发行、表演、播放,如对他人网上作品直接出版图书,或编辑、翻译后出版图书。

网络版权问题非一国之法律所能解决,而有待国际社会在全球范围内取得认同。国际上对网络传播权的讨论始于 20 世纪 80 年代末、90 年代初。世界知识产权组织召集 100 多个国家的专家学者,经过七八年的研究探讨,最终在 1996 年制定了两个新条约——《世界知识产权组织版权公约》和《世界知识产权组织表演与唱片公约》,被称为"Internet 条约"。这两个条约确立了作者、表演者、录音制作者的"向公众传播的权利",把作者的权利有效地覆盖到了网络空间。在数字技术的应用及计算机国际互联网络的环境下,增加作者权与邻接权的内容,扩大权利范围,缩小原有的"合理使用"范围,同时纳入了类似《与贸易有关的知识产权协议》中的"执法条款"的内容。其中禁止解密、禁止删改权利信息等规定,为保护原有的著作权在网络环境中不被侵犯提供了依据。

尽管《版权公约》第 8 条赋予了作者网络传输权,但只是作出了一个极为概括的规定,并没有为网络传播权提供具体而明确的权利内容和保护方式。网络传播权的具体权利内容和保护方式必须由成员国的国内版权法加以解决。世界各国根据各自不同的立法体系,也选择了不同的方式对条约中的新权利进行了处理,以美国、澳大利亚、日本、欧盟为例,它们分别采取了不同的立法模式,对网络传播权的具体权利内容和保护方式进行了规范。

1. 美国

美国是世界上信息技术最发达的国家,它对网络环境新问题作出的反应对其他国家有重大影响和诸多启示。美国 1997 年通过了《网络著作权责任限制法案》《世界知识产权组织著作权条约实施法案》《著作权与科技教育法案》,1998 年 10 月又颁布了《数字千年版权法案》(亦称为《千禧年著作权法案》)。美国对公众传播的解决方案基于发行权。

《数字千年版权法案》规定了数字化信息的版权保护和使用的问题,同时赋予信息所有者"数字化作品如果在互联网上使用,就可以对其收取使用费"

的权利。《数字千年版权法案》适用对象是所有的数字音乐作品。这一法案同样也适用于在互联网上放映和播放的音乐作品。也就是说，唱片公司和歌星们获得了"可以对在网络上播送的数字内容收取使用费"的前所未有的新的法律权利。

但是在《数字千年版权法案》中没有具体地规定作品使用的费用和费率。作为实施《版权公约》和《表演与唱片公约》的法律，美国《数字千年版权法案》对于网络环境所涉及的一些敏感问题，都做了明确规定。他们的做法是对现有版权法中"发行权"进行了新的解释，从而涵盖网络传输的权利。

2. 澳大利亚

与美国不同，澳大利亚对其版权法的修订是大刀阔斧地重组各项权利。根据其1999年《版权法修正案》的规定，传播是指以电子形式传输或者在线提供必须使用接受设备才能听到或者看到的声音、图像或者视听资料。作品的"公开传播权"所适用的传播方式包括所有需要借助设备影响公众的传播种类，不仅有无线电广播、有线传播，还包括网络传输。

3. 日本

日本国会于1997年6月10日通过《著作权法修正案》，修正的主要内容是扩大了传媒的公开传播权的范围。1997年11月12日，欧盟执委会针对信息社会著作权制定了履行世界知识产权日内瓦条约的新规则，其中规定了复制权、公开发行权、拷贝权、著作权管理信息等内容。中国对于"公众传播权"有肯定意见和否定意见，但国际趋势和我国司法实践都趋于对该项权利进行保护。日本所采取的方式与澳大利亚相似，其版权法在1997年修改后，确立了一个新的"公众传送权"（Right of Transmission），它的范围极为广泛，包括所有的以"有线的和无线方式、数字和模拟形式、单向和互动模式"向公众传送版权作品的权利。"公众传播权"与表演权、发行权一起，共同构成"公共传送权"。

从发展的眼光看，不限定传输使用的技术，在立法上有前瞻性。考虑到各种传播方式确有逐渐融合的趋势，这样的立法也不失为一种有远见的选择。

4. 欧盟各国

欧盟各国采取的措施与世界知识产权组织的两个条约《世界知识产权组织版权公约》（WCT）《世界知识产权组织表演与唱片公约》（WPPT）的规定直接对应。WCT第8条规定，在不损害《伯尔尼公约》赋予作者的合法传播权的前提下，文学和艺术作品的作者享有以"有线或无线的方式授权将其作品向公众传播的专有权"，包括以"公众中的成员个人选择地点和时间的方式，使公众获得作品的专有权"。

WPPT第10条、第14条也分别规定表演者与录音制品制作者享有类似权利。这就是专门针对作品网络传输行为而规定的网络传播权。

1998年，欧盟委员会向欧洲议会提交了关于信息社会的版权及有关权指令的建议草案，1999年5月，欧盟在对该草案进行修改后进行了公布。在该草案中，欧盟建议用"公众传播权"协调联盟成员国对网络传输的立场。该"公众传播权"是指版权人享有的以有线或无线的方式向公众传播其作品的原件或复制件的专有权，也包括让公众中的成员以个人选择的时间和地点、访问作品的方式获得作品的权利。同时，该草案还赋予邻接权人仅适用于交互性传播的"公众传播权"。

二、《伯尔尼公约》和《互联网条约》关于网络著作权的法律规定

关于传播权的法律规定在《伯尔尼公约》中主要体现在第11条和第14条中。第11条第1款规定："戏剧作品、音乐戏剧作品和音乐作品的作者享有下列权利：（1）授权公开表演和演奏其作品，包括用各种手段和方式公开表演和演奏；（2）授权用各种手段公开播送其作品的表演和演奏。"这一条涉及的作品种类只是戏剧和音乐作品，并且规定了其传播权仅限于作品的表演和演奏。第11条之2第1款规定："文学和艺术作品的作者享有下列专有权利：（1）授权广播其作品或以任何其他无线传送符号、声音或图像的方法向公众传播其作品；（2）授权由原广播权机构以外的另一机构通过有线传播或转播的方式向公众传播广播的作品；（3）授权通过扩音器或其他任何传送符号、声音或图像的类似工具向公众传播广播的作品。"这一条是关于作品的传播方式的规定，包括对作品的广播、转播、有线传播和通过扩音器或类似工具传播等。第11条之3第1款规定："文学作品的作者享有下列专有权利：（1）授权公开朗诵其作品，包括用各种手段或方式公开朗诵；（2）授权用各种手段公开播送其作品的朗诵。"这一条是关于文学作品的公开朗诵传播方式的规定。第14条第1款中规定："文学或艺术作品的作者享有下列专有权利：（1）授权将这类作品改编和复制成电影以及发行经过如此改编或复制的作品；（2）授权公开表演以及向公众有线传播经过如此改编或复制的作品。"这一条是关于电影或改编的电影作品的改编权和复制权的规定，同时规定其传播权是通过有线传播的方式进行的。从以上这些规定可以看出：出于历史和技术的原因，公约中关于传播权的规定很难涵盖现在的信息网络传输方式，并且对于在网上经常传播的摄影、美术和图形作品等也没有进行规定，所以时代和技术的发展客观上要求信息网络传输应纳入法律的调整范畴，这样，《互联网条约》就应运而生。《互联网条约》对于信息网络传输进行了明确的规定，另外这一条约的规定也是对与贸易有关的知识产权协议（数字技术，特别是互联网方面的问题没有包括在该协议中）的补充。

三、我国网络传播著作权保护的法规

1.《著作权法》有关网络传播的立法过程

网络作品的传播属于网络传播,因此网络传播的著作权保护主要依靠信息网络传播权。研究网络传播的著作权保护,最主要的是研究信息网络传播权,而信息网络传播权的发展历程蕴涵在《著作权法》的发展过程中。

1990年我国颁布的《著作权法》是我国现行版权保护的基本法;1991年我国颁布了《著作权法实施条例》和《计算机软件条例》,作为著作权法的补充性法律文件;1997年我国开始了对《著作权法》的修订工作,著作权保护的客体中已增加了数据库一项。

互联网发展初期,由于技术限制和传播范围小,网络上版权侵权行为并没有引起很大的注意,以至于国务院于1998年12月初次提出的著作权修正案并没有提到网络传播权的问题。

2000年11月22日,我国最高人民法院出台了《最高人民法院关于审理涉及计算机网络著作权纠纷案件适用法律若干问题的解释》,对发表在网络上的作品著作权的保护问题进行了回答。2003年12月和2006年11月对司法解释做了两次修正。

该司法解释规定,人民法院在确定侵权赔偿数额时,可以根据被侵权人的请求,按照其因侵权行为所受直接经济损失和所失预期应得利益计算赔偿数额;也可以按照侵权人因侵权行为所得利益计算赔偿数额。侵权人不能证明其成本或者必要费用的,其因侵权行为所得收入,即为所得利益。被侵权人损失额不能确定的,人民法院依被侵权人的请求,可以根据侵害情节在人民币500元以上30万元以下确定赔偿数额,最多不得超过人民币50万元。

我国《著作权法》在2001年修订以前对网络传播没有作出专门规定。但是随着上网人数的剧增和电子商务的发展,因网络传播引起的著作权纠纷也在不断增多。2001年修订后的《著作权法》已经建立有关网络传播权及技术措施的法律制度,有关数据库的特殊权利保护虽然尚未建立,也已引起官方关注。

信息网络传播权的设立,使我国著作权制度与《世界知识产权组织版权公约》《表演和唱片公约》的规定已大体一致。设置信息网络传播权有利于保护著作权人的合法利益,遏制以赢利为目的的网站擅自将许多著作权保护的作品复制上网的行为。它的设立是顺应社会发展、科技进步和法学进化的结果,反过来也必将极大地促进社会的发展、科技的进步和应用以及法律体系的完善,尤其是对于知识经济、电子商务和网络的发展以及相关法律系统的完善,更有着至关重要的作用,会在很大程度上结束网络与电子商务领域许多法律问题无法可依或一些

规定相互冲突的混乱局面。

2. 我国网络传播著作权保护的司法实践

《著作权法》修改前，有一些诉讼涉及作品在网络上的传播行为，从这些诉讼最后的结果来看，法院基本上认为原《著作权法》第 10 条第 5 款"使用权和获得报酬权，即复制、表演、播放、展览、发行、摄制电影、电视、录像或者改编、翻译、注释、编辑等方式使用作品的权利"中，"等方式"里包含了将作品上网传播的方式。对《著作权法》中作品使用方式的规定学者一般认为：法律以不完全列举的方式举出了一些最常见的使用方式。随着科学技术进步，必然出现其他使用作品的方式，只要该方式涉及作品的复制、演绎或传播，就属于著作权的使用方式。学术上的这种宽泛的理解并不是有法律效力的解释，我国作为有大陆法系传统的国家，没有法律法规或司法解释的明确规定，新的使用作品的方式并不必然在作者的专有权的控制范围之内。我国原《著作权法》与《著作权法实施条例》中，都没有明确规定使用作品的其他方式也属于对著作专有权的使用。如果仅凭一个"等"字对法律作出扩大解释，即便合理，说服力也不强，在严格意义上也不合法。比如，许多国家版权法都规定了艺术作品版权人享有"追续权"，但并不能因为它涉及对作品的使用而认为我国法律也规定了此项权利。因此，在法律法规没有规定兜底条款"其他利用作品的方式"的情况下，审判的基层法院不宜将作品的网络传播行为定性为著作权人专有权的权利范围。虽然这有可能造成个别极不公正的情况发生，但这也更能促使立法机构对科学立法、及时修法的重视。基层法官不越俎代庖，严格依法判决，也是维护法律尊严、发挥法律的规范功能和引导功能的必然途径。

2000 年颁布的《最高人民法院关于审理涉及计算机网络著作权纠纷案件适用法律若干问题的解释》第 2 条第 2 款规定："将作品通过网络向公众传播，属于著作权法规定的使用作品方式，著作权人享有以该种方式使用或者许可他人使用作品，并由此获得报酬的权利。"另外，对于如何实施这项权利，法律授权国务院另行作出规定，以使保护这项权利的原则性与适应我国当前情况的灵活性（主要是是否对这项权利进行必要的和适当的限制）更好地统一起来。

2003 年 12 月 23 日，最高人民法院审判委员会通过了《最高人民法院关于修改〈最高人民法院关于审理涉及计算机网络著作权纠纷案件适用法律若干问题的解释〉的决定》，自 2004 年 1 月 7 日起施行。

该司法解释明确规定：网络著作权侵权纠纷案件由侵权行为地或者被告住所地人民法院管辖。侵权行为地包括实施被诉侵权行为的网络服务器、计算机终端等设备所在地。对难以确定侵权行为地和被告住所地的，原告发现侵权内容的计算机终端等设备所在地可以视为侵权行为地。受《著作权法》保护的作品，包括

《著作权法》第 3 条规定的各类作品的数字化形式。在网络环境下无法归入《著作权法》第 3 条列举的作品范围，但在文学、艺术和科学领域内具有独创性并能以某种有形形式复制的其他智力创作成果，人民法院应当予以保护。

该司法解释还将第 3 条改为：已在报刊上刊登或者网络上传播的作品，除著作权人声明或者报刊、期刊社、网络服务提供者受著作权人委托声明不得转载、摘编的以外，在网络进行转载、摘编并按有关规定支付报酬、注明出处的，不构成侵权。但转载、摘编作品超过有关报刊转载作品范围的，应当认定为侵权。

2001 年新修订的《著作权法》第 10 条第 1 款第 12 项进一步明确规定了著作权人的信息网络传播权，即以有线或者无线的方式向公众提供作品，使公众可以在其个人选定的时间和地点获得作品的权利，从而第一次明确了著作权人的网络传播权，虽然未明确该种权利的性质，但为解决网络纠纷提供了依据。另外，《著作权法》第 38 条第 1 款第 6 项、第 42 条第 1 款也给相关的邻接权人规定了类似的权利，把信息网络传播权作为作品的使用方式单独罗列出来，从而在法律上明确界定了网络传输权与复制权、发行权、表演权等权利之间的区别，规定了网络传输属于著作权人使用作品的方式之一，也是其享有的专有权利之一。《著作权法》的修改，更在法律上确立了权利人享有的网络传播权。从法条来看，涉及该权利的有第 10 条第 12 款：信息网络传播权，即以有线或者无线方式向公众提供作品，使公众可以在某个选定的时间和地点获得作品的权利。第 38 条：表演者对其表演享有"许可他人通过信息网络向公众传播其表演，并获得报酬"的权利；第 42 条：录音录像制作者对其制作的录音录像制品享有许可他人"通过信息网络向公众传播并获得报酬的权利"；第 48 条第 1、3、4 款：未经著作权人许可，有通过信息网络向公众传播著作权人作品的、传播表演者表演的、传播录音录像制作者制作的录音录像制品的（本规定另外有规定的除外），"应当根据情况，承担停止侵害、消除影响、赔礼道歉、赔偿损失等民事责任"以及行政责任甚至刑事责任。

我国信息网络传播权的出台在一定程度上保障了著作权人的网络传播权利，但由于目前国内对信息网络传播权的规定仅是原则性的、笼统的规定，在很多方面留有空白，而最高人民法院的司法解释虽然在一些具体问题上作出了规定，但其中一些规定的合理性和可操作性还值得商榷。

例如，《著作权法》中未涉及如何确定网络传播权侵权行为的损害赔偿这一内容，因此在确定赔偿数额时，往往会遇到困难。赔偿数额如何能够建立在网络传播权侵权人所得利益的基础上，这是我们应该考虑到的问题。虽然新《著作权法》中没有关于如何确定网络传播权侵权行为损害赔偿的规定，但《网络著作权解释》第 10 条涉及了这一内容。该规定为："人民法院在确定侵权赔偿数额时，可以根据被侵权人的请求，按照其因侵权行为所受直接经济损失和所失预期应得利益计算赔偿数额；也可以按照侵权人因侵权行为所得利益计算赔偿数额。"此规定的出台是基于网络上侵权作品的传播不同于纸介质侵权作品的发行这一点考虑的。纸介质侵权作品的发行往往数量比较确定，虽然可能不容易查清，但往往能通过一些旁证等获得侵权数额或损失数额的大致范围。然而网络上侵权作品的传播则不易确定这些因素。应该说，凡是有可能登录阅览的地方，都是侵权作品可能传播到的地方，侵权数额往往很难确定，因此需要通过法定赔偿额来确定。

这一规定虽然在一定程度上保护了权利人的合法利益，但还是存在一点欠缺之处。传统媒体侵权使用他人作品，要按正常规定程序三审、发稿、排版、印刷、出版、发行，才能实现其"侵权所得"。法院依法判处这样的侵权人赔偿权利人的损失，除了权利人实际得到的赔偿之外，侵权人的侵权成本也成为一种无法得到回报的支出，实际上成了对侵权人的一种惩罚。而网上侵权，只要一个"盗版编辑"用鼠标点两三下，就直接把他人的作品转发到自己的页面上了。论成本，前者肯定要大大高于后者；论利润，后者的广告收入则可能一点也不少于前者；论社会危害性，网络无与伦比的传播速度和广阔无垠的传播范围，更让传统媒体望尘莫及。这种情况下使用上述法规去赔偿权利人的损失，虽然权利人的收入没有变化，但是侵权人的实际损失却已经大大地缩了水。这显然不能起到法律对违法行为人的惩罚作用。正是因为这个原因，该司法解释在修正时删除了这一条。

网络传播的损害赔偿应不同于纸质图书。只支付相当于其所得利益作为损害赔偿，对于网络传播侵权人而言没有起到惩罚作用，因为侵权人几乎没有成本支出。因此，在确定赔偿数额时，应充分考虑到网络侵权行为的危害程度。国家版权局、信息产业部根据《中华人民共和国著作权法》及有关法律、行政法规，制定颁布了《互联网著作权行政保护办法》，自 2005 年 5 月 30 日起施行。

该办法明确规定，著作权行政管理部门对侵犯互联网信息服务活动中的信息网络传播权的行为实施行政处罚，适用《著作权行政处罚实施办法》。侵犯互联网信息服务活动中的信息网络传播权的行为由侵权行为实施地的著作权行政管理部门管辖。侵权行为实施地包括提供本办法第 2 条所列的互联网信息服务活动的服务器等设备所在地。著作权人发现互联网传播的内容侵犯其著作权，向互联网信息服务提供者发出通知后，互联网信息服务提供者应当立即采取措施移除相关内容，并保留著作权人的通知 6 个月。著作权人的通知应当包含以下内容：(1) 涉嫌侵权内容所侵犯的著作权权属证明，(2) 明确的身份证明、住址、联系方式，(3) 涉嫌侵权内容在信息网络上的位置，(4) 侵犯著作权的相关证据，(5) 通知内容的真实性声明。互联网内容提供者的反通知应当包含以下内容：(1) 明确的身份证明、住址、联系方式，(2)被移除内容的合法性证明，(3)被移除内容在互联网上的位置，(4)反通知内容的真实性声明。著作权人的通知和互联网内容提供者的反通知应当采取书面形式。

互联网信息服务提供者明知互联网内容提供者通过互联网实施侵犯他人著作权的行为，或者虽不明知，但接到著作权人通知后未采取措施移除相关内容，同时损害社会公共利益的，著作权行政管理部门可以根据《中华人民共和国著作权法》第47条的规定责令停止侵权行为，并给予下列行政处罚：(1)没收违法所得。(2)处以非法经营额3倍以下的罚款；非法经营额难以计算的，可以处10万元以下的罚款。

中华人民共和国国务院2006年5月18日发布了《信息网络传播权保护条例》，自2006年7月1日起施行。

该条例明确规定，权利人享有的信息网络传播权受著作权法和本条例保护。除法律、行政法规另有规定的外，任何组织或者个人将他人的作品、表演、录音录像制品通过信息网络向公众提供，应当取得权利人许可，并支付报酬。为了保护信息网络传播权，权利人可以采取技术措施。任何组织或者个人不得故意避开或者破坏技术措施，不得故意制造、进口或者向公众提供主要用于避开或者破坏技术措施的装置或者部件，不得故意为他人避开或者破坏技术措施提供技术服务。

对提供信息存储空间或者提供搜索、链接服务的网络服务提供者，权利人认为其服务所涉及的作品、表演、录音录像制品，侵犯自己的信息网络传播权，可以向该网络服务提供者提交书面通知，要求网络服务提供者删除该作品、表演、录音录像制品，或者断开与该作品、表演、录音录像制品的链接。

四、网络传播著作权中人身权的保护

1. 署名权

又称作者身份权，它包括以下内容：作者有权要求他人承认其作者身份；作者有权决定是否公开或何时、何地、以何种方式、在何范围内公开作者身份；作者可以通过署名权来实现作者身份权，作者可在原作上，也可以在演绎作品上通过自己选择的方式署名。网络传播的作者同样应享有上述权利，任何人不得侵犯。

2. 发表权

发表权是指作者享有决定是否、何时、采取何种方式发表其著作的权利。防止网络用户非法将他人作品上载入网进行传播，是确保网络传播作者享有发表权的先决条件。网络传播的便利性、低成本性以及影响范围的广泛性，成为困扰网

络传播著作权保护的难题。

《著作权法》严格规定了对"已发表"的作品和"未发表"作品保护之区别，因此在判断是否侵权、确定解决方式时，网络传播是否符合著作权法对"发表"的要求，是一个非常重要的因素。

作为《著作权法》的一个概念，不同法系对"发表"一词的解释是不同的。在英美法系中，发表（publishing）是正式地让公众感知，与出版发行是同义语。在中国，一般是指在一定范围内公开。凡在国家出版的并标有统一书号或国际标准书号的图书上发表，或在国家最高行政机关或省、自治区、直辖市主管部门批准的，在期刊主办单位所在地的省级出版管理机构登记并领取登记证或载有有效的国际期刊编号的期刊上发表，称为正式发表。根据国务院批准的有关规定，履行了申报程序并被批准的音像出版广播电视机构公开广播的作品也视为公开发表。除此以外，在其他刊物等材料上发表作品，视为非正式发表。

3. 修改权

是指修改或者授权他人修改作品的权利。上文提到的 DRM 技术就可以防止作品在网上被人修改，此类技术一旦应用于网络传播，就会从根本上杜绝对作者修改权的侵犯。

4. 保持作品完整权

是指作者所享有的保持作品的完整性，禁止他人歪曲、篡改其作品的权利；反之，作者本人有权对自己的作品予以修改。此项权利是作者所享有的一项重要的著作人身权，与作者的声誉、荣誉休戚相关。对此项权利的维护，在互联网上传播的网络作品要比一般的纸质图书难度大得多。

五、网络传播著作财产权的保护

著作财产权是指作者享有的使用或者授权他人使用作品并取得报酬的权利。网络传播的出现，意味着一种新的图书发行方式的崛起，造成原有的权利与利益体系的变革，向原有的著作财产权保护制度提出了挑战。下面列举四种网络传播的主要著作财产权，以探讨其在网络传播的著作权保护中所起的作用。

1. 复制权

复制是著作权和相关权利的核心，也是著作权保护的基础。通过控制作品或其他保护客体的复制，权利人能够控制随后的多种使用行为。由于网络技术的发达，著作物一旦被转化成电子形式并进入网络空间，就难逃被复制的厄运，要切实保障著作权人的复制权，就有必要对传统的复制权概念及其法定限制进行新的认识。特别是对于网络传播而言，读者有可能为了方便阅读而暂时将作品另存到计算机中，这种复制应属合理使用。而如果将下载后的电子图书重新放到网上发送出去，当属侵权。

2. 发行权

是指著作权人通过出售或所有权转移的其他方式，或者通过出租或出借，向公众提供有著作权的作品复制的权利。相对于纸质图书，网络作品的发行占有明显的优势。它速度快、覆盖面广、无库存、无地域限制，可按需要下载。

3. 传播权

是指著作权人直接或借助任何装置和过程所实现的对其作品进行表演和展示的权利。网络传播是对著作权法前瞻性与扩容性的考验，它以互联网为依托，可以实时、迅捷地将作品传播到世界的每一个角落。

4. 出版权

是一项与发行权、复制权密切相关的著作财产权，因为从出版所须具备的两个条件（即必须经作者同意后复制作品，并予以公开；为出版而进行的复制必须达到一定的数量）来看，出版权不再是包含复制和发行，而是与它们无法区分开来了。网络技术的飞速发展，使得作品原本是以有形的物质形态进行传播、交流，转变成以无形的数码形态所进行的信息传播和交流，复制、发表、发行、传播等概念纷纷扩张，这些正是著作财产权制度中权利融合现象的原因所在。基于此，网络作品的出版与发行可以融合为一个概念，由著作权人享有专有权。

六、著作权集体管理组织

在网络传播的开发过程中，开发者难以掌握各类作品的著作权人信息，即使在信息充分的情况下，也要逐一取得他们的许可，并与之签订许可协议，这是一项手续繁复的工作，需要花费大量人力和时间。既要保证作者的合法权利受到尊重与有效保护，又要方便需要大量使用他人作品的网络传播者获得作者的授权，因此，有必要建立一个著作权集体管理组织，统一代表著作权人与作品使用者洽谈使用许可事宜，负责对各种侵权行为的监督和法律责任追究，并提供各类版权信息数据库的检索。由该机构将其成员的作品编号归类，列出目录，提供给网络传播者，并与之签订一揽子的使用许可合同，集体授权，统一收费，然后再将使用费按一定的分配规则与标准分配给作品的版权所有者。

网络传播的品种十分丰富，将达到一个传统出版社出版规模所无法比拟的程度。全国有数以百计的出版社，如果让网络传播机构与各出版社，甚至是著作权人，就版权使用问题分别谈判，那所要花费的时间成本和经济成本将是巨大的，也是不现实的。未来将涌现一批著作权集体管理组织。出版社和著作权人向著作权集体管理组织授权，由著作权集体管理组织来管理网络传播的著作权使用。

《著作权法》中已经明确对"著作权集体管理组织"的性质和作用作了界定，即著作权集体管理组织是非营利性组织，可以由著作权人和与著作权有关的权利人授权，行使著作权或者与著作权有关的权利。网络传播机构只要向著作权集体管理组织支付其代理著作的版权费等相关费用，就可以出版该著作。著作权人和出版社的版权收益通过著作权集体管理组织结算，网络传播单位使用著作权时无需与著作权人、出版社进行协商。这将大大简化网络传播单位合法使用著作权的程序，降低使用成本。通过著作权集体管理组织解决网络传播的版权使用问题是未来的发展趋势。

一些发达国家的经验表明，这是一种协调作者与社会大众关系并维护著作权人合法权益的有效途径。在这些国家里，已建立了许多针对不同类作品的著作权使用管理集体。如美国的电影家协会（MPAA）、版权结算中心（CCC），英国的演出权利协会（PRS），日本的文艺著作权保护同盟等。

为使这种集体管理机构公正合理有效地运行，著作权法律应确认它的地位，政府应扶持和监督它的业务活动。例如，法律可授权它管理非该机构成员但是本国作者的作品，规定它有权起诉侵犯它管理的作品的版权的人，它发放的许可证的使用费标准以及使用费的分配规则，应经国家主管部门批准等。

七、网络传播著作权保护的国际化

网络传播中的数字化信息在计算机网络中能够很容易地在世界范围内广泛传播和使用，国家和地区的界限在网络中逐渐淡化，这对法学界长期认同的知识产权时间性、地域性特征提出了前所未有的挑战。著作权作为知识产权制度的重要组成部分，属于国内法的范畴。各国对信息产品的保护标准、保护水平差异很大。这种法律冲突会导致网上侵权行为、执法主体等难以确定，同时势必会阻碍智力成果的传播和使用，挫伤网络信息资源开发者的积极性。

由于各国法律制度的不同，国际条约的局限性以及网络技术的不断发展，使得网络传播的跨国保护仍然是一件棘手的事情，主要表现在国际私法方面。如：不同国家对于版权和邻接权的保护标准不完全相同，依据哪国的标准保护跨国传输的作品的版权？除了参加有关的国际条约或两国间存在双边协议的国家可以依据条约或协议外，很多国家目前还没有在网络作品的国际传播中合理保护版权人的法律规定。由于版权保护的"地域性"，在一国受到保护的作品在他国不一定符合授予版权的条件，或者在一国已经进入公有领域的作品在他国仍然受着版权法保护。如果网络作品在数十个国家以上传播，则会面临更加复杂的国际私法问题。

在美国的一个判例中，美国某版权人在美国联邦地区法院提起了诉讼，控告某意大利网站在传播侵犯其版权的材料。审理案件的美国法院认定,虽然侵权行为实施于美国之外,但是在美国国内能够毫无困难地通过互联网访问这些侵权材料。虽然美国法院无权禁止被告意大利网站的网上活动,但是它有权禁止被告的侵权行为进入美国司法管辖的范围。法院最后责令被告采取必要的技术措施,使美国公众无法再访问该意大利网站上的侵权材料。这种技术措施的采用使法律管辖严守地域性的疆界,避免了不同国家法律之间的冲突。但是,技术手段无法避免所有的法律冲突,而且始终只能是法律规则的补充,而不能取代法律的地位和作用。因此,解决法律冲突的根本途径还在于对现有的冲突法规加以完善和发展。

第三节 网络传播著作权的技术保护

互联网的零成本复制性、全球传播性、隐蔽性、共享性,使得针对网络传播的著作权保护十分困难。在互联网上,每个人都有能力同时成为作者、出版商和侵权人。任何人都可以不留痕迹地改动网络上作品的内容、排序、署名,把几部作品综合成一部作品,经过网络迅速、广泛地传播,一部作品往往被改得面目全非,真假难辨,从而引发网络侵权大量发生。互联网对版权保护带来的严重问题之一就是侵权行为的大众化,每个人都可能是现实或潜在的侵权者。互联网改变了侵权的主体、目的,使权利人陷入了不计其数的侵权行为中而感到无能为力。侵权者可以分布在地球的各个角落,无人知晓其真实身份,令司法救济也出现困难。在互联网上,维护权利的成本与风险都很高,而侵权的成本与风险却很低,甚至为零。在这种环境下,著作权人必然会采取一些有效的技术措施来确保自身的利益不受侵害。为防止他人对网络传播作品的非法使用,在版权作品上采取技术上的措施,可以令使用者不能任意复制、发行、传播和修改,从而达到有效保护其合法权益的目的。

一、技术措施的界定

著作权的技术保护措施,是指著作权人主动采取的、能有效控制使用受著作权保护的作品并对著作权人权利进行有效保护,防止侵犯其合法权利的设备、产品或方法。根据《世界知识产权组织版权公约》第11条规定:"作者和其他著作权人有权为行使各项著作权而采用技术保护措施,以限制未经其许可或未经法律许可的行为。"

技术措施可以是限制他人访问自己作品的,也可以是防止他人行使自己权利的。但是著作权技术保护措施不能损害公共利益,必须符合以下条件:①技术措施只能是防御性的而不能是攻击性的；②只可以给侵权行为设置障碍，不可以采取过激的技术手段对故意侵权者或无意侵权者的计算机系统进行破坏；③不能对他人的作品或已处于公共领域的作品设定技术保护。

二、技术措施的种类

1. 按用途分类

常见的技术措施有以下四种：一是控制访问作品的技术措施，如设置密码、付费浏览等，主要是使用户未经允许无法访问、接触某个网站或该网站的某些内容；二是控制传播作品的技术措施，主要是防止作品未经许可的复制、打印等，这是著作权人关心的重点；三是识别非授权作品的技术措施，它隐蔽在数字化作品中，以识别作品及著作权人，鉴定作品的真伪，为司法救济提供侵权的证据；四是制裁非授权使用的技术措施，一般在著作权作品内暗藏一定的程序，当发生对著作权作品的使用时，该程序运行会妨碍对作品的使用，甚至对使用者的计算机产生影响。

2. 按手段分类

（1）访问控制技术。该技术是确定合法用户对计算机系统信息资源所享有的权限。例如，某些用户对某一信息的使用权限是只能阅读，而另一些用户对这些信息则可以修改、复制，该技术可以防止非法用户的入侵，合法用户使用非权限内信息资源以及以非法方式使用信息资源。最常用的访问控制技术是"设置口令"和"身份验证"。

（2）密码技术。该技术对信息的保护方式是将信息加密，使非法用户不能解读，因此信息即使被窃取也不易被识别。发送者利用加密密钥对信息进行加密，然后把加密后的密文发给接收者；接收者收到密文后，再用解密密钥将密文恢复成原来的信息。

（3）数字水印技术。该技术是用信号处理方法在数字化的多媒体信息中嵌入隐蔽的标记。这种标记通常是不可见的，只有通过专用的检测器或阅读器才能提取。近几年随着数字水印技术的不断发展，其在数字作品著作权保护方面，正发挥着越来越重要的作用。

传统水印广泛用于货币和重要的法律文件，以证实其真实性。"数字化浮水印"类似于传统水印，所不同的是它一般是看不见的。如果要打开一个从Internet上下载的音像文件，看看是否有"数字化浮水印"，你必须要借助相应的软件。这就像我们常常把带有传统水印的纸币对着光亮处，看看是不是假币一样。当然，"数字化浮水印"比传统水印"高明"得多，它不仅能帮助我们辨别真假，还能传达著作权信息，告诉他人只有制作者才有权支配这些网上作品。另外，有效的"数字化浮水印"应该经久耐用，任何图像编辑（包括模糊、旋转、剪切、粘贴和颜色分离）、数据压缩、扫描和打印都无法将其去除掉。例如，你下载完一张图片，用 PhotoShop 作一下处理，然后把它打印出来，最后发个传真给你的朋友。这时，图片中的"数字化浮水印"依然毫发无损。

三、DRM 技术

网络传播的出现，改变了纸质图书所隐含的权益。因为计算机文件可以被无限次复制，而且保持与原始文件一模一样；计算机文件很容易被低成本甚至零成本地修改。所以，有必要通过技术手段把原来"隐含"的纸质图书权益在网络传播中体现出来，例如数字著作权管理（Digital Rights Management，DRM）就是保护网络传播内容免受未经授权的播放和复制的一种方法。它主要是保护内容提供者的数字化作品免受非法复制和使用。DRM 技术通过对数字内容进行加密和附加使用规则对数字内容进行保护，它的使用规则可以断定用户是否符合浏览数字内容的条件。使用规则一般可以防止内容被复制或者限制内容的浏览次数。

DRM 技术的目的是保护数字内容的著作权，从技术上防止数字内容的非法复制，最终用户必须得到授权后才能使用数字内容。对于网络传播的 DRM 技术，需要解决以下几方面的问题：通过加密等技术保证网络传播的安全性，对网络传播的内容进行合理的授权后才能阅读，网络传播的内容不能被非法拷贝，网络传播的内容不能被随便修改，网络传播在流通过程中应该是可计数的。

DRM 是网络传播中最重要的技术基础，DRM 的目的是让作者和出版社的电子著作权得到保护。通过网络图书的销售，作者和出版社得到相应的收益，网络图书销售数量是可计数的。网络图书销售网站能从出版社得到网络图书的销售许可，读者通过网上支付购买网络图书。出版社也可以把网络图书通过销售渠道卖给图书馆，图书馆购买网络图书就像购买纸书一样，按复本数购买，对读者提供借阅的服务。

DRM 技术保护网络图书的著作权，至少要在四个方面体现纸质图书的隐含权益：

（1）DRM 技术要保证网络图书不能被复制，网络图书与阅读的机器是绑定的，计算机文件拷贝到别的机器无法阅读。

（2）DRM 技术要保证网络图书不能被篡改，包括网络图书的内容、网络图书的定价、出版社名称等信息。

（3）DRM 技术要保证网络图书可以计数。可以计数，包括两个含义：第一，读者买网络图书，按"本"购买；网络书店卖书，按"本"卖；图书馆按"本"买网络图书，一本一本地借给读者。第二，出版社能知道网络书店卖了几本书、图书馆买了几本书，该统计数据通过技术保证其公正和不可篡改。

（4）DRM 技术可以控制网络图书的二次传播。例如图书馆购买的书，可以借给读者阅读，读者的网络图书到了借期后不能继续阅读。

目前，只有方正 Apabi 和部分国外的网络图书采用了 DRM 技术，在这四个方面实现了对网络图书的著作权保护。当然，实现这几个方面保护时，需要用到对称加密技术、非对称加密技术（PKI）、数据通信安全技术、版式文件的数据加密以及 XML 等多种技术，在这些技术的基础上，才能构成完整的网络图书 DRM 系统。

四、寻找侵权者的技术技巧

1. HTML 中的技巧

简单地说，就是在编写 HTML 文件时，使用 Meta 标签（Meta Tag）来保护网上作品。隐藏的 HTML 标签中可以包含有关的著作权信息和序列号，这为日后的追查工作提供了方便。Meta 标签包含了著作权标志、出版日期、姓名、编号等相关信息。这种标签处于隐藏状态，仅用浏览器浏览网页是看不出来的。

除了著作权信息，我们还能把文件的序列号隐藏于 Meta 标签之中。对于那些完完整整地复制别人的网页或源代码，然后只是简单地改改名字的侵权者，这个办法很有效。因为我们能借助搜索引擎来查找这些序列号。隐藏 Meta 标签的一般做法是使序列号字体的颜色和网页背景的颜色保持一致。这种标签能一直保存在网页中，一旦有人复制了网页，著作权人就可以把标签中的序列号当作关键词，通过搜索引擎来查找它。

绝大多数的搜索引擎都是通过自动搜索程序来创建数据库，这种自动搜索程序经常搜索 Web 页的内容，为搜索的每一个 Web 页作索引。如果没有特别限制，搜索引擎会自动把标题或文本的头几句话当作整个 Web 页的主要内容或关键词。所以当我们利用搜索引擎查找资料，常常会得到许多不相关的信息。但如果 Web 页有 Meta 标签，搜索引擎就会通过读取标签中的信息来描述该 Web 页并确定其关键词，而不是搜索整个 Web 页的内容。如果想利用搜索引擎来追踪那些复制网页的侵权者，我们可以在标签中加上具有自己特点的序列号或关键词，然后去主要的搜索引擎注册。这样，当在搜索引擎键入自己的序列号或关键词时，很快就能得到准确的反馈信息，找到侵权者。

2. 利用搜索软件

通过多个搜索引擎来查找侵权者，这是一项繁琐的重复劳动。如果借助一些像 WebFerret 这样的搜索工具，就能大大减轻劳动量。WebFerret 是一个 Web 搜索软件，内置了目前著名搜索引擎的搜索代码，例如 Yahoo、AltaVista、

Infoseek、Excite 等，可以同时向这些搜索引擎提交搜索请求，并在返回结果中自动过滤掉相同的信息。而且通过其"Save"功能，还可以保存搜索结果，方便离线查询。

无论采取什么措施，仍然会有人非法地盗用受著作权保护的网络传播作品，他们甚至复制 HTML 源代码和带有"数字化浮水印"的网络传播作品。与著作权法律相比较，以技术对抗技术为核心思想的技术措施更具有防患于未然的优越地位。同时，技术措施作为在网络环境下著作权保护的有效手段，也受到了国际条约和各国立法的肯定，禁止规避技术措施已成为著作权立法的新趋势。

第四节　网络传播著作权保护的早期案例

网络传播作品发展十分迅猛，而与此相关的侵犯著作权和相关权利的案件越来越多。在图书出版界，有关网络传播的著作权侵权案不胜枚举。

一、国内首例网站与传统媒体的著作权案

据新华社报道，国内首例由网站对传统媒体提起的侵权诉讼案，2000 年 12 月 1 日在北京市第一中级人民法院公开宣判。

原告上海榕树下计算机有限公司创办的"榕树下"网站是全球最大的中文原创作品网站之一，发表了大量网络原创作品，并与作者签订了著作权许可使用合同。2000 年 4 月，中国社会出版社在其出版的网络人生系列丛书中，未经榕树下公司的许可，收录了原告享有著作权的《寂寞如潮》《网事悠悠》等 9 篇文章，并在全国范围内公开发行。

法院判令被告中国社会出版社立即停止出版、发行《寂寞如潮》《网事悠悠》等侵权书籍，赔偿原告上海榕树下计算机有限公司损失人民币 10 000 元，并在《新民晚报》《北京晚报》上就其侵权行为向原告公开赔礼道歉。

二、国内第一起网上著作权官司"《电脑商情报》被诉侵权案"

原告陈某于 1998 年 5 月 10 日以"无方"为笔名，在其个人网页"3D 芝麻街"上发表了《戏说 MAYA》一文，并注明"版权所有，请勿刊载"。而被告《电脑商情报》在未经他同意的情况下，于 1998 年 10 月 16 日将这篇文章登在其第 40 版上。陈某认为自己的著作权被侵犯，要求被告公开道歉，支付稿费 231 元，同时支付惩罚性稿费 5 万元并承担诉讼费用。被告同意按照国家有关稿酬标准，支付原告 231 元稿费，但被告认为自己无侵权故意，此稿是读者投入报纸电子信箱的，稿上未写真实姓名和地址，无法发送稿费，因而不同意向原告道歉。

在此案中，被告《电脑商情报》违反了《著作权法》第 45 条第 5 项、第 6 项的规定，侵犯了原告的作品使用权和获得报酬权，应当承担侵权责任。因作者地址不明而无法发送稿费的说法也站不住脚。《著作权法实施条例》第 49 条规定："著作权人或者著作权人地址不明的，应在一个月内将报酬寄送国家版权局指定的机构，由该机构转递著作权人。"

最终法院判决被告停止使用原告作品，登报公开道歉，向原告支付稿酬并赔偿损失 924 元，承担 2 000 余元诉讼受理费。

在这一类侵犯行为中，侵权主体主要是以报刊、书籍为代表的纸质媒体和以广播、电视为代表的电子媒体，而侵权的客体则是网络作品。网络作品的著作权人和传统媒体作品的著作权人一样享有《著作权法》规定的 6 种权利：发表权、署名权、修改权、保护作品完整权、使用权和获得报酬权。传统媒体侵犯网络作品著作权的行为主要表现在《著作权法》第 46 条第 6 项、第 7 项的规定："（五）未经著作权人许可，以表演、播放、展览、发行、摄制电影、电视、录像或者改编、翻译、注释、编辑等方式使用作品的，本法另有规定的除外；（六）使用他人作品，未按规定支付报酬的。"

发表在报纸上的作品与网上作品相比，只不过是传播的载体不同而已，前者是以报纸这种传统的纸质媒体传播，而后者是以网络这种新型媒体传播，二者在本质上是一致的。从网上"下载"网络作品，与摘登其他报纸的作品一样，应视为"转载"，应依照《著作权法》第 32 条规定，对著作权人的合法权利予以保护。

三、中国网络主页侵权第一案"瑞得诉东方案"

原告北京瑞得公司认为，被告四川东方信息服务有限公司的主页，从整体版式、图案到栏目名称均与瑞得公司主页雷同，瑞得公司的徽标和搜索引擎"看中国"也被复制，因而认定被告侵犯了其因特网上主页的著作权，索赔 19.99 万元。经法庭调查取证，认定被告侵权成立，判决被告向原告公开道歉，赔偿 2 000 元，对原告的巨额赔偿要求则不予支持。该案受理费 5 508 元，由原告负担 5 400 元，被告负担 108 元。

在上述案件中，被告之所以侵权成立，是因为其侵犯了网站管理者对其网页整体享有的著作权。

四、王蒙、张抗抗等作家诉网络侵犯传统媒体作品著作权案

1996 年 8 月，"北京在线"网站未经王蒙、张抗抗等作家允许，将他们的作品登载在该网站上。1999 年 6 月 15 日，王蒙、张洁、张抗抗、刘震云、张承志

和毕淑敏 6 位作家通过代理律师，向北京市海淀区人民法院提起诉讼，状告"北京在线"网站未经许可就将他们享有完全著作权的文学作品登载在网上，侵犯了他们的作品使用权和获得报酬权，要求赔偿经济和精神损失。

1999 年 9 月 18 日，法院作出判决，认定被告未经原告许可将其作品登载到因特网上，侵害了原告对其作品享有的使用权和获得报酬权。被告应停止侵权，在自己主页上刊登致歉声明，并分别赔偿 6 位原告数额不等的经济损失。而对原告提出的精神损失费的诉讼请求，法院予以驳回。本案上诉后，被二审法院驳回。

在这起案件中，网络公司辩称：作品经数字化后发生新的作品，不是原作，网络公司享有对网络作品的著作权。被告代理律师认为，我国现有《著作权法》对于作品上网并无明文规定，而互联网是新兴行业，网上提供信息具有数量多速度快的特点，在实际操作中会产生无法与信息源沟通等障碍；网上刊载的原告作品，绝大部分是网友用 E-mail 方式提供的，而网友不可能知道刊载这种作品需征得著作权人的同意；网上刊载作品属新型作品使用问题，不同于盗版，法律上尚无明文可依，被告无侵害故意。

王蒙、张抗抗等作家主张：虽网上作品署名正确，与原作一致，但"北京在线"未经作者同意，就把作品用于商业网络，获取经济利益，侵犯了作者对作品的使用权。把作品数字化后刊登于网络上，该行为不属于创作，故作品仍是原作。

事实上，网络在"媒体"这个意义上，与传统媒体享有同等的权利与义务，不论是网上作品"下载"还是传统媒体作品"上载"，都应该视为转载，并依照《著作权法》第 32 条第 2 款规定，向著作权人支付报酬。在无法与信息源沟通的情况下，付酬方式应按《著作权法实施条例》第 49 条规定执行。网站内容中属于网站管理者编辑的作品，网站管理者对其整体享有著作权。

五、刘戎诉中国友谊出版公司著作权侵权案

2003 年 9 月 8 日，刘戎诉中国友谊出版公司著作权侵权纠纷一案，由北京市朝阳区人民法院进行了公开审理。原告刘戎诉称，他以"背包小虫"的署名在新浪网站发表《徒步独龙江完全攻略（附地图）》一文。2002 年和 2003 年，中国友谊出版公司在其出版的《中国自助游 2002》和《中国自助游 2003》中分别以不同方式使用了该文中的文字，未经作者许可，也未署名，且对部分内容采用删改、节选等方式进行修改和编排。

涉案图书是由多位作者共同完成的汇编作品，但中国友谊出版公司仅就《中国自助游 2002》一书与策划人签订了出版合同，且未取得作者授权的合法手续。

我国《著作权法》规定，出版者出版图书应当与著作权人订立出版合同，并对其出版行为的授权、稿件来源和署名、所编辑出版物的内容等尽到合理的注意义务。

依据《中华人民共和国著作权法》第 10 条第 1 款第 2 项、第 3 项、第 5 项、第 6 项、第 47 条第 1 项、第 48 条第 1 款之规定，北京市朝阳区人民法院判中国友谊出版公司立即停止出版发行《中国自助游 2002》和《中国自助游 2003》二书、在新浪网旅游论坛向刘戎公开致歉并赔偿刘戎经济损失。

从上述案件的判决可以看出，刘戎作为《徒步独龙江完全攻略（附地图）》一文的作者，依法享有署名权、修改权、复制权和发行权等著作权，任何人不得侵犯。"网络作品"是一个学理概念，不是一个法律概念。在网络环境中，作品的表现形式并没有超越传统的作品范围，也就是说，《著作权法》保护的客体没有变化。只要是有独创性的作品，无论是以何种形式发表，其创作者都合法地享有著作权，除非作者声明放弃。

从保护网络传播著作权的必要性来看，中国友谊出版公司正是忽略了网络传播的著作权问题。可见除了要加强出版社的著作权意识之外，网络传播的作者也要对自己的作品依法进行保护，这是非常必要的。

网络传播是将作品经过数字化转换，以数字化方式使用，只是作品载体形式和使用手段的变化，并没有产生新的作品，作品的著作权人对其创作的作品仍然享有著作权。而本案所涉及的侵权图书只用了网络版图书的一部分，却又超出了合理使用的范围，因而构成侵权。这与我们经常见到的整本书从网上下载制成纸质图书在细节上有所区别，但本质是一样的，只是界定的难度有所增加。此类侵权往往更具隐蔽性，不易被发觉，这就需要读者与著作权所有人具有高度的警惕性和责任感。

《著作权法》的核心在于保护著作权人的正当权益。未经许可使用他人的网络传播内容，将对著作权人的著作权尤其是著作权人的经济利益产生不利影响。网络传播的著作权保护任重而道远，除了需要业内人士的不懈努力，更需要广大群众的守法意识。

第五节　韩寒与百度之争

一、韩寒与百度之争的来龙去脉

2011 年 3 月 15 日，包括韩寒等数十位作家在内的作家联盟发出声讨百度的檄文，檄文言语激烈，称百度为"小偷"，称百度文库为"邪恶平台"，"偷走了我们的作品，偷走了我们的权利，偷走了我们的财物"，百度所标榜的"免费分享的精神"是"卑鄙的借口，是慷他人之慨只为了一己之私欲，伤害每个作者和每个读者"。

此后，韩寒、慕容雪村、小桥老树和何马联名状告北京百度网讯科技有限公司，诉称百度文库侵犯著作权。11月3日，海淀法院受理此案。他们是作家联盟发出"檄文"后，首批用法律武器向百度讨要说法的作家，此案也号称作家打响的"百度战役"第一枪。

韩寒等人诉称，网友将其享有著作权的文学作品，如《1988：我想和这个世界谈谈》（韩寒）、《零下一度》（韩寒）、《像少年啦飞驰》（韩寒），《成都，今夜请将我遗忘》（慕容雪村）、《天堂向左 深圳往右》（慕容雪村）、《官路风流》（小桥老树）以及《藏地密码》（何马）等上传至百度文库，建立多个文档，供用户付费或免费下载。四人多次要求百度采取措施，但百度文库中仍存在大量侵权文档。

韩寒等人认为，百度是专业的文档分享平台，明知网友上传作品的实际作者是谁，但不加以审查，直接编辑加工，并向公众提供下载和阅读，以此增加用户量和广告投放量，获取经济利益，严重侵害了作品著作权人的著作权。韩寒等要求法院判令关闭百度文库，百度要连续七天在网站首页赔礼道歉并赔偿经济损失。

2012年7月，此案开庭审理。9月17日，海淀法院审理认为，百度有主观过错，一审判决百度文库败诉，赔偿韩寒8万余元。与韩寒一同诉讼的何马、慕容雪村也获得赔偿9万余元。

二、"韩寒百度案"的争议焦点

1. 谁在侵权

百度公司否认自己侵权，称作品是网友上传的，百度文库仅仅属于信息存储空间。百度同时称自己通过多种方式向网民公示了法律法规要求的保护权利人的措施和步骤，尽到了充分提醒的义务。不仅如此，百度还一再强调，这些网友上传的作品文档深得网民欢迎，希望赢得网民的同情和支持。

海淀法院负责审理此案的法官以《像少年啦飞驰》一书为例介绍双方的态度：本案中，双方均认可网络用户将《像少年啦飞驰》文档上传至百度文库，使他人可以在选定的时间和地点获得该作品，网络用户的行为未经韩寒许可，所以上传《像少年啦飞驰》文档的网络用户直接侵犯了韩寒对该书享有的信息网络传播权。

百度公司作为提供上传《像少年啦飞驰》一书的信息存储空间的网络服务

提供商，虽然没有直接实施上传行为，但其是否应对涉案文档的传播承担侵权责任是双方的分歧所在。依据《信息网络传播权保护条例》第五条第二款的规定，未经权利人许可，任何组织或者个人不得通过信息网络向公众提供明知或者应知未经权利人许可被删除或者改变权利管理电子信息的作品、表演、录音录像制品。显然，未经许可上传文档的网友是侵权的，那么百度呢？鉴于韩寒等人的高知名度，百度应该知道上传作品的权利人，因此，百度文库也应该承担侵权责任。

2. 百度是否存在过错

海淀法院审理认为，著作权侵权为一般的民事侵权行为，民事责任的构成通常实行过错责任原则。我国《侵权责任法》第六条规定了行为人因过错侵害他人民事权益，应当承担侵权责任。本案中，要认定百度公司侵权并应承担侵权责任，需要认定百度公司所实施的涉案行为侵害了韩寒享有的信息网络传播权，百度公司的行为与损害后果之间存在因果关系以及百度公司主观上存在过错。

2010年，北京市高级人民法院曾下发针对网络环境下著作权纠纷案件的司法审理的指导性文件。其中，将正在流行的影视剧放置在首页，或是在其他页面放置在显要的位置；或者设立排行榜，或者进行推荐，或者将作品进行整理、分类，有这些行为的网络服务提供商均存在过错，因为在这些操作中，网络服务提供商显然应当知道，而且也能够知道作品的著作权权利人，未经其授权，或明知这些上传的文档侵权却依然使用，就应当承担侵权责任。

韩寒提出百度公司在百度文库中推荐、编辑加工《像少年啦飞驰》一书，向用户提供免费浏览、下载服务，并从中获利。推荐行为体现在文档页右侧显示的"相关推荐文档"栏；编辑行为体现为百度公司改变了涉案文档格式；获利行为体现为百度文库有很多合作伙伴，有合作就会有经济利益存在。

对此，百度公司解释，"相关推荐文档"是百度文库针对网民的搜索意图，根据文档关键词、题目和内容自动识别、匹配出与网民搜索需求类似的文档，这与百度公司主动推荐是不同的。百度公司在百度文库中设有"热门推荐"栏目，其中的作品系百度公司的合作权利人提供，《像少年啦飞驰》一书并不在"热门推荐"栏目中，也未在其他显著位置上，而且百度公司对文库中上传的作品未做编辑加工。

3. 百度是否靠侵权文档赢利

百度称，文库中文档的浏览和下载均是免费的，合作伙伴自愿将相关文档放在百度文库中给网民共享，百度公司未从中获利；百度文库设置的财富值只是其吸引和鼓励网民分享文档的方式，下载文档所需的财富值由上传者自己设定，财富值归属于网民，对百度公司没有任何商业价值。

百度认为，设立财富值，是防止网友光看不发，所以必须先上传文档，赢取财富值，才能再通过其下载文档。目的是丰富文档内容，而不是鼓励发布盗版作品。

虽然表面上，百度文库的确没有要求网友付费下载，但该产品平均每天的新文档上传量达到惊人的15万份，目前该文库拥有多达近6000万份文档，日浏览量数千万次。这为百度公司带来了相当可观的流量，只有注册才能上传下载的模式，又为百度文库增强了黏度。这些流量与黏度，对于以流量为生的互联网公司而言，可谓是无本万利，这将为百度主要的赢利模式——竞价排名带来极高的人气；百度在收取服务费用时，又会因这些流量和黏度更加硬气。

可见，百度文库同样在为百度创造着财富。其设置的财富值，实际上是对网友上传、下载侵权作品行为的一种纵容。

4. 百度对网友上传到百度文库中的文档著作权是否有审查的必要

韩寒的律师提出，百度文库将韩寒的上述作品建立多个文档，供用户下载，侵犯了韩寒的著作权，发送律师函通知百度公司后，该公司仅删除了韩寒方提供的链接文件，但韩寒方通过搜索引擎依然能搜到涉案作品，百度并没有尽到对著作权的合理保护义务。

百度代理人则表示，百度已经按律师函所示删除了相关的链接，还将韩寒、韩寒作品名称设置为关键词，删除了文库中其他侵权文档。百度认为，韩寒方所称的仍能搜索到其他作品的情况，是由于韩寒方将韩寒、作品名称等关键词用空格隔开，"韩（空格）寒（空格）零下（空格）一度"，这种搜索方法已经超出常规的搜索习惯，百度的反盗版系统很难控制。

此外，百度认为，百度文库只是信息存储空间，网友每天都在上传文档，信息海量，事先无法一一审查。

北京市盈科律师事务所律师刘铭对此表示，依据"避风港原则"，即发生著作权纠纷时，网络提供商接到相关投诉后，负有审查、删除的义务。以此来衡量百度的做法，其作为开放的网络存储平台已经尽到了义务。而且我国法律中也有相关规定，即如果网络服务提供商为用户提供存储、搜索或者链接等单纯网络技术服务时，不承担与著作权有关的信息审查义务。这说明法律也认可面对海量信息，网络服务提供商不必事先进行主动的版权审查。

5. 百度文库该不该关闭

韩寒律师认为，百度文库已经成为文学作品侵权的"大本营"，其推测文库中99%是侵权作品，社会作用弊大于利，这种情况下，应该直接关闭。"没有控制能力，百度就不该提供这样一个侵权工具。"

百度文库首页显示四个专区——教育专区、PPT 专区、专业材料、应用文书。"文学作品只占文库的一部分，更多的是应用性文档。"百度方举例说，优秀老师的教案很难发表成书，但上传到百度文库，就可以让全国老师共享，提高教学水平。"不能因为发生了个体侵权事件，就否认一个新产品的社会效益。"

当然，百度的这种美好愿望并没有错，但其有意无意地忽视了几个重要的前提，这些教师的优秀教案在被分享之前，这些教师是否知情？他们是否愿意分享？他们的教案是否是其本人上传的？如果百度希望给这些优秀的教师提供服务，就应该事先确认这些前提，否则，百度所描绘的"美好愿望"也许将给老师带来新的伤害。

但不少律师和法律界人士认为，一个网络产品是好是坏，应做整体评价，如果确实破坏了公共秩序和社会道德风气，就应该制止、关闭，如果只是有一定负面影响，主体是好的，那么应该予以纠正、改善。网络创新的目标是更好地服务公众，如果打击过重，则不利于创新。对待网络纠纷应该从更长远的角度看待，不能简单"就事论事"。

这一观点直接导致了权利人在网络等新媒体环境下著作权被侵犯时处于劣势地位，也直接导致了我国《著作权法》对于侵犯权利行为罚则过低，在新媒体环境下未能有效地保护著作权，反而纵容了侵权行为的发生。

三、"韩寒百度案"带来的思考

是谁让百度们有恃无恐？是新媒体的传播速度太快？范围太广？是新媒体强大的技术力量？是我国法律没有与时俱进，存在监管空白？是网友没有维权意识，只习惯免费午餐？这些都是答案。

1. 新媒体侵权的隐蔽性

显然，未经著作权权利人许可或授权，擅自上传文档的网友应当承担侵权责任，作家们应该向这些网友讨要权利，而不是向网站。但由于网友众多，新媒体传播技术的运用和发展大大提升了网络用户复制侵权作品、传播侵权作品复制品的能力；而且由于信息海量，网络用户的身份信息只有 ID、IP 地址等，侵权行为更加隐蔽；不仅如此，网络用户多数不具有赔偿能力，因此很难追究网络用户的法律责任。侵权的隐蔽性，也使得网络用户侵权的证据难以留存。

具体到作家与百度的纠纷，百度文库并未要求用户实名注册，同时也并未进行身份审核，因此，作家希望追究上传侵权作品的具体用户的法律责任难度很大。百度只能提供用户 ID、注册时间及注册时使用的 IP 地址等，著作权人依据这些信息依然无法确定具体的侵权人，无法向其追究责任。于是，作家将矛头直接指向百度文库的经营者——百度公司。

的确，网络服务提供商提供了网络服务平台以及网络传播技术，虽然为大量用户提供了分享信息的机会，降低了获取信息的难度，加大了信息的获取量，但客观上也使侵权作品的传播速度更快，传播范围更广，给著作权人带来了更大的利益损害。而且不仅仅是客观纵容，部分网络服务提供商还利用这种盗版传播来吸引流量，增加用户黏度，吸引商业投资，直接或间接从网络用户的侵权行为中获利。因此，目前遇到新媒体著作权纠纷时，相关国际公约开始追究网络服务提供商为用户利用其服务进行的侵权行为承担责任，这也成为各国网络著作权保护的趋势。

2. 新媒体的开放导致侵权责任方难以确定

新媒体环境下侵权责任方和侵权行为发生地难以确认，这就导致侵权纠纷诉讼的管辖权难以确定，权利人维权艰难。

法院对某一案件进行审判和裁决的权力或者权限被称为管辖权，法院必须同时对所涉案件具有"标的物管辖权"和"个人管辖权"，才对此案件具有管辖权。依据我国《民事诉讼法》的规定，因侵权提起的诉讼，由侵权行为地或者被告住所地法院管辖。

这样的规定显然不适用新媒体环境下的著作权保护。侵权行为的发生地在网上，网上没有人民法院，如何诉讼？如果侵权的是网友，在没有网络实名制的情况下，无法确定侵权人的住所；如果侵权的是网络服务提供商，就由其所在地的法院管辖类似纠纷，那么集聚了国内IT业内众多大企业，号称要打造中国"硅谷"的中关村、上地地区所属的海淀区人民法院，案件将可能堆积如山；如果网络服务提供商在海外，那官司是否要打到海外去？

网络等新媒体空间的无限性，移动的随机性，使得在网络环境下侵犯著作权可能发生在全国各地，这就使得属地不明确，给诉讼造成麻烦。有些侵权者甚至故意利用管辖权，人为制造管辖"连接点"，为诉讼制造障碍。

据海淀法院相关负责人介绍，涉及网络的著作权侵权案件，被告多为视频分享网站或门户网站，因该类网站遍布全国各地，原告出于便利诉讼、节省成本等考虑，故意制造管辖"连接点"，将该类公司与其他跟案件关系不大但住所地位于海淀区的公司或个人一并诉至海淀法院。搜索网站多被选择作为管辖的"连接点"。因百度、搜狗等搜索网站均位于海淀区，且通过搜索服务易于找到载有涉案电视剧、电影、文字、图片等的侵权网站，故在涉及网络著作权的侵权案件中，原告通常先通过搜索网站搜索到涉案视频或文字、图片的播放网站，定位侵权对象，然后以搜索网站提供搜索服务为由，将其与涉案侵权网站一并起诉，以使位于外地的被诉侵权网站能在海淀法院管辖。此外，甚至有些被告恶意提出管辖权异议以拖延诉讼。

3. 中国网络公司缺乏尊重版权的意识

中国网络服务提供商从其诞生之初，就缺少尊重版权的意识，甚至有许多网站就是靠侵犯他人著作权、知识产权而起家的。

百度模仿自 Google，淘宝模仿自 Ebay，人人网、开心网模仿自 Facebook，QQ 模仿自 ICQ，微博来自于 Twitter，团购的创意同样来自海外，优酷等视频网站则脱胎于 YouTube，等等。

以 QQ 为例，1996 年，ICQ 经由几个以色列人开发出来，后被 AOL 于 1998 年耗资 4 亿美元收购，凭借其好记的口号式名称 ICQ (I seek you)，迅速流行。两年后，QQ 以曾经的 OICQ 名字在中国出现，直接在 ICQ 前加个"O"，就开始推出自己的产品，引来"侵犯版权"事件。不过这个模仿缔造了当今中国第一大软件。

中国互联网公司之间也是相互模仿、相互抄袭彼此的产品。百度有百度知道，新浪就有爱问知识平台，而人人网用户界面则和新浪微博类似。靠模仿起家的中国互联网，从来就是拿来主义，自然不会在意作家的著作权，更不会主动承担著作权保护的义务，而这种网络环境下培育出来的网民，则更难有版权意识。

4. 新媒体环境下著作权保护的法律缺失

（1）法条表述过于宽泛，缺乏针对性

我国有关著作权保护的规定在《宪法》《民法通则》《刑法》《行政诉讼法》《侵权责任法》《著作权法》《著作权法实施条例》《信息网络传播权保护条例》等法律法规中有所涉及。

虽然法律体系清晰，但法条表述过于宽泛，存在监管真空区，同时给予网络服务提供商更多的保护。

① 立法过于概括，缺乏针对新媒体环境下著作权保护的专门法律。法条主要进行了概括性规定，例如概括规定了法律主体、权利内容、保护期限以及法律后果等；行政法规层面主要是针对法律中某些条款的解释和补充，重在对执法和司法实践的指导。缺乏对著作权侵权行为的精确认定，缺乏对侵犯著作权行为是过失还是故意的区分，同时对侵权行为的形式、手段等也没有具体说明。

现行立法依旧更多地将对象锁定在传统媒体上，对于新媒体的传播特点、侵权方式的新变化缺乏关注，对于新媒体发展带来的新问题反应迟缓。

例如《著作权法》对著作权复制权专有性的表述仍以传统媒体为对象，仍以印刷、复印、拓印、录音、录像、翻录、翻拍等传统传播方式为表现形式，而对新媒体环境下的复制方式没有涉及，这就留下了监管真空。

② 各部法律法条之间相互割裂。现行立法中，并没有对新媒体著作权保护进行单独立法。有关网络等新媒体环境下著作权保护的相关规定散落于各部法律

之中，彼此缺乏联系。

例如在互联网经营方面的法律中，针对著作权、知识产权等的保护和条款很稀少，几乎没有。2000年9月公布实施的《互联网信息服务管理办法》中，互联网信息服务提供者禁止发布的内容包含违宪、泄露国家秘密、危害国家安全、损害国家荣誉和利益、煽动民族仇恨、宣传邪教、散布谣言、淫秽、色情、赌博信息，侮辱诽谤他人等，但唯独没有禁止发布有著作权纠纷信息的保护条款。

③ 罚则过低，不仅对侵权人缺乏威慑力，而且未能较好地发挥法律的引导功能和规范功能。包括《著作权法》《信息网络传播权保护条例》等法条中，对于侵犯著作权的一方，罚则制定偏低。对于赔偿权利人损失只规定了上限，没有规定下限，未能很好地维护权利人的利益。

例如，依据《中华人民共和国著作权法》的规定，如果侵犯了权利人的著作权以及相关权利，应按权利人的实际损失，由侵权人进行赔偿；如果实际损失难以计算，则按侵权人违法所得进行赔偿，同时，侵权人还应承担权利人为制止侵权行为产生的合理开支。如果权利人的实际损失或侵权人的违法所得无法计算，则由法院依据侵权情节，给予50万元以下的赔偿。

如此规定过于宽泛，既没有明确规定何为权利人的实际损失，也没有规定如何计算权利人的实际损失，同时对于赔偿金额的限定也是只有上限，没有下限。这种规定不具备威慑力。

同时，现行立法对本身就缺乏著作权意识的普通公众也没有起到法律本应承担的引导作用，不利于公众自觉有效地遵守法律，有意识地避免侵权。

(2) 权利人和网络服务提供商不平等

① 《信息网络传播权保护条例》第六条规定了网络服务提供商通过信息网络提供他人作品的免责条款。其中包括介绍、评论某一作品，报道时事新闻，课堂教学，执行公务、翻译等。

时事新闻报道可不经权利人授权，使用其作品，且无须支付费用，这项免责条款有些匪夷所思。我国门户网站从未被赋予新闻采访权，这些网站只能转载其他拥有新闻采访权的媒体的稿件，而不能登载自行采写的新闻。没有新闻采访权，哪里来得报道时事新闻呢？给予网络服务提供商本不应该享有的免责条款，从一个侧面表现出网络服务提供商受到了更多的保护。

② 《信息网络传播权保护条例》虽然规定网络服务提供者以提供网页快照、缩略图等方式向公众提供作品，也属于提供行为，但却设立了免责条款，即如果提供行为不影响相关作品的正常使用，且未不合理损害权利人对该作品的合法权益，法院可以认为网络服务提供者的行为未侵害著作权人的信息网络

传播权。

如何确定提供行为不影响相关作品的正常使用？什么是不合理损害？合理损害作品的合法权益就可以免责吗？这些问题均没有详细说明和规定。

如果说著作权是权利人依法应该享受的权利，那么当网络服务提供商的提供行为侵犯了权利人的著作权，那么是否影响作品的正常使用，是否损害了权利人的合法权益都不再重要，那只是后果问题，只是量刑处罚的轻重问题，但人民法院起码应该认为其侵犯行为成立。现实法条的如此规定，显然权利人与网络服务提供商的地位并不平等。

③ 依据《信息网络传播权保护条例》的规定，即便是著作权人有证据证明网络服务提供商提供了相关作品，但如果网络服务提供商可以证明其没有过错，仅提供自动接入、自动传输、信息存储空间、搜索、链接、文件分享技术等网络服务，那么网络服务商就不构成侵权。

权利人有证据证明网络服务提供者有侵权的行为，但依然不管用，只要网络服务提供商能够证明其行为以及服务没有过错，就可能免则，这再次证明了权利人并未受到法律很好的保护。

④ 依照《信息网络传播权保护条例》的规定，如果著作权人认为网络服务提供者提供的网络服务中，所涉及的作品侵犯了著作权人对作品享有的信息网络传播权，可以书面通知网络服务提供者，要求其删除相关作品，或者断开与该作品的链接。

权利人虽然有权要求网络服务提供商删除侵权文档，但享受权利并不容易，不仅需要书面通知，而且还要自行在海量信息中寻找到要求删除或者断开链接的侵权作品的名称和网络地址；同时还要提供材料，证明这些文档构成侵权行为，哪一样缺失，都将失去相关权利。

而网络服务提供商只需要等待通知，照章删除即可，权利人不通知，侵权行为就可以逍遥法外，这样的局面无疑再次证明了二者的不平等地位。

(3) "避风港"原则被滥用

很多国家为平衡网络服务提供者和著作权人的利益，既让网络服务提供商承担相应的责任，且责任又不必过重；既保护著作权人的权利，同时又不妨碍新技术的发展及社会公众获取信息的自由，"避风港"原则应运而生。

1998年，"避风港"原则诞生在美国。当年，美国制定《数字千年版权法案》，规定了"避风港"原则，包括"通知"和"删除"两部分。即在搜索引擎、网络存储、在线图书馆等网络服务中，如果网络服务提供商只提供空间服务，并不制作网页，仅仅是网络空间中的内容涉及侵权，被著作权人告知，网络服务提供商有删除的义务，否则将被视为侵权。如果侵权内容既不在网络服务提供商的服务器上存储，又没有接到权利人删除相关内容的通知，该网络服务提供商不承担侵权责任。

我国《著作权法》《侵权责任法》及《信息网络传播权保护条例》在借鉴欧美国家立法经验的基础上，针对网络环境下的特殊利益格局，设定了如"通知＋删除"规则、限制网络服务提供者侵权责任的"避风港"规则等。

但在实际操作中，"避风港"原则不仅没有平衡权利人和网络服务提供者，而且还被滥用。

同时，该原则几乎成为被诉侵权的网络服务提供商的救命稻草，只要"删除"文档，就可"免责"。

其实，公平的法律原则只有一条，权利人和传播人的权力要平衡，要平等。早期为了扶持互联网企业，国家出台了"避风港"原则，强调传播权，但互联网经过多年飞速发展，著作权权利人早已成为弱势群体，百度等互联网企业成为强势群体，立法理应向权利人倾斜，但目前权利人的利益被漠视。

为了避免"避风港"原则的滥用、打击网络盗版，网络服务提供商不仅负有审查用户侵权行为、删除侵权作品的义务，也应该承担相应的赔偿责任。

（4）维权成本巨大

1998年，张抗抗等作家提起中国网络著作权第一案，此后数年，各大互联网公司无一幸免，案件的审理结果大多对被告有利，原告即使赢得官司，其赔偿额也少得可怜，却付出了时间、精力等高昂的维权成本。

① 时间成本巨大

从韩寒百度案的诉讼过程就可看出，当权利人发现自己的著作权被侵权之后，想要维权简直就是一场"马拉松"。

2011年11月3日，海淀法院受理韩寒、慕容雪村、小桥老树和何马联名状告百度文库侵犯著作权。

实际上早在当年3月之前，韩寒等人就已经注意到百度文库中有多份自己作品的文档，这才有了3月15日的作家维权。

此前，韩寒等作家曾与百度高层商谈解决，但未果。

2011年7月起，韩寒方开始取证，并进行公证。2011年7月20日，韩寒方律师向百度公司发出律师函，表示百度文库中上传并提供下载涉嫌侵犯著作权的作品，侵犯了作家的著作权，要求百度公司关闭百度文库、删除侵权作品、协商赔偿等。

2011年8月1日、8月20日，律师又先后两次向百度发邮件，其中包括《要求删除或断开链接侵权网络内容的通知》等。

但此案的开庭审理则一直等到了2012年的7月，此时距离韩寒等人注意到百度文库侵犯其著作权已过去了近一年半的时间。

开庭审理，案件也没有很快宣判，又等了两个月，海淀法院才作出一审判决。这还是涉及韩寒等知名作家、百度等知名大公司的案件，普通读者的侵权小案恐怕需要等待更长的时间，付出更长的时间成本。

② 赔偿额不高

付出了昂贵的时间成本，那么维权成功后，收到的赔偿如何呢？

此案中，韩寒为其被侵权的《1988：我想和这个世界谈谈》《零下一度》《像少年啦飞驰》三部作品索赔 76 万元，依据是按照每千字 2 000 元×版权页字数计算。但最终法庭认为索赔额度过高，未予支持，最终判决韩寒获得赔偿 8 万余元。

与韩寒一同诉讼的何马、慕容雪村也仅获得赔偿 9 万余元。

被侵权作家均认为百度文库赔偿金额过低。比如，《藏地密码》作家何马单本著作版税收入高达百万元，法院仅判决百度公司赔偿其一万余元。虽然赢了官司，但如此低的赔偿金额，并不能有效遏制互联网侵权行为的再次发生。

此外，近年来新媒体环境下的著作权纠纷，还以视频网站居多。以北京市海淀区为例，由于该区聚集着优酷网、酷 6 网、风行网等国内主要视频网站，被诉至该区法院的类似侵权案件很多。据海淀法院法官介绍，此类案件的审理难点之一就是赔偿数额难以确定。目前大部分影视作品的赔偿额固定在 3 万元至 5 万元之间，但并未遏制侵权行为的发生。这证明目前规定的赔偿额度远不是合理数额，仍需调整。

四、网络版权保护任重道远

在作家联盟声讨百度之后，百度文库对非授权文学类作品进行了清理，文库文学分类下的文档数从 270 多万份减至不到 150 份。百度还对文库中一些涉嫌侵权或具有侵权可能性的文档进行了清理。目前用户向文库上传超千字的文档，就须由百度进行人工审核，确定不侵权才能上传。

百度的做法值得肯定，但远远不够，因为新媒体环境下的侵权行为已经有了升级版，而且这些行为都瞄准了近年来增长最快的网络媒体形式和分享工具。

1. 百度文库肃清侵权作品，但侵权仍在百度出现

（1）百度贴吧：网络文学侵权泛滥

百度文库虽然大幅度削减了文库中有著作权纠纷的文学作品的数量，作家得到了赔偿，看似是作家赢了，但其实百度对这些作家作品的著作权的侵犯仍在继续，只不过更加隐蔽。

百度的诸多应用中，有一款叫贴吧，号称是全球最大中文社区，是一种基于关键词的主题交流社区，它与搜索紧密结合，同时可以在线交流，促使对同一个话题感兴趣的人们聚集在一起互相帮助。百度贴吧已拥有 6 亿注册用户，800 万个兴趣贴吧，日均话题总量近亿，月活跃用户数有两亿。

在百度贴吧中的文学目录下，已有贴吧 4 万多个，共分为 23 类。作品类的贴吧有严肃小说、传统武侠小说、儿童文学、历史小说、古典小说、外国小说等，作家类贴吧则有中国当代作家、中国古代作家、中国近现代作家、外国作家等。其中中国当代作家的贴吧达到 4 753 个。韩寒等作家维权联盟的作家们大都有网友为其设立的贴吧，在韩寒贴吧的"精品贴"频道中，不仅可以找到韩寒作品的电子版，甚至可以找到韩寒博客所有博文的 PDF 版。这些文档属于韩寒并未授权、也并不知晓的分享，显然是侵权的。

百度贴吧除了是传统作家作品的集散地，同样是网络文学侵权的重灾区。网络文学是在网络上进行的文学创作，写作门槛特别是发表门槛低，使其更加贴近大众，出现海量作品，借助网络传播速度快、受众广的特点，迅速发展。

在起点文学网等网站中，每一部热门的网络文学作品都有一群粉丝在百度贴吧中为该作品建立贴吧，而在贴吧中均有新书连载的设置，更新速度很快，几乎与网络文学网站中的更新速度一致。也就是说，在网络文学网站中，需要付费收看的章节，通过贴吧就可以免费看到。

网络文学作家的稿费是通过点击量、网友支付收看的费用计算获得的，而贴吧中的连载直接影响了他们的收入，同时侵犯了他们本该拥有的复制权、传播权等著作权权利。

（2）百度影音：纵容侵权者的侵权行为

百度影音是一款网络视频搜索、播放应用，通过这个应用，可以轻松找到国内外热播的电影、电视剧集。有了它，用户看电影不用去电影院，看电视剧不用开电视，看比赛不用等直播，甚至通过这个软件可以找到绝不会在国内电视台播出的电视剧集，绝不会在国内上映的电影。

理论上说，只要一部电影或是电视剧上映或播出就可以在网络上找到，这就使得一些先在国外上映的进口大片或国产影片，还未在国内上映时，很多网友通过百度影音就已经看到，甚至有人通过这些网络资源下载、刻碟，制成盗版光碟牟利。此外，使用百度影音收看电影或电视剧时，页面还会自动弹出网站广告，可见这种服务不仅纵容侵权者的侵权行为，同时也是网络服务提供商的又一生财之道。

例如，大部分美国电视剧未在国内播出过，但中国有相当一部分美剧迷，他们大多是在视频网站刚刚兴起时，通过视频网站观看盗版美剧而成了"追剧者"。近年来，由于版权的问题，风行、优酷、爱奇艺等视频网站中的美剧数量已大幅减少，于是这些"美剧粉"就转战百度影音，并通过一款叫"快播"的播放软件搜索片源，下载收看。可以说 HBO 等美国各大电视公司拍摄的电视剧在本土首播的时候，大洋彼岸的中国也有一大群观众通过网络，免费分享着他们的作品，这种举动其实就是在侵犯这些电视剧的拍摄者、表演者的著作权。

例如在美国热映的电视剧《斯巴达克斯》，由于场面血腥，肯定无法在国内上映，而最新的剧集刚刚在美国电视台播出，中国的观众随后就可以看到。通过搜索"百度影音""斯巴达克斯"，可以搜索到超过 69 万个网页。

（3）百度知道：用分享掩盖侵权

百度知道号称是全球最大的中文互动式知识问答分享平台。用户不仅可以通过该服务寻找到任何问题的答案，同时这些答案又被作为搜索结果，丰富百度搜索的服务内容。截至 2013 年 2 月 24 日，这个应用已解决了两亿多个问题，这也意味着在百度搜索里增加了两亿多个搜索结果。

在百度知道的问题分类中，有电脑、医学、文学、体育运动、理工科学等多种。在文学分类中，有关小说的问题达到 811 万个，散文的问题有 6 万多个，诗歌的问题有 30 万余个，戏剧的问题达到 9.4 万个。其中，"我要找一本……"的问题很常见，而往往在这个问题下面留下邮箱，就可以得到这本书的电子版或是下载链接。

在百度知道中，搜索《1988：我想和这个世界谈谈》《零下一度》《像少年啦飞驰》，分别得到 2 466 个、两万余个和 2.6 万余个问题以及答案，"求《1988：我想和这个世界谈谈》""求《零下一度》""求《像少年啦飞驰》"等问题比比皆是。

相同的网络平台还包括新浪"爱问知识"等，这些平台成为搜索文学作品、视频等的便捷渠道，但这些渠道也成为侵犯权利人著作权的"帮凶"。

2. 其他形式的网络侵权

（1）个人空间、网盘：侵权作品的藏匿地

个人空间、网盘、云端储存……这种利用网络空间扩容电脑硬盘的网络工具得到网友的青睐，网友将自己喜欢的文学作品、电影、游戏、电视剧从电脑中移至网络提供的储存空间中，如果仅供个人使用无可厚非，但有一些用户将这一空间作为分享网络资源的平台，从某种程度上讲，每一个个人空间、网盘、个人博客等都是一个百度文库。韩寒们所指的百度文库的侵权行为，同样在这些网盘、空间中呈现。

（2）视频网站：侵权案例高发地带

根据北京市海淀法院的统计，2009 年至 2011 年，视频网站著作权纠纷集中爆发，三年中该院分别审结该类案件 696 件、776 件和 949 件，均约占当年结案总数的 1/3。2012 年前 8 个月，就已审结 444 件，占结案总数的 38.2%。随着信息技术的发展，视频网站侵犯著作权的方式呈现出隐蔽性、多样性和复杂性的特点，给司法审判带来了新的挑战，主要表现在：

① 侵权人通过截取信号流、建立链接等方式，在其经营的视频网站中对未获授权的晚会、体育赛事、访谈等节目进行同步直播，侵犯权利人权利。

② 侵权人利用相关技术在客户端软件或页面上播放未经授权的其他网站上的视频内容，构成侵权。相关纠纷中，侵权人往往辩称其仅提供单纯的链接服务，涉案视频仍存储在权利人网站或其他网站的服务器上。但实际上侵权人的行为已构成对用户的引导，存在过错。

③ 数个侵权人之间在频道、栏目等内容方面存在合作关系，其中一个侵权人往往通过与提供视频播放的侵权人网站建立深度链接或搜索，规避侵权责任。

④ 侵权人超越授权范围使用权利人影视类作品。在此类案件中，权利人通常与侵权人就涉案影片签订授权协议，详细约定了授权许可的使用范围、方式，但侵权人会超出双方约定的方式或范围使用涉案影片。

⑤ 侵权人通过设立电视机终端、手机终端、平板电脑等电子设备播放软件，在多种电子设备上向用户提供未获授权的影视节目在线播放服务，不仅侵权，还扩大了侵权的影响范围。

(3) App：更多用户参与侵权行为

App 是英文 Application 的简称，由于 iPhone 等智能手机的流行，App 又指智能手机的第三方应用程序。

伴随着智能手机的发展，App 已经从最初的外包形式的合作方式，变成了第三方应用与手机终端共生共富的赢利模式，被越来越多的网络服务提供者所看重。打开百度、腾讯、淘宝等网站均已有从 App 脱胎而来的应用平台，不仅丰富了产品，同时可以获取流量。

苹果公司的 App Store 诞生于 2008 年，最初只有不到 500 个 App 应用软件，但仅仅三年，伴随着苹果手机的热潮席卷全球，这个数字已经扩大了 1 000 倍，累计下载次数高达上百亿次，且仍在高速增长。

App 到了中国，再度成为"盗版利器"。网友们开始自制电子书，自制 App，然后上传到 App Store，免费分享或付费销售。App 使更多的普通网络用户参与到侵权行为中，并以此获利，甚至走上前台。

韩寒、南派三叔、麦家和当年明月等作家发现自己的作品在未经任何授权的情况下被摆上了 App Store "货架"。与此同时，他们发现上架的中国作家图书 App，绝大部分均未得到授权。南派三叔的《盗墓笔记》一书竟被盗版下载超过百万次。更为恶劣的是，这些盗版的电子图书需要付费下载。根据苹果公司的相关协议，App下载所产生的费用由开发者和苹果公司分成，也就是说苹果公司也得到了盗版者的非法所得，实际上成为了盗版侵权的帮凶，"这比百度文库还恶劣。"中国作家联盟称。2012年10月起，慕容雪村等8名作家，将苹果公司告上法庭，索赔千万。

作家方认为，苹果应用程序商店对图书类App不要求任何版权证明，这使得著作权权利人的作品被侵权、被盗版，严重侵犯了作家的著作权。

不仅仅是苹果商店，依据中国互联网协会《2012年中国互联网产业发展综述报告》的统计，微软、中国移动、腾讯应用宝、91手机助手、360手机助手、安智市场等应用平台上，同样有侵权的App。

3. 网络版权案件持续高发

据最高人民法院知识产权庭的统计，自2002年以来，全国各地法院受理的知识产权类案件中，著作权案件最多。例如2011年，全国地方法院共新收知识产权案件超过5.9万件，其中著作权案件3.5万件，将近六成。近年来，著作权案件中涉及网络环境下著作权纠纷的案件数量大幅增长，也已占六成左右。

据北京市高级人民法院统计，北京法院2012年知识产权案件仍保持较高的增长势头，全市法院知识产权庭全年共受理一审知识产权案件11 300余件，同比上一年增长了17.7%，其中著作权案件6 390余件，约占56.5%。在受理的各类案件中，与网络传媒、品牌保护有关的案件增长速度最快，且呈现出类型新颖、案情复杂、社会影响大等特点。

如何界定侵权人是否侵害著作权人的信息网络传播权，如何确定网络服务提供商的法律责任，成为法院知识产权审判工作的难点。同时，网络服务提供者对于提供网络服务时侵犯权利人著作权等相关问题，也引起国际社会的关注，最高人民法院起草关于审理侵害权利人信息网络传播权的相关司法解释，也被中美商贸谈判对话列为重要议题。

思考题

1. 网络传播中著作权的保护面临哪些新问题？
2. 如果你发现你的作品版权在互联网上被侵犯，你打算怎么办？
3. 你认为百度文库应该关闭吗？

第十三章

网络传播学研究

第一节 网络传播学研究的前期准备

一、选题

选题,顾名思义,指经过选择来确定所要研究的中心问题。从广义上讲,选题包括两方面含义,一是确定科学研究的方向,二是选择进行研究的问题。选择和确定研究课题是进行研究的第一步,并且是关键性的一步,它不仅决定研究者现在和今后科研工作的主攻方向、目标与内容,而且在一定程度上规定了科学研究应采取的方法与途径。能否确定一个有创见、有意义的选题,对网络传播学的发展也将起积极的作用。因此,选定课题在所进行的研究工作中具有重要的战略地位,必须认真对待。

要正确选定研究课题。所谓选题正确,是指应当选择有意义的,并且问题提法原则上是正确的,因而有可能实现的科学问题来进行研究。尤其对于网络传播学研究,选题是否正确,意义十分重大。

确定课题的前提是发现问题。发现问题的思维策略包括怀疑、变换思考角度、类比和移植等。所谓怀疑,主要依据事实、经验和逻辑,对现有理论、结论进行质疑,发现新问题、新规律。所谓变换思考角度包括同一层次的转换,从思考问题的一个方面转向另一个方面,两个不同层次的转换等。另外,还可以从比较、类比和移植中发现问题。

发现问题后随即选择课题。网络传播现象和过程较为复杂,需要研究的问题很多。选择课题要考虑几方面因素:课题本身的价值、研究人员的自身条件、客观条件。具体地说,好的选题要具备以下条件:

1. 问题必须有价值

选定的问题要对网络传播学的研究领域具有好的学术价值,即理论上有新突破，实践上要对网络传播事业有重要的指导作用。问题的意义是确立选题的重要依据，它制约着选题的根本方向。

如何衡量选定课题有无意义及意义的大小，主要是看两个基本方面。一是所选择的研究课题是否符合社会发展的需要。二是所选择的研究课题是否符合网络传播学本身发展的需要。这方面课题一般较专深，具有重要的学术价值，在理论上要有所突破和建树，或有重要的补充和完善。网络传播学研究的实际课题，有的强调应用价值，有的强调学术价值，有的二者兼而有之。但无论哪一种，都要选择那些最有意义的网络传播学问题作为研究对象。

2. 问题必须有科学的现实性

选题的现实性，集中表现为选定的问题要有科学性，指导思想及目的明确，立论根据充实、合理。选题的科学性，首先表现在要有一定的事实依据，这就是选题的实践基础。研究课题是从实践中产生的，具有很强的针对性；实践经验同时又为课题的形成提供一定的、确定的依据。选题的科学性，还表现在以网络传播学基本原理为依据，这就是选题的理论基础。

网络传播学理论将对选题起到定向、规范、选择和解释作用。没有一定的科学理论依据，选定的课题必然起点低、盲目性大。应该看到，选题的实践基础和理论基础制约着选题的全过程，影响着选题的方向和水平。为了保证选题具有科学的现实性，还需要对选定的课题进行充分的论证。

3. 问题必须具体明确

选定的问题一定要具体化，界限要清，范围要小，不能太笼统。原因在于问题是否具体往往影响全局的成败。那种大而空、笼统模糊，针对性不强的课题往往科学性差。只有对问题有清晰透彻的了解，才能为建构指导研究方向的参照系统提供最重要的依据。因此不宜把课题选得太宽、太大、太复杂。韩非子在《喻老》篇中指出："天下之难事必作于易，天下之大事必作于细。"这就是说，要从小处着手。

4. 问题要新颖，有独创性

选定的问题应是前人未曾解决或尚未完全解决的问题，通过研究应有所创新，有新意和时代感。要做到选题新颖，就是把研究课题的选择放在总结和发展过去有关学科领域的实践成果和理论思想的基础上，没有这个基础，任何新发展、新突破都是不可能的。应该看到，科学上的任何重大成果，几乎都是科学工作者在前人、别人工作成就基础上一步步取得的，即使是被人认为非常新的、第一次开辟的新领域，也仍然要立足于前人工作所提供的条件。因此，要通过广泛深入的调查和查阅文献资料，搞清所要研究课题在国内外已达到的水平和已取得的成果，要了解是否有人已经或者正在或者将要研究类似的问题。如果要选择同一问题作为研究课题，就需要多对已有工作进行认真审视，从理论本身的完备性，从研究方法的科学性高度进行评判性分析，在此基础上，重新确定自己研究的着眼点。只有在原有研究成果基础上的突破和创新，才具有研究的意义。在网络传播学的研究中，还要特别注意从互联网上获得信息。

5. 问题要有可行性

所谓可行性，指问题具有研究的现实可能性。具体分析，可行性包含以下三个方面的条件：

一是客观条件。除必要的资料、设备、时间、经费、技术、人力、理论准备条件外，还有科学上的可能性。

二是主观条件。指研究者本人原有的知识、能力、基础、经验、专长，所掌握的有关这个课题的材料以及对此课题的兴趣。也就是说，要权衡自己的条件寻找结合点，选择能发挥自己优势特长的课题。有的人擅长实践操作，就不一定非选理论研究课题；反过来，有的人擅长理论思维，就不一定非要选择实验研究课题。而在一个课题协作研究组当中，不同特长的人优势互补，才能真正发挥出整体研究效益。知自己之短长，扬长避短，才能尽快出成果。

三是时机问题。选题必须抓住关键性时期，什么时候提出该研究课题要看有关理论、研究工具及条件的发展成熟程度。提出过早，问题会攻不下来。

网络传播学研究中经常出现以下选题不当的情况。一是范围太大、无从下手；二是主攻目标不十分清楚；三是问题太小，范围太窄，意义不大；四是在现有的条件下课题太难，资料缺乏；五是经验感想之谈，不是科研题目。因此，正确选题并非一蹴而就，它要求研究者不仅要有科学的理论指导，还要坚持从实际出发，通过对事实材料的分析比较，善于发现和抓住重要问题；不仅要把握该领域理论研究的全局，而且要对网络传播实际有深入的了解；不仅要有问题意识，而且要了解和掌握选题的有关知识和方法，不断提高自己的选题能力和创新、判断、评价等综合能力。

二、研究课题的主要来源

网络传播学研究课题的主要来源，即研究课题产生的途径是十分广泛的，可以概括为以下几个方面：

（1）从社会发展需要出发提出课题。

（2）学科建设中需要的问题。这往往是从网络传播学理论发展方面提出的课题，不仅要揭示已有理论同经验事实的矛盾，而且要揭示理论内部的逻辑矛盾；不仅包括学科系统规划建设中的若干未知的研究课题，而且包括对已有网络传播学理论的观念和结论的批判怀疑以及学术争论中提出的问题。

(3) 网络传播实践中提出的实际问题。
(4) 从不同学科之间的交接点找问题。网络传播学是一门集新闻传播学、计算机科学等门类于一体的交叉学科，存有大量的值得研究的空白领域。

三、对选定的课题进行论证

课题论证是对选定问题进行分析、预测和评价，目的在于避免选题中的盲目性。进行这种课题论证，本身也是一种研究，它必须依据翔实的资料，并以齐全的参考文献和精细的分析来支持自己关于课题的主张。通过课题论证，进一步完善课题方案，创设落实的条件。课题论证主要回答下列问题：

(1) 研究问题的性质和类型。
(2) 本课题研究的迫切性和针对性以及所具有的理论价值和实践意义。
(3) 该课题以往研究的水平和动向。包括前人及其他人的有关研究的基础，该研究已有的结论及争论等，进而说明该课题研究将在哪几方面有所创新和突破。
(4) 本课题理论、事实的依据及限制，研究的可能性，研究的基本条件（包括人员结构、物资设备及经费预算等）及能否取得实质性进展。
(5) 课题研究策略步骤及成果形式。
(6) 在系统分析综合基础上写出简洁、明确具体、概括的论证报告。课题论证报告不仅用于申报研究项目，而且也应用于所发表论文的开篇、学术成果的前言部分。对于重大课题，常常必须写出开题报告，并经过同行专家的审议。开题报告内容一般包括：课题名称；本课题研究的目的、意义（即研究本项目的实际意义和理论意义）；研究的主要内容；本课题国内外研究现状，预计有哪些突破；完成本课题的条件分析，包括人员结构、资源准备和科研手段等。

第二节　网络传播学研究的通用方法

选题定下来后，就要运用各种具体方法开展研究工作。研究方法是一个大家族，首先是哲学思维方法，如矛盾分析法、逻辑和历史相统一的方法等；其次为一般科学思维方法，如数学方法、符号学方法、系统方法、信息方法、控制方法、结构—功能方法等；还有具体学科的特殊方法。

研究方法按其适用范围和普遍性程度，又可以分为多个层次，比如可以分为专门方法和普通方法。专门方法是指某一学科专用的方法，如地质学中采用碳14测定年代的方法，化学中的pH值测定酸碱度的方法，人类学中的文化层次分析方法，图书情报学中的文献计量方法等。普通方法是指许多学科都采用的方法，比如逻辑学的方法；或者某一类学科都采用的方法，比如文献研究方法。有些起初可能是某一学科的专门方法，但后来其他学科也都借鉴采用，也就成了科学研究中的普通方法，比如社会学中的抽样调查方法，现在是社会科学的普通方法。就网络传播学而言，网络调查，包括网络问卷调查、网络信息收集、统计与分析可以看做网络传播学的专门方法。

收集事实的方式不同，形成实证研究的两大分支：定性研究和定量研究。定性研究是通过不断地采集和积累事实来发现理论结论。其基本过程是一个归纳的过程，即先积累事实，后进行推论，其研究目的是理解事实。当然，这指研究过程是这样，而不是说论文写作时也必须是这个顺序。论文写作时往往是先写出结论，然后摆出事实来论证。也就是说，研究时从具体到抽象，写论文时从抽象到具体。

定性研究方法可以定义为一种以准确的词语形式，而不是以数字和度量的形式来描述现实的方法。我们认为凡具备以下特征的研究方法就是定性研究方法：(1) 在形式上是非量化的，(2) 在内容上是对事件或现象的主要性质和特征的解释。应该指出的是，将研究方法分为"定量的"和"定性的"主要是为了表述上的方便。而在实际的网络传播学研究中，如果我们想对某一问题、现象进行深入全面的探讨，往往需要根据该事物、问题的特性同时使用各种不同的方法。

定性方法有利于对历史过程、事件发展、人的相互关系和行为等难以量化的问题进行研究。定性研究比定量研究更容易发现网络传播学的理论和形成有意义的假设。定性研究的方法主要来自人类学的观察、访问方法，以及政治学的文献分析方法。靠观察和文献分析的方法采集的事实，一般是难以量化的，所以只有通过收集事实、分析和解释事实，来建立某种因果关系。

定量研究则是通过有目的、有计划地收集事实来证明假说。它是根据研究者现有的对某事物的认识提出假说，然后根据检验假说的需要收集事实，以对假说进行证实或者证伪。定量研究有助于人们更精确地把握事物的全貌和变化情况，及时地了解突发事件所产生的反应。定量研究的方法主要来自社会学和心理学的研究传统——社会调查的方法和实验的方法。以社会调查和实验的方法采集的事实，大多数是可以被量化的。

网络传播学常用的具体研究方法主要有以下几种：

1. 观察法

观察是一种搜集非语言行为的数据资料的技术。作为一种科学研究的手段，它与日常的观察在科学性方面有本质的区别：日常的观察是自发的，缺乏对先入之见和偏见的反省；科学的观察则建立在对知识和过程进行反思的基础上，并且是可以控制的活动。

观察方法的特点是实地观察行为的发生。当时当地的观察可以把握事物的全盘面貌,可以领略其特别情境,感受其特殊的气氛。而且,很多情况对普通的当事人来说,都视之为当然,没有什么特别之处;但研究者通过当场客观观察,会敏锐地感受到一些具有特别意义的资料。

观察方法特别适用于那些不接受直接报道或不肯面谈的对象,对他们既不宜采用社会调查的方法,也不宜采用实验的方法,只有观察法较为适宜。科学的观察,应该在事先具有研究。对于目的或假设,要系统地设计,系统地记录。假如在特殊的设计下(如单向透视玻璃),观察者不为观察对象所注意,观察对象可以在最自然的情况下不受打扰地行动,由此观察所得到的资料是任何其他搜集资料的方法都不能得到的。

观察一般分为参与型和非参与型两种。在参与型观察中,观察者和被观察者一起生活工作,在密切的相互接触中观察他们的言行。一些网络传播学研究者在研究问题时所采用的观察法通常是参与型观察。这样做的长处是:研究的情境比较自然,研究者可以深入被研究者内部,更深刻地了解他们行为的意义。但这样做对研究者的要求比较高:研究者不得不同时扮演双重角色,既是研究者又是参与者,这就很难保持研究所必须的心理和空间距离。在非参与型观察中,观察者置身于被观察的世界之外,作为旁观者了解事件的动态。非参与型观察的长处是:研究者可以有一定的距离对研究对象进行比较客观的观察,操作起来也容易一些。其弱点是很难对研究对象进行更深入的了解,有时还因距离较远,观察者看不到或听不清正在发生的事情而影响信息的收集。

2. 实验研究方法

实验研究法是一种经过特别安排的、适当控制网络传播研究现象,以便在最有利的条件下来研究它的方法。实验法的主要目的是检验某一网络传播学的理论或假设的实际效果,或查明现象发生的原因。研究者根据自己所提出的目的,创造或改变必要的条件,以便引起或改变某种现象,突出某一因素的影响,排除另一些因素的干扰,来保证实验工作的准确进行。这就要求要有严密的实验设计,如数量控制组、对比组,尽量减少无关因素的干扰,对过程进行精密测量以获得数据,对结果进行统计处理。

传播学实验研究始自 20 世纪 20 年代末。1929—1932 年佩恩基金会的"电影对青少年的影响"研究可以说是传播学实验研究的雏形。第二次世界大战中霍夫兰的《大众传播实验》和战后的耶鲁说服实验,使传播学实验研究达到一个高峰。一些重要的传播学理论在实验中得到证实,实验由此成为传播学的主流研究方法。20 世纪六七十年代,受社会学、社会心理学的影响,传播学领域又出现了选择性理解、电视和社会学习等实验。以后,由于社会调查、定性研究、批判研究、文化研究、参与性观察以及文本分析等方法的介入，传播学实验研究的主流地位受到了有力挑战。但是，实验至今仍是传播学研究的重要方法之一。

在实验研究中，"可重复"是一项研究结论是否具有信度的重要标志。实验的控制程度越高，"可重复"的可能性也就越大。

实验法一般由专职的研究人员进行，从理论假设出发，其主要特点是：加入人工控制；在最有利的条件下进行观察，使观察更为精密。给测量和计算提供条件，以便获得精确的结果。

实验法从本质上说，也是一种观察事实的方法，但它是一种有控制的观察。实验是试图显示一个或多个自变量与一个或多个因变量之间存在的因果关系的高度受控方法。如果对实验对象没有一定控制，研究就无法辨别因变量的变化是由实验刺激引起的，还是由实验或实验操作引起的。因此，要特别设置不接受实验刺激的控制组来作对比。

实验法的优点主要有：一是可以清除现象的某些情况，或者说，把现象的某些情况加以隔离，这对认识因果关系、相互联系有很大的作用。它使我们比较容易分析现象，把本质联系和非本质联系区分开来，弄清每一条件所产生的影响等。二是可使我们得到自然条件下遇不到或不易遇到的那些情况，这些特殊情况对研究或检验事物的规律性有很大的意义。三是通过人为改变条件，可随意地、多次地获得同一形态下的某些现象，因此就能比采用观察、调查等方法更加确切地研究这一现象。四是可使研究者有可能准确精细地、分别地研究事物的各个组成部分。五是进行实验时，可以有计划地控制研究小的环境，造成便于精确测量和运用机械方法记录的条件，使研究更为精密。

3. 社会调查方法

社会调查方法是社会科学的典型方法之一。它是以客观的态度，通过对当事人的系统提问，收集并分析有关研究数据，以描述或解释现象及其各相关因素之间的关系的实证研究方法。社会调查方法可以获得一个群体、一个地区甚至一个国家的某项情况，可以解决网络传播学研究中特定的问题。

社会调查的第一步是决定题材，分析理论和拟定研究假说。第二步是问卷设计。问卷是依据有关理论和假说而设计的。任何组成假说的自变数或因变数，均必须用一题或多题的问卷来表示。第三步是选取样本，就是从成员总体中抽取一部分能够代表总体的样本。这种选取样本的过程即为抽样。抽样方法很多，主要分为随机抽样和非随机抽样。样本的多少与样本代表性成正比。样本数最好是整个总体数的5%以上。第四步为访问，分入户访问、电话访问或邮寄问卷等。第五步是统计分析，得出结论，撰写报告。

要进行有效的传播调查，离不开高质量的调查问卷。因此，问卷的设计是进行调查评议，获得有效信息的关键。问卷中的问题设计有两种类型：无结构型和结构型。无结构型问卷的特点是没有规定回答的备选答案，受调查的人可依据本人的意愿自由作答。结构型问卷的特点是提供有限量的答案，受调查的人只能选择作答。由于结构型问卷便于数据的量化和处理，所以被广泛使用。但有时为了获取人们对一些特殊问题更深层次的意见，会在结构型问题基础上，增加一些无结构型问卷的问题，将两类问卷综合使用。

4. 材料分析法

原始材料收集上来以后，需要对其进行分类、归档和编码。

网络传播学定性研究的材料分析一般采用归纳法，从原始材料逐步抽象到概念，从个别概括出一般。通常可用类别分析法和叙述分析法。类别分析是将具有相同属性的材料归入同一类别，材料的属性可以从事物的要素、结构、功能、原因等各个层面进行分类。类别可以组成树枝形主从结构或网状连接形结构。

类别分析一般分为三个阶段：开放式分析、轴心式分析和选择式分析。开放式分析要求网络传播学研究者以一种开放的心态，尽量排除个人的偏见和定见，将所有的材料按其本身所呈现的属性分类。轴心式分析着重于发现和建立类别之间的各种联系，包括因果关系、时间关系、语义关系等。选择式分析是在类别中找到一个可以统领所有类别的类别，将所有的研究结果统一在这个类别的范围之内。类别分析的不足之处在于有可能将一些无法分类、但对研究问题十分重要的材料排除于结果之外。

此外，在材料分析中可以用叙述法来弥补类别分析的不足。叙述法将材料放置于自然情境之中，生动逼真地对事件和人物进行描述和分析。叙述结构可以采纳前因后果序列、时间流动序列、时空回溯、圆周反复等方式。叙述形式包括轮廓勾勒、片段呈现、个案分析等。

叙述型分析和类别型分析可以结合起来使用：前者可以为后者补充血肉，后者可以帮助前者分清层次和结构。如果研究者初步建立的分析框架、类别，甚至所研究的问题与收集到的原始材料不符，研究者可以随时进行修改。在材料分析的基础上，网络传播学的研究者往往能顺势得到结论。值得注意的是，在做结论时应该注意材料之间的异同，避免为了使结论看上去完整精确而牺牲材料的丰富复杂性。结论应符合材料的真实。尽管网络传播学研究者也可以借助个人的经验和直觉来提出观点、得出结论或建立理论，但它们必须建立在原始材料的基础之上，不能凭空杜撰。

5. 逻辑方法

思辨法是通过逻辑推理获取知识的一种方法，哲学和纯数学知识通常是以这种方式获得。思辨研究的起点是概念。由于许多思想资料不能用日常语言来准确、有效地表达，所以思辨研究需要建立科学概念，然后依靠相应的逻辑来组织。概念被发展为命题，由此产生了系统的知识，同时，又可依此推演出新的知识。网络传播学的研究必须依据逻辑。

在逻辑方法中，定义法的使用很重要，有利于保证研究沿着界定的含义，集中地深入下去。研究者要重视对作为研究对象的概念下定义，或对其内涵、外延作出界定。定义是规定一个符号应在什么意义上使用。由于许多词汇有多种含义，一个研究者在做研究时，必须对其研究对象的概念作出界定。这具有正本清源的意义。如果作为研究对象的概念可以随意夸大和变形，就会有大量的概念雷同，以至混乱不堪，科学研究就无法进行下去。

6. 数学方法

数学方法在网络传播学研究中的必要性，表现在数学方法有两个无可比拟的优点：一是高度的准确性，二是严密的逻辑性。由于数学固有的精确性优点，采用数学方法可以准确地研究和描述网络传播中各要素之间以及网络传播各要素内部的数量关系，是对网络传播进行量的分析不可缺少的手段。但是，数学方法作为一种分析手段，有它的局限性。数学不是万能的。

7. 个案研究方法

个案研究可以用某一种方法，也可以用多种方法，如把观察法、访问法、问卷调查法等综合运用。个案研究法很适宜于对那些难以量化统计的，如涉及思想观念、道德标准、心理冲突等的事物进行研究，同时也不排除在其某一个具体层面上进行量化。个案研究法有利于详尽深入地对某一事物进行研究，因为它不仅有表面的观察及各种书面资料的收集，而且还有深度的探讨。

8. 比较研究方法

比较研究方法有利于对有某些类似之处的事物的研究，评论优劣，总结经验。比较可分为共时性比较和历时性比较。前者指同一时期事物的比较，后者指不同时期的事物的比较。

网络传播学研究的具体研究方法还有历史研究法、内容分析法、文献检索法、网络信息检索法等。研究方法多种多样，因研究的对象和题材不同，各有适用；因研究者爱好和特长不同，各有选择。

第三节　网络传播学研究的特殊方法

在网络传播学的研究中，经常需要采集相关数据。传统的数据采集方法的经济成本与时间花费都是比较昂贵的。

例如目前经常进行的电视收视率调查。收视率数据的调查流程大致可分为以下四个步骤：基础研究—固定样本的抽取及维护—数据采集—数据处理。相对于传统的调查方式而言，网络调查方法的成本要低很多，而且十分便捷。网络调查有非常明显的特色和优势：它可以不受时空限制、缩短调研周期、节约费用，也可以互动，不受地理区域限制，匿名的网络世界还可以解除被调查者的后顾之忧。

网络调查可分为以下两大类型：

1. 以互联网为手段进行的调查

这一类调查的研究目的与一般的市场调查和民意调查原则上并没有什么不同，所不同的只是以计算机网络为传播手段，代替传统的面对面（Face To Face）的访问、电话访问或邮寄调查等手段，来研究人类的一般行为或研究特定群体的行为。

有些研究者也称这一类研究手段为 CMC（Computer-Mediated Communication）。互联网使得人们可用多种形式的 CMC 进行定量的和定性的调查研究。可以利用同步的 CMC，如网上实时聊天（real-time chat）；也可以利用不同步的 CMC，如采用 E-mail 的传送或网上挂设问卷等手段。

2. 测量互联网使用情况调查（Measuring Internet Usage）

测量互联网使用情况或测量互联网受众（Measuring Internet Audience）是互联网研究的一个重要部分。这一类调查的目的主要是测量网站的流量以及网站使用者（网民）的数量、结构和行为。其中测量网站的流量主要包括网站数量、网页数量、网站的访问量、页面浏览数（page views）、浏览时数（hours）、到达率（reach）、忠诚度（重复访问的频率）、购买率等。对网站使用者进行测量的内容主要包括使用者的数量、结构和分布（性别、年龄、文化程度、职业、收入等）、上网的目的、使用网络的基本情况、行为、态度等。这一类调查还包括网络广告方面的监测，包括网络广告的发布量、网络广告被点击的情况等。互联网使用情况的数据不但具有研究价值，还极具商业价值。网站拥有者、广告主和广告客户都需要有关网站流量及其受众的详细可靠的数据。其性质和重要性相当于电视的收视率、广播的收听率、报纸和杂志的阅读率等。

国内已有机构在开展后一类网络调查的业务。例如中国互联网信息中心是国内最早从事这类调查的机构，从 1997 年起开始每年发布"中国互联网发展状况统计报告"（从 1998 年起每年 1 月和 7 月各发布一次）。

国外从事互联网使用情况测量的专业性公司比较有名的是 Jupiter Media Metrix、NetRatings 和 NetValue。Jupiter Media Metrix 是美国最早从事互联网用户访问率（ratings）研究测量的公司，1996 年 1 月发布了第一份美国互联网使用情况的报告。

NetRatings 也是美国领先的一家网络公司，主要从事互联网使用及用户与广告互动的监测。AC 尼尔森与 NetRatings 联合成立了 AC 尼尔森 eRatings.com 公司，从 1999 年 9 月起推出了以网民样本为基础、覆盖全球的网络监测服务。

Netvalue 是 1998 年成立的总部在法国的一家在欧洲居领先地位的互联网测量公司，并与国际著名的市场研究机构之一———Talor Nelsen Sofres 实施全球性的战略合作，利用互联网用户样本组及其开发的基于互联网 TCP/IP 协议的信息测量软件，提供互联网用户（行为）的全景测量。

上述两类网络调查各自具有不同方法。

一、以互联网为手段进行调查的方法

实施这一类调查首先必须具有必要的技术条件，例如调查机构必须有自己的或可租用的 Web 服务器，与主要网站有宽带连接，以及具有相应的调查软件和数据库软件。与传统的调查类似，此类网络调查也可以采用定量与定性两大方法。

1. 网上定量研究方法（Online Quantitative Methods）

利用互联网技术进行的定量调查研究主要有以下几种收集数据的措施。

（1）在线调查表

在网站上设置调查表，访问者在线填写并提交到网站服务器，这是网上调查最基本的形式。它被广泛地应用于各种调查活动，实际上是问卷调查方法在互联网上的延伸。

在线调查表方法的优点很明显，但同时也不应忽视其所存在的问题，主要表现在调查表的设计、样本的数量和质量、个人信息保护等因素的影响。

① 在线调查表本身的问题。由于在线调查占用被访问者的上网时间，因此在设计上更应讲究技巧，应该具备简洁明了的特点，尽可能少占用填写表单的时间和上网费用。

② 样本的数量。对于一些访问量较低的网站来说，如何吸引人参与调查是一种挑战。如果网站访问量小，为了达到一定的样本数量，就需要较长的周期。而如果为了调查而加大网站推广力度，则需要增加不小的推广费用，可能得不偿失。

③ 样本的质量。网上调查的局限不仅受样本数量少的影响，样本分布不均衡同样可能造成调查结果误差大。网上调查的对象仅限于上网的用户，而且在上网用户中，网民结构存在明显差异，用户地理分布不均以及不同网站有特定用户群体等都是影响调查结果的不可忽视的原因。

④ 个人信息保护。一般情况下，人们都担心个人信息被滥用，通常不愿在

问卷调查中暴露准确的个人信息，甚至会因为涉及过多的个人信息而退出调查。为了尽量在人们不反感的情况下获取足够的信息，在线调查应尽可能避免调查最敏感的资料。

⑤ 被调查者的因素。除了上述主要问题之外，被调查者提供信息的准确性也直接影响到在线调查结果的准确性。因此，筛选无效问卷是在线调查的必要环节之一。

在问卷设计时，应遵循以下原则：

① 尽量采用封闭式选择题。选择题可以确保受访者对问题有正确的理解，避免对问题产生不同理解，并能得到一致的答案。

② 对不同类型的网站调查不同的问题，确保问题与受访单位相关。

③ 合理安排问题的顺序。问卷的第一部分是一般性问题，这些问题较容易回答，以这些问题开始，容易取得受访者的合作。然后是需要受访者思考和回忆的问题，敏感性问题则放在问卷的最后部分。

④ 尽量避免敏感性问题。如，网站的访问量是一个较敏感的问题，一般应采用一些相对值，如问"你们网站新闻频道的访问量占总访问量的比重是多少"，而不问"你们网站新闻频道每天的访问量是多少"。

⑤ 在正式调查前，对问卷进行试访。为了保证问卷的用词准确，结构合理，可以首先选择5～10家网站进行试访，发现问题，及时修正。

⑥ 为保证调查结果的真实性和可靠性，必须对调查过程进行严格的控制，以最大限度减少人为因素导致的误差。可以采用以下措施确保信息的真实性：要求网站负责人或授权人填写问卷；问卷完成后，对所有问卷组织专门人员进行审核，检查问卷回答的一致性和准确性（将计算机搜索得到的信息与受访单位提供的信息进行核实），任何虚假和错误的回答都会通过电话回访进行纠正；如受访单位不愿提供真实信息，将该单位剔除，以相似特征的样本替代；对被调查网站提供的关键数据，与计算机搜索的结果进行比较；为避免问卷录入过程产生人为误差，采用双录入方式（一份问卷由不同的录入人员分别录入一次）。

（2）电子邮件调查

电子邮件调查，同传统调查中的邮寄调查表的道理一样，将设计好的调查表直接发送到被调查者的邮箱中，或者在电子邮件正文中给出一个网址链接到在线调查表页面。这种方式在一定程度上可以对用户成分加以选择，并节约被访问者的上网时间，如果调查对象选择适当且调查表设计合理，可以获得相对较高的问卷回收率。

（3）弹出式调查

当网民在访问网站的过程中，可能会碰到弹出来的一个窗口，请网民参与一项调查。如果网民有兴趣参与，点击该窗口中的"是"，则会出现一份有问卷的新窗口，网民完成网上问卷后即可以在线提交。网站安装有抽取被访者的软件，可按照一定的方法（例如等距、随机或一定比例）自动地抽取被访者。这种调查类似于传统调查中的街头或商场的拦截式调查，得到的一般也不是真正意义上的随机样本。

由于经常访问者被拦截抽中的可能性要大于偶尔访问者，这种调查更适用于了解网站使用情况的调查，因为网站可能更重视其经常使用者的意见。为了保证一个访问者最多只能填答一次问卷，这种调查常采用跟踪文件（Cookie）的方式。

（4）网上固定样本调查

这是一种将互联网技术与传统（网下）调查相结合的方法。通过随机的抽样调查（例如电话或入户访问），征募目标总体的一个有代表性的固定样本（panel），样本户可能是网民，也可能不是网民。对不是网民的样本户提供电脑和提供上网的条件。对这个样本进行定期的网上调查。这种调查类似于传统调查中 CAPI（计算机辅助调查）的 panel，不过这种 panel 一般不用于调查网上行为。如果 panel 的抽样和征募保证了质量，这种方式的调查则具有较好的代表性，而且快速、可靠，利用多媒体技术还可以增加参与调查的趣味性。当然，开始建立固定样本所需投入的费用也是相当高的。

与传统的面访（FTF）调查以及比较先进的计算机辅助电话调查（CATI）和计算机辅助人员面访调查（CAPI）相比，上述四种利用互联网技术进行的调查（有人称之为 CAWI）主要具有方便、快速的优点，前三种方法还具有节约费用的优点。但是，除了网上固定样本方法外，前三种方法普遍存在样本的代表性、回答者的真实身份、唯一访问者等问题。显然，前三种方法都不是随机抽样，而且回答者完全是主动的。主动回答者的特征可能会与不愿意参加网上调查者有极大的差异，从而造成调查结果的偏差。第四种方法具有传统方法可以利用概率样本对总体进行估计和推断的优点，同时也兼有网上调查方便快速的优点，但是初期的投入是相当高的。

网络调查也有一定的局限性。它很难达到传统调查方法的可靠性水平（可靠性指的是，用一种方法进行重复调查会得到近似或相同的结果）。网络调查与电话调查结果的差异在于缺乏任何可用于预测的模式。概率抽样的理论在网络调查中很难运用，即使是从全国随机选择的样本，也与电话调查的随机样本有本质上的差异。传统调查中已被证明是比较有效的按人口背景资料进行事后加权的方法，对于网络调查的样本没有什么作用。即使做了事后加权处理，也消除不了网络调查与电话调查之间的差异。尽管有上述局限，但网络调查的优点还是明显的，主要表现为：省钱、省事、省时间，应答率相对较高，便于使用开放题等。

2. 网上定性研究方法（Online Qualitative Methods）

虽然目前网上做的大多数调查都是定量的研究，但是不少研究者的实践提示，实际上互联网还是很适用于做定性研究的，而且常常能得到高质量的数据，参加者似乎也很喜欢这种形式的研究。利用互联网技术进行定性研究主要有以下几种具体措施：

（1）一对一的网上深层访谈

这种形式的研究类似传统的深层访谈，一般采用非结构式或半结构式的访谈，只不过不是面访的方式，而是采用电子邮件进行访问，或是利用实时软件通过网上"聊天"的方式进行访问。如果采用电子邮件的方式，还可以同时访问几个人。对于被访者来说，这种访问可以由自己自由地掌握回答的时间，而且回答往往可能更深入、更有思考性。

（2）小组座谈

小组座谈会是传统的定性研究的重要方法。其主要特点就是强调小组内成员间的互动，通过互动以了解参加者想（感觉到）的是什么、为什么这样想（感觉），从而使研究者可以接触到参加者的观念、态度和意见等。小组座谈从某种意义上可以捕捉到人们意见的形成过程，这是小组座谈与其他的调查或访问方法相比的独特之处。

小组座谈的主要优点是，可以在相对短的时间内、以相对少的费用，收集到大量、丰富、详尽、能洞察人们内心态度的数据。当然小组座谈会也有其缺点，主要表现在讨论可能过于分散或差异不够，导致分析困难；参加者中可能有些人过于安静不说话而个别人又过于活跃以至于控制了整个讨论的进程；小组座谈会对主持人要求很高，对座谈的环境、地点、时间和设备等方面的要求也很严格，这些条件有时候是很难满足的。

网络技术的飞速发展使得网上小组座谈会的实现有了技术上的保证。从方法上考虑，开好小组座谈会的关键问题是参加者能否积极地、容易地参与所关心话题的讨论，而网络环境提供了方法改进的机会。也就是说，在互联网领域中，小组座谈的方法不仅是适用的，而且是可以改造的。

实时的小组座谈是同步进行的，参加者同时进入并参加讨论，而且相互间的信息交流是立即展示的。因此实时的小组座谈具有快速、热烈、互动性强的特点。

对于传统的面对面的小组座谈会而言，集合地点和环境是十分重要的，一般要求容易寻找、没有干扰、放松、非正式、安静等。有些研究者认为地点应该是"中立"的，而另一些认为"自然性"才是最重要的。

但是对于网上座谈会来说，参加者可以来自既自然又中立的地点。例如，参加者所使用的计算机是在家中或在其他熟悉的环境中，因而可以认为是自然的；中立性则更容易保证，因为参加者不太可能知道其他参加者所在地的性质和环境。

小组座谈会方法的核心是互动性，而互动性是跟随着小组成员情感上的暴露或揭露而产生的。小组座谈会的成功部分取决于这种情感上的暴露，不管是面对面的还是虚拟的小组座谈会，都是如此。

（3）观察

通过观察来研究人类行为所体现和反映的社会意义，是定性研究者常用的方法之一。观察法的主要优点在于，关于人类行为的信息可以直接地记录下来，而不必依赖于其他人的回忆或事先的考虑；观察者有可能从平常、熟悉的环境或行为中看到不寻常的东西或特点；如果长期观察还可能找到一些模式或规律，并有可能得到一些通常难于接触的人的信息。利用目前的技术，网上观察可以重点放在语言行为上。虽然研究者与被观察者相互看不见、听不到，但是研究者也有可能观察到一些"电子派生语言"中所表现出来的非语言行为或其他语言行为等。例如一些表示情绪的特殊的字串、符号（如问号串"?????"、惊叹号串"!!!!"），表示语调或强调口气的字词、字母（如 Haa!、Waaaaa!）等。

（4）文献资料分析

定性研究者常常希望从研究对象的一些个人资料中，补充和加深他们对所研究问题或现象的理解。这些个人资料主要包括记录每天活动或时间的日记或日志、个人的传记或自传等。收集这些资料的方法有两种：请示式的和非请示式的文献资料征集。

请示式的征集是直接向研究对象提出征集请示，希望他们能提供相关内容的自传资料或日记式记录的资料。这类资料由于内容丰富、具体、生动，具有很好的参考价值。但是由于坚持记录并不是容易的事，因此愿意接受邀请者和不愿意者的数量可能会有显著的差异。与传统的文献资料分析法相比，网上征集的方法也需面对寻求参加者的合作和使之愿意维持合作的问题。但是网上的方法具有一些传统方法所没有的优势：例如可能更快地征集到更大范围、更多地点的文献资料；与直接和人交谈相比，使用计算机的人们常常更愿意与计算机屏幕"相互倾诉"，人、机的相互作用可以使得人们在投射他们思想的过程中感受到自己的思想。计算机使用者更加放松、更能思考，因为他们感到不会因其他人的可能评价而受到抑制；他们似乎也能更清楚地了解自我，其所敲入内容的熟悉感和非正式的交流能使他们更集中于自己的反应和判断。

非请示式的征集是通过各种可能的手段去收集有关的资料。传统的文献资料研究主要通过图书馆、档案馆、个人收藏品等来收集资料。与传统的方法相比，网上资料如个人信件等要比写在纸上的资料"短命"得多，但是互联网提供了在众多公共网站寻找有关资料的极好条件。利用现有的网络技术，有可能搜索到各处许多相关的甚至是保密的资料。不过，网上资料的著作权问题可能是一个更难解决的世界性问题。此外，关于资料的可靠性和真实性的问题也同样存在。

3. 混合研究方法（Mixed Methods）

在实际的应用研究中，研究者常常希望采用网上和网下、定量与定性研究相结合的方法。网络技术和软件技术的发展使混合方法的应用成为可能。现在，研究者进行文件自动检索、扫描和分析已不是难事，定性分析软件和定量分析软件的接口也很容易，网络上获取的定性数据和定量数据都可以很方便地转换到常规的分析软件中。

二、测量互联网使用情况的调查方法

由于互联网的复杂和互联网研究历史的短暂，目前测量互联网使用情况的调查方法还很不成熟，虽然不同的研究机构和研究者提出了多种不同的方法，但是基本上仍处于探讨性的阶段，还没能形成类似于收视率调查这样公认的、成熟的一整套方法和测量系统。

综观目前国际上主要的知名互联网研究机构的测量方法，可以将互联网使用情况的调查方法归纳为三大类：以网站为中心的测量、以用户为中心的测量和以广告为中心的测量。

1. 以网站为中心的测量方法（site-centric measurement）

这一类测量也叫做基于网站的测量或服务器方测量，主要通过网站服务器 log 进入量的统计来提供网站的使用情况或受众的测量量，所提供的是有关网站的"供应量"的数据。这一类的测量需要有专门的软件，例如 WebTrends 软件等。具体的测量方法主要有三种：

（1）服务器日志文件分析。日志文件指的是 Web 服务器或代理服务器创建的文件，文件上包含着服务器上访问活动的全部信息。在服务器上安装相关的统计软件，就可以收集到所有入站的流量。为了保证准确性，一般还要结合人为的检查。中国互联网络信息中心目前采用了 Webtrends 公司的日志分析软件对中国的网站访客流量进行统计认证。

（2）网站详情分析。网站详情分析的方法是在每个网站的每张网页上插入代码，因此每次网页在浏览器上出现时，都会被自动地记录为访问。

（3）网络广告服务。网络广告服务指的是当网上广告被利用时，广告服务器软件就会编辑数据进行记录。以网站为中心的测量方法的主要优点是，能得到服务器的所有"命中"(hits)的详细情况,各种大小的网站都能使用这种方法来测量。但是这种测量也存在不少问题。首先,这种测量无法得到使用者的基本资料;其次,如果是网站所进行的自我统计,那么就不可能与其他网站做比较;而最大的问题可能是在 log 文件中存在大量的噪声,这主要是由于软件所测量的是"命中",而一个"命中"只表明用户点击了一个文本文件或图形文件,因此得到的统计量可能无法反映真正访问量的大小。此外,不少网站含有帧(frames),一个页面上可能有多个帧,每个帧都会被记录成一个"命中",因此含有帧的页面也可能会被多次记录。还有,机器人或搜索引擎发出请求时,也有可能被记录成"命中"。上述噪声反映的是系统作出了过高估计的测量。但是另一方面,噪声也有可能造成测量量的低估,这主要是缓存(cache)的问题,包括代理服务器缓存、PC-RAM 缓存和浏览器缓存等问题,因为人们从缓存记忆中浏览的网页(一般是浏览率很高的网页)并不会在服务器中生成"命中"。这种由于缓存造成的测量错误可能是以网站为中心的测量方法所面临的最严重的问题。

2. 以用户为中心的测量方法(user-centric measurement)

此类测量方法也叫做用户方测量或基于用户的测量,主要通过对使用网络媒体的个人的即时跟踪来提供对受众的测量量,测量的对象主要是互联网用户或网民,所提供的是有关用户的"消费量"的数据。目前国际上常用的具体测量方法有两类:固定样本的用户测量,用户结构、分布和行为的调查。

(1) 固定样本的用户测量。在固定样本成员的电脑中装上一个测量软件或被动的"测量仪器",以跟踪网民用电脑去过的所有地方,看过、听过和做过的所有事情。这种方法非常类似电视收视率调查中所采用的方法——在固定样本家庭的电视机中安装"测量仪器",常用的叫"人员测量仪",以监测电视观众所观看过的所有频道、节目和时间等。当然监测用的固定样本应该是尽可能对用户总体有代表性的样本。目前从事这种受众测量的国际研究公司主要有:Media Metrix、NetRatings、PCData、NetValue 等。

(2) 用户结构、分布和行为的调查。这种用户调查通常采用传统的入户或通过电话和邮寄的方法以及结合电子邮件的方法进行,以了解目标群体或网民的网上和网下行为。目前从事这种受众测量的国际研究公司主要有 Media Metrix 等。

以用户为中心的测量方法的主要优点是:能够得到用户的人口背景资料;在固定样本用户的监测中,不再存在由于缓存出现的高估或低估的问题,因为用户所浏览的所有页面都会被测量,而且不会被重复测量;由于采用的是一致的方法,因此可用于比较各个地区和国家内外的不同网站的使用情况。

这种测量方法存在的主要问题是:

首先,固定样本必须对网民总体有代表性。由于互联网是一个快速发展的领域，网民的总体也在不断地变化，使固定样本能适应这个动态总体的情况，在实践中不是一件容易的事。目前解决这一问题的主要方法是进行定期的大样本调查或称之为"基础性调查"，以此及时掌握互联网用户的覆盖率，同时保证用户固定样本的结构能比较准确地反映所在地区或国家网民的社会经济结构。

其次，这种测量可能对小网站的覆盖不足，因此测量结果对大网站比较有参考价值。对于小网站而言，由于样本中对应网站的网民数量可能很小，从而导致估计误差过大以至于没有使用价值。此外，这种测量一般只能测量家庭用户的使用量，主要是晚间和深夜的流量。而且，建立和维持用户固定样本监测系统的费用相当昂贵。

总之，对于一些互联网测量机构所发布的数据，需要注意，这些数据一般只是根据某个（某些）地区（国家）的家庭用户固定样本得到的，可能并不包括专业用户的使用情况，也不包括其他地区或国家的使用情况。

3. 以广告为中心的测量方法（ad-centric measurement）

以广告为中心的测量主要通过广告服务器的 log 进入量的统计来提供网站的使用情况或受众的测量量。实际上这一类的测量也属于以用户为中心测量中的基于固定样本的测量，只是这一类的测量更强调对旗帜广告的跟踪，其数据报告一般会详细地给出按照旗帜广告、广告主和域名分类的结果。这一类的测量类似于传统媒体中的广告监测，例如将各个电视频道的所有广告录像，按照广告的类型、产品/服务的类别、广告主、频道、价格、地区等指标，分类整理成广告监测报告，提供给相关的客户。因此，这一类的测量从软件的技术要求上可能是更高的，不仅能够记录页面的浏览和辨别唯一访问者，还需要准确地、自动地测量对广告的浏览和点击。一些专业性的互联网监测机构自行设计了测量软件，其中比较有名的是 Nielsen/NetRatings 公司的软件。该公司的软件从测量技术、数据报告技术以及固定样本的建立和维护方面都有其独到之处。

三、中国互联网络信息中心采用的数据调查法

中国互联网络信息中心是非营利的互联网络管理与服务性机构。其宗旨是为中国互联网络用户服务，促进中国互联网络健康、有序地发展。中国科学院计算机网络信息中心承担中国互联网络信息中心的运行和管理工作。在业务上，中国互联网络信息中心受工业和信息化部领导。

中国互联网络信息中心的调查采用了计算机网上自动搜寻、网上联机、网下抽样、相关单位上报数据等调查方法。采用计算机网上自动搜索可得到 CN 下的域名数及地域分布情况，还能得到 CN 下 WWW 站点数及其地域分布情况。

中国互联网络信息中心网上联机调查重在了解网民对网络的使用情况、行为

习惯以及对热点问题的看法和倾向。具体方法是将问卷放置在中国互联网络信息中心的网站上，同时在全国各省的信息港与较大的 ICP/ISP 上设置问卷链接，由网络用户主动参与填写问卷的方式来获取信息。

中国互联网络信息中心网下抽样调查侧重于了解我国网民的总量、相关的特征及行为特点等。调查的目标总体有两个，一是全国有住宅电话的 6 岁以上的人群（总体 A），采用电话调查的方式，样本对全国有代表性；另一个总体是全国所有高等院校中的住校学生（总体 B），采用面访的方式进行调查。最后将这两部分调查结果综合加权计算以后近似推断各省的情况，汇总后即得到中国网民的总量、相关特征、行为特点等数据。

中国互联网络信息中心对网站的访问信息的统计，采用的实现方式是对 Web 服务器生成的日志文件进行分析。该日志文件有时是原始的文件，有时是由第三方统计机构在服务器端加入的模块生成的。这种方式的优点是，可以定制和自己相同格式的日志文件，采用加密算法和压缩日志文件的技术，以保证日志文件的真实性和可靠性，并且降低传递日志文件所产生的网络流量，适用于第三方机构进行网站访问量的认证度量工作。当然这种方式也有其不足之处，包括难以做到实时的统计分析，在服务器端的附加模块有可能降低 Web 服务器的性能等。

标识网站的访问者是网站访问统计的基础。不恰当的对访问者的标识是目前多种访问统计服务提供的报告难以比较的根本原因。目前还没有十全十美的标识访问者的方法，因此多种访问统计服务使用了不同的标识访问者的方法是可以理解的。中国互联网络信息中心采用以下方法作为度量、识别访问者的方法：先采用 IP 地址来标识访问者，不同的 IP 地址表明不同的访问者。当来访的 IP 地址相同的时候，则试图通过跟踪文件（Cookie）来标识访问者，用不同的跟踪文件表明不同的访问者。在服务器端加入的模块生成的含有扩展内容的日志文件可识别出访问者的跟踪文件，这将弥补原始日志文件未记录跟踪文件的不足。

通过 IP 地址识别访问者是一种很常用而且值得推荐的方法，使用 IP 地址识别访问者的优点是：（1）对于直接连接在互联网络上具有唯一 IP 地址的计算机，IP 地址可以准确地标识计算机及其来源。（2）相对跟踪文件来讲，IP 地址跟踪到计算机，而跟踪文件跟踪到浏览器。同一 IP 地址的计算机有可能由于同时使用多种浏览器而保留多个跟踪文件，因此使 IP 地址更好地标识了单独的计算机。

通过 IP 地址识别用户也存在一些问题。从 Web 服务器的访问日志中无法全部识别通过代理服务器访问网络的用户。这是因为，尽管有时可以从 HTTP-

USER-AGENT 环境变量看出访问者使用了某种代理服务器，但仍然无法得知他到底是哪个访问者。

第四节　网络信息检索

网络时代的记者和作者必须掌握网络信息检索技术，充分利用网络信息资源。网络信息如同汪洋大海，又无专门机构对其进行规范管理，如果不掌握其规律及相关的检索工具，便如同大海捞针。搜索引擎是目前网络信息检索最重要的工具。

一、搜索引擎（searching engine）的概念与原理

搜索引擎是收集、整理网上信息资源并按一定规则加以整理和组织，提供人们按相应的规则提取信息线索，并能直接链接到相关站点的网上信息搜索工具。搜索引擎的目的是帮助人们寻找信息资源。在因特网环境下，其典型代表是基于关键词匹配的信息检索机制。搜索引擎主要由四部分组成：搜索器、索引器、检索器、用户接口。搜索器的功能是在互联网中发现和搜索信息。它要尽可能快、尽可能多地搜集各种类型的信息，同时还要定期更新已有信息，避免死链接和无效链接。索引器的功能是理解搜索器所搜索的信息，从中抽取出索引项，用于表示文档以及生成文档库的索引表，建立起自己的索引数据库。一个搜索引擎的有效性在很大程度上取决于索引的质量。检索器的功能是根据用户的查询在索引库中快速检出文档，进行文档与查询的相关度评价，对将要输出的结果进行排序，并实现某种用户相关性反馈机制。用户接口的作用是输入用户查询、显示查询结果、提供用户相关性反馈机制。

搜索引擎起源于传统的信息全文检索理论。即计算机程序通过扫描每一篇文章中的每一个词，建立以词为单位的倒排文档，检索程序根据检索词在每一篇文章中出现的频率和每一个检索词在一篇文章中出现的概率，对包含这些检索词的文章进行排序，最后输出排序的结果。

WWW 搜索引擎实际上是一个专用的 WWW 服务器，它存有庞大的索引数据库，搜集了全世界上百万甚至上千万个 WWW 主页的信息。搜索引擎通常采用一种称作 Robot（或 Spider、Crawler 等）的自动跟踪索引程序，自动跟踪浏览 Web 信息，然后将浏览结果进行加工处理（主要是为 WWW 主页上的文字信息建立索引，索引信息包括文档的 WWW 地址，每个文档中单词出现的频率、位置等），形成一个庞大的数据库。每次跟踪结果可自动追加进数据库，此数据库可由网上任一站点通过输入提问的方式进行访问。Robot（机器人）是指一个

在网络上检索文件、自动跟踪该文件的超文本结构，并循环检索被参照的所有文件的软件。也有一些搜索引擎可由人工或通过用户登录方式追加信息。

使用 WWW 查询引擎时，一般根据用户输入的关键词，在数据库中查询相关的信息，然后将结果提供给用户。一个完整的搜索引擎系统还需要有一个检索结果的页面生成系统，也就是要把检索结果高效地组装成互联网页面。搜索引擎的工作原理如图 13-1 所示：

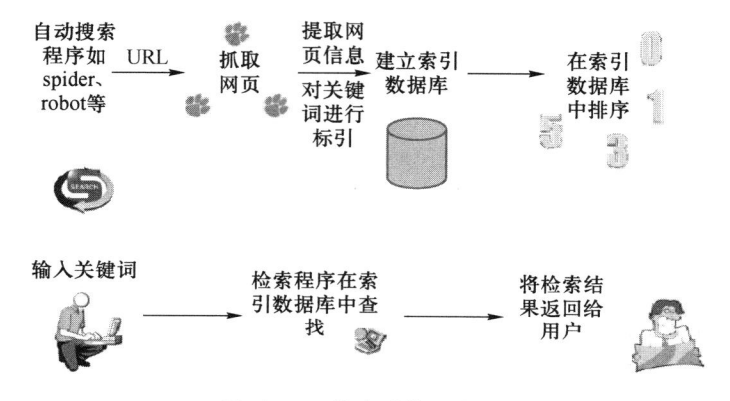

图 13-1 搜索引擎工作原理

二、搜索引擎尚待解决的问题

1. 缺乏检索词汇控制

网络检索工具大都采用自然语言标引和检索，其必然结果是同义词得不到控制，词间相互关系得不到揭示，最终影响检索效果。由于网络信息数量大、变化大、涉及面广，现有的受控制的语言难以适应网络信息标引和检索的需要。

2. 自动标引的局限性

自动标引不可能像人工标引那样进行智能性甄别和选择，而主要依赖关键词词频等标准判断网络文件的价值。为了弥补自动标引所带来的不足，大多数网络检索工具都先后增加了"评论"栏目，由专门的雇员选评某行业和某学科的最佳网络信息。如 Yahoo 的"Cool Sites"，Excite 的"Site Reviews"和 Lycos 的"Top5%Sites"都属于这类评论。

3. 缺乏检索专业信息的能力

网络检索工具不以专业划分检索范围，这与传统的检索工具截然不同。每个学科都有自己独特的词汇和用语，因此特定专业的检索工具应该使用与之相应的标引和检索语言，而这一点是包罗万象的网络检索工具难以做到的，所以，需要研制专业网络检索工具。

三、基本检索策略：布尔逻辑检索

几乎所有的检索系统都具有布尔检索功能，布尔运算符包括 AND、NOT、OR。如检索式：engine AND（car OR truck）。

用"A AND B"进行查询的结果是既包含查询词 A 又包含查询词 B 的文章。

用"A OR B"进行查询的结果是至少包含 A 和 B 中一个查询词的文章。

用"A NOT B"进行查询的结果是包含查询词 A 而不包含查询词 B 的文章。

四、因特网信息具体检索方法

基本检索方法主要有两种：分类查询和关键词查询。在具体操作中又可分为以下几种情况：

（1）范围限定。它包括：

二次检索。对于再次检索，可以重新开始在整个索引中检索，也可限定在前次检索结果内，优化检索。

时间范围（时间限制）。Yahoo 系统设定检索时间范围为最近 3 年，用户也可在一天到 3 年的时间范围内进行改变。

语言限制。AltaVista 可以查询 25 种不同语言的信息，其中包括英语、日语、汉语、德语等。但是查询时不能用含有双字节的字符（如汉语、日语等）进行查找。如果查找汉语信息，可用英语查找，并将结果限定在汉语中。

（2）智能检索/概念检索。Excite 使用"概念检索"ICE（Intelligent Concept Extraction）技术，通过发现词与概念间存在的关系，自动加入一些检索词。如：我们输入"elderly people financial concerns"进行查找，除能找出精确匹配这些词的文献外，还会找出有关"economic status of retired people"，"the financial concerns of senior citizens"等词的文献。这些概念关系是从文献本身获得的，并且不断从它所索引的新文献中进行更新。Yahoo、AltaVista 也提供类似的检索方法。概念检索实现了受控语言的一部分功能，即同义词、广义词或狭义词。

（3）相邻检索（位置检索）。对检索词在文本中的位置进行限定。如 AltaVista 的 NEAR 运算符规定两词在文本中出现的位置必须在 10 个词之内。WebCrawler 的 NEAR 运算符还可指定间隔词语数目，ADJ 运算符则限定两词必须按规定的顺序相邻。

（4）字段限定。限定词语在文献中出现的部位，如标题、网络地址（URL）、作者、文本、目标、链接、图像、主机、域名等。大部分系统都可进行字段限定，但是字段的数目和表示方法稍有不同。

（5）词语检索。在一串词的前后加双引号（""）或用连字符连接，限定检索结果中的词语必须以同样的顺序出现，且相邻。如："China economic development"。

（6）名词检索。有些系统对名词检索有特殊规定。Infoseek 要求对人名或地名首字母大写。如：查找电影明星 Rock Hudson，假如不大写首字母，则还会找出 rock climbing，rock music，Hudson River 等资料。

五、检索结果输出

相关度：找到所有匹配结果以后，大部分系统都按相关性程度降序输出，首先显示相关度高的结果。有些系统还显示相关度大小（百分比）。

检索结果输出一般遵循以下原则：（1）匹配的词语数目。匹配的词语越多，相关性越高。（2）文献部位。标题中的词比文本和网络地址（URL）中的词权值高。（3）类目综合度。在 Yahoo 类目等级结构中，综合类比专门类权值高。（4）检索词权值。在数据库中检索词出现的频率越低权值越高。

显示格式：大多数系统都可改变显示格式。简短的可只包含标题，详细的可包括标题、摘要、地址（URL）、相关度、文件大小等信息。相应地，每页显示的结果数目也会发生改变。

目前，重要的搜索引擎主要有：雅虎（www.yahoo.com）、谷歌（www.google.com）、百度（www.baidu.com）。

六、Google 的检索

Google 使用一组独特的高级硬件和软件，核心软件称为 PageRank（TM），Google 把网页级别作为所有网络搜索工具的基础。作为组织管理工具，网页级别利用了互联网独特的"民主"特性及其巨大的链接结构。实质上，当从网页 A 链接到网页 B 时，Google 就认为"网页 A 投了网页 B 一票"。Google 根据网页的得票数评定其重要性。然而，除了考虑网页得票数（即链接）的纯数量之外，Google 还要分析投票的网页。"重要"的网页所投出的票就会有更高的权重，并且有助于提高其他网页的"重要性"。

Google 的工作过程如图 13-2 所示。

重要的、高质量的网页会获得较高的网页级别。Google 在排列其搜索结果时，都会考虑每个网页的级别。Google 将网页级别与完善的文本匹配技术结合在一起。

Google 所关注的远不只是关键词在网页上出现的次数，它还对该网页的内容以及该网页所链接的内容进行全面检查，从而确定该网页是否满足用户的查询要求。Google 以其复杂而全自动的搜索方法排除了任何人为因素对搜索结果的影响。没人能花钱买到更高的网页级别，从而保证了网页排名的客观公正。

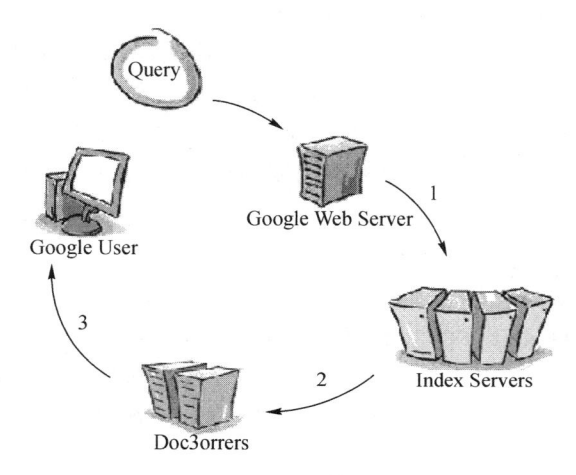

图 13-2　Google 的工作过程

Google 目录中收录了数以 10 亿计的网址，这在同类搜索引擎中是首屈一指的。这些网站的内容涉猎广泛，无所不有。Google 只返回包含所有关键词的网页，其正文或指向它的链接包含用户所输入的所有关键词。

Google 不仅能搜索出包含所有关键词的结果，并且还对网页关键词的接近度进行分析。按照关键词的接近度确定搜索结果的先后次序，优先考虑关键词较为接近的结果，这样可以为用户节省时间，而无须在无关的结果中徘徊。

Google 查询简捷方便，在输入查询内容并敲一下回车键（Enter），或单击"Google 搜索"按钮即可得到相关资料。Google 只会返回那些符合用户的全部查询条件的网页。不需要在关键词之间加上"and"或"+"。如果用户想缩小搜索范围，只需输入更多的关键词，只要在关键词中间留空格即可。

Google 会忽略最常用的词和字符，这些词和字符称为忽略词。Google 自动忽略"http"，".com"和"的"等字符以及数字和单字，这类字词不仅无助于缩小查询范围，而且会大大降低搜索速度。

使用英文双引号可将这些忽略词强加于搜索项，例如：输入"柳堡的故事"时，加上英文双引号会使"的"强加于搜索项中。在 Google 中，可以通过添加英文双引号来搜索短语。双引号中的词语（比如"like this"）在查询到的文档中将作为一个整体出现。这一方法在查找名言警句或专有名词时显得格外有用。一些字符可以作为短语连接符。Google 将"-""\""."""＝"和"..."等标点符号识别为短语连接符。

每个 Google 搜索结果都包含从该网页中抽出的一段摘要，这些摘要提供了搜索关键词在网页中的上下文。为提供最准确的资料，Google 不使用"词干法"，也不支持"通配符"（*）搜索。也就是说，Google 只搜索与输入的关键词完全一样的字词。Google 搜索不区分英文字母大小写，所有的字母均当做小写处理。例如：搜索"google"、"GOOGLE"或"GoOgLe"，得到的结果都一样。由于 Google 只搜索包含全部查询内容的网页，所以缩小搜索范围的简单方法就是添加搜索词。添加词语后，查询结果的范围就会比原来的"过于宽泛"的查询小得多。如果要避免搜索某个词语，可以在这个词前面加上一个减号（"-"，英文字符）。但在减号之前必须留一空格。

利用 Google 目录可以根据主题来缩小搜索范围。例如，在 Google 目录的 Science＞Astronomy 类别中搜索"Saturn"，可以找到只与 Saturn（土星）有关的信息。而不会找到"Saturn"牌汽车、"Saturn"游戏系统，或"Saturn"的其他含义。

除一般网页外，Google 现在还可以查找 Adobe PDF、Microsoft Word、Powerpoint 等各种类型的文件。如果某个搜索结果是 PDF 文件而不是网页，它的标题前面会出现以蓝色字体标明的［PDF］。这样，用户就知道需要启动 Acrobat Reader 程序才能浏览该文件。单击［PDF］右侧的标题链接就可以访问这个 PDF 文档。如果用户的计算机上没有 Acrobat Reader，Google 将带用户进入一个可以免费下载该程序的网页。对于 PDF 文件，常见的"网页快照"将被"文本文件"所替代。文本文件是 PDF 文档中的纯文本内容，不带任何格式。如果您只想查找一般网页，而不要 PDF 文件，只需在搜索关键词后加上-filetype：pdf 就可以了。

Google 具有智能型汉字简繁自动转换系统。这个系统不是简单的字符变换，而是简体和繁体文本之间的"翻译"转换。例如：简体的"计算机"会对应于繁体的"电脑"。当您搜索所有中文网页时，Google 会对搜索项进行简繁转换后，同时检索简体和繁体网页，并将搜索结果的标题和摘要转换成和搜索项同一的文本，便于阅读。

Google 的错别字改正软件系统会对输入的关键词进行自动扫描，检查有没有错别字。如果发现用其他字词搜索可能会有更好的结果，它能提供相应提示来帮助纠正可能有的错别字。例如，搜索"互连网"，Google 会自动提示"您是不是要找：互联网"。如果您点击"互联网"，Google 将以"互联网"作为关键词进行搜索。

用 Google 查询天气和天气预报，只需输入一个关键词（"天气"，"tq"或

"TQ",任选其一)和您要查询的城市地区名称即可。Google 返回的网站链接会带给您最新的当地天气状况和天气预报。用 Google 查询股票价格和股市行情,非常简捷方便。只需输入一个关键词("股票","gp"和"GP",任选其一)和想查询的股票证券名称或是其六位数代码,Google 就会返回其他链接让您只要一次点击便能得到有关股票证券的详尽资料。用 Google 查询邮政编码或长途电话区号,只需输入关键词("邮编","yb"和"YB",任选其一;"区号","qh"和"QH",任选其一)和要查的城市地名或邮政编码或电话区号即可。Google 会为您提供相关的所有信息,包括所在地的省市名称、邮政编码及长途电话区号。

用 Google 查询手机电话号码归属地,您只需直接输入要查的号码即可(不需要任何关键词)。Google 能自动识别以 13 开头的 11 位数字为手机号码而返回相关的网站链接,让您即刻便知答案。

用 Google 直接查询农历日期、节气和农历节日,只需键入关键词("阳历""公历""阴历""农历"或它们的拼音缩写"gl""nl")加上日期即可。也可以直接输入节气名称、农历节日名称,加上年份或"去年""今年""明年"等。

七、数字图书馆的检索

数字图书馆是一种重要的网络信息资源,作为网络时代的新闻传播者,除了要擅长利用搜索引擎等检索工具寻找信息外,还要会利用数字图书馆。数字图书馆是信息高速公路上信息资源的基本组织形式,这一形式满足了分布式面向对象的信息查询需要。换言之,数字图书馆是采用现代高新技术所支持的数字信息资源系统,是因特网网上信息资源的管理模式,将从根本上改变目前因特网上信息分散,不便使用的现状。数字图书馆是没有时空限制、便于使用、超大规模的知识中心。为了在新闻采访、写作、编辑等工作以及研究中及时获得相关知识,新闻传播者要善于利用以下数字图书馆资源:中国知网(www.cnki.net 或 www.chinajournal.net.cn)、万方数据(www.wanfangdata.com.cn)、中国国家图书馆(www.nlc.gov.cn)等。

第五节　新媒体研究理论模型

目前,新媒体产业得到飞速发展,产生了巨大的社会影响力,已经渗透到政治、经济、科技、教育、文化等社会各个方面。但是,新媒体的基础理论在全球范围内还十分薄弱。

目前国际学术界认可并被广泛采用的新媒体理论模型主要有以下几个。

一、创新扩散理论

1962年，美国新墨西哥大学埃弗雷特·罗杰斯（Everett M. Rogers）教授研究了多个有关创新扩散的案例，出版了《创新扩散》（*Diffusion of Innovations*）一书。他考察了创新扩散的进程和各种影响因素，总结出新事物在一个社会系统中扩散的基本规律，提出了著名的创新扩散 S－曲线理论。罗杰斯将创新扩散这一过程分为知晓、劝服、决定、确定四个阶段，并提出了"创新扩散"的基本假设（见图13-3）。

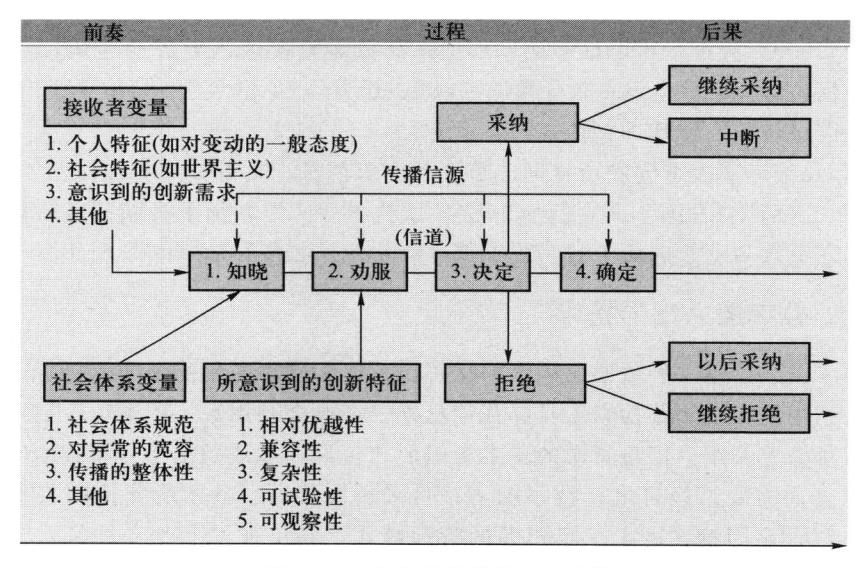

图 13-3　创新扩散的模型理论[①]

目前创新扩散理论在西方学术界亦广泛应用到新媒体研究中。

罗杰斯认为，创新是一种被个人或其他采用单位视为新颖的观念、实践或事物；创新扩散是指一种基本社会过程，在这个过程中，主观感受到的关于某个新语音的信息被传播。通过一个社会构建过程，某创新的意义逐渐显现。

20世纪七八十年代，创新扩散的研究转向在社会和文化境况中研究传播媒介和受众。编码与译码、传媒与社会发展等注重双向性和宏观层面的研究成为热点。

---

① （美）埃弗雷特·M. 罗杰斯著：《创新的扩散》，辛欣译，中央编译出版社2002年版，第10页。

1. 个人创新性的等级

罗杰斯将"个人创新性"分为先驱者(innovator)、早期使用者(early adopters)、早期大多数(early majority)、晚期大多数(late majority)、迟缓者(laggards)五种不同类型的采用者(adopter)。

(1) 先驱者是采用"创新"的先锋,但是过于快速接受"创新"常显示出其喜好冒险与鲁莽的缺憾。

(2) 早期使用者常具有意见领袖之特质,其审慎的特性与领导能力对后续的采用者有着决定性的影响,因而对"创新"的推广影响深远。早期使用者所具有的工作热诚、人际关系及影响力,使其成为组织内"创新媒介者"的最佳候选人。

(3) 早期大多数在深思熟虑后接受"创新"。

(4) 晚期大多数是多疑的一群,在对"创新"的相关疑虑消除后逐渐成为采用者。

(5) 迟缓者则是传统、保守,非到万不得已不去采用"创新"的那一群人。

2. 创新扩散的过程

(1) 获知:接触创新并略知其如何动作。

(2) 说服:有关创新的态度形成。

(3) 决定:确定采用或拒绝一项创新活动。

(4) 实施:投入创新运用。

(5) 确认:强化或撤回关于创新的决定。

3. 影响采用率的创新特征

(1) 相对优越性:认为某项创新优越于它所取代的旧主意的程度。

(2) 兼容性:认为某项创新与现有价值观、以往经验、预期采用者需求的共存程度。

(3) 复杂性:认为某项创新理解和运用的难度。

(4) 可试验性:某项创新在有限基础上可被试验的程度。

(5) 可观察性:某项创新结果能为他人看见的程度。

创新扩散的传播过程可以用一条"S"形曲线来描述。在扩散的早期,采用者很少,进展速度也很慢;当采用者人数扩大到居民的10%~25%时,进展突然加快,曲线迅速上升并保持这一趋势,即所谓的"起飞期";在接近饱和点时,进展又会减缓。整个过程类似于一条"S"形的曲线(见图13-4)。

在创新扩散过程中,早期采用者为后来的"起飞"作了必要的准备。这个看似势单力薄的群体能够在人际传播中发挥很大的作用,劝说他人接受创新。在罗杰斯看来,早期采用者就是愿意率先接受和使用创新事物并甘愿为之冒风险的那部分人。这些人不仅对创新初期的种种不足有着较强的忍耐力，还能够对自身所处群体的意见领袖展开游说，使之接受以至采用创新产品。之后，创新又通过意见领袖们迅速向外扩散。这样，创新距其"起飞期"的来临已然不远。

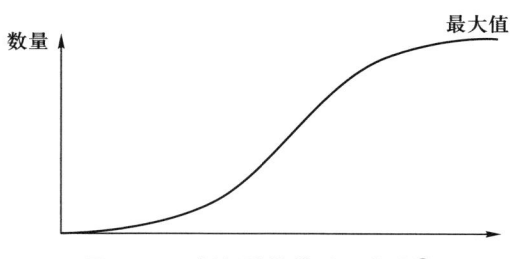

图 13-4 创新扩散模型 S 曲线[①]

罗杰斯指出，创新事物在一个社会系统中继续扩散下去，首先必须有一定数量的人采纳这种创新物。通常，这个数量是人口的 10%～20%。创新扩散比例一旦达到临界点，扩散过程就起飞，进入快速扩散阶段。饱和点（saturated point）的概念是指创新在社会系统中不总是 100% 扩散，事实上，很多创新在社会系统中最终只能扩散到某个百分比。当系统中的创新采纳者再也没有增加时，系统中的创新采纳者数量（绝对数量表示）或创新采纳者比例（相对数量表示），就是该创新扩散的饱和点。

罗杰斯认为，创新扩散总是借助一定的社会网络进行的，在创新向社会推广和扩散的过程中，信息技术能够有效地提供相关的知识和信息，但在说服人们接受和使用创新方面，人际交流则显得更为直接、有效。因此，创新推广的最佳途径是将信息技术和人际传播结合起来。

二、技术接纳（TAM）模型

技术接纳模型（Technology Acceptance Model，TAM）是 1989 年美国学者戴维斯在菲什拜因和埃捷的理性行为理论基础上所提出的用以研究用户对新媒体的接受的一个模型。根据理性行为理论，消费者的行为是由消费者的行为意向决定的，而消费者的行为意向又受其行为态度的影响。TAM 被广泛应用于新媒体研究，尤其是用户的行为意向研究。所谓行为意向（Behavioral Intention）是指个体企图执行特定行为的主观几率，它是个体从事某种行为的意愿强度。按照 TAM 模型，用户使用新媒体的行为意向受到其态度（Attitude）和有用性

[①] （美）埃弗雷特·M. 罗杰斯著：《创新的扩散》辛欣译，中央编译出版社 2002 年版，第 12 页。

感知（Perceived Usefulness）的共同影响。态度是指个体对特定行为喜欢或反感的程度，受到有用性感知和易用性感知（Perceived Ease of Use）的影响；有用性感知是指个体相信使用一个特定系统能提高其工作绩效的程度，可以直接影响参与意向；易用性感知则是指个体相信使用特定系统能够省力的程度，它通过有用性感知来影响行为意向。TAM 理论模型在国际传播学界亦被较多引用。

技术接纳模型有两种常见的表述（见图 13-5、图 13-6）：

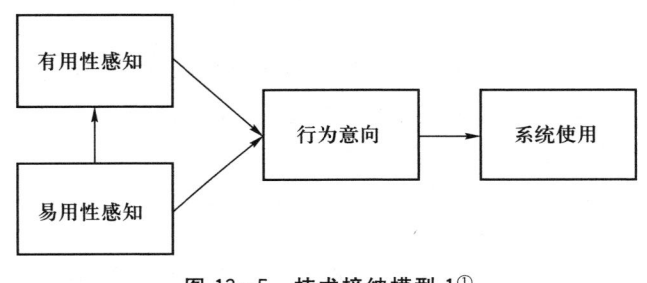

图 13-5　技术接纳模型 1[①]

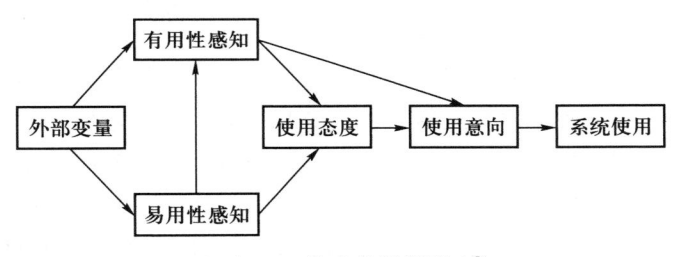

图 13-6　技术接纳模型 2[②]

三、计划行为理论

计划行为理论（Theory of Planned Behavior，TPB）能够帮助我们理解人是如何改变自己的行为模式的。TPB 认为人的行为是经过深思熟虑的计划的结果（见图 13-7）。

计划行为理论是由埃捷（1988，1991）提出的，是埃捷和菲什拜因（1975，

[①] Martin Fishbein and Icek Ajzen, *Belief, Attitude, Intention, and Behavior: an Introduction to Theory and Research*, Addison-Wesley Publishing Company, 1975, P. 23.

[②] Martin Fishbein, Icek Ajzen, *Predicting and Changing Behavior: the Reasoned Action Approach*, Psychology Press, c2010, P. 43.

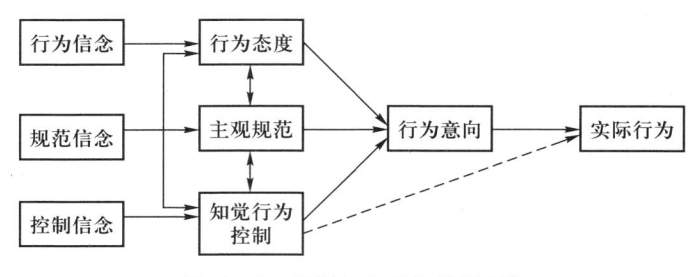

图 13-7　计划行为理论模型图①

1980) 共同提出的理性行为理论（TRA）的继承者。埃捷研究发现，人的行为并不是百分百地出于自愿，而是处在控制之下，因此，他将 TRA 予以扩充，增加了一项对自我"行为控制认知"（Perceived Behavior Control）的新概念，从而发展成为新的行为理论研究模式——计划行为理论。

1. 计划行为理论五要素

（1）态度：是指个人对该项行为所抱持的正面或负面的感觉，亦指个人对此特定行为的评价经过概念化之后所形成的态度，所以态度的组成成分经常被视为个人对此行为结果的显著信念的函数。

（2）主观规范（Subjective Norm）：是指个人对于是否采取某项特定行为所感受到的社会压力，亦即在预测他人的行为时，那些对个人的行为决策具有影响力的个人或团体对于个人是否采取某项特定行为所发挥的影响作用的大小。

（3）知觉行为控制（Perceived Behavioral Control）：是指反映个人过去的经验和预期的阻碍，当个人认为自己所掌握的资源与机会愈多、所预期的阻碍愈少，则知觉行为控制就愈强。而其影响的方式有两种，一是对行为意向具有动机上的含义，二是其亦能直接预测行为。

（4）行为意向（Behavior Intention）：是指个人对于采取某项特定行为的主观几率的判定，它反映了个人对于某一项特定行为的采行意愿。

（5）行为（Behavior）：是指个人实际采取的行动。

埃捷认为，所有可能影响行为的因素都是经由行为意向来间接影响行为的表现。而行为意向受到三个相关因素的影响，其一是源自于个人本身的"态度"，其二是源自外在的"主观规范"，最后是源自于"知觉行为控制"。

一般而言，个人对于某项行为的态度愈正向，则个人的行为意向愈强；对于

---

① Martin Fishbein and Icek Ajzen, *Belief, Attitude, Intention, and Behavior: an Introduction to Theory and Research*, Addison-Wesley Publishing Company, 1975, P. 53.

某项行为的主观规范愈正向，个人的行为意向也会愈强；而当态度与主观规范愈正向且知觉行为控制愈强的话，则个人的行为意向也会愈强。反观理性行动理论的基本假设，埃捷主张将个人对行为的意志控制力视为一个连续体，一端是完全在意志控制之下的行为，另一端则是完全不在意志控制之下的行为。而人类大部分的行为落于这两个极端之间的某一点。因此，要预测不完全在意志控制之下的行为，有必要增加行为知觉控制这个变项。不过当个人对行为的控制接近最强的程度，或是控制问题并非个人所考量的因素时，则计划行为理论的预测效果是与理性行为理论相近的。

2. 计划行为理论主要观点

（1）非个人意志完全控制的行为不仅受行为意向的影响，还受执行行为的个人能力、机会以及资源等实际控制条件的制约，在实际控制条件充分的情况下，行为意向直接决定行为。

（2）准确的知觉行为控制反映了实际控制条件的状况，因此它可作为实际控制条件的替代测量指标，直接预测行为发生的可能性（如图13-7虚线所示），预测的准确性依赖于知觉行为控制的真实程度。

（3）行为态度、主观规范和知觉行为控制是决定行为意向的三个主要变量，态度越积极、重要人物支持越大、知觉行为控制越强，行为意向就越大，反之就越小。

（4）个体拥有大量有关行为的信念，但在特定的时间和环境下只有少量的行为信念能被获取。这些可获取的信念也叫凸显信念，它们是行为态度、主观规范和知觉行为控制的认知与情绪基础。

（5）个人以及社会文化等因素（如人格、智力、经验、年龄、性别、文化背景等）通过影响行为信念间接影响行为态度、主观规范和知觉行为控制，并最终影响行为意向和行为。

（6）行为态度、主观规范和知觉行为控制从概念上可完全区分开来，但有时它们拥有共同的信念基础，因此它们既彼此独立，又两两相关。

思考题

请比较创新扩散理论模型、技术接纳模型、计划行为理论模型的异同。

参考文献

1. 匡文波:《网络传播学概论》,高等教育出版社2001年版、2004年版、2009年第3版。
2. 匡文波:《网络传播技术》,高等教育出版社2003年版。
3. 匡文波:《网络媒体概论》,清华大学出版社2001年版。
4. 匡文波:《网民分析》,北京大学出版社2003年版。
5. 匡文波:《网络传播理论与技术》,中国人民大学出版社2007年版。
6. 匡文波:《电子与网络出版教程》,中国人民大学出版社2008年版。
7. 匡文波:《手机媒体概论》,中国人民大学出版社2012年版。
8. 匡文波:《论网络出版物》,武汉大学博士学位论文,2000年版。
9. 匡文波:《网络媒体的经营管理》,中国传媒大学出版社2009年版。
10. 匡文波:《新媒体概论》,中国人民大学出版社2012年版。
11. 匡文波:《公务员媒介素养》,新华出版社2012年版。
12. 匡文波:《手机媒体:新媒体中的新革命》,华夏出版社2010年版。
13. 匡文波:《颠覆传媒——手机:新时代的电脑和器官》,华夏出版社2013年版。
14. 谢新洲:《网络传播理论与实践》,北京大学出版社2004年版。
15. 杜骏飞:《网络传播概论》,福建人民出版社2004年版。
16. 彭兰:《网络新闻编辑教程》,武汉大学出版社2007年版。
17. 屠忠俊:《网络传播概论》,武汉大学出版社2007年版。
18. 蒋宏、徐剑:《新媒体导论》,上海交通大学出版社2006年版。
19. 柯惠新:《互联网调查方法综述》,《现代传播》,2001年第4—5期。
20. Mike Ward. *Journalism Online*. Focal Press, 2002.
21. James Glen Stovall. *Web Journalism: Practice and Promise of a New Medium*. Allyn & Bacon, 2003.
22. James C. Foust. *Online Journalism: Principles and Practices of News for the Web*. Holcomb Hathaway Publishing, 2004.
23. Kevin Kawamoto. *Digital Journalism: Emerging Media and the Changing Horizons of Journalism*. Rowman & Littlefield Publishers, 2004.
24. Richard Craig. *Online Journalism: Reporting, Writing, and Editing for New Media*. Wadsworth Publishing, 2004.
25. Janet Kolodzy. *Convergence Journalism: Writing and Reporting across the News Media*, Rowman & Littlefield Publishers, Inc. 2006.

26. Holly Berkley. *Marketing in the New Media*. Self-Counsel Press,2007.
27. James C. Foust. Online Journalism:Principles and Practices of News for the Web. Holcomb Hathaway Publishers. Second edition,2008.
28. John V. Pavlik. *Journalism and New Media*. Columbia University Press,2001.

郑重声明

高等教育出版社依法对本书享有专有出版权。任何未经许可的复制、销售行为均违反《中华人民共和国著作权法》，其行为人将承担相应的民事责任和行政责任；构成犯罪的，将被依法追究刑事责任。为了维护市场秩序，保护读者的合法权益，避免读者误用盗版书造成不良后果，我社将配合行政执法部门和司法机关对违法犯罪的单位和个人进行严厉打击。社会各界人士如发现上述侵权行为，希望及时举报，本社将奖励举报有功人员。

反盗版举报电话　（010）58581897　58582371　58581879
反盗版举报传真　（010）82086060
反盗版举报邮箱　dd@hep.com.cn
通信地址　北京市西城区德外大街 4 号　高等教育出版社法务部
邮政编码　100120